Andreas Vossler

Perspektiven der Erziehungsberatung

Kompetenzförderung aus der Sicht von Jugendlichen, Eltern und Beratern

Verlag

Deutsche Gesellschaft für Verhaltenstherapie
Tübingen
2003

Anschrift des Autors:

Dr. Andreas Vossler
Deutsches Jugendinstitut e.V.
Nockherstraße 2
81541 München

Zugleich Dissertation an der Universität Marburg, 2002

> **Bibliografische Information Der Deutschen Bibliothek**
> Die Deutsche Bibliothek verzeichnet diese Publikation in der Deutschen Nationalbibliografie; detaillierte bibliografische Daten sind im Internet über http://dnb.ddb.de abrufbar.

© 2003 dgvt-Verlag
Im Sudhaus
Hechinger Straße 203
72072 Tübingen

E-Mail: dgvt-Verlag@dgvt.de
Internet: www.dgvt-Verlag.de

Umschlaggestaltung: Frank Engel, Bielefeld
Satz: VMR Monika Rohde, Leipzig
Belichtung: Rasterpunkt, Klaus Herrmann, Tübingen
Druck: Druckerei Deile GmbH, Tübingen
Bindung: Nädele Verlags- und Industriebuchbinderei, Nehren

ISBN 3-87159-708-2

Inhaltsverzeichnis

Vorwort 11

Prolog: Erziehungsberatung im Qualitätsdiskurs 15

1 Institutionelle Erziehungsberatung im gesellschaftlichen Wandel 19

    1.1 Der institutionelle Rahmen der Erziehungsberatung 19
        1.1.1 Definitionen zur institutionellen Erziehungsberatung 19
        1.1.2 Geschichtliche Entwicklung 21
        1.1.3 Aktuelle gesetzliche Grundlagen 23
        1.1.4 Institutionelle Bedingungen und Grundprinzipien 26
    1.2 Konzepte und Arbeitsweisen in der Erziehungsberatung 27
        1.2.1 Beratung und Therapie 27
        1.2.2 Prävention und Information 32
        1.2.3 Offene und gemeindenahe Ansätze 34
    1.3 Erziehungsberatung im gesellschaftlichen Wandel 37
        1.3.1 Modernisierungsprozesse und ihre Auswirkungen auf die Klienten der EB 37
        1.3.2 Erziehungsberatung im „Modernisierungszwang" 39
        1.3.3 Neue Anforderungen an Erziehungsberatung 40
    1.4 Zusammenfassung und Integration: Sieben Thesen zur Erziehungsberatung im gesellschaftlichen Wandel 42

2 Basiskompetenzen für eine produktive Lebensbewältigung – das Konzept des Kohärenzsinns 45

    2.1 Der theoretische Hintergrund – das Salutogenese-Modell 46
        2.1.1 Abkehr von der Pathogenese 46
        2.1.2 Grundannahmen des Salutogenese-Modells 47
    2.2 Das Konzept des Kohärenzsinns (SOC) 50
        2.2.1 Definition und Komponenten des SOC 50

2.2.2 Verhältnis des Kohärenzsinns zu anderen psychologischen
　　　　　　Konzepten 53
　　　2.2.3 Wirkungsweisen des SOC: theoretische Annahmen und
　　　　　　empirische Befunde 55
　　　2.2.4 Kritik am SOC-Konzept 57
2.3 Die Entwicklung und Veränderung des Kohärenzsinns 59
　　　2.3.1 Antonovskys Annahmen zur Kohärenzsinnentwicklung 59
　　　2.3.2 Identitäts- und Kohärenzsinnentwicklung im Jugendalter 62
　　　2.3.3 Einflussfaktoren auf die SOC-Entwicklung 64
2.4 Der Familien-Kohärenzsinn als kollektives Konzept 67
　　　2.4.1 Definition und potentieller Einfluss des Familien-Kohärenzsinns . 67
　　　2.4.2 Operationalisierungen des FSOC-Konzeptes 69
　　　2.4.3 Studien zum Familien-Kohärenzsinn 71
2.5 Erziehungsberatung und Kohärenzsinnentwicklung 75
2.6 Zusammenfassung und Integration 78

3 Qualitätssicherung und Evaluation in der Erziehungsberatung 81

3.1 Qualitätssicherung in der Erziehungsberatung 81
　　　3.1.1 Der Diskurs zur Qualitätssicherung 81
　　　3.1.2 Qualitätssicherung in Psychotherapie und Erziehungsberatung ... 85
　　　3.1.3 Risiken und Chancen des Qualitätsdiskurses in
　　　　　　der Erziehungsberatung 88
3.2 Psychotherapie- und Evaluationsforschung 90
　　　3.2.1 Der Diskurs zur Psychotherapieforschung 90
　　　3.2.2 Evaluation und Evaluationsforschung 93
3.3 Evaluation von Erziehungsberatung 96
　　　3.3.1 Untersuchungen zur Evaluation von Erziehungsberatung 96
　　　3.3.2 Methodische Probleme bei der Evaluation von Erziehungs-
　　　　　　beratung 99
　　　3.3.3 Empirische Befunde zu Zugangs- und Rahmenbedingungen 100
　　　3.3.4 Empirische Befunde zum Beratungsprozess 103
　　　3.3.5 Empirische Befunde zu Beratungseffekten 106
　　　3.3.6 Empirische Befunde zur Beratungszufriedenheit 109
3.4 Kinder und Jugendliche in Therapie- und Beratungsforschung 110
　　　3.4.1 Kinder und Jugendliche in der systemischen Familientherapie ... 111
　　　3.4.2 Kinder und Jugendliche in der Erziehungsberatung 113
3.5 Zusammenfassung und Integration 114

4 Eine multiperspektivische und multimodale Evaluationsstudie 119

4.1 Untersuchungsrahmen und -design 120
4.1.1 Rahmenbedingungen und Evaluationsauftrag 120
4.1.2 Perspektiven- und Methodenkombination zur Evaluation von Erziehungsberatung 120
4.1.3 Evaluationsdesign und Untersuchungsablauf 123

4.2 Zentrale Fragestellungen der Studie 126
4.2.1 Beratungsbewertung aus der Sicht von Jugendlichen, Eltern und Beratern 127
4.2.2 Assoziierte Faktoren des Beratungserfolgs aus Elternsicht 128
4.2.3 Zusammenhang zwischen Erziehungsberatung und Kohärenzsinn 128

4.3 Beschreibung der Stichproben 129
4.3.1 Eltern 129
4.3.2 Kinder und Jugendliche 134
4.3.3 Berater und Beratungsstellen 136

4.4 Erhebungsverfahren und Auswertungsstrategien 137
4.4.1 Fragebogen zur Erziehungs- und Familienberatung (FEF) 138
4.4.2 Fragen an den/die Berater/in (FB) 145
4.4.3 Interview und Fragebögen für Jugendliche 146
4.4.4 Kohärenzsinnfragebögen 148
4.4.5 Auswertungsstrategien 151

4.5 Zusammenfassung und Integration 154

5 Beratung aus unterschiedlichen Perspektiven 159

5.1 Der Zugang zur Beratung 159
5.1.1 Anlass zur Beratung 160
5.1.2 Beratungsmotivation 162
5.1.3 Vorerfahrung mit psychologischen Hilfen 166
5.1.4 Erwartungen und Bedenken gegenüber einer Beratung 166
5.1.5 Institutionelle Rahmenbedingungen 169

5.2 Bewertung des Beratungsprozesses 170
5.2.1 Beratungsbeziehung 170
5.2.2 Beratungstechnik 176

5.3 Wahrgenommene Veränderungseffekte 182

5.4 Zufriedenheit mit der Beratung 193

5.5 Integration der Ergebnisse: Perspektiven zur Erziehungsberatung 198
5.1.1 Die Perspektive der Eltern 198

5.1.2 Die Perspektive der Jugendlichen 201
5.1.3 Die Perspektive der Berater 202

6 Analysen zum Beratungserfolg aus Elternsicht 205

6.1 Statistische Analysen zum Beratungserfolg 205
6.2 Analysen zur Beratungszufriedenheit 208
    6.2.1 Zusammenhänge mit Beratungszufriedenheit 208
    6.2.2 Diskriminanzanalyse: Was kennzeichnet zufriedene Klienten? ... 213
6.3 Analysen zu wahrgenommenen Veränderungseffekten 214
    6.3.1 Zusammenhänge mit Veränderungseffekten 216
    6.3.2 Diskriminanzanalyse: Was kennzeichnet Klienten mit
        vielen Veränderungseffekten? 218
6.4 Integration der Ergebnisse: Faktoren für eine erfolgreiche Beratung ... 219
    6.4.1 Faktoren für Beratungszufriedenheit 220
    6.4.2 Faktoren für wahrgenommene Veränderungseffekte 222

7 Erziehungsberatung und Kohärenzsinnförderung 225

7.1 Zusammenhänge zwischen Beratungsvariablen und
    Familien-Kohärenzsinn 225
7.2 Kohärenzsinnförderung bei Jugendlichen in der Erziehungsberatung .. 228
7.3 Fallanalysen zum Zusammenhang von Erziehungsberatung und
    Kohärenzsinn 231
    7.3.1 Fallbeispiel Nina (20 J.):
        „Alles hat seinen Sinn, auch wenn ich den nicht weiß" 231
    7.3.2 Fallbeispiel Manuel (18 J.):
        „Es ist halt so ein bisschen Vernachlässigung" 239
7.4 Integration der Ergebnisse: Wie kann Erziehungsberatung
    den Kohärenzsinn fördern? 245

8 Perspektiven für die Beratungspraxis 249

8.1 Partizipationshindernisse für junge Klienten in Beratungsprozessen ... 249
8.2 Partizipationsförderung in der Beratung mit Kindern 253
8.3 Zugänge zu Jugendlichen in der Erziehungsberatung 257
8.4 Nutzerbefragung und Perspektivenvergleich im Beratungsalltag 260

Literatur 263

Anhang 293
    A. Verzeichnisse 293
    B. Methoden 297
    C. Erhebungsverfahren 303

Vorwort

Bei einem handwerklichen Produkt fällt es uns nicht sehr schwer, über die Qualität des Produktes zu urteilen, auch nicht bei einem Fußballspiel oder Boxkampf. Warum tut sich der psychosoziale Bereich mit dem Qualitätsbegriff so schwer? Jedenfalls hat er im Feld psychosozialer Beratung zu einer defensiv-depressiven Stimmungslage geführt. Andreas Vossler spricht in dem vorliegenden Buch anschaulich von „den dunklen Qualitätssicherungswolken am Beratungshorizont" und er weiß, wovon er spricht, denn er hat jahrelang selbst in Einrichtungen der Erziehungsberatung gearbeitet. Die gewählte Stimmungsmetapher hat sicherlich mit der Sorge der Beratungsprofessionen zu tun, dass ihnen da eine Perspektive aufgezwungen werden könnte, die sie gegenüber ihrer Arbeit als fremd oder gar entfremdend empfinden.

Die Frage nach der Qualität von personalen Dienstleistungen hat inzwischen alle Bereiche der psychosozialen Arbeit auch erfasst und die bislang dominante Qualitätsfolie stammt aus einem betriebswirtschaftlichen Diskurs. Die Frage nach dem sinnvollen und effektiven Einsatz von Steuergeldern ist natürlich sinnvoll, aber die darauf bezogenen Kriterien dürfen nicht an die Stelle eigenständig entwickelter psychologisch-sozialwissenschaftlicher Qualitätskriterien treten. Dieser Aussage stimmt Andreas Vossler uneingeschränkt zu, aber er verfällt nicht in den so häufig zu hörenden larmoyanten Ton, sondern er sieht in den Projekten der Qualitätssicherung die Chance zu einem „frischen Wind" und zu der Möglichkeit, die eigenen professionellen Traditionen auf den Prüfstand zu stellen und zu fragen, ob sie noch die richtigen Antworten in einem gesellschaftlichen Rahmen bieten, der sich dramatisch verändert. Aber woran machen wir die Qualitätskriterien fest? Sind es die professionellen Ausbildungsstandards? Die Regeln beraterischer Kompetenz – doch würden sich Psychoanalytiker und Verhaltenstherapeuten auf gemeinsame Standards einigen können? Liefern nicht doch Kosten-Nutzen-Analysen die entscheidenden Kennziffern? All diesen Aspekten wird man die Berechtigung nicht absprechen können, bei Qualitätsurteilen berücksichtigt zu werden. Andreas Vossler rückt ins Zentrum seiner Überlegungen das Kriterium der Passung von professionellen Standards und den Bedürfnissen der nachfragenden Menschen. Und er schließt daran die Frage an: Sollten nicht die nachfragenden Personen in erster Linie die Qualitätsstandards setzen?

Zunächst umreißt Andreas Vossler das Profil der institutionellen Erziehungsberatung, die nach einer fast 100-jährigen Geschichte im Kinder- und Jugendhilfegesetz (KJHG) einen gesicherten Platz im Rahmen der Sozialgesetzgebung gefunden hat. Der historische Abriss macht auch deutlich, dass Erziehungsberatung eine stets neu zu reflektierende und zu verändernde gesellschaftliche Antwort auf psychosoziale Probleme von Heranwachsenden und ihren Familien darstellt. Die Konzepte und Arbeitsweisen, die den Handlungsalltag der Erziehungsberatung jeweils bestimmt haben, waren immer wieder Gegenstand kritisch-fachlicher Evaluation. So hat der 8.

Kinder- und Jugendbericht Anfang der 90er Jahre zu einer kritischen Revision der Beratungsarbeit geführt und sie stärker auf lebensweltliche Realitäten orientiert. Unter Bezug auf aktuelle soziologische Gegenwartsanalysen fragt Andreas Vossler nach Schwerpunktsetzungen, mit denen die institutionelle Erziehungsberatung auf veränderte Bedingungen des Aufwachsens in einer globalisierten kapitalistischen Gesellschaft zu reagieren hätte. In sieben Thesen legt der Autor einen anregenden Katalog von Reflexionsanstößen vor. Er bleibt dabei nicht bei einer soziologischen Analyse stehen, sondern nutzt das Salutogenesekonzept, um der Erziehungsberatung eine produktive psychologische Perspektive zu eröffnen. Zur Unterstützung für sein weiteres Vorgehen formuliert Andreas Vossler eine starke Hypothese: In Anknüpfung an das Salutogenesemodell nimmt er an, dass Personen mit einem starken und flexiblen Kohärenzgefühl Ambivalenzen in den gegenwärtigen Lebensbedingungen weniger als Bedrohung, sondern eher als Herausforderung sehen. Aus diesem Kohärenzgefühl heraus würde es ihnen gelingen, ihre eigenen Erfahrungen und die jeweiligen Lebensbedingungen mit Sinn zu besetzen und sich als selbstwirksam zu erfahren. Mit dieser Ausgangsprämisse erhält die Erziehungsberatung ein normatives Profil bzw. den „Handlungsauftrag", den Kohärenzsinn von Heranwachsenden und ihren Familien zu stärken. Für die vom Autor durchgeführte Evaluation ergibt sich als Hauptfrage: Gelingt es der institutionellen Erziehungsberatung den Kohärenzsinn von Kindern und Jugendlichen zu stärken und welche Maßnahmen tragen dazu bei?

Nachdem Andreas Vossler den allgemeinen Rahmen seiner Fragestellung abgesteckt hat, werden die zentralen Konstrukte noch einmal einer spezifischen begrifflich-theoretischen Überprüfung unterzogen. Das gilt vor allem für den salutogenetischen Ansatz und sein Hauptkonzept, den „sense of coherence" (SOC). Es wird ein hervorragender Überblick des Forschungsstandes geliefert. Es dürfte wenige Texte geben, in denen so präzise, systematisch und kritisch das Konzept SOC und die empirische Forschungslage vorgestellt wird. Zurecht distanziert sich der Autor von der Antonovskyschen Annahme einer kaum mehr veränderbaren Stabilität des SOC nach der Adoleszenz. Hier erweist sich Antonovsky als Schüler von Erikson, dessen Identitätskonzept jedoch gerade wegen seiner „epigenetischen" Schematisierung in die Kritik geraten ist. Auch die Erfahrungen psychotherapeutischer Veränderbarkeit des Kohärenzgefühls werden berechtigterweise ins Feld geführt. Besondere Aufmerksamkeit schenkt der Autor dem gerade für Familienberatung so relevanten Konzept des „Familien-Kohärenzsinns". Zu diesem Konzept ist die Forschungslage sehr mager und Andreas Vossler macht es sich zur Aufgabe, die Tragfähigkeit dieses Konzeptes zu verbessern und empirisch zu fundieren. Am Ende dieses Kapitels wird deutlich, dass dem kindlichen SOC und dem Familien-SOC nach Auffassung des Verfassers ein wichtiger Stellenwert als „Zielkriterium in der Beratungsforschung" zukommen sollte, weil das Kohärenzgefühl sowohl auf individueller als auch auf familiärer Ebene durch gute Beratung gefördert werden kann.

Der objektive gesellschaftliche Stellenwert von Erziehungsberatung ist nicht zuletzt durch die Regelungen des KJHG als hoch zu veranschlagen. Erfüllt aber die Erziehungsberatung diese Erwartungen? Schafft sie die Qualität, die ihre Anbieter immer wieder behaupten? In einem Überblick über die bislang vorliegende Evaluationsliteratur liefert Andreas Vossler auch hier einen differenzierten und aktuellen

Überblick. Er orientiert sich dabei an den Dimensionierungen, die durch die Qualitätssicherungsmaßnahmen zum evaluativen Standard geworden sind. Im Detail werden die Befunde zu den Zugangs- und Rahmenbedingungen der Beratung, zum Beratungsprozess, zu den Beratungseffekten und zur Beratungszufriedenheit ausgebreitet und diskutiert. Hier entsteht ein eindrucksvolles Leistungsspektrum institutioneller Erziehungsberatung. Es wird aber für den Autor auch ein zentrales Defizit erkennbar, das darin besteht, dass die Perspektive der Kinder und Jugendlichen kaum berücksichtigt wurde, obwohl es doch um sie geht. Dieses Defizit möchte Andreas Vossler in seiner eigenen Studie überwinden und es ist ihm gelungen, in seine Evaluation die Sicht der Heranwachsenden einzubeziehen.

Nachdem Andreas Vossler diesen kritischen Rahmen aufgespannt hat, folgt seine eigene empirische „Nagelprobe": Wie gelingt es, die beschriebenen Defizite in der bisherigen Evaluationsforschung zu überwinden? Gewählt wird für die katamnestische Untersuchung ein kombiniertes Programm von quantitativer und qualitativer Forschung. Gefragt wurden Eltern, Jugendliche und Berater im Abstand von zwei bis drei Jahren zur Beratung. Erhoben wurden die Einschätzungen von Zufriedenheit und Veränderungsmöglichkeiten. Und des Weiteren wurden Zusammenhänge zwischen unterschiedlichen Beratungsvariablen und dem Kohärenzgefühl untersucht. Der Autor trifft kluge Entscheidungen bei der Auswahl seiner Untersuchungsvariablen und -instrumente. Auch in Bezug auf den Auswertungsprozess erweist sich Andreas Vossler im Umgang mit dem fachlichen Handwerkszeug im quantitativen und qualitativen Bereich als souverän.

Bei der Auswertung orientiert sich Andreas Vossler an der Chronologie des Beratungsverlaufs (Anlass zur Beratung, Beratungsmotivation, Vorerfahrungen mit Beratung oder anderen psychologischen Hilfen, Erwartungen und Befürchtungen in Bezug auf Beratung, die institutionellen Rahmenbedingungen, Beratungsbeziehung und -verfahren, Veränderungseffekte und Beratungszufriedenheit). Beim Vergleich der drei befragten Gruppen ergeben sich bei den Heranwachsenden und ihren Eltern durchaus ähnliche Ergebnisse, aber der Vergleich zeigt, dass Jugendliche auch für sie wichtige eigenständige Beurteilungsdimensionen heranziehen: Sie wollen den Berater als authentisch erleben und erwarten von ihm eine neutrale Mittlerrolle zwischen ihnen und den Eltern bzw. Dritten. In einem nächsten Auswertungsschritt werden in Bezug auf die Elternsicht Interdependenzanalysen durchgeführt, die aufzeigen können, welche Variablen in positiver Verbindung zueinander stehen (so fällt die Veränderungseinschätzung umso positiver aus, je jünger die Mutter der Klientenfamilie ist und je positiver der Beratungsprozess bewertet wird). Im Unterschied zu Ergebnissen aus der Psychotherapieforschung sind die beiden Erfolgsmaße Zufriedenheits- und Veränderungseinschätzungen nicht mit Berater- und Zugangsvariablen oder der therapeutischen Ausrichtung des Beratervorgehens korreliert.

Ein drittes Auswertungskapitel ist ganz dem Kohärenzsinn gewidmet. Die qualitativen Interviews mit den Jugendlichen erwiesen sich als aussagekräftig. Hier wird deutlich, dass in den Beratungssitzungen an Themen und Kompetenzen gearbeitet wurde, die als Kohärenzförderung angesehen werden können und insofern auch den positiven Beitrag der Beratungserfahrungen aufzeigen. In zwei Fallanalysen wird dies nachvollziehbar belegt.

Das abschließende Kapitel eröffnet Perspektiven für die Beratungspraxis. Andreas Vossler, der lange selbst als Psychologe im Feld der Erziehungsberatung gearbeitet hat, legt Wert darauf, über Konsequenzen und Optimierungen der Beratungsprozesse nachzudenken und hierzu praxisrelevante Anregungen zu entwickeln. Ein besonderes Anliegen ist ihm die Partizipation von Kindern und Jugendlichen. Bei allen positiven Argumenten, die ein systemisches Vorgehen auf seiner Seite verbuchen kann, wird hier deutlich, dass Heranwachsende nicht nur als Teil eines Familiensystems wahrgenommen werden sollten, sondern auch einen Anspruch auf eine eigene Stimme und das Recht auf ein Setting haben, in dem sie nicht über ihre Eltern und deren Erwartungen und Bedürfnisse wahrgenommen werden.

Andreas Vossler hat mit seinem Buch für den Bereich der Erziehungs- und Familienberatung Standards gesetzt. Ein Berufspraktiker hat das eigene Handlungsfeld reflexiv bearbeitet und Kriterien für eine „gute Praxis" benannt, die im künftigen Diskurs über Qualitätsstandards für die psychosoziale Beratung nicht mehr fehlen dürfen.

München, im Frühsommer 2003
Heiner Keupp

Prolog:
Erziehungsberatung im Qualitätsdiskurs

*Not everything that can be counted counts,
and not everything that counts can be counted.*
Albert Einstein

Wer sich dem Themenfeld „Qualität und ihre Sicherung in der Praxis der institutionellen Erziehungsberatung" nähert, betritt sicher keine Terra incognita. Auch schon vor und jenseits des aktuellen Diskurses zur Qualitätssicherung gab und gibt es fachliche Ansätze, die Qualität der angebotenen Hilfen zu überprüfen und gegebenenfalls zu verbessern.

Gemessen am hohen Prozentsatz der Mitarbeiter mit zusätzlicher Fort- und Weiterbildung kann von einem beachtlichen Niveau mitarbeiterbezogener Qualifizierung in diesem Sektor der Jugendhilfe ausgegangen werden. Die im interdisziplinären Team entwickelten Kommunikationsstrukturen ermöglichen einen fachlichen Austausch und kollegiale Intervisionshilfen zur Fallarbeit. An vielen Beratungsstellen werden die Beratungsarbeit sowie teaminterne Abläufe und Prozesse im Rahmen regelmäßiger externer Supervisionen reflektiert und bearbeitet. Vielerorts gehört die Beschäftigung mit neuen fachlichen und gesellschaftlichen Entwicklungen sowie eine umfassende Dokumentation der Arbeit – z. B. über Jahresberichte – zum Standard (vgl. Seus-Seberich, 1999). Es ist unverkennbar, dass die systematische Reflexion der psychosozialen Praxis in diesem Bereich der Jugendhilfe einen traditionell hohen Stellenwert besitzt. „Wozu Eulen nach Athen tragen" – fragt vor diesem Hintergrund denn auch Haid-Loh (1996) in einem Beitrag zur Qualitätssicherung in der Erziehungsberatung.

Dass sich die institutionelle Erziehungsberatung im Allgemeinen und die Beratungsstellen vor Ort im Speziellen den neuen Qualitätsdebatten dennoch nicht verschließen konnten, ist auf die gesellschaftlichen und ökonomischen Hintergründe dieses Diskurses zurückzuführen: Liebald (1998) spricht in diesem Zusammenhang von einem „Paradigmenwechsel", durch den das Neuartige an der aktuellen Qualitätsdebatte in den Humandienstleistungen in Deutschland charakterisiert wird: der Wechsel „von einer bisher vorrangig fachimmanenten Beschäftigung mit pädagogischen Themen zu einer zunehmend unter ökonomischen Gesichtspunkten geführten Diskussion, die Effektivität und Effizienz in den Mittelpunkt ihrer Betrachtungen stellt" (S. 71). Noch deutlicher wird dieser ökonomische Aspekt von Haid-Loh (1996) formuliert, der die Beratungsstellen von Vertretern der Kommunalverwaltungen ins Visier von Abschuss- bzw. Streichlisten genommen sieht und diese mit Sätzen wie „in Zukunft wird es nur zwei Arten von Jugendhilfeanbietern geben, solche, die Qualität anbieten, und solche, die nicht mehr im Geschäft sind ..." zitiert (S. 10).

Der frische Wind, der mit den dunklen Qualitätssicherungswolken am Beratungshorizont aufgekommen ist, könnte den Einrichtungen und Mitarbeitern jedoch – positiv gewendet – auch helfen, bisher unbeachtete Missstände im Beratungsalltag aufzudecken und neue Einsichten zu gewinnen. So verstanden können Qualitätssicherungsmaßnahmen von den Akteuren in der Erziehungsberatung dazu genutzt werden, die Beratungspraxis kritisch zu reflektieren und ihre Hilfeleistungen interessierten Dritten gegenüber (Zuschussgebern, Öffentlichkeit) transparent zu machen.

Einem solchen „selbstreflexiven" Qualitätssicherungsverständnis ist die empirische Studie zur Evaluation von Erziehungsberatung verpflichtet, die mit ihren Ergebnissen im Zentrum dieses Buches steht. Sie entstand im Auftrag des Caritasverbandes der Erzdiözese München und Freising, der im Rahmen eines Selbstevaluationsprojekts die Arbeit der trägereigenen Erziehungsberatungsstellen unter die „katamnestische Lupe" nehmen lassen wollte. Auf die inhaltliche Ausrichtung und Schwerpunktsetzung des Forschungsprojekts ist es zurückzuführen, dass mit den gewonnenen Ergebnissen ein weit über den Trägerauftrag hinausgehender Beitrag zum Verständnis heutiger Beratungspraxis geleistet werden kann:

Ein zentrales Qualitätsmerkmal für Qualitätssicherungsprojekte ist die Orientierung an den Bedürfnissen der Nutzerinnen und Nutzer der Angebote. Die Sichtweisen und Bewertungen der Adressaten von Erziehungsberatung – Jugendliche und Eltern – bilden daher den einen thematischen Schwerpunkt. Ihnen soll hier zu großen Teilen die Definitionsmacht darüber zugesprochen werden, was unter „guter" und „schlechter" Arbeit zu verstehen ist. Mit dem gezielten Einbezug von Kindern bzw. Jugendlichen in die empirische Untersuchung wird zudem die Perspektive derjenigen hervorgehoben, deren Meinung bei bisherigen Evaluationsbemühungen in der Regel nicht gefragt war. Damit kann einer aktuellen Forderung im elften Kinder- und Jugendbericht für die Bundesregierung (2002) nach „Impulsen für eine adressat(inn)enorientierte Weiterentwicklung der erzieherischen Hilfen (...) durch die Einbeziehung von Partizipationsanforderungen in die Qualitätsdebatte ..." (S. 202) entsprochen werden.

Der zweite inhaltliche Schwerpunkt erwächst dadurch, dass – vor dem Hintergrund der durch gesellschaftliche Modernisierungsprozesse entstandenen neuen Aufgabenstellungen an Erziehungsberatung – die potentiell gesundheitsfördernde Seite dieser Jugendhilfeleistung thematisiert wird. Neben Klientenzufriedenheit und Veränderungseffekten wird in diesem Sinne der Kohärenzsinn der Klienten, der von Antonovsky (1987) als globale Orientierung bzw. Weltsicht konzeptualisiert und in die Gesundheitswissenschaften eingebracht wurde, als ein Kriterium zur Beschreibung der Ergebnisqualität der Beratung eingeführt. Die Untersuchung des Zusammenhangs zwischen Erziehungsberatung und Kohärenzsinn ist auch (und gerade) unter gesundheitsökonomischen Aspekten relevant, weil dem Kohärenzsinn in Antonovskys Salutogenesemodell eine gesundheitsdeterminierende Schlüsselrolle (Fäh, 2000) zukommt: Gelingt es, im Rahmen einer Erziehungsberatung die Kohärenzsinnentwicklung bei Kindern und Jugendlichen positiv zu beeinflussen und damit ihre Ressourcennutzung bzw. ihre Handlungskompetenzen zu erhöhen, können damit auf lange Sicht gesehen Krankheitsrisiken gemindert und Behandlungskosten eingespart werden.

Das vorliegende Buch ist so aufgebaut, dass zunächst die theoretischen und empirischen Grundlagen zur institutionellen Erziehungsberatung (Kapitel 1), zum Konzept des Kohärenzsinns auf individueller und familialer Ebene (Kapitel 2) und zur Evaluation von Erziehungsberatung (Kapitel 3) aufgezeigt werden.

Kapitel 4 widmet sich darauf aufbauend der Spezifizierung der Zielsetzung und Methodik der Evaluationsstudie. In diesem Kontext werden auch die eingesetzten Untersuchungsverfahren und die beteiligten Klienten- bzw. Beraterstichproben vorgestellt.

Die Präsentation der Studienergebnisse und der daraus ableitbaren Schlussfolgerungen verteilt sich auf die drei folgenden Kapitel: Die unterschiedlichen Perspektiven von Jugendlichen, Eltern und Beratern zur Beratung werden in Kapitel 5 aufgespannt und gegenübergestellt. Kapitel 6 beinhaltet die Ergebnisse der statistischen Analysen zum Beratungserfolg aus Elternsicht. Mit den Zusammenhängen zwischen dem Erleben der Beratung und dem Kohärenzsinn der Klienten bzw. der Entwicklung dieser globalen Orientierung – illustriert durch zwei ausführliche Falldarstellungen – beschäftigt sich Kapitel 7.

Im abschließenden Kapitel 8 werden die zentralen Perspektiven, die sich aus den Ergebnissen für die Beratungspraxis eröffnen, vorgestellt.

Der Aufbau der acht Kapitel ist an einem einheitlichen Schema orientiert: Sie werden jeweils durch einen Textkasten eingeleitet, der die inhaltliche Struktur und Ausrichtung des Kapitels beschreibt. Die Zusammenfassung am Kapitelende hat die Funktion, die wichtigsten Kapitelinhalte in übersichtlicher Weise zu bündeln und in den Gesamtzusammenhang der Arbeit zu integrieren.

Beim Lesen des Buches ist zu berücksichtigen, dass für Bezeichnungen, die Personen beiderlei Geschlechts betreffen (also z. B. Beraterinnen und Berater), aus Gründen der besseren Lesbarkeit jeweils die männliche Sprachform (z. B. Berater) verwendet wurde. Die Nummerierung der Fußnoten erfolgte jeweils kapitelweise.

1
Institutionelle Erziehungsberatung im gesellschaftlichen Wandel

> Die Annäherung an die Institution „Erziehungsberatung" (EB) verläuft in diesem ersten Kapitel in drei Etappen, in denen unterschiedliche Blickwinkel eingenommen werden.
> Zunächst wird der *institutionelle Rahmen* aufgespannt, in dem sich die Beratung an Erziehungs- und Familienberatungsstellen (EBSt) bewegt. Er wird durch die lange Tradition dieser Hilfeform im Kontext gesellschaftlicher Entwicklungen und ihre aktuellen gesetzlichen Grundlagen, wie sie im Kinder- und Jugendhilfegesetz (KJHG, SGB VIII) festgelegt sind, konstituiert. Die Bestimmungen des KJHG waren zusammen mit Länderrichtlinien und Empfehlungen öffentlicher und freier Träger für die inzwischen deutlich gewordene Verankerung der Erziehungsberatung in den Kontext der Jugendhilfe ausschlaggebend.
> Anschließend werden *Konzepte* und *Arbeitsweisen* der Erziehungsberatung in ihren zentralen Tätigkeitsbereichen – Beratung, Therapie, Information und Prävention – in der Praxis beleuchtet. Dabei kommen auch innovative, gemeindepsychologische Beratungsansätze, die vor dem Hintergrund der kritischen Stellungnahme zur Erziehungsberatung im 8. Kinder- und Jugendbericht entstanden, zur Vorstellung.
> Im dritten Abschnitt werden die Auswirkungen *gesellschaftlicher Wandlungsprozesse* (Pluralisierung, Werteverlust, veränderte familiäre Lebensformen) auf die institutionelle Erziehungsberatung beschrieben. Dazu zählen veränderte Beratungsmethoden und -settings ebenso wie die schon seit Jahren zu beobachtenden Bemühungen zur Qualitätssicherung und -dokumentation in diesem Bereich.
> Am Ende des Kapitels steht der Versuch, das zuvor herausgearbeitete gegenwärtige Profil der Institution Erziehungsberatung sowie Kriterien für eine zeitgemäße Beratungsarbeit in Form einiger *Thesen* pointiert zusammenzufassen.

1.1 Der institutionelle Rahmen der Erziehungsberatung

1.1.1 Definitionen zur institutionellen Erziehungsberatung

Eine allgemeingültige Definition zur institutionellen Erziehungsberatung liegt bisher nicht vor, entsprechende Bestimmungsversuche leiden zudem unter einer „definitorischen Vagheit" (Abel, 1996). Daher sollen im Folgenden zunächst allgemeine Beratungsdefinitionen aus der psychologischen Beratungsforschung angeführt werden, um davon die Besonderheiten der Erziehungsberatung abzuleiten.

Dietrich (1991) definiert *Beratung* als eine „helfende Beziehung", in welcher der Berater mittels sprachlicher Kommunikation und anregender bzw. stützender Methoden innerhalb eines vergleichsweise kurzen Zeitraumes versucht, bei den Klienten Lernprozesse zur Steigerung ihrer Selbsthilfebereitschaft, Selbststeuerungs- und Handlungsfähigkeit auszulösen (S. 2). Im Gegensatz zu einem therapeutischen Vorgehen, bei dem die Veränderung von Dispositionen angestrebt werde, stehe bei der Beratung die Bewältigung einer aktuellen Lebenskrise sowie das Aufzeigen möglicher Lösungen in subjektiv als schwierig erlebten Situationen im Vordergrund.

Bommert und Plessen (1982) definieren Beratung allgemein als „die wissenschaftlich fundierte Klärung und Beeinflussung individuellen menschlichen Verhaltens mit dem Ziel der Behandlung und Prophylaxe von Fehlentwicklungen" (S. 72) und sehen Erziehungsberatung als Sonderfall bezogen auf die umschriebene Klientengruppe von Kindern, Jugendlichen und Eltern bzw. Erziehern.

Zur besonderen Kennzeichnung der *Erziehungsberatung* und ihrer Abgrenzung gegenüber anderen Beratungsformen werden häufig weitere Aspekte bezüglich ihrer Arbeitsweise genannt:

Kasten 1.1: Kennzeichen der Arbeitsweisen in der Erziehungsberatung

- *Personenbezogenheit* der Erziehungsberatung: Über das Medium der persönlichen Beziehung zwischen Ratsuchendem und Berater werden Einsichten und Verhaltensänderungen ermöglicht. Der Klient wird dabei selbst zum Gegenstand der Beratung (Bundeskonferenz für Erziehungsberatung, 1994).
- *Offenheit* bezüglich der Zielgruppe: Erziehungsberatung bietet persönliche Unterstützung in schwierigen Lebenssituationen, ohne dass dazu eine Krankheitsdefinition bzw. eine Symptomatik mit Krankheitswert wie bei einer Psychotherapie nötig wäre.
- *Familieneinbezug:* Da Erziehungs- und Entwicklungsprobleme häufig im Zusammenhang mit familiären Konflikten oder Spannungen stehen, wird Erziehungsberatung oft zur Familienberatung ausgeweitet.*

Anmerkung: *Viele EBSt tragen dieser Arbeitsweise auch in ihrer Namensgebung Rechnung und nennen sich „Erziehungs- und Familienberatungsstelle" oder „Beratungsstelle für Kinder, Jugendliche und Eltern".

Hundsalz (1995) beschreibt beispielsweise die „Beratung in der Erziehungsberatung" als ein

„auf die Lösung von Problemen abzielendes, prozessorientiertes, interaktionelles dynamisches Geschehen, das in Kontextzusammenhängen stattfindet, zeitlich begrenzt und professionell strukturiert ist" (S. 17).

Für die definitorische Bestimmung der institutionellen Erziehungsberatung ist darüber hinaus neben dem Auftrag des Gesetzgebers (vgl. 1.1.3) auch die Praxis der Erziehungsberatung, wie sie sich in den Konzepten und Arbeitsweisen der EBSt widerspiegelt (vgl. 1.2), maßgebend (Hundsalz, 1995, S. 15).

1.1.2 Geschichtliche Entwicklung

Die Geschichte der institutionellen Erziehungsberatung reicht mittlerweile fast hundert Jahre zurück. Ihre historische Entwicklung wurde bereits an anderer Stelle mit unterschiedlichen zeitlichen Schwerpunkten (z. B. Erziehungsberatung im Nationalsozialismus: Kadauke-List, 1996; Sommer, 1995) oder im Überblick beschrieben (Presting, 1991; Menne, 1995; Abel, 1998a; Specht, 2000). Ich werde mich daher im Folgenden darauf beschränken, die wesentlichen Entwicklungslinien mit ihren jeweiligen Bedingungsfaktoren abzubilden.

Zu *Beginn des 20. Jahrhunderts* entstanden in Deutschland die ersten Institutionen, die als Vorläufer der heutigen EBSt gelten können (1903 in Hamburg, 1906 in Berlin, 1916 in Frankfurt, 1922 in München). Ihre Einrichtung wurde durch die fortschreitende Industrialisierung und Urbanisierung und die daraus resultierenden veränderten Lebensbedingungen, vor allem in den Großstädten (Wohnungsnot, Verelendung, Jugendkriminalität), ausgelöst. Parallel dazu wuchs die Überzeugung, durch die neuen Erkenntnisse aus humanwissenschaftlichen bzw. entwicklungspsychologischen Forschungen Einfluss auf Erziehung und normabweichendes Verhalten nehmen zu können. In diesem Sinn lag den ersten Beratungsstellen eine stark medizinisch orientierte Konzeption zugrunde (ärztliche Leitungen). Der Begriff „Erziehungsberatungsstelle" geht auf das von Alfred Adler in Wien aufgebaute Netz von individualpsychologischen Beratungsstellen – 22 Stellen (1928) in jedem Wiener Stadtbezirk – zurück (Hundsalz, 1995, S. 23). In Deutschland wird die Einrichtung weiterer Beratungsstellen durch das 1924 in Kraft tretende Reichsjugendwohlfahrtsgesetz gefördert. Seine Bestimmungen schreiben für Städte mit mehr als zehntausend Einwohnern Jugendämter vor, die „Beratung in Angelegenheiten der Jugendlichen" durchführen sollen (1928: 42 Beratungsstellen). Neben ihrer Fürsorgeorientierung mit der Zielgruppe der „schwer Erziehbaren" kann den Erziehungsberatungsstellen in der damaligen Zeit vor allem eine kontrollierende und selegierende Funktion in der Jugend- und Sozialpolitik des Staates zugeschrieben werden (vgl. den Begriff „Jugendsichtungsstelle", die 1916 in Frankfurt gegründet wurde). Je nach „Sichtungsergebnis" veranlassten die Stellen Maßnahmen wie eine staatliche Fürsorgeerziehung oder die Aufnahmen in Sonderhorte und -kindergärten.

Die Geschichte der Erziehungsberatung in der Zeit von *1933 bis 1945* wird in rückblickenden Bewertungen zum Teil immer noch oberflächlich abgehandelt (Specht, 2000; Menne, 1995) oder einseitig als „Phase der Stagnation" (Dt. Caritasverband, 2000) oder „Unterbrechung der fachlichen Entwicklung" (Menne & Hundsalz, 2000, S. 10) eingeordnet, ohne dabei die Zusammenhänge zu den Entwicklungen vor oder nach der Nazi-Herrschaft aufzuzeigen. An dieser Periode kann jedoch besonders deutlich gezeigt werden, wie stark die Arbeit der Erziehungsberatungsstellen von den jeweils herrschenden gesellschaftlichen Bedingungen beeinflusst wird. Erziehungsberatung wurde im Nationalsozialismus für die ideologischen Ziele von Staat und Partei funktionalisiert. Im Rahmen der „Nationalsozialistischen Volkswohlfahrt" wurden die bestehenden EBSt aufgelöst oder „gleichgeschaltet". Für die „erbgesunde" Jugend wurde ein hierarchisch strukturiertes Netz zur Erziehungsberatung systematisch aufgebaut. Es bestand aus Einrichtungen mit Fachkräften auf Gauebene und Laienhelfern als „Erziehungsberater" auf den unteren Ebenen (1936/37 insgesamt 3345 Stellen nach Kadauke-List, 1996). In diesem engmaschigen „Fürsorgesystem" kam der Erziehungsberatung eine doppelte Funktion der alltagsdurchdringenden Überwachung zur „Vorbeugung von Erziehungsschäden" auf der einen sowie Auslese und Ausgrenzung der Klientel nach ideologischen und ökonomischen Kriterien auf der anderen Seite zu. Die Klienten sollten unter dem Aspekt der „Erbgesundheit" begutachtet und weitergeleitet werden, wenn der „Aufwand" einer Betreuung nicht berechtigt schien (Kadauke-List, 1989).

Neben häufig unerwähnt bleibenden Kontinuitäten (EBSt freier Träger bestehen zum Teil in der Nazizeit ohne wesentliche Einschränkungen weiter, eingesessene Erziehungsberater arrangieren sich mit dem Regime) war die Entwicklung im Dritten Reich vor allem für die Etablierung des Berufsstands der Psychologen in den EBSt von Bedeutung. Sie übernehmen häufig die Leitung der Erziehungsberatungsstellen auf Gauebene aus ärztlicher Hand und bringen ihre Fachkompetenz bei der Diagnostik „aufwandunwürdiger" Kinder und Jugendlicher ein. In dieser Zeit veröffentlichte Kersten (1941) ein erstes, umfassendes Handbuch der Erziehungsberatung, in dem unter Erziehungsberatung allgemein die Aufgabe zur Förderung „erbgesunden, für die Volksgemeinschaft wertvollen Nachwuchses" (S. 440) verstanden wird. Die Münchner Erziehungsberatungsstelle unter Seif konnte durch die Zusammenarbeit mit dem „Deutschen Institut für psychologische Forschung und Psychotherapie" – an dem ab 1937 auch eine anerkannte Ausbildung zum Erziehungsberater absolviert werden konnte – auf breiter Basis institutionalisiert werden. Diese Beispiele verdeutlichen, wie die „Nationalsozialistische Volkswohlfahrt" ein neues Berufsfeld für Psychologen bereitgestellt und damit zur Professionalisierung der Psychologie beigetragen hat. Gleichzeitig konnten im Kontext ihrer Beratungsstellen auch psychotherapeutische Behandlungsverfahren zur Anwendung gebracht und weiterentwickelt werden (Abel, 1998a).

Nach dem Krieg wurde der Aufbau der Erziehungsberatungsstellen in Deutschland zunächst durch Einflüsse aus den USA bestimmt. Nach dem Vorbild der „child-guidance-clinics" wurden in Großstädten Beratungsstellen mit multidisziplinärem Team eingerichtet, mit denen die Besatzungsmacht im Sinne der Reeducation-Bemühungen Einfluss auf das deutsche Erziehungswesen nehmen wollte. Zwischen Anfang der 50er und Ende der 70er Jahre kam es zu einem enormen Ausbau der institutionellen Erziehungsberatung (1953: 96 EBSt mit 134 hauptamtlichen Mitarbeitern; 1984: 800 EBSt mit 3550 Mitarbeitern[1]). Er kann als Reaktion auf den gestiegenen Beratungs-

---

1 Diese und folgende statistische Angaben aus Presting (1991) und einer Veröffentlichung der Bundeskonferenz für Erziehungsberatung (bke, 1998) beziehen sich soweit nicht anders angegeben auf das alte Bundesgebiet.

und Orientierungsbedarf in der Bevölkerung, im Kontext der im Zuge von Wiederaufbau und Modernisierung zu beobachtenden gesellschaftlichen und familiären Veränderungen, verstanden werden (vgl. 1.3.1). Der Gesetzgeber war daran interessiert, durch Bestimmungen und Richtlinien den flächendeckenden Ausbau des Beratungswesens zu fördern. In den 1973 von den für die Jugendhilfe zuständigen Senatoren und Minister der Länder erlassenen „Grundsätzen für die einheitliche Gestaltung der Richtlinien der Länder für die Förderung von Erziehungsberatungstellen" – die auch heute noch Gültigkeit haben – wird neben Grundsatzempfehlungen zu Aufgaben, personeller Ausstattung und Arbeitsweise eine Richtzahl von einer EBSt (mit mindestens drei hauptamtlichen Mitarbeitern) pro fünfzigtausend Einwohnern als Anhaltspunkt für den weiteren EB-Ausbau genannt. Infolge des erhöhten Kostendrucks und der Sparmaßnahmen in den Haushalten der öffentlichen und freien Träger stagniert die weitere Ausweitung des EB-Netzes jedoch seit Beginn der achtziger Jahre, obwohl parallel dazu der Bedarf, gemessen an der Inanspruchnahme dieser Jugendhilfeleistung, kontinuierlich angestiegen ist (Menne, 1989; Anstieg der Zahl beendeter Fälle im alten Bundesgebiet zwischen 1991 und 1996 von 142448 auf 191836[2]). Die letzte Erhebung der „Bundeskonferenz für Erziehungsberatung" (bke) – des 1962 gegründeten Fachverbands für Erziehungs- und Familienberatung in der BRD – ergab eine Zahl von 833 Erziehungs- und Familienberatungsstellen (Stichtag 31.12.1993) in den alten Bundesländern, was einer Dichte von einer Stelle für 78742 Einwohner entspricht (in Bayern: 88532). Damit werden besonders im ländlichen Raum die Vorgaben der Landesminister bei weitem verfehlt. Für Bayern muss, bezogen auf das Verhältnis „Einwohner pro Fachkraft", für die letzten Jahre sogar eine deutliche Verschlechterung der Versorgungsdichte konstatiert werden (1982: 22240 Einwohner; 1993: 26993).

1.1.3 Aktuelle gesetzliche Grundlagen

Mit dem am 01.01.1991 als Sozialgesetzbuch VIII in Kraft getretenen Kinder- und Jugendhilfegesetz (KJHG) wurden die derzeit gültigen gesetzlichen Grundlagen für die institutionelle Erziehungsberatung geschaffen. Sie wird darin als öffentlicher Auftrag formuliert und in den Kontext der übrigen Jugendhilfe integriert. Da die mit dem KJHG in den gesamten Jugendhilfebereich eingeführten Grundsätze (präventive Orientierung, „Dienstleistungsprinzip", partnerschaftliches Aushandeln statt Ausüben eines Wächteramtes, Beratung als handlungsleitendes Prinzip) typischen EB-Orientierungen entsprechen, müssen in der Praxis für die Erziehungsberatung neue Definitionen und Abgrenzungen (z. B. zu funktionaler Beratung durch den Allgemeinen Sozialdienst) ausgehandelt werden. Im Einzelnen sind im KJHG folgende spezifischen gesetzlichen Grundlagen für die Erziehungsberatung aufgeführt:

---

2 Angaben des Statistischen Bundesamts und der Dortmunder Arbeitsstelle für Kinder- und Jugendhilfestatistik.

Kasten 1.2: Gesetzliche Grundlagen der institutionellen Erziehungsberatung

> **§ 28: Erziehungsberatung:** Erziehungsberatung wird hier ausdrücklich zu den „Hilfen zur Erziehung" (§ 27) gezählt, die dazu dienen sollen, Personensorgeberechtigte in ihrer Erziehungsverantwortung zu unterstützen, um eine dem Wohl des Kindes entsprechende Erziehung sicherzustellen. Nach § 28 sollen Erziehungsberatungsstellen und andere Beratungsdienste und -einrichtungen* „Kinder, Jugendliche, Eltern und andere Erziehungsberechtigte bei der Klärung und Bewältigung individueller und familienbezogener Probleme und der zugrunde liegenden Faktoren, bei der Lösung von Erziehungsfragen sowie bei Trennung und Scheidung unterstützen. Dabei sollen Fachkräfte verschiedener Fachrichtungen zusammenwirken, die mit unterschiedlichen methodischen Ansätzen vertraut sind."
>
> Mit § 28 wird der „eigentliche Auftrag" (Wiesner, 1994, S. 112), das klassische, auf Einzelfallarbeit ausgerichtete Profil der Erziehungsberatung beschrieben (Abel, 1998b). § 27 sieht für alle „Hilfen zur Erziehung" bei Bedarf die Einbeziehung des engeren sozialen Umfelds und die „Gewährung pädagogischer und damit verbunden therapeutischer Leistungen" vor. Erziehungsberatung nach § 28, der die Institution Erziehungsberatungsstelle explizit erwähnt, gilt als *institutionelle* Erziehungsberatung. Sie wird von einer *funktionellen* Beratung oder Erziehungsberatung im allgemeinen Sinn, wie sie z. B. vom Jugendamt oder anderen Jugendhilfeeinrichtungen geleistet wird, abgegrenzt. Die Angebote gelten für *„junge Menschen"* bis zum 27. Lebensjahr (§ 7).
>
> **§ 16: Allgemeine Förderung der Erziehung in der Familie:** Dieser Paragraph bildet die Grundlage für die fallübergreifenden, präventiven Angebote der EBSt wie z. B. Gruppenangebote, Arbeit mit Multiplikatoren und Vorträge in Kindergärten oder Schulen.
>
> **§ 17: Beratung in Fragen der Partnerschaft, Trennung und Scheidung:** Im Gegensatz zu der in § 28 genannten Trennungs- und Scheidungsberatung steht hier weniger die Betroffenheit des Kindes als vielmehr die Arbeit mit den Eltern zur Entwicklung von Konzepten zur Wahrnehmung der elterlichen Sorge im Vordergrund (Wiesner, 1994).

Anmerkung: *Obwohl EBSt in § 28 explizit genannt werden, ist die Zuordnung der Aufgaben nicht exklusiv, sie können unter Gewährung der im Gesetz genannten Voraussetzungen auch von anderen Diensten bzw. Einrichtungen wahrgenommen werden (Münder, Greese, Jordan, Kreft, Lakies, Lauer, Proksch & Schäfer, 1993). Damit ist nur die Leistung Erziehungsberatung, nicht aber die Institution im KJHG rechtlich abgesichert (Cremer, 1996).

Neben den genannten Paragraphen sind noch weitere KJHG-Bestimmungen für die Erziehungsberatung bedeutsam (z. B. § 18: Beratung und Unterstützung bei der Ausübung der Personensorge; § 28: Soziale Gruppenarbeit; § 11: geschlechtsspezifische Angebote; Lohl & Detering (1991) benennen diesbezüglich alleine 15 Paragraphen). Sie werden jedoch in der Praxis nur in Einzelfällen zur Begründung der Tätigkeiten von Erziehungsberatungsstellen verwendet.

Darüber hinaus sind im KJHG u. a. folgende *allgemeinen Grundsätze* für die Tätigkeit von Jugendhilfeeinrichtungen – und damit auch EBSt – formuliert:

Kasten 1.3: Allgemeine Grundsätze im Kinder- und Jugendhilfegesetz (KJHG)

> **§ 1 (Absatz 3):** Jugendhilfe soll dazu beitragen, „... positive Lebensbedingungen für junge Menschen und ihre Familien (...) zu erhalten bzw. zu schaffen" und „... Benachteiligungen zu vermeiden oder abzubauen". Daraus kann für die Erziehungsberatung die Aufgabe abgeleitet werden, über die klassische Einzelfallarbeit hinaus für diese übergeordneten Zielsetzungen einzutreten. Als geeignete Instrumentarien hierfür werden lebenswelt- oder gemeinwesenorientierte Ansätze – wie bspw. offene Sprechstunden, sozialräumliche Vernetzungsaktivitäten, Empowermentorientierung und der Abbau institutioneller Schwellen – genannt (Nestmann, 1996).
>
> **§ 27 und § 36:** Der Einbezug der Erziehungsberatung in den Kanon der „Hilfen zur Erziehung" (§ 27) und in ein – zumindest vereinfachtes (Deutscher Verein, 1994) – Hilfeplanverfahren (§ 36) impliziert eine stärkere Hinwendung der EBSt und ihrer Angebote zu Klientengruppen in besonders schwierigen Lebens- und Benachteiligungssituationen, die vom Allgemeinen Sozialdienst (ASD) aufgefangen werden.
>
> **§ 8:** Kinder und Jugendliche sollen entsprechend ihrem Entwicklungsstand an allen sie betreffenden Entscheidungen beteiligt werden (Absatz 1) und in Notfällen ohne größere Hindernisse (ggf. auch ohne Kenntnis der Personensorgeberechtigten) einen Zugang zur Beratung erhalten (Absatz 2).

Zusätzlich dazu werden Erziehungsberatungsstellen auf der Grundlage des KJHG zum „Schutz personenbezogener Daten" (§§ 61– 68), zum kostenfreien Vorhalten der Angebote (§§ 90–96) und zur Dokumentation aller Leistungen nach § 28 (Hilfen zur Erziehung) im Sinne einer einzelfallbezogenen Statistik verpflichtet. Insgesamt wird der Erziehungsberatung im Rahmen des KJHG eine doppelte Funktion zugedacht (Münder et al., 1993): Sie soll neben der Krisenintervention (Einzelfallarbeit nach § 28) präventive Maßnahmen – z.B. auf der Grundlage von § 16 – entwickeln und bereitstellen.

Da die örtlichen Jugendhilfeträger mit der Einführung des KJHG verantwortlich gemacht wurden, die im Gesetz vorgeschriebenen Leistungen zu gewährleisten, stellen die Vorgaben der jeweiligen Kommunen – neben den Ausführungsbestimmungen des Trägers der Stelle (z. B. Deutscher Caritasverband, 2000) – weitere Rechtsgrundlagen für die EBSt dar.

1.1.4 Institutionelle Bedingungen und Grundprinzipien

Erziehungsberatungsstellen werden in der Bundesrepublik sowohl von öffentlichen (Kommunen) als auch von freien *Trägern* (z. B. kirchliche Träger wie Caritas und Diakonie) unterhalten. In den westlichen Bundesländern befanden sich 1993 rund 40 % der Stellen in öffentlicher und 60 % in freier Trägerschaft, wobei das Trägerverhältnis regionalen Schwankungen unterliegt (z. B. Bayern: 76,9 % freie Träger). Für die praktische Arbeit an den EBSt scheint der Träger in den Augen der Berater kaum mehr eine Rolle zu spielen (Kühnl, 2000).

Lage und *Ausstattung* der Stellen sollten an den Vorgaben der erwähnten „Grundsätze" der für die Jugendhilfe zuständigen Minister und Senatoren von 1973 und an den Richtlinien des jeweiligen Bundeslandes (z. B. Bayrisches Staatsministerium für Arbeit und Sozialordnung, 2000) orientiert sein. EBSt sollten demnach für alle Einwohner des Einzugsgebietes ohne längeren Anfahrtsweg erreichbar sein[3], mit ausreichenden Räumlichkeiten (Arbeitsräume für jede Fachkraft, Sekretariat, Warteraum, Räume für Therapiezwecke) mit ansprechender Atmosphäre ausgestattet sein und über eine an ihre Größe angepasste Ausrüstung an Test-, Spiel-, Therapie- und Beschäftigungsmaterial verfügen.

Das *Team* einer EBSt ist in Einklang mit den gesetzlichen Vorschriften *multidisziplinär* zusammengesetzt. 1993 waren an den westdeutschen Erziehungsberatungsstellen insgesamt 4017 hauptamtliche Fachkräfte angestellt, davon waren 49,8 % Psychologen, 29,5 % Sozialpädagogen bzw. Sozialarbeiter und 4,3 % Heilpädagogen. Die übrigen Stellen verteilten sich auf Ärzte, Diplom-Pädagogen und sonstige Fachkräfte. Generell variierte die Größe der Teams zwischen durchschnittlich 4 Fachkräften bei öffentlichen Trägern und 3,5 Fachkräften bei katholischen und evangelischen Trägern.

Neben der Fachrichtungs- und Methodenvielfalt werden als wesentliche Rahmenbedingungen der Arbeit der EBSt die kostenfreie und freiwillige Inanspruchnahme der Leistung durch die Klienten und der uneingeschränkte Schutz der personenbezogenen Daten genannt (z. B. Specht, 2000). Diese so genannten *Essentials* von Erziehungsberatung (Jacob, 1999) entsprechen ebenfalls der Gesetzeslogik des KJHG und sollen die Niedrigschwelligkeit des Hilfsangebots sicherstellen. Sie gelten als Voraussetzung dafür, mit Erziehungsberatung auch unterprivilegierte und benachteiligte Bevölkerungsgruppen zu erreichen („Verteilungsgerechtigkeit", Specht, 1993) und in der Beratung eine vertrauensvolle, konstruktive Arbeitsbeziehung zu etablieren.

Als eigentliche *Adressaten* der Jugendhilfeleistung „Erziehungsberatung" sieht die bke (1999a) Kinder, Jugendliche und junge Volljährige, da auch Hilfsangebote, die sich an Eltern und andere Erziehungsberechtigte richten, indirekt dieser Zielgruppe zugute kommen. Im Bereich der Prävention und Aufklärung wenden sich die EBSt darüber hinaus an Adressaten, die in der Lage sind, das Wohl der eigentlichen Zielgruppe zu fördern (Fachkräfte aus Jugendhilfe, Schule und anderen psychosozialen Diensten).

---

3 Diese Vorgabe wird in Flächenländern oft nicht erfüllt (z.B. Bayern: 22,4 % der EBSt 1 h Fahrtzeit).

1.2 Konzepte und Arbeitsweisen in der Erziehungsberatung

Die Konzepte und Arbeitsweisen der Erziehungsberatungsstellen leiten sich neben den skizzierten gesetzlichen Grundlagen zum Teil aus trägerspezifischen Motiven und Leitbildern sowie den Anliegen bzw. Aufträgen der Adressaten („Dienstleistungsorientierung") ab. Die konkrete Umsetzung und Ausgestaltung der Erziehungsberatung variiert von Standort zu Standort aufgrund der unterschiedlichen regionalen Bedingungen und Besonderheiten[4]. Der folgende Abschnitt konzentriert sich daher auf die Beschreibung allgemeiner Prinzipien und konzeptioneller Umsetzungen, wie sie in der Praxis an den meisten EBSt zu finden sind.

Das Fehlen einer einheitlichen, geschlossenen *Theorie der Erziehungsberatung* wird von verschiedenen Autoren beklagt (Abel, 1996; Weber, 1995). Hundsalz (1991) führt die unzureichende Konzeptbildung in diesem Bereich darauf zurück, dass Erziehungs- und Familienberatung „reines Praxiswissen und nicht erklärtes Gebiet von Wissenschaft und Forschung" sei (S. 55). Übergreifende, konzeptionelle Ansätze müssten zudem die unterschiedlichen Arbeitsfelder und -schwerpunkte einer EBSt mit ihren vielfältigen Aufgabenstellungen berücksichtigen. Als wesentliche *Tätigkeitsbereiche* werden im Allgemeinen Beratung, Therapie, Information und Prävention unterschieden (Specht, 1993). Ein wesentliches konzeptionelles Charakteristikum der Erziehungsberatung wird darin gesehen, Interventionen aus diesen vier Bereichen innerhalb einer Institution miteinander zu verknüpfen (Hundsalz, 1998; Specht, 2000). Handlungsleitende Konzepte und Methoden lassen sich jedoch nur innerhalb der einzelnen Arbeitsbereiche identifizieren und beschreiben.

1.2.1 Beratung und Therapie

Beratung und Therapie im Einzelfall, wie sie in der Aufgabenbeschreibung nach §28 KJHG skizziert wird, bildet noch immer den Schwerpunkt der Arbeit einer Erziehungsberatungsstelle. Im Sinne der freiwilligen Inanspruchnahme der Leistungen erfolgt die *Kontaktaufnahme* zur EBSt in den meisten Fällen durch die telefonische oder persönliche Anmeldung der Klienten. Im Jahr 1996[5] meldete sich dazu in 61,3% der Fälle die Mutter des Kindes oder Jugendlichen, nur in jedem zehnten Fall der junge Klient selbst (10 %). Die Kontaktaufnahme über Soziale Dienste stellte die Ausnahme dar (6,3 %). Gleichwohl können für die Entscheidung, eine Beratungsstelle aufzusuchen, auch außerfamiliäre Instanzen (Schule, Kindergarten, Jugendamt) mit ihren Empfehlungen oder Auflagen ausschlaggebend sein. Insgesamt wurden mehr Jungen (57,1 %) als Mädchen (42,9 %) angemeldet, wobei sich das Geschlechterverhältnis

---
4 Lenz (1994b) berichtet bspw. von der EBSt in Mühldorf/Inn, die infolge des schlecht ausgebauten Netzes psychosozialer Versorgung (Stadt-Land-Gefälle, Lenz, 1990) vor Ort als „Allgemeinpraxis" mit einer breit gefächerten Angebotspalette konzipiert ist.
5 Da die in dieser Arbeit untersuchten Beratungen im Jahr 1996 beendet wurden, werden in diesem Abschnitt Vergleichszahlen des Statistischen Bundesamtes für institutionelle Beratungen für dieses Jahr herangezogen.

in der Altersgruppe zwischen 15 und 27 Jahren umkehrt (54,2 % weiblich, 45,8 % männlich; siehe dazu auch Pothmann & Rauschenbach, 1999).

Die *Anlässe zur Beratung* sind sehr heterogen und erstrecken sich über ein breites Spektrum unterschiedlichster Auffälligkeiten, Problemlagen und Informations- bzw. Orientierungsbedarfe. Die Zahlen der offiziellen Kinder- und Jugendhilfestatistik (Statistisches Bundesamt, 1998) in Tabelle 1.1 geben einen ersten Überblick über die Anmeldegründe im Jahr 1996.

Tabelle 1.1: Beratungsanlässe der 1996 beendeten Beratungen in der BR Deutschland

Beratungsanlass*	Weiblich %	Männlich %	Insgesamt %
Beziehungsprobleme	41,1	36,2	38,2
Entwicklungsauffälligkeiten	25,3	33,8	30,1
Schul-/Ausbildungsprobleme	18,9	29,3	24,8
Sonstige Probleme in der Familie	23,3	18,1	20,3
Trennung/Scheidung der Eltern	20,9	19,2	20,0
Anzeichen für sexuellen Missbrauch	7,4	1,7	4,1
Straftat Jugendlicher	1,1	3,9	2,7
Suchtprobleme	2,7	2,4	2,5
Wohnungsprobleme	2,0	1,5	1,7
Anzeichen für Kindesmisshandlung	1,2	0,9	1,0

Anmerkungen: *Mehrfachnennungen möglich, Beratungsanlass bezüglich der angemeldeten Kinder und Jugendlichen

Auch die innerhalb einer Kategorie zusammengefassten Beratungsanlässe können sehr vielfältig sein. So werden bspw. unter „Entwicklungsauffälligkeiten" allgemeine Erziehungsfragen zur kindlichen Entwicklung genauso subsummiert wie Störungen im emotionalen (z. B. Ängste) und somatischen (z. B. Einnässen) Bereich oder Auffälligkeiten des Sozialverhaltens. Die vorgestellten Probleme beschränken sich aber oft nicht auf das angemeldete Kind, sondern umfassen auch diffuse bzw. allgemeine Lebensschwierigkeiten oder Beziehungs- und Kommunikationsstörungen des gesamten Familiensystems.

Die Beratungssituation ist daher nur bedingt mit einem psychotherapeutischen Setting vergleichbar, da die unterschiedlichen Fragestellungen zu Beratungsbeginn und der in der ersten Beratungsphase mit den Klienten ausgehandelte „Beratungsauftrag" ein jeweils spezifisches methodisches Vorgehen erfordern. Neben therapeutischen Verfahren verfügt die Erziehungsberatung über weitere Interventionsformen. Dazu gehören sozialpädagogische Beratungsansätze (vgl. Thiersch, 1997) mit einer stärkeren „Alltags- und Netzwerkorientierung" und sozialen Gruppenangeboten genauso wie Mediationsverfahren im Kontext von Konfliktsituationen (Gewalt, Trennung und Scheidung).

Eine scharfe Trennung zwischen Beratung und Therapie in der Erziehungsberatung ist kaum möglich. Das in 1.1.1 skizzierte Verständnis der bke (1994) von Erziehungsberatung – als personenbezogen und mit der Beziehung zwischen Berater und Klient arbeitend – erfüllt Kriterien, die auch für die Kennzeichnung von Psychotherapie gelten. Dagegen werden die Unterschiede zur heilkundlichen Psychotherapie vermutlich deswegen herausgestellt (z. B. bke, 1999a), da diese für die Finanzierung der Leistungen grundlegend sind (heilkundliche Psychotherapie nach dem Psychotherapeutengesetz wird über die Krankenkassen finanziert)[6].

Wenn die *Dauer* einer „Behandlung" als Kriterium zur Differenzierung zwischen Beratung und Therapie herangezogen wird, erweist sich Erziehungsberatung mit 45,6 % der 1996 beendeten Fälle unter 3 bzw. 63,4 % der Fälle unter 6 Monaten Behandlungsdauer (laut Kühnl (2000) durchschnittlich 7,2 Sitzungen bei Beratungen nach § 28 KJHG in Bayern 1998) im Vergleich zu vielen Psychotherapien als weniger langfristig angelegt[7].

Die EBSt haben sich in ihrer *konzeptionellen Ausrichtung* hinsichtlich Beratung und Therapie schon immer an den Entwicklungen und vorherrschenden Paradigmen in der wissenschaftlichen Psychologie orientiert. So hat sich die Konzeption der Erziehungsberatung nach 1945 „deutlich von einem medizinisch-pädagogischen Fürsorgemodell zu einem therapeutischen Profil verschoben" (Kurz-Adam, 1995a, S. 33). Gleichzeitig, und quasi als Spiegelbild des Konzeptwandels, übernahmen Psychologen eine dominierende Rolle innerhalb der Mitarbeiterteams (vgl. Zahlen zur Teamzusammensetzung unter 1.2.1). Sie haben auch überproportional häufig (1993 bei 80 % aller EBSt) die Leitungsposition inne. Bis heute weist die Grundausrichtung der meisten EB-Konzeptionen, trotz verschiedener Strömungen und Veränderungen im Laufe der letzten 50 Jahre, noch immer eine große Nähe zum klinisch-therapeutischen Vorgehen auf, was sich auch daran ablesen lässt, dass auf acht von zehn Personalstellen in diesem Bereich eine psychotherapeutische Zusatzqualifikation anzutreffen ist (Weiterbildungsziffer 0,8 im Jahr 1993; bke, 1998a). Die Fachkräfte an den Beratungsstellen können dabei gemäß ihrer Ausbildungen und berufsbegleitenden Fortbildungen auf die in Kasten 1.4 genannten Methoden aus unterschiedlichen therapeutischen Schulen zurückgreifen. Daneben kommen in der Beratungsarbeit zum Teil Basiskompetenzen aus humanistischen Therapieformen (Gesprächspsychotherapie, Gestalttherapie und Psychodrama) zum Einsatz.

---

6 In anderen Kontexten wird dagegen weit weniger Wert auf eine Abgrenzung zur heilkundlichen Psychotherapie gelegt. So bescheinigten die meisten Träger den EBSt-Mitarbeitern heilkundliche psychotherapeutische Tätigkeit, was diese für ihre Approbation nach dem 1998 in Kraft getretenen Psychotherapeutengesetz benötigten.
7 Dieses Unterscheidungskriterium ist jedoch nicht mehr unbedingt trennscharf, da sich die durchschnittliche Dauer einer Psychotherapie mittlerweile durch Entwicklung kurzzeittherapeutischer Ansätze verringert hat.

Kasten 1.4: Therapeutische Verfahren in der Erziehungsberatung

> ***Psychoanalytische Verfahren*** prägten die Erziehungsberatung besonders in den ersten beiden Nachkriegsjahrzehnten. Ihrem Einfluss ist es zuzuschreiben, dass die Beratungsbeziehung – und die in diesem Kontext ablaufenden Übertragungs- und Gegenübertragungsprozesse – auch heute noch als Medium für die Beratungsarbeit gelten. Tiefenpsychologische Erklärungsmodelle dienen darüber hinaus zum Verständnis individueller und zwischenmenschlicher Konflikte.
>
> ***Verhaltenstherapeutische Methoden*** und ***psychometrische Testverfahren*** setzten sich im Zuge einer sich stärker an den Naturwissenschaften ausrichtenden Psychologie in den 60er und 70er Jahren auch an den EBSt durch. Elemente und Verfahren der Verhaltensmodifikation sind auch heute noch unverzichtbar im Methodenrepertoire der Berater und entsprechend weit verbreitet (Hundsalz, 1995). Besonders in der stärker symptomorientierten Einzelarbeit mit Kindern und Jugendlichen kommen Entspannungs- und Selbststeuerungsverfahren oder Elemente von Verstärkerprogrammen zum Einsatz. In der sozialen Gruppenarbeit wird zudem auf Trainingsprogramme für sozial unsichere (Petermann & Petermann, 1992) bzw. aggressive Kinder (Petermann & Petermann, 1993) und für Konzentrationsschwierigkeiten (Krowatschek, 1995) zurückgegriffen.
>
> ***Familientherapeutische bzw. systemische Ansätze*** konnten sich mit Beginn der 80er Jahre in immer stärkerem Maß in der Erziehungsberatung etablieren. Familientherapie ist mittlerweile das am häufigsten gewählte therapeutische Weiterbildungsverfahren bei den Mitarbeitern (Menne, 1996). Die den verschiedenen systemischen Ansätzen gemeinsame Sichtweise – Probleme bzw. Symptome werden nicht als Pathologie eines Individuums beschrieben, sondern mit ihren jeweiligen Problemdefinitionen und Festschreibungen im Kontext des sozialen bzw. familiären Bezugsytems gesehen und beurteilt (Schmidt, 1998) – wurde häufig als Paradigmenwechsel bezeichnet (Buddeberg-Fischer, 1998) und erscheint für den Beratungsauftrag einer Erziehungs- und Familienberatungsstelle besonders geeignet. So beschreibt Schiepek (1999) die systemische Therapie als ein Verfahren, „das sich nicht nur an das Individuum (den identifizierten Patienten), sondern in flexibler Weise auch an andere Familienmitglieder und Bezugs- und Ressourcenpersonen wendet und zudem relativ geringe Anforderungen an die Therapiefähigkeit (z. B. Kommunikations- und Reflektionskompetenzen) des (jungen) Patienten stellt" (S. 349).

Lange Jahre spielte die *(Test-)Diagnostik* eine zentrale Rolle in der Erziehungsberatung. Sie stand meist am Beginn des Beratungsprozesses und war ausschlaggebend für den weiteren Beratungsverlauf. Je nach Testergebnis wurden die Kinder und Jugendlichen entweder einzeltherapeutisch weiterbehandelt bzw. an niedergelassene

Therapeuten weitervermittelt oder im Rahmen einer Elternberatung die Interpretation der diagnostischen Befunde besprochen. Mit dem Aufkommen der systemisch-familientherapeutischen Ansätze verlor die Testdiagnostik in der Erziehungsberatung zunehmend an Bedeutung, da der Fokus der Beratung nun weniger auf dem Kind als Symptomträger als vielmehr auf dem familiären oder sonstigen sozialen Umfeld liegt. Diagnostische Verfahren stellen noch immer einen Baustein in der Beratungsarbeit dar, der jedoch weniger schematisch, dafür mehr am tatsächlichen Bedarf orientiert eingesetzt wird. Hier sind insbesondere Intelligenz- und Schulleistungstests zur Leistungsdiagnostik oder projektive Tests als Hilfsmittel, um Informationen zu gewinnen, die für die Beratung notwendig sind, zu nennen.

Inzwischen hat sich bezüglich des Vorgehens in der Beratung ein *pragmatischer Eklektizismus* (Hundsalz, 1995) herausgebildet. So kommen während des Beratungsprozesses therapieschulenübergreifend verschiedene Beratungstechniken in wechselnden Beratungssettings zum Einsatz. Das Einüben verhaltenstherapeutischer Angstbewältigungsstrategien mit dem Kind im Einzelsetting kann bspw. von systemisch orientierten Eltern- oder Familiengesprächen begleitet werden. Ist dieses „eklektische" Vorgehen – wie mancherorts kritisiert – jedoch gleichzusetzen mit einem völligen Fehlen von Beratungskonzepten und beliebigem Anwenden unterschiedlichster Methoden? Zwei neuere Studien zu den Arbeitsweisen und dem Selbstverständnis von Erziehungsberatern suchen Antworten auf diese Fragen:

Kurz-Adam (1995b, 1997, 1999) untersuchte die Arbeit aller 282 EBSt in katholischer Trägerschaft (alte Bundesländer) mittels Fragebögen zu Strukturdaten bzw. zur Einzelfallarbeit und 30 qualitativen Interviews mit Erziehungsberatern. Nach ihren Ergebnissen ist die einzelfallbezogene psychotherapeutische Vorgehensweise noch immer vorherrschend an den Beratungsstellen. Gleichzeitig beschreibt sie jedoch eine „Aufweichung traditioneller Strukturen" (S. 182), was ihres Erachtens als Reaktion auf Modernisierungsprozesse mit diffusen Problemlagen und veränderten Lebensformen der Klienten und weniger klaren normativen Orientierungen begriffen werden kann. Die „Unordnung" und „Diffusität", die in die Beratungsarbeit Einzug gehalten habe, verhindere das Wiederfinden von Beratungsstilen im Sinne früherer Unterscheidungen zwischen „professionell" und „alltagsorientiert-gegenprofessionell" (vgl. Gerstenmaier & Nestmann, 1984). Sie unterscheidet stattdessen zwei Beratertypen, die sich beide von der systematischen Anwendung elaborierter Konzepte entfernt haben und einen mehr oder weniger offensiven Eklektizismus betreiben. Sie zeichnen sich beide durch ein hohes Maß an Professionalität aus, das sie jedoch unterschiedlich verstehen und umsetzen. Für den *modern-konzeptorientierten* Berater mit seiner zumeist familientherapeutischen Grundausrichtung besteht eine „moderne Beratungsarbeit" aus einer Diversifikation von Methoden, die er fallweise anwenden kann. Er ist dabei jedoch immer bestrebt, sein Vorgehen an fachliche Konzepte rückzukoppeln und bezieht seine Sicherheit aus seiner „Orientierung am Konzept" (S. 185). Der *postmoderne* Beratertypus hat dagegen in Kenntnis der fachlichen Konzepte deren Grenzen und das „Machbare" in der Beratung erkannt. Er befindet sich bereits „jenseits der Fachlichkeit" (S. 184) und versucht mit der Komplexität und dem „Chaos", das die Klienten in die Beratung bringen, pragmatisch und situationsbezogen umzugehen.

Unklar bleibt, ob es sich bei dieser Unterscheidung um einen reinen Effekt der Berufserfahrung handelt: Erfahrenere Berater neigen vermutlich eher dazu, sich im Laufe der Zeit von starren Konzepten zu verabschieden und flexibler sowie intuitiver vorzugehen.

Kühnl (2000) führte mit zwölf Beratern aus bayrischen EBSt leitfadengestützte qualitative Interviews durch und ermittelte dabei persönliche Beratungsstile, die unabhängig von der jeweiligen therapeutischen Zusatzausbildung hinsichtlich dreier Dimensionen variierten:

1. Thematisierung von familiären Ressourcen und alltägliche Lebensbedingungen in der Beratung (gegenüber einer reinen Problemorientierung).
2. Bearbeitung der Konflikte und Muster aus der Vergangenheit (gegenüber Fokussierung gegenwärtiger Themen).
3. Direktheit des Vorgehens (direktes oder konfrontatives Äußern der fachlichen Meinung gegenüber Zurückhaltung und Widerspiegeln der Klientenäußerungen).

Berater, die auf dem für jede Dimension denkbaren Kontinuum („nie – abhängig vom Klienten – immer") eine eklektische Mittelposition einnehmen, versuchen ihr Vorgehen an die von ihnen wahrgenommenen Bedürfnisse der Klienten anzupassen. Für diese Berater gibt es keine klaren konzeptionellen Vorgaben mehr, sie vereinbaren beispielsweise die Wahl des Beratungssettings von Fall zu Fall mit den Klienten. Durch ihre variable Arbeitsweise sind sie offener für weniger „motivierte" Klienten, welche die Vorgaben bei stärker konzeptorientierten Beratern (z. B. das geforderte Erscheinen der ganzen Familie zum Erstgespräch) nicht erfüllen würden oder könnten.

Beide Untersuchungen verdeutlichen, dass der universelle Anspruch einer Therapieschule, Konzepte und Lösungen für die Probleme der Ratsuchenden anzubieten, nicht mehr einlösbar und eine Orientierung daran daher auch kaum noch vorzufinden ist. An ihre Stelle scheint eine „pragmatische Bescheidenheit" getreten zu sein, auf deren Grundlage situationsbezogen und in Aushandlung mit den Klienten vielfältige Methoden und Settings eingesetzt werden, um enger umschriebene Ziele zu erreichen.

1.2.2 Prävention und Information

Neben dem Arbeitsschwerpunkt „Beratung und Therapie" finden sich weitere einzelfallübergreifende Beratungsbausteine an den EBSt, die im Bereich „Prävention und Information" anzusiedeln sind. Gemäß der Einteilung von Caplan (1964) sollen präventive Angebote entweder das Auftreten (primäre Prävention) oder die Chronifizierung (sekundäre Prävention) von Störungen verhindern oder die durch Störungen entstandenen Beeinträchtigungen verringern helfen (tertiäre Prävention).

In der Erziehungsberatung sollen präventive Angebote für Eltern deren Erziehungskompetenz stärken und im Sinne einer allgemeinen Förderung der Erziehung (KJHG, § 16) dazu beitragen, die Lebenssituation in den Familien und die Entwicklungsbedingungen der Kinder zu verbessern (bke, 1999a). Kindern und Jugendlichen soll mit präventiven Hilfen Unterstützung bei ihrer Persönlichkeitsentwicklung gewährt werden. Diese Angebote tragen zudem dazu bei, die EBSt bekannter zu machen und damit den Zugang für schwer erreichbare Bevölkerungsgruppen zu erleichtern. Im Einzelnen können dazu folgende Angebote vorgehalten werden[8] (in Klammern jeweils der prozentuale Anteil der EBSt in den alten Bundesländern, die diese Aktivitäten im Jahr 1993 nach einer Erhebung der bke (1998a) durchführten).

Kasten 1.5: Präventive und informative Angebote in der institutionellen Erziehungsberatung

---

1. Gruppenangebote für Eltern oder Kinder bzw. Jugendliche
- Elterngruppen für z. B. Mütter, Alleinerziehende, Mutter-Kind-Gruppen (33,5 %)
- Gruppen für Kinder bzw. Jugendliche z. B. zu sozialer Kompetenz, Aggressivität, Hausaufgabenbetreuung, Schulmüdigkeit, Konfliktschlichtung, Suchtprävention

2. Multiplikatorenarbeit
- Fortbildungskurse oder -seminare für Erzieher, Lehrer, Sozialarbeiter (45,5 %)
- Gruppenangebote bzw. Supervision für diese Berufsgruppen (49,5 %)

3. Öffentlichkeitsarbeit
- Vorträge, Stellungnahmen, Publikationen zu allgemeinen Erziehungsfragen und speziellen Fragestellungen (z. B. zu Konzentrationsstörungen, Pubertätskonflikten) (55,2 %)

Thematisch wurden in den letzten Jahren besonders zwei Bereiche mit präventiven Angeboten bzw. Aktivitäten aufgegriffen: Die Folgen von Trennung und Scheidung (vgl. Kurz-Adam, 1995b; Schilling, 1994) und sexueller Missbrauch bzw. Gewalt. Ein anschauliches Beispiel einer Veranstaltungsreihe zum Thema „sexueller Missbrauch" mit einem Theaterstück für Kinder und begleitenden Elternabenden schildert Lenz (1994b). Bei Methoden und Arbeitsweisen, die im Rahmen von präventiven Angeboten zum Einsatz kommen, sieht Hundsalz (1995) noch einen methodischen Nachholbedarf, der durch spezifische Fortbildungen abgedeckt werden müsste.

Fraglich bleibt jedoch, ob den einzelfallübergreifenden Aktivitäten in der alltäglichen Beratungsarbeit tatsächlich der Stellenwert zukommt, den die bke (1999a) in ihren „Empfehlungen zu Leistungen, Qualitätsmerkmalen und Kennziffern" für Erziehungsberatung fordert. Demnach wären „für Prävention und Vernetzungsaufgaben 25 Prozent der zeitlichen Kapazität einer Einrichtung vorzuhalten" (S. 44). Die Zahlen der bke-Erhebung von 1993 suggerieren zwar eine weite Verbreitung solcher Ange-

---

[8] Natürlich können die Einzelfallberatungen ebenfalls präventiv ausgerichtet sein oder präventive Elemente enthalten.

bote, geben jedoch keine Auskunft darüber, wie häufig und mit welcher Intensität die entsprechenden Aktivitäten durchgeführt werden. Andere und neuere Untersuchungen zeichnen dagegen ein weit skeptischeres Bild. Kühnl (2000) kommt auf der Basis seiner Beraterinterviews zum Schluss, dass präventive Angebote im Vergleich zur Einzelfallarbeit eine untergeordnete Rolle spielen und die EBSt in der Praxis nur in Ausnahmefällen der Empfehlung der bke entsprechen. Kurz-Adam (1995b) stellt zwar eine Akzentuierung präventiver Arbeit fest – 38 % der von ihr befragten Einrichtungen nannten solche Angebote –, die jedoch die Einzelfallarbeit inhaltlich nicht verändert hat und so „eher als flankierende Maßnahme" (S. 181) unvermittelt neben dem traditionellen (therapeutisch-orientierten) EB-Profil steht. Bei stark personenbezogenen Präventionsprogrammen besteht zudem die Gefahr, dass Gefährdungspotentiale, die in strukturellen Bedingungen zu suchen sind (z. B. im Schulsystem), unberücksichtigt bleiben (Nestmann, 1990).

1.2.3 Offene und gemeindenahe Ansätze

Kritische Auseinandersetzungen mit den therapeutisch ausgerichteten Konzepten und Arbeitsweisen der institutionellen Erziehungsberatung haben bereits eine lange Tradition. Sie kulminierten in der Folge der Stellungnahme zur Erziehungsberatung im achten Kinder- und Jugendbericht (Bundesministerium für Jugend, Familie, Frauen und Gesundheit, BMJFFG, 1990). Die *Kritik an der Erziehungsberatung* richtet sich zumeist gegen das einseitig therapeutische Profil der Einrichtungen, das dazu führe, dass Methodenvielfalt und Multidisziplinarität an den EBSt in der Praxis nicht umgesetzt werden (Eggemann-Dann, 1999). Die herrschenden institutionellen Bedingungen („Komm-Struktur") führten dazu, dass die EB-Angebote nicht von allen Bevölkerungsgruppen gleichermaßen in Anspruch genommen werden können („Mittelschichtorientierung", vgl. Koschorke, 1973; Straus & Gmür, 1991). Familien mit besonders belastenden individuellen Lebenslagen bzw. sozioökonomischen Lebensbedingungen und Klienten mit Migrationshintergrund würden von der institutionellen EB nur unzureichend erreicht. In der Beratung selbst mangele es zudem an lebensweltorientierten Ansätzen, bei denen die Arbeits- und Wohnumwelt und sozialen Netzwerke der Familien in den Beratungsprozess einbezogen werden. Durch ihre Auslastung mit diagnostischen und therapeutischen Tätigkeiten seien EBSt ferner nicht in ausreichendem Maß für Krisenfälle und akute Notlagen ansprechbar (Thiersch, 1990). An der „Therapeutisierung" der EB und damit verbundenen individualisierenden Betrachtungsweise der Problemlagen der Klienten habe sich auch durch die Zunahme familientherapeutischer Arbeitsweisen nichts entscheidend geändert (vgl. BMJFFG, 1990, S. 136f.; zudem Abel, 1996).

Als Reaktion auf die Kritik weisen Vertreter der bke (z.B. Hundsalz, 1995; Menne, 1992) darauf hin, dass in den 80er und 90er Jahren verstärkt gemeinwesenorientierte und offene Beratungsansätze Einzug in die Erziehungsberatung gehalten haben (Roth, 1994). Sie wurden zum Teil von gemeindepsychologischen Konzepten beeinflusst, wobei die *Gemeindepsychologie* in diesem Kontext nicht als weiterer methodischer Baustein, sondern als grundlegende Handlungs- und Reflexionsperspektive mit Anregungen und Impulsen für eine stärker sozialökologisch orientierte Beratungspraxis verstanden wird (Lenz, 1995; Lenz & Straus, 1998; Röhrle, 2001). In Abgrenzung zur Klinischen Psychologie war die Gemeindepsychologie angetreten, um nach der gesellschaftlichen Bedingtheit psychischen und physischen Leidens zu fragen und die kritische Reflexion in psychosozialen Arbeitsfeldern anzuregen (vgl. Keupp, 1982; Sommer & Ernst, 1977).

Unter Zurückweisung des medizinischen Krankheitsmodells entwickelte sie spezifische *Grundhaltungen* für die psychosoziale Praxis (vgl. Keupp, 1995; Seus-Seberich, 1992; Sommer, 1982; Sommer, Kommer, Kommer, Malchow & Quack, 1978). Dazu gehört der Einbezug der alltäglichen sozialen und materiellen Umwelt der Betroffenen („Lebensweltorientierung"), die Analyse und Förderung ihrer sozialen Unterstützungssysteme (Netzwerkforschung, vgl. Röhrle, Sommer & Nestmann, 1998), die kritische Haltung gegenüber expertenorientiertem Handeln in Verbindung mit der Stärkung von Selbsthilfegruppen und -organisationen („Empowerment"-Konzept, vgl. Stark, 1996), die Betonung von sowohl personen- als auch strukturbezogener Präventionsarbeit (vgl. Lenz, 1996) sowie die gemeindenahe Organisation regionaler Versorgungsstrukturen.

Damit liefert die Gemeindepsychologie als „kritische Theorie der Erziehungsberatung" (Seus-Seberich, 1992, S. 145) die Basis für die Entwicklung alternativer Konzeptualisierungen von Erziehungsberatung mit folgenden Schwerpunkten (vgl. Lenz & Straus, 1998):

Kasten 1.6: Elemente eines gemeindepsychologischen Konzepts für die institutionelle Erziehungsberatung

---

1. Schwellensenkung für benachteiligte Bevölkerungsgruppen z. B. durch:
- leichte Erreichbarkeit der Einrichtungen, Ansiedlung der EBSt in sozialen Brennpunkten
- offene Beratungsformen wie offene Sprechstunden, informatorische oder freizeitpädagogische Angebote
- entlastende Maßnahmen, die von den Klienten als nützlich und motivierend erlebt werden (z. B. Kinderbetreuung während Elternangeboten, Abholdienste)

2. Zu- und nachgehende Beratungsarbeit z. B. mit:
- regelmäßiger Präsenz in Einrichtungen, in denen schwer erreichbare Familien und Kinder anzutreffen sind (z. B. Kindergärten, Schulen, Horte)
- Hausbesuchen und Beratungsansätzen in der Familie (vgl. Lenders, 1999)
- Netzwerkdiagnostik und -interventionen zur Stärkung sozialer Stützsysteme und Förderung von Selbsthilfepotentialen

3. Gemeinwesenorientierung durch:
- Aufbau bzw. Stärkung eines vernetzten regionalen Versorgungssystems zur Kooperation in Einzelfällen (Helferkonferenzen)

> - einzelfallübergreifende Kooperationsbeziehungen und sozialpolitische Lobbyarbeit in Gremien (z. B. Jugendhilfeplanung und -ausschuss; zu Voraussetzungen für eine erfolgreiche Kooperation siehe Seckinger, 2001)
> - Unterstützung von Selbsthilfegruppen
> - Präventionsprojekte, die in die Strukturen vor Ort eingebettet sind

Eine gemeindepsychologische Orientierung ist jedoch nicht gleichzusetzen mit einer einseitigen Konzentration auf offene bzw. präventive Arbeitsformen. Vielmehr geht es darum, diese mit klassischen Therapie- und Beratungsbausteinen, die im Sinne der gemeindepsychologischen Grundhaltung an den alltäglichen Lebenszusammenhängen der Klienten ausgerichtet sind, zu kombinieren. Ausführliche Beschreibungen einer gemeindepsychologisch beeinflussten Erziehungsberatung finden sich bei Seus-Seberich (2000) für eine EBSt, die in einem großstädtischen sozialen Brennpunkt gezielt Beratungsformen für Unterschichts- und Randgruppenfamilien entwickelt, und bei Lenz (1994b) für eine Beratungsstelle im ländlichen Raum.

Zur Frage, welche Bedeutung *gemeindenahe und offene Angebote* in der institutionellen Erziehungsberatung mittlerweile haben, muss – wie schon bei den präventiven Ansätzen – ein zwiespältiges Bild gezeichnet werden. Einerseits konstatiert bspw. Merchel (1998) eine „Tendenz der partiellen Abkehr vom traditionellen psychotherapeutischen Selbstverständnis" (S. 379). Hundsalz (1995) spricht von einer „intensiven Auseinandersetzung mit dem Thema" und einer „bereits erfolgten Rezeption der gemeindenahen Konzeption in den Beratungsstellen" (S. 186), die er mit den Zahlen einer bke-Erhebung von 1988 belegt (Menne, 1995). Dabei gaben über 80 % der EBSt an, selbst zugehende Arbeit zu leisten, ein Drittel bot zusätzlich offene Sprechstunden an und über 40 % unterstützte Selbsthilfegruppen und örtliche Initiativen. Die Klientenstatistik einzelner Einrichtungen (z. B. Jahresbericht EB-Verbund München, 1997, oder EBSt Mühldorf, 1999) weisen zudem darauf hin, dass zu einem vglw. hohen Anteil Menschen beraten werden, die unter sozialer Benachteiligung leiden (allein Erziehende, Sozialhilfeempfänger). In der Praxis zeichnet sich zumindest eine Sensibilisierung für die Arbeit mit sozial Benachteiligten (Seus-Seberich, 2001) und Migrantenfamilien (Atabay, 1997; Friese, 2000; Mecheril, 1996; Pavkovic, 2001; Scheib, 1996) ab, die sich auch am gewachsenen Interesse der EB-Mitarbeiter an Weiterbildungskursen zu den Themen „Migration" und „Multiproblemfamilien" ablesen lässt (Pfeifer, 2000).

Auf der anderen Seite scheint gemeindenahen bzw. offenen Arbeitsweisen – abgesehen von den geschilderten gemeindepsychologischen Konzeptionen – im Gesamtprofil der EBSt immer noch eine Sonderrolle zuzukommen. Sie gelten nicht als Selbstverständlichkeit, sondern werden in der Außendarstellung neben den unangetastet gebliebenen klassischen psychologisch-therapeutischen Arbeitsansätzen als eine Zusatzleistung herausgehoben (z. B. die Einrichtung einer offenen Sprechstunden bei Coughlan, 2001). Umgekehrt werden sie bei höherem Arbeitsaufkommen und Wartezeiten im „originären" EB-Bereich als „Luxusangebote" auch als Erstes wieder in Frage gestellt. Sie verursachen zusätzlichen Arbeitsaufwand und für die Berater, die sich für diese Tätigkeiten häufig weniger kompetent fühlen, ist der Erfolg der Maßnahmen nicht direkt erlebbar. Der Hauptgrund dafür, dass offene und gemeindenahe Aktivitäten bisher nicht über den „Status eines Nebenthemas" (Straus & Gmür, 1991) hinausgekommen sind, dürfte jedoch in der spezifischen „Identität" der Erziehungsberatungsstellen und der damit verbundenen Prioritätensetzung ihrer Mitarbeiter liegen (vgl. Hundsalz, 1995). Die Fallarbeit wird in den Augen der Berater wesentlich höher und als wichtiger bewertet (Kühnl, 2000) und entspricht ihrem klinisch-therapeutischen Selbstverständnis mehr als sozialpädagogische Vorgehensweisen, da „die therapeutische Orientierung der EB (...) in den seltensten Fällen aufgegeben worden" (Abel, 1996, S. 64) ist.

1.3 Erziehungsberatung im gesellschaftlichen Wandel

Bereits im Abschnitt zur geschichtlichen Entwicklung der Erziehungsberatung (1.1.2) wurde deutlich, wie sehr das Profil dieser Institution von den vorherrschenden gesellschaftlichen Strukturen und den jeweils aktuellen sozialen und politischen Entwicklungen beeinflusst wird. Von Trägerseite wird ihr in diesem Kontext eine „Seismographen-Funktion" zugeschrieben (Deutscher Caritasverband, 2000), die es ihr ermöglichen sollte, über die in der Beratungsarbeit gewonnenen Einsichten zu gesellschaftlichen Wandlungsprozessen und ihren Auswirkungen Lobbyarbeit für betroffene Kinder, Jugendliche und ihre Familien zu leisten.

Im Folgenden soll skizziert werden, welche aktuellen Entwicklungen und Tendenzen sich – ausgelöst durch soziokulturelle Veränderungsprozesse in der Gesellschaft – im Bereich der Erziehungsberatung abzeichnen.

1.3.1 Modernisierungsprozesse und ihre Auswirkungen auf die Klienten der EB

Mit dem zeitdiagnostischen Blick der Sozialwissenschaften lassen sich die in der postmodernen Gesellschaft zu beobachtenden Modernisierungsprozesse als „Pluralisierung" von Lebensstilen, „Individualisierung" und „Enttraditionalisierung" charakterisieren (vgl. Keupp, 1987). Die Dynamik dieses Wandels hat mittlerweile nahezu alle Lebens- und Gesellschaftsbereiche erreicht. Früher vorherrschende Normen und Festlegungen verlieren genauso wie traditionelle Bindungen (z. B. an Kirchen oder Gewerkschaften, vgl. Jugendwerk der Deutschen Shell, 2000) und althergebrachte, sinnvermittelnde Glaubensgebäude zusehends an Bedeutung (Barz, 2001). Tradierte Formen des familialen Zusammenlebens und die damit verknüpften Geschlechterrollen haben an normativer Kraft verloren und werden vielschichtiger. Die zunehmende Mobilität ermöglicht heute in weit stärkerem Maß den Wechsel von Milieu- und Netzwerkzugehörigkeiten, wenngleich sich die neuen Bindungen dadurch weniger tief und verbindlich entwickeln lassen.

Die durch diesen Wandel eröffnete Vielfalt an Lebens- und Handlungsmöglichkeiten („Multioptionsgesellschaft", Gross, 1994) befördert auf der einen Seite die individuellen Gestaltungsmöglichkeiten der eigenen Lebensführung durch die Subjekte.

Andererseits sehen sie sich mit einer zunehmend komplexer und unübersichtlich werdenden Umwelt konfrontiert, die ihnen permanente Entscheidungsfindungen unter Ungewissheitsbedingungen abverlangen. Oder wie W. Kraus (zitiert nach Metzmacher & Zaepfel, 1998, S. 2) es ausdrückt: *„Wer alles sein darf, muss wissen, was er sein will und ist dem andauernden Zweifel ausgesetzt, ob er nicht lieber ein anderer sein werden soll."*

Die Doppelbödigkeit der gesellschaftlichen Freisetzungsprozesse spiegelt sich auch im Begriff der „Risikogesellschaft" (Beck, 1986) wider. Sie implizieren die „Risiken einer sich zunehmend enttraditionalisierenden Gesellschaft, die für das Subjekt der (Post)Moderne Verunsicherungen, existenzielle Bodenlosigkeit, neue Kompetenzanforderungen und nicht immer erreichbare Chancen beinhalten" (Keupp, 1996, S. 6). Besonders der Teil der Bevölkerung, der im Zuge der sich vertiefenden gesellschaftlichen Spaltungsprozesse von den zur selbstbestimmten Entfaltung erforderlichen Ressourcen weitgehend ausgeschlossen bleibt, findet sich schnell auf der Seite der Modernisierungsverlierer wieder. So ist die Zahl der Familien, die von Armut und Wohnungsnot betroffen sind, in den letzten Jahren kontinuierlich gestiegen (vgl. 10. Kinder- und Jugendbericht, Bundesministerium für Familie, Senioren, Frauen und Familie, BMFSFJ, 1998; Nitsch, 2001). Derzeit wachsen etwa 2,2 Millionen Kinder und Jugendliche in Deutschland in Armut auf (Lenz, 2001a). Das „Ende der Vollbeschäftigung(-sfiktion)" (Ostner, 1994) mit anhaltend hohen Arbeitslosenzahlen und einer tief greifenden Verunsicherung der Noch-Erwerbstätigen sowie die Finanzkrise der öffentlichen Kassen hat die finanziellen und sozialen Rahmenbedingungen weiter verschärft. Infolge der so genannten „Erosion des Sozialen" kann zudem nicht mehr unbedingt auf soziale bzw. informelle Unterstützungssysteme zurückgegriffen werden.

Damit wird es die Erziehungsberatung zukünftig häufiger mit Menschen zu tun bekommen, die im Zuge der gesellschaftlichen Modernisierungsprozesse ein demoralisierendes Paradoxon erleben: weit reichenden Optionen und Entscheidungsspielräumen steht eine sozio-ökonomische Möglichkeitsverengung mit faktischer Alternativlosigkeit gegenüber (Münchmeier, 2001; Schrödter, 2000). Für die potentiellen Klienten der Erziehungsberatung – Kinder, Jugendliche und Familien – lassen sich weitere „psychosoziale Kosten des hochtourigen Projekts der Moderne" (Keupp, 1996, S. 6) benennen:

a) Empirisch lassen sich für *Familien und Eltern* steigende Scheidungszahlen, geringere Familiengrößen (mehr Einzelkinder), spätere Eheschließungen und eine wachsende Zahl allein erziehender Eltern konstatieren. Die daraus resultierenden Formen des familiären Zusammenlebens bringen neue Problemlagen und Verunsicherungen mit sich:
- Allein Erziehende haben in besonderem Maß mit ökonomischen Schwierigkeiten und Wohnungsproblemen zu kämpfen (Holz & Hock, 1999). Sie sind häufiger durch die alleinige Erziehungsverantwortung im Alltag und unzureichende soziale Unterstützungssysteme belastet.
- Getrennte bzw. geschiedene Eltern sehen sich neben der psychischen Verarbeitung der gescheiterten Beziehung mit Fragen der Wahrnehmung und Gestaltung der elterlichen Sorge und des Umgangsrechts konfrontiert.

- Gleichberechtigte Ansprüche beider Eheleute an Berufskarriere und Familienleben ziehen verstärkt Mehrfachbelastungen nach sich und erfordern erhöhte Aushandlungs- und Beziehungskompetenzen. Die Grenzen zwischen Arbeits- und Familienleben werden aufgehoben (z. B. „Home-office-Arbeitnehmer") und Regenerationsmöglichkeiten beschnitten (Metzger, 2001).
- Die Freisetzung bindender religiöser bzw. normativer Erziehungsideale führt zu Verunsicherungen bezüglich Erziehungswerten und -verhalten. Auf die Verengung des Arbeitsmarkts reagieren Eltern häufig mit verstärkten Bemühungen, ihren Kindern eine möglichst qualifizierte schulische Bildung zu ermöglichen. Der davon ausgehende Erwartungs- bzw. Leistungsdruck kann sich negativ auf die Eltern-Kind-Beziehung auswirken.

b) Kinder und Jugendliche sind sowohl von familialen als auch von übergeordneten gesellschaftlichen Wandlungsprozessen – wie der „Krise der Arbeitsgesellschaft" (vgl. Jugendwerk der Deutschen Shell, 1997) – direkt betroffen:
- Sie sind durch die Zunahme von Trennung, Scheidung und Stieffamilien verstärkt Diskontinuitätserfahrungen ausgesetzt. Intime Beziehungen werden als instabil erlebt, widersprüchliche Erfahrungs- und Erlebnisbezüge können nicht mehr ohne weiteres integriert werden und führen zu innerpsychischen Spannungen (z. B. bei der Rückkehr vom Wochenendbesuch beim getrennt lebenden Vater).
- Angesichts fehlender Lebens- und Identitätsschablonen sind sie gezwungen, ihren individuellen Lebens- und Identitätsentwurf mehr denn je eigenverantwortlich zu entwickeln (siehe Kapitel 2.3.2: Identitäts- und Kohärenzsinnentwicklung im Jugendalter).
- Sie verbleiben heute länger im Bildungswesen, streben höhere Bildungsabschlüsse an und erleben bereits im Grundschulalter einen verschärften Profilierungs- und Konkurrenzdruck. Da der Übergang von der Jugendphase in die Selbstständigkeit des Erwachsenseins (Erwerbstätigkeit) trotz dieser Anstrengungen ökonomisch nicht mehr garantiert werden kann, wird der „bildungsoptimistische Lebensentwurf" (Böhnisch & Münchmeier, 1992, S. 56f.) brüchig.

Vor dem Hintergrund der skizzierten Belastungen wird übereinstimmend über steigende Raten an psychischen Störungen wie Hyperaktivität, Aggressivität, Leistungsschwierigkeiten, Lese-Rechtschreib-Störungen, Verunsicherungen des Gefühlslebens, Depressionen sowie versuchten und erfolgten Suiziden berichtet (Höfer, 2000; Hurrelmann, 1995).

1.3.2 Erziehungsberatung im „Modernisierungszwang"

Wie ihre Klienten kann sich auch die Institution Erziehungsberatung dem „Zwang der ‚reflexiven Modernisierung'" (Kurz-Adam, 1999, S. 79) nicht entziehen. Ihre Auswirkungen sind auf unterschiedlichen Ebenen zu beobachten:

Zum einen kann eine *Pluralisierung der Problemlagen* in der Beratung beobachtet werden. Für die deutlich gestiegene Inanspruchnahme institutioneller Erziehungsberatung – z. B. gemessen an den zwischen 1993 und 1998 um 22,8 % gestiegenen Fallzahlen bei unter Zwölfjährigen (Pothmann, 2000) – werden gesellschaftliche Modernisierungsprozesse mit verantwortlich gemacht (Post, 1995; Pothmann & Janze, 1999). Gleichzeitig wird aus der Praxis immer wieder darauf hingewiesen, dass die an den EBSt vorgestellten Probleme und Störungsbilder immer komplexer und komplizierter werden (z. B. Deutscher Caritasverband, 2000). Auch die Themen der Beratung haben sich verschoben: sowohl in der Einzelfallarbeit als auch in Form von zielgruppenorientierten Angeboten nimmt die Beratung bei Trennung und Scheidung, von allein Erziehenden, Stief- und Pflegefamilien breiteren Raum ein (Kurz-Adam, 1995b).

Andererseits können als Reaktion auf die zunehmende Pluralisierung der Lebenswelten meines Erachtens zwei gegenläufige Entwicklungslinien an den Beratungsstellen ausgemacht werden: Die Institutionen scheinen sich im Sinne eines „erweiterten Normalitätskonzepts" (Kurz-Adam, 1999) gegenüber den vielschichtigen und oftmals widersprüchlichen Lebenswelten ihrer Klienten zu öffnen und damit eine spiegelbildliche *Pluralisierung der Beratung* zu ermöglichen. Nach Kurz-Adam (1999) ist der Beratungsalltag „‚unordentlicher' geworden, weil die Familien und die Menschen ‚unordentlicher' geworden sind" (S. 86). Der in ihrer Studie skizzierte „postmoderne Beratertyp" (vgl. 1.2.1) orientiert sich flexibel am Gegebenen, ohne auf normative oder konzeptuelle Vorgaben zu beharren. Dabei kommen die Berater nicht umhin, eigene Normalitätsansprüche und gesellschaftliche Leitbilder kritisch zu hinterfragen und gegebenenfalls zu erweitern (Hundsalz, 2000).

Gleichzeitig ist jedoch auch das Bedürfnis zu verspüren, den in die Beratungswelt eingedrungenen unordentlichen „Diffusitätsnebel" mit neuen *Ordnungssystemen und diagnostischen Schablonen* (wie beispielsweise das „Aufmerksamkeitsdefizitsyndrom" (ADS), Neuhaus, 1996) zu vertreiben. Die zum Teil unkritische Rezeption der Konzepte des ehemaligen Missionars und Familientherapeuten Bert Hellinger („Ordnungen der Liebe") in der Beratungs- und Therapieszene kann in diesem Kontext als Versuch gewertet werden, „eine tiefe Sehnsucht nach Sicherheit zu erfüllen", bei dem allerdings „das reflexive, offene Element im therapeutischen Prozess auf der Strecke bleibt" (Heiner Keupp in einem Interview mit dem Deutschen Depechendienst (ddp), 2000).

In ähnlicher Weise können die Bemühungen, im Rahmen von *Qualitätssicherung* die Beratungsarbeit in Kategorien zu fassen und dafür Gütekriterien (Qualitätsstandards) festzulegen (vgl. Kapitel 3.1), als Gegenbewegung zur Diffusität und Unübersichtlichkeit des (post)modernen Beratungsgeschehens aufgefasst werden.

1.3.3 Neue Anforderungen an Erziehungsberatung

Ohne Zweifel zeichnen sich für die Erziehungsberatung in der momentanen gesellschaftlichen Umbruchperiode neue Herausforderungen und *Aufgabenstellungen* ab: Im Sinne der allgemeinen Grundsätze des KJHG (vgl. 1.1.3) muss es darum gehen,

1.3 Erziehungsberatung im gesellschaftlichen Wandel

Kinder und Jugendliche bei einer produktiven Lebensbewältigung zu unterstützen und die dafür erforderlichen Kompetenzen und Ressourcen zu fördern. Dabei sollte die als „Modernisierungsverlierer" (Nestmann, 1996, S. 9) bezeichnete Klientengruppe, die durch die Modernisierungsprozesse an den gesellschaftlichen Rand gedrängt wird und basale Ressourcen bzw. Teilhabeoptionen entbehrt, im Mittelpunkt stehen.

Wenngleich ihre Vertreter der institutionellen Erziehungsberatung ein „selbstreflexives Praxisverständnis" (Lenz, 2001a, S. 250) attestieren, mit dem sie sich in der Vergangenheit „jeweils flexibel auf die Anforderungen und Bedürfnisse der Ratsuchenden eingestellt" (Post, 1995, S. 163) hat, muss aus meiner Sicht bezweifelt werden, ob Erziehungsberatungsstellen mit ihrem gegenwärtigen Profil den skizzierten (post)modernen Herausforderungen gerecht werden können. Die der therapeutischorientierten Vorgehensweise inhärenten individualisierenden Deutungsmuster durch die Berater verschleiern eher die soziale bzw. gesellschaftliche Bedingtheit der Problemlagen und erschweren die Annäherung an die sozialökonomischen Lebenswelten der Klienten. Eine adäquate fachliche Antwort auf die gesellschaftlichen Umbrüche bedarf meines Erachtens mehr als punktueller präventiver bzw. gemeinwesenorientierter Angebote. Notwendig wäre hierfür vielmehr eine umfassende Revision der Beratungskonzepte im Sinne eines Paradigmenwechsels.

Ein Beispiel hierfür sind die skizzierten gemeindepsychologischen Beratungskonzepte (vgl. 1.2.3), als ein anderes kann das Konzept des *Sozialen Sinnverstehens in der Beratungsarbeit* (Metzmacher & Zaepfel, 1998) gelten: Auf der Grundlage einer selbstkritischen Reflexion beraterisch-therapeutischer Methoden verbindet diese Konzeption „psychologisches Sinnverstehen" mit „sozialem Sinnverstehen". Die Autoren verstehen darunter den „Versuch des Therapeuten, die subjektiven ‚Ideologien, Wertehaltungen und Bedeutungstheorien', eben die Art und Weise zu entschlüsseln, wie der Klient eine spezifische Art von ‚Eigenrealität' oder eigenweltlichem Sinn entwirft" (S. 22). Damit soll das Verstehen innerer Wirklichkeit durch das Verstehen der äußeren Wirklichkeiten („Wie prägt sich das Außen dem Innen ein") ergänzt werden.

Methodisch gesehen steht damit neben der diagnostischen und therapeutischen Interpretation der Beratungsbeziehung eine zweite „Auslegungsfolie" des interaktionalen Geschehens zur Verfügung. Gestützt durch netzwerkorientierte Arbeitsweisen sowie lebensweltnahe und gruppenorientierte Settingmodelle kann damit im Sinne einer „Ethnographie des Alltagslebens" ein Verständnis für die Lebenserfahrungen des Ratsuchenden entwickelt werden. In der Beratung wird es dadurch schrittweise möglich, individualisierende Verarbeitungsmuster sozialstruktureller Bedingungen (z. B. Schuld und Schamempfinden bei Erwerbslosigkeit) abzubauen sowie individuelle Bewältigungsstrategien und Sinnkonstruktionen zu erarbeiten. Ziel ist es dabei, gesellschaftlichen Umwälzungen das Drohpotential zu nehmen und die Klienten im Leben mit postmodernen Ambivalenzen und Verunsicherungen zu unterstützen.

Metzmacher und Zaepfel (1998) greifen bei der Formulierung ihres Konzepts Aaron Antonovskys Salutogenese-Modell mit seinem zentralen *Konzept des Kohärenzsinn* (vgl. Kapitel 2.2) auf. Personen mit einem starken, flexiblen Kohärenzgefühl sind in der Lage, Ambivalenzen weniger als Bedrohung denn als Herausforderung zu erleben, den jeweiligen Lebensbedingungen eine subjektiven Sinn zu geben und sich ihrer Selbststeuerungsfähigkeit zu vergewissern (Keupp, 1997a). Damit kann die Förderung der im Kohärenzsinn konzeptualisierten Ressourcen der Klienten als zentrale Aufgabe einer Erziehungsberatung in Zeiten gesellschaftlicher Umwälzungsprozesse gelten (vgl. Kapitel 2.5).

1.4 Zusammenfassung und Integration

Sieben Thesen zur Erziehungsberatung im gesellschaftlichen Wandel

1. Das Profil der Erziehungsberatung ist weiterhin therapeutisch dominiert
Tendenziell wird die im KJHG geforderte Multidisziplinarität und Methodenvielfalt (§ 28, vgl. 1.1.3) in der Praxis der Erziehungsberatung noch immer häufig zugunsten des gemeinsamen Nenners einer einseitig an Therapieverfahren orientierten Arbeitsweise aufgegeben („Therapeutisierung"). Sozialpädagogische Ansätze sind deutlich unterrepräsentiert, Sozial- oder Heilpädagogen lassen sich in ihrer Beratungspraxis häufig nicht mehr von Psychologen unterscheiden. Es mangelt in der Erziehungsberatung zudem an Konzepten zum multidisziplinären Zusammenwirken der verschiedenen Berufsgruppen. Multidisziplinarität wird häufig so missverstanden, dass mit verschiedenen Therapieformen bzw. -methoden nebeneinanderher gearbeitet wird. Sozialpädagogische Ansätze bzw. offene und gemeindenahe Arbeitsweisen tauchen meist nur als „flankierende Maßnahmen" in den Konzeptionen auf und werden möglicherweise vor allem zur Legitimation der Stellen gegenüber Kostenträgern und Öffentlichkeit vorgehalten.
Obwohl inzwischen mancherorts Ansätze zu offeneren Beratungsformen, Netzwerk- und Gemeinwesenarbeit oder Konzepte zur Arbeit mit Multiproblemfamilien entwickelt wurden, haben am Gros der Erziehungsberatungsstellen noch immer nicht alle Klientengruppen die gleichen Zugangsmöglichkeiten. Durch die dort etablierten Arbeitsweisen erfolgt eine Selektion der Hilfesuchenden. Ratsuchende, die nicht oder nur bedingt in das therapeutisierte Setting passen (z. B. Migranten), sind an den Beratungsstellen noch immer deutlich unterrepräsentiert.

2. Erziehungsberatung ist in der Jugendhilfe bisher nicht heimisch geworden
Die institutionelle Erziehungsberatung wurde durch das KJHG explizit als eine „Hilfe zur Erziehung" in die Jugendhilfe eingebunden. Sie ist dort in der Praxis aber noch immer unzureichend integriert und bezüglich Arbeitsweisen und Selbstverständnis noch immer mehr am Gesundheitswesen orientiert. Erziehungsberatung wies beim Vergleich aller Hilfen zur Erziehung im Rahmen der Jugendhilfe-Effekte-Studie die mit Abstand höchste klinische Orientierung auf (Schmidt, 2000). Ihre Sonderstellung im Kontext der Jugendhilfe lässt sich auch daran ablesen, dass durchschnittlich weniger als zehn Prozent der Klienten der Erziehungsberatung über das Jugendamt an die Beratungsstellen kommen (Cremer, 1996). Neben dem berufspolitischen Selbstverständnis kann dafür eine Tendenz zur institutionellen Profilierung der EBSt im Jugendhilfekontext verantwortlich gemacht

1.4 Zusammenfassung und Integration 43

werden: Durch das KJHG ist Beratung auch zum handlungsleitenden Prinzip der Jugendhilfepraxis geworden. Erziehungsberatung „konkurriert" mit anderen Fachdiensten der Jugendhilfe, in deren Rahmen funktionale Beratung geleistet wird (z. B. Trennungs- und Scheidungsberatung durch den Allgemeinen Sozialdienst). Bei einer Öffnung der Erziehungsberatung hin zu „sozialpädagogischeren" Beratungskonzepten mit stärkerem Lebensweltbezug (z. B. mehr „Geh"- statt „Komm"-Strukturen) würde die Frage aufkommen, wodurch sie sich von anderen Jugendhilfeangeboten noch unterscheidet (vgl. Müller, 1998, S. 66). Sie würde Gefahr laufen, ihre Eigenständigkeit zur Disposition zu stellen. Als Reaktion hierauf sind die Mitarbeiter in der Erziehungsberatung weiterhin versucht, sich mit ihrer therapeutischen Orientierung gegenüber anderen Fachdiensten zu legitimieren und ihre professionellen Standards herauszustellen.

3. Die „Familiarisierung" in der Erziehungsberatung wirkt innovationshemmend
An Erziehungsberatungsstellen ist vielerorts eine „Familiarisierung" der Arbeitsbeziehungen (Schrödter, 2000) zu beobachten: Nach Aufbruch und Ausbreitung der Stellen hat mittlerweile Lethargie Einzug gehalten (Leinhofer, 1995), die Personalfluktuation ist nur gering, Beratungsstellenteams bleiben über Jahre oder sogar Jahrzehnte hinweg zusammen und richten sich „ihre" Stelle und Stellenkultur ein. Dies führt in der Regel zu einer gemeinsamen beruflichen Sozialisation sowie zu Anpassungsprozessen innerhalb des Teams. Den Mitarbeitern fällt es häufig schwer, aus diesen „verkrusteten" Strukturen und Konzepten heraus neue innovative Wege zum Beispiel in Richtung einer stärkeren Lebensweltorientierung oder Senkung der Zugangsschwelle zur Beratung zu wagen. Auf Kritik von außen wird häufig mit einer misstrauischen Abwehrhaltung reagiert (Nüßle, Müller-Hohagen & Hübner, 1998).

4. Gesellschaftliche Modernisierung verändert Erziehungsberatung
Die kontinuierlich steigende Inanspruchnahme von Erziehungsberatung wird – neben der gestiegenen Akzeptanz von Beratung und gesunkenen Hemmschwellen gegenüber fachlichen Hilfen – von gesellschaftlichen Modernisierungsprozessen und ihren Auswirkungen ausgelöst. Erziehungsberatungsstellen reagieren auf die zunehmend komplexer werdenden Problemlagen und den wachsenden Orientierungsbedarf ihrer Klienten mit zwei gegenläufigen Strategien: neben der Pluralisierung und „Eklektisierung" der Beratungsarbeit ist eine Suche nach neuen Ordnungssystemen und diagnostischen Schemata zu verzeichnen.

5. Qualitätssicherung ist eine Gegenreaktion zur Pluralisierung der Beratung
In ähnlicher Weise kann die „Nötigung zum Qualitätsmanagement" (Keupp, 1998, S. 11), die auch in der Erziehungsberatung deutlich spürbar geworden ist (vgl. Kapitel 3.1), als Versuch von Trägern und Zuschussgebern gewertet werden, Ordnungskriterien und überprüfbare Zielgrößen in die unübersichtlich gewordene Beratungsarbeit zu transportieren und damit wieder „Kontrolle" (vgl. „Qualitäts-Kontrolle") über das Geschehen an den Erziehungsberatungsstellen zu erlangen.

6. Moderne Erziehungsberatung bedarf grundlegender Revisionen

Um adäquate fachliche Antworten auf den Beratungsbedarf in der momentanen gesellschaftlichen Umbruchsituation geben zu können, müssen die Beratungskonzepte „vom Kopf auf die Füße" gestellt werden (Nestmann, 1996, S. 9). Dazu ist es nötig, mit dem Beratungsangebot vor allem die potentiellen „Modernisierungsverlierer" und weniger motivierte Klienten zu erreichen. Gemeindepsychologische Arbeitsweisen und offene bzw. präventive Ansätze müssen dazu stärker als bisher ausgebaut und in den klassischen Schwerpunkt Einzelfallarbeit integriert werden. Als zentrale Aufgabe kann dabei die Unterstützung der Klienten bei einer produktiven Lebensbewältigung im Sinne einer Kompetenzerweiterung durch die Förderung des individuellen bzw. familialen Kohärenzsinns (vgl. Kapitel 2) formuliert werden.

7. Institutionelle Erziehungsberatung hat per se eine gesellschaftliche Doppelfunktion

Institutionelle Erziehungsberatung hat im gesellschaftspolitischen Kontext eine Doppelfunktion: durch die Beratung und Unterstützung von Hilfesuchenden kann sie zum einen emanzipatorisch wirken, weil sie dem Einzelnen hilft, gesellschaftlichen Widersprüchen zu begegnen und soziale Ungerechtigkeiten zu lindern. Gleichzeitig arbeitet sie jedoch auch auf eine individualisierte bzw. familiarisierte Betrachtungsweise komplexerer Problemzusammenhänge hin. Damit können die in den gegebenen sozialen Verhältnissen angelegten Ungerechtigkeiten und Spannungen nicht mehr als strukturelle zum Ausdruck kommen. Dieselben gesellschaftlichen Widersprüche und Brüche, die Menschen zu Klienten werden lassen, werden durch Erziehungsberatung verschleiert. Selbst in das vergleichsweise progressive Rahmenkonzept für die institutionelle Erziehungsberatung, das durch das KJHG vorgegeben wird, schleichen sich soziale Macht- und Kontrollfunktionen als Interventionsmaximen ein (Nestmann & Sickendick, 2002).

Diese Form von sanfter sozialer Kontrolle wird u. a. durch die freiwillige Inanspruchnahme von Erziehungsberatung nicht als solche empfunden. Die entpolitisierende und kontrollierende Wirkung psychosozialer Hilfen findet sich natürlich nicht nur im Bereich der institutionellen Erziehungsberatung. Sie ist hier jedoch – nach meinem Eindruck – möglicherweise aufgrund der vorherrschenden therapeutischen Orientierung – seltener Gegenstand kritischer Reflexionen.

2
Basiskompetenzen für eine produktive Lebensbewältigung – das Konzept des Kohärenzsinns

Das vorangegangene Kapitel hat gezeigt, dass die institutionelle Erziehungsberatung im Blick auf den aktuellen gesellschaftlichen Wandel mit der Herausforderung konfrontiert wird, ihre Klienten bei der produktiven Lebensbewältigung zu unterstützen und die dafür erforderlichen Kompetenzen zu fördern. Vor dem Hintergrund dieser Ausgangsprämisse wird das Konzept des *Kohärenzsinns* (SOC, sense of coherence) als Zielgröße für Erziehungsberatung besonders relevant. Es soll in diesem Kapitel zusammen mit den zentralen Annahmen und Bestimmungsstücken des *Salutogenese-Modells* eingehender beleuchtet werden.

Das Modell der Salutogenese, dessen Schlüsselvariable der SOC ist, wurde vom israelischen Medizinsoziologen Aaron Antonovsky entwickelt (Antonovsky, 1979 bzw. 1987). Es stieß im letzten Jahrzehnt sowohl international als auch im deutschsprachigen Raum auf eine beachtliche Resonanz, was auch durch die Vielzahl von Übersichtsarbeiten dokumentiert wird, die zur Beschreibung des Modells erschienen sind (Bartsch & Bengel, 1997; Franke, 1997; Lamprecht & Johnen, 1997; Bengel, Strittmatter & Willmann, 1998; Margraf, Siegrist & Neumer, 1998; Schüffel, Brucks, Johnen, Köllner, Lamprecht & Schnyder, 1998).

Zwei Aspekte der Kohärenzsinnforschung kommen hier etwas ausführlicher zur Sprache. Sie wurden von Antonovsky selbst noch in seiner letzten Veröffentlichung (Antonovsky, 1996) als wichtigste Fragestellungen für zukünftige Forschungsaktivitäten bezeichnet und erhalten im Beratungskontext ein besonderes Gewicht: (1) Die Frage nach den *Entwicklungs- und Veränderungsbedingungen* für das individuelle Kohärenzgefühl sowie (2) die Erforschung des SOC auf der *familialen Ebene*.

Den Abschluss des Kapitels bilden Überlegungen dazu, wie der Kohärenzsinn von Heranwachsenden und ihren Familien durch Beratung gefördert werden kann.

2.1 Der theoretische Hintergrund – das Salutogenese-Modell

2.1.1 Abkehr von der Pathogenese

Das Aufkommen salutogener Ansätze im Bereich der Krankheits- bzw. Gesundheitsforschung kann als Reaktion auf die Defizite des bis heute in Medizin und Gesundheitswissenschaften vorherrschenden Paradigmas der *„Pathogenese"* (Antonovsky, 1993a) verstanden werden. Im Mittelpunkt einer pathogenetischen Betrachtungsweise steht die Erkrankung des Patienten mit den durch sie bedingten Beschwerden, den „kranken" Anteilen des Patienten. Hauptziel von pathogenetisch orientierten Behandlungsansätzen ist es, die beobachtbare Symptomatik zu diagnostizieren und durch eine Beseitigung potentiell krankheitsverursachender Faktoren aufzuheben. Dahinter steht die Annahme des klassischen *biomedizinischen Krankheitsmodells* (vgl. Faltermaier, 1994), wonach Krankheitssymptome auf organische Defekte (biophysische, biochemische oder genetische Schädigungen) zurückzuführen sind, die wiederum durch eine begrenzte Anzahl von Ursachen (z. B. Viren oder Bakterien) ausgelöst wurden. Durch regulative Eingriffe in das biologische System gilt es, schädigende Bedingungen auszuschalten. Diese Annahmen sind für viele Erkrankungen gültig, so dass die dazu durchgeführten Forschungsaktivitäten zu großen medizinischen Fortschritten – z. B. bei der Behandlung von Infektionskrankheiten – führen konnten. Allerdings wurden auch schon früh die Grenzen eines biomedizinischen Krankheitsverständnisses – insbesondere bei der Erklärung von Störungen, für die sich keine Kausalfaktoren biologischer Art finden lassen – sichtbar. Dadurch angeregt kam es in den 70er Jahren zu einer Ausweitung der vorherrschenden Sichtweise um psychosoziale Risikofaktoren. Engel (1979) schlug bspw. ein *biopsychosoziales Modell* vor, das von einem Konzept der multiplen Verursachung ausgeht. Es erlaubt neben somatischen Faktoren auch psychische und soziale Bedingungen zur Erklärung von Erkrankungen heranzuziehen. Gleichzeitig bemühte sich die Stress- und Bewältigungsforschung darum, den Zusammenhang zwischen potentiellen psychosozialen Risikofaktoren bzw. protektiven Faktoren (z. B. soziale Unterstützung) und dem Ausbruch und Verlauf einer Krankheit aufzuhellen.

Mit der Erweiterung des biomedizinischen Modells war jedoch keine grundsätzlich neue Konzeptualisierung von Gesundheit und Krankheit verbunden, da sich die Formulierungen biopsychosozialer Modelle ebenfalls an einem Defizitmodell des Menschen orientieren (Bengel et al., 1998). Weiter wurde Kritik am mechanistischen Menschenbild pathogenetischer Ansätze (Antonovsky, 1993a), die den kranken Menschen auf seine Beschwerden reduzieren und nicht als Subjekt mit vielfältigen Handlungsmöglichkeiten wahrnehmen, sowie an den immanenten Normsetzungen durch Expertendefinitionen von „gesund" und „krank" (Höfer, 2000) laut. Antonovsky (1993a) kommt zusammenfassend zum Schluss, dass das vorherrschende Paradigma auch mit den beschriebenen Erweiterungen pathogenetisch bleibt.

Seine eigene Forschungstätigkeit zum Zusammenhang zwischen Stressfaktoren und Gesundheit bzw. Krankheit war in den 60er Jahren zunächst ebenfalls pathogenetisch orientiert. Erst die Ergebnisse einer Studie zu den gesundheitlichen Auswirkungen der Wechseljahre bei Frauen verschiedener ethnischer Gruppen (Antonovsky, Maoz, Dowty & Wijsenbeek, 1971) führten ihn nach eigenen Angaben zur Entwicklung des Salutogenese-Modells. In einer Untergruppe von Frauen, die alle eine Inhaftierung in einem Konzentrationslager und die damit verbundenen schwersten Traumatisierungen überlebt hatten, gaben 29 % der Befragten an, bei relativ guter psychischer Gesundheit zu sein. In der Folge dieser Erkenntnisse begann Antonovsky in seinen Forschungsarbeiten die „*salutogenetische Kernfrage*" zu stellen: Wie kommt es, dass ein Mensch trotz widriger Lebensumstände gesund bleibt oder seine Gesundheit nach Erkrankung wiedererlangt? Mit dieser aus seiner Sicht radikal neuen Frage (Antonovsky, 1993a) war die Formulierung eines neuartigen, salutogenetischen Paradigmas verbunden.

2.1.2 Grundannahmen des Salutogenese-Modells

Die mit dem Salutogenese-Modell vollzogene „Umkehrung der traditionellen Blickrichtung von Sozialepidemiologie und Gesundheitsforschung" (Herringer, 1997, S. 173) sowie Abgrenzung zur pathogenetischen Orientierung wird beim Vergleich zentraler Annahmen beider Modelle in Tabelle 2.1 (in Anlehnung an eine Darstellung aus Noack, 1997) deutlich.

Tabelle 2.1: Grundannahmen des pathogenetischen und salutogenetischen Modells

Annahmebereich	Pathogenetisches Modell	Salutogenetisches Modell
1. „Normalzustand" menschlicher Existenz	**Homöostase:** Menschen bleiben in Abwesenheit von Krankheitserregern gesund	**Heterostase:** Störungen sind allgegenwärtig, Gesundheit muss immer wieder aufgebaut werden
2. Gesundheits- bzw. Krankheitsstatus	**Dichotomie:** Klassifikation als entweder „gesund" oder „krank"	Multidimensionales **Kontinuum:** gesunde u. kranke Anteile, individuelle Position zwischen den Polen „Gesundheit" –„Krankheit"
3. Fokus der Perspektive	**Reduktionistisch:** mechanistisches Menschenbild, Symptom- bzw. Pathologieorientierung	**Ganzheitlich:** ressourcenorientiertes Menschenbild, Blick auf die ganze Person und ihre Lebensgeschichte

Annahmebereich	Pathogenetisches Modell	Salutogenetisches Modell
4. Wirkfaktoren für Gesundheit und Krankheit	Risikofaktoren u. pathogene Einflüsse, Schutzfaktoren als Puffer- oder Moderatorvariablen	„Heilsame" Ressourcen, Kohärenzsinn, allgemeine Widerstandsfaktoren
5. Wirkung von Stressoren	Risikofaktor, potentiell krankheitsfördernd	Stressoren sind allgegenwärtig, sowohl potentiell krankheits- als auch gesundheitsfördernd (je nach Spannungsbewältigung)
6. Behandlung von Leiden	Bekämpfung von Krankheitserregern/Risikofaktoren mit speziellen Heilmitteln	Stärkung gesundheitserhaltender Faktoren, Ressourcenentwicklung, aktive Anpassung

Antonovsky (1993a) geht davon aus, „dass Heterostase, Ungleichgewicht und Leid inhärente Bestandteile menschlicher Existenz sind ..." (S. 6). Gesundheit ist demnach nicht einfach gegeben, sie muss vielmehr immer wieder von Neuem erhalten oder aufgebaut werden („Heterostasehypothese"; Becker, 1998). Dabei ist die Auseinandersetzung um die Gesundheit nie ganz erfolgreich, Menschen vereinen immer zugleich gesunde und kranke Anteile in sich. Der ressourcenorientierte Ansatz führt zur Erweiterung des Modellblicks auf die ganze Person samt ihrer Lebensgeschichte und Systemeinbettung. Statt der ausschließlichen Fokussierung auf Symptome und krankheitserregende Einflüsse werden dabei „heilsame" Ressourcen („salutary resources") ins Visier genommen, da ihre Aktivierung eine Bewegung in Richtung Gesundheitspol des Gesundheits-Krankheits-Kontinuums (Health-ease/Dis-ease (HEDE)-Kontinuum) ermöglicht. Die einzelnen Bestimmungsstücke in Antonovskys Theorie zur Entstehung von Gesundheit sind mit ihrem Zusammenspiel in Abbildung 2.1 vereinfacht dargestellt (Weiterentwicklung des Modells bei Antonovsky, 1979, S. 184f.).

a) Stressoren, Spannung und Stress: Stressoren sind für Antonovsky (1979) im menschlichen Leben ubiquitär. Er definiert Stressoren als „Herausforderung, für die es keine unmittelbar verfügbaren oder automatisch adaptiven Reaktionen gibt" (S. 72). Dabei wird im Einzelnen zwischen physikalischen, biochemischen und psychosozialen Stressoren unterschieden. Die Reaktion auf einen Stressor, der das Gleichgewicht des Organismus gefährdet, ist physiologische Anspannung. Ob der jeweilige Stressor eine neutrale, krankheits- oder gesundheitsfördernde Wirkung hat, hängt von der Verarbeitung des von ihm ausgelösten Spannungszustandes ab. Das „Spannungsmanagement" verläuft analog zu transaktionalen Bewältigungsmodellen aus der Copingforschung (vgl. Lazarus & Folkman, 1984) in mehreren kognitiven

Bewertungsschleifen. Gelingt mithilfe der verfügbaren Ressourcen eine Spannungsreduktion, kann der ursprüngliche Stressor neutral bleiben oder über den erlebten Bewältigungserfolg salutogen wirken und dazu beitragen, die Position auf dem HEDE-Kontinuum zu erhalten. Umgekehrt löst eine misslungene Spannungsbewältigung Stresszustände aus, die in Wechselwirkung mit anderen pathogenen Einflüssen die Position auf dem Kontinuum verschlechtern. Im Rahmen der Weiterentwicklung des Modells schlug Antonovsky (1987) vor, insbesondere chronische Stressoren als „generalisierte Widerstandsdefizite" (Generalized Resistance Deficits) zu konzeptualisieren. Sie bilden damit auf einem weiteren Kontinuum (GRR-GRD-Kontinuum) den Gegenpol zu den „Generalisierten Widerstandsfaktoren" (GRR).

Abbildung 2.1: Das Modell der Salutogenese

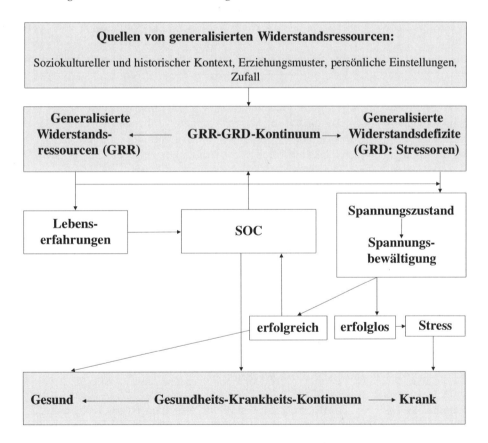

b) Generalisierte Widerstandsfaktoren: Auf der Suche nach Faktoren, die eine erfolgreiche Spannungsbewältigung erleichtern, konzipierte Antonovsky (1979) zunächst unter der Bezeichnung „Generelle Widerstandsressourcen" (Generalized Resistance Resources, GRR) alle Variablen, die in der Fachliteratur mit der Erhaltung oder

Verbesserung der Gesundheit in Verbindung gebracht wurden. Die entsprechende Variablenliste umfasst als psychosoziale GRR sowohl individuelle (hier insbesondere Wissen, Intelligenz, Bewältigungsstrategien, Ich-Identität, finanzielle Möglichkeiten) als auch soziale und kulturelle (soziale Beziehungen bzw. Unterstützung, kulturelle Stabilität) Ressourcen. Das Ausmaß der individuell verfügbaren GRR ist selbst von verschiedenen Faktoren wie dem soziokulturellen und historischen Kontext, Erziehungsmustern, persönlichen Einstellungen und dem Zufall abhängig. Generellen Widerstandsressourcen werden zwei Funktionen zugeschrieben:

1. Sie helfen, Stressoren zu vermeiden bzw. zu bewältigen, und erleichtern den Spannungsabbau.
2. Gleichzeitig ermöglichen sie Lebenserfahrungen, die durch Konsistenz, Partization und eine Balance zwischen Überforderung und Unterforderung gekennzeichnet und für die Kohärenzsinnentwicklung förderlich sind (vgl. 2.3.1).

Hier zeigt sich die Rückbezüglichkeit des Salutogenese-Modells: sowohl bedeutsame bzw. kohärente Lebenserfahrungen als auch eine günstige Position auf dem HEDE-Kontinuum erleichtern ihrerseits wieder den Erwerb neuer oder den Erhalt der vorhandenen GRR. Inwieweit die vorhandenen GRR genutzt und wirksam werden können, hängt von der Stärke einer subjektiven Kompetenz ab, die den gemeinsamen Kern der verfügbaren Ressourcen verkörpert und für Antonovsky (1993a) die Antwort auf die salutogene Frage nach Herstellung bzw. Erhaltung von Gesundheit liefert: dem Kohärenzsinn[1] („sense of coherence").

2.2 Das Konzept des Kohärenzsinns (SOC)

Im Modell der Salutogenese (vgl. Abb. 2.1) kommt dem Kohärenzsinn die Rolle einer Schlüsselvariablen zu. Er ist zum einen das „Destillat" aus konsistenten und wiederholten Lebenserfahrungen, die durch die individuelle Position auf dem GRR-GRD-Kontinuum ermöglicht werden. Andererseits ist er als individuelle psychologische Einflussgröße von zentraler Bedeutung für den jeweiligen Gesundheits- bzw. Krankheitszustand eines Menschen.

2.2.1 Definition und Komponenten des SOC

Antonovsky (1997; S. 36, Übersetzung von A. Franke) definiert das Kohärenzgefühl als „... eine globale Orientierung, die ausdrückt, in welchem Ausmaß jemand ein durchdringendes, andauerndes und dennoch dynamisches Gefühl des Vertrauens hat, dass

---

[1] Da es keinen deutschen Begriff gibt, der sowohl die perzeptorische als auch die kognitive und emotionale Seite des englischen Wortes „sense" umfasst, werden in der deutschsprachigen Fachliteratur sowohl „Kohärenzsinn" als auch „Kohärenzgefühl" als Übersetzung für „sense of coherence" verwendet. Beide Termini werden im Folgenden synonym benutzt.

2.2 Das Konzept des Kohärenzsinns (SOC)

1) die Reize, die sich im Verlauf des Lebens aus der inneren und äußeren Umgebung ergeben, strukturiert, vorhersehbar und erklärbar sind *(Verstehbarkeit)*;
2) die Ressourcen zur Verfügung stehen, um den Anforderungen, die diese Reize stellen, zu begegnen *(Handhabbarkeit)*;
3. diese Anforderungen Herausforderungen sind, die Anstrengung und Engagement lohnen *(Bedeutsamkeit bzw. Sinnhaftigkeit)."*

Unter der postulierten „globalen Orientierung" versteht Antonovsky (1987) eine beständige, wenngleich flexible individuelle Grundhaltung der Welt und dem eigenen Leben gegenüber („a generalized longlasting way of seeing the world and one's life in it" (S. 22), „Weltanschauung", Antonovsky, 1993b, S. 972). Die in der Definition ausgedrückte „Dynamik" des Kohärenzsinns resultiert daraus, dass er einerseits laufend durch neue Lebenserfahrungen geformt wird, andererseits durch seine Ausprägung die Art der jeweiligen Lebenserfahrungen selbst mitbestimmt (Rückbezüglichkeit, vgl. Abb. 2.1). Da sich individuelle Lebenserfahrungen und Kohärenzgefühl durch diesen zirkluären Prozess fortwährend wechselseitig bedingen und bestätigen, wird der SOC zu einer „dispositionalen Orientierung". Er ist jedoch nicht im Sinne einer stabilen Persönlichkeitseigenschaft zu verstehen.

Antonovsky (1987) nimmt an, dass die drei – in der Definition zum Kohärenzsinn differenzierten und in Kasten 2.1 ausführlicher charakterisierten – *SOC-Komponenten* eng miteinander verbunden sind, auch wenn sie je nach Lebenssituation unterschiedlich stark ausgeprägt sein können.

Kasten 2.1: Die drei Komponenten des Kohärenzsinns (SOC)

---

1. Verstehbarkeit („sense of comprehensibility"):
Die kognitive Überzeugung bzw. Einstellung, wonach die Stimuli der eigenen Umwelt sinnvoll interpretierbar und zukünftige Entwicklungen vorhersagbar oder zumindest erklärbar sind. Sie bestimmt das Ausmaß, indem interne und externe Reize als konsistent, strukturiert und klar und nicht als chaotisch, ungeordnet, willkürlich, zufällig und unerklärlich wahrgenommen und verarbeitet werden *(Kognitive SOC-Komponente)*.

2. Handhabbarkeit („sense of manageability"):
Die kognitiv-emotionale Grundhaltung, wonach mit den zur Verfügung stehenden Ressourcen (sowohl eigene als auch auf solche, „die von legitimierten anderen kontrolliert werden", etwa Ehepartner, Freunde, aber auch Gott oder Politiker; Antonovsky, 1997, S. 35) die auftretenden Anforderungen bewältigt werden können. Personen mit einem hohen „sense of manageability" sind der Überzeugung, auch unerwartete Ereignisse bewältigen zu können und nicht in einer Opferrolle dem Leben ausgeliefert zu sein *(Instrumentell-pragmatische SOC-Komponente)*.

> **3. Sinnhaftigkeit bzw. Bedeutsamkeit („sense of meaningfulness"):**
> Die motivational-emotionale Orientierung, dass die vom Leben und der Umwelt gestellten Anforderungen Aufgaben sind, für die es sich einzusetzen lohnt. Dabei werden auch unvermeidliche negative Ereignisse (z. B. Tod einer nahe stehenden Person, Krankheit) als Herausforderung gesehen, die in einem sinnhaften Kontext stehen und die letztlich überwunden werden können (Motivationale SOC-Komponente).

Für eine erfolgreiche Bewältigung ist letztlich das Zusammenspiel aller drei Komponenten und damit der Kohärenzsinn als Ganzes ausschlaggebend. So könnte eine Person bspw. den Lebensalltag als interpretierbar und vorhersehbar erleben (Verstehbarkeit) und Vertrauen in die verfügbaren Bewältigungsressourcen haben (Handhabbarkeit), seinen Handlungen aber – in Zeiten von Werte- und Ideologieverlust – dennoch nicht in tiefere Sinnzusammenhänge (Sinnhaftigkeit) stellen können. Da Antonovsky (1987) die motivationale Komponente des SOC als die wichtigste erachtet, würde diese Person aus seiner Sicht nicht über einen starken Kohärenzsinn verfügen. Ohne positive Erwartungen an das Leben im Kontext eines Sinnhaftigkeitserlebens geht die Motivation verloren, die sich stellenden Aufgaben anzugehen. Die Verstehbarkeitskomponente ihrerseits bildet die Voraussetzung für das Erleben von Handhabbarkeit, da die Bewältigung von Anforderungen von der vorgeschalteten kognitiven Informationsverarbeitung abhängig ist. Ohne instrumentelles Vertrauen in Bewältigungsmöglichkeiten würde wiederum auf Dauer die Bedeutsamkeitskomponente im Sinne einer Demoralisierung geschwächt werden.

Als weiteren Aspekt zur Charakterisierung des SOC nannte Antonovsky (1997) die *Flexibilität* mit der die Welt und das eigene Leben in ihr gesehen werden. Er vermutet, dass das Kohärenzgefühl auch bei einschneidenden Lebensveränderungen durch eine flexible Auswahl der subjektiv bedeutsamen Lebensbereiche stabil gehalten werden kann. Nach einer Berentung können bspw. ehrenamtliche Aktivitäten gegenüber einer Erwerbstätigkeit deutlich an subjektiver Bedeutung gewinnen. Demnach haben Menschen unterschiedlich weite Grenzen bezüglich der Bereiche, die sie für sich als bedeutsam und relevant ansehen. Vier Lebensbereiche sind allerdings so zentral, dass sie nicht ohne eine Beeinträchtigung des SOC als unbedeutend oder inkohärent erlebt werden können: eigene Gefühle, zwischenmenschliche Beziehungen, die eigenen Hauptaktivitäten und existenzielle Fragestellungen (z. B. Tod, Konflikte, Isolation). Antonovsky (1997) unterscheidet zudem zwischen einem starken und einem rigiden SOC. Ein starkes Kohärenzgefühl zeichnet sich durch flexible Reaktionen auf Anforderungen aus. Auf der Basis einer kohärenten Weltsicht können neue Informationen integriert und die globale Orientierung an veränderte Kontextbedingungen angepasst werden. Menschen mit einem rigiden SOC hingegen halten an ihren – zum Teil von übergeordneten Glaubenssystemen (z. B. Religionen, politischen Ideologien) übernommenen – starren Überzeugungsmustern fest und ignorieren zuwiderlaufendes Feedback aus der Umwelt. Innerhalb ihrer geschlossenen Weltsicht erleben sie durchaus Verstehbarkeit, Handhabbarkeit und Sinnhaftigkeit, es gelingt ihnen mangels Offenheit und Flexibilität jedoch nicht, sich auf neue bzw. unerwartete

Kontextbedingungen einzustellen. Je niedriger das Kohärenzgefühl ausgeprägt ist, desto wahrscheinlicher reagiert eine Person ohne Berücksichtigung der situativen Bedingungen ihren Persönlichkeitszügen entsprechend starr. Eine empirische Unterscheidung zwischen einem flexiblen SOC und einer rigiden globalen Orientierung ist laut Antonovsky (1997) nur mittels qualitativer Tiefeninterviews möglich.

2.2.2 Verhältnis des Kohärenzsinns zu anderen psychologischen Konzepten

Antonovsky betonte immer wieder, dass es sich beim Kohärenzgefühl nicht um einen spezifischen Copingstil, sondern um ein übergeordnetes Konzept zur flexiblen Steuerung aller Bewältigungsreaktionen handelt. Damit wird die Frage aufgeworfen, wie sich sein Konstrukt von einer Reihe psychologischer Konzepte zu personalen Ressourcen, denen eine schützende bzw. gesundheitserhaltende Funktion für das Individuum zugeschrieben wurde, unterscheidet. Tabelle 2.2 stellt die wichtigsten Ansätze aus diesem Bereich den jeweils vergleichbaren SOC-Komponenten gegenüber. Antonovsky selbst verweist auf die inhaltliche Nähe der Sinnhaftigkeits-Komponente zum existenzanalytischen Ansatz Viktor Frankls (1987).

Antonovsky (1991) betont die *Gemeinsamkeiten* der in Tabelle 2.2 genannten Ansätze: sie sind alle salutogenetisch orientiert (Beschäftigung mit der erfolgreichen Stressbewältigung) und beziehen sich auf generalisierte Einstellungen des Subjekts. Zudem gehen sie alle von der Annahme aus, dass hohe Werte auf der jeweiligen personalen Ressource zu erfolgreichem Coping und Gesundheitserhaltung beitragen. Für ihn stellt die inhaltliche Nähe der Konzepte daher einen Hinweis auf die Kriteriumsvalidität seiner eigenen Theorie und Bestätigung der von ihm eingeschlagenen Forschungsrichtung dar.

Von anderen Autoren wurden die konzeptuellen Überschneidungen im Sinne einer fraglichen Eigenständigkeit des SOC-Konstruktes kritisch thematisiert (z. B. Becker, 1998; Siegrist, 1997). Franke (1997) geht von einer „gewissen Übergeordnetheit des SOC-Konzeptes" (S. 170) aus, obwohl bisher kaum direkte Vergleichsstudien mit den verwandten Konzepten durchgeführt wurden. Meines Erachtens lässt sich die Frage nach der inkrementellen Validität des Konstrukts daher zum jetzigen Zeitpunkt noch nicht abschließend beantworten.

Tabelle 2.2: Vergleich der SOC-Komponenten mit verwandten Konzepten

Verwandtes Konzept		SOC-Komponente
1. **Kontrollüberzeugungen** (Rotter, 1975): Generelle Erwartungen über die Beeinflussbarkeit von Ereignissen. Unterscheidung zwischen externaler und internaler Kontrollüberzeugung. Internale Kontrolüberzeugungen werden als günstiger eingeschätzt („I have the resources").	a) b)	**Verstehbarkeit:** ermöglicht eine (kognitive) Kontrolle von Ereignissen. **Handhabbarkeit:** Vertrauen, dass die Copingressourcen (egal, ob internale oder externale) verfügbar sind. Wertneutrale Einschätzung der verschiedenen Kontrollüberzeugungen. Kritik an Überbewertung internaler Kontrollüberzeugungen („We have the ressources").
2 **Selbstwirksamkeitserwartung** (Bandura, 1977, 1982): Das Verhalten wird bestimmt durch: a) **Ergebniserwartung:** Antizipation eines positiven Verhaltensergebnisses. b) **Effizienzerwartung:** Überzeugung, Verhalten real ausüben zu können. Zusammenhang zwischen Selbstwirksamkeit und gesundheitsförderndem Verhalten.	a) b)	**Verstehbarkeit:** entspricht der Ergebniserwartung: Verhalten führt zu bestimmtem Ergebnis (Vorhersehbarkeit). **Handhabbarkeit:** Instrumentelles Vertrauen ohne Unterscheidung zwischen Effizienz- und Ergebniserwartung. Gilt als bedeutsam für die Motivation zur Verhaltensänderung (ähnlich wie bei der Selbstwirksamkeitserwartung).
3. **Widerstandsfähigkeit** („Hardiness"; Kobasa, 1979): dynamisch veränderbare Persönlichkeitseigenschaft: Resistenz gegenüber negativen Stressauswirkungen. Umfasst drei Komponenten: a) **Challenge:** Veränderung wird als Herausforderung gesehen (normative Lebensweise als Orientierung in Richtung Veränderung). b) **Control:** Betonung von Selbstverantwortlichkeit und internaler Kontrolle, Gegenteil von Hilflosigkeitsüberzeugungen. c) **Commitment:** Soziales Handeln/ Engagement, Bedeutung der eigenen Person.	a) b) c)	**Verstehbarkeit:** Kognitive Ordnung, Erklärbarkeit und Vorhersagbarkeit (an Stabilität orientiert). **Handhabbarkeit:** Betonung von Vertrauen in Kontrolle durch legitimierte andere. Kritik an der kulturell bedingten positiven Bewertung internaler Kontrolle. **Sinnhaftigkeit:** „Exakt das Gleiche" wie Commitment (Antonovsky, 1997, S. 59).

2.2.3 Wirkungsweisen des SOC: theoretische Annahmen und empirische Befunde

Antonovskys Annahmen über die potentiellen Wirkungsweisen des Kohärenzgefühls sind in Abb. 2.1 mit Pfeilen illustriert. Demnach kann zwischen direkten und indirekten Einflüssen des SOC auf den Gesundheits- bzw. Krankheitsstatus einer Person unterschieden werden:

a) Direkter Einfluss: Im Sinne neuerer Forschungsergebnisse zur Psychoneuroimmunologie postuliert Antonovsky (1990) einen direkten Einfluss des SOC auf *physiologische Prozesse* im Zentralnerven-, Immun- oder Hormonsystem. Er geht dabei davon aus, dass das Gehirn „als Gesundheitssystem" (Schwartz, 1979) durch die generelle Orientierung des SOC aktiviert wird, die Informationsverarbeitung zu filtern und Botschaften zur Aufrechterhaltung der Homöostase an die Organsysteme zu senden.

b) Indirekter Einfluss: Die wichtigste Verbindung zwischen Kohärenzsinn und Gesundheit sieht Antonovsky in der Rolle des SOC beim *Umgang mit Stressoren* (Franke, 1997). Der SOC wirkt sich dabei in unterschiedlichen Phasen des Bewältigungsprozesses aus: Im Verlauf des (1.) Einschätzungsprozesses bestimmt die im Kohärenzgefühl zusammengefasste Grundhaltung sowohl die Bewertung der Situation (bei hohem SOC wird ein Stimulus weniger wahrscheinlich als Stressor bzw. als bedrohlich eingestuft) als auch der internalen und externalen Ressourcen zur Bewältigung der Situation (v.a. Handhabbarkeits-Komponente). Beim eigentlichen (2.) Bewältigungsprozess wirkt der SOC als Steuerungsprinzip, das den flexiblen Einsatz verschiedener Copingmuster in Abhängigkeit von den jeweiligen Situationsanforderungen anregt (Bengel et al., 1998). Dazu gehört auch die Mobilisierung der vorhandenen Widerstandsressourcen und die Regulierung der mit der Spannungsbewältigung einhergehenden Emotionen. In der Phase der (3.) Neubewertung („reappraisel") fungiert das durch einen starken SOC ermöglichte, erfolgreiche Coping auf zwei Wegen gesundheitsfördernd: neben einer Spannungsreduktion – und der dadurch verhinderten pathogenen Stresswirkung – wirkt es sich rückbezüglich stärkend auf das Kohärenzgefühl aus.

Einen weiteren indirekten Einfluss auf den Gesundheitszustand übt der Kohärenzsinn über die Auswahl *gesundheitsförderlicher Verhaltensweisen* aus. Menschen mit einem hohen SOC vermeiden demzufolge eher Stressoren, deren Bewältigung unwahrscheinlich ist, nehmen rechtzeitig professionelle Hilfen in Anspruch und zeigen insgesamt weniger unangepasstes oder risikoreiches Verhalten.

Der *empirischen Überprüfung* der Annahmen des Salutogenese-Modells sind aufgrund seiner hohen Komplexität methodische Grenzen gesetzt. Zur quantitativen Erfassung des individuellen Kohärenzgefühls entwickelte Antonovsky (1983) selbst einen Fragebogen („Orientation to Life Questionnaire", 29 Items, im Folgenden als „SOC-Skala" bezeichnet). Nach einer Schätzung von Bengel et al. (1998) wurden bisher – größtenteils von Arbeitsgruppen in Israel und Schweden, aber auch im deutschsprachigen Raum – über 200 Studien zum SOC publiziert. Die folgende Einordnung des Forschungsstandes zum Kohärenzsinn (Kasten 2.2) stützt sich auf die Befundübersicht bei Antonovsky (1993c), Franke (1997), Lamprecht und Sack (1997) und Bengel et al. (1998):

Kasten 2.2: Empirische Befunde zum Kohärenzsinn (SOC)

1. SOC und körperliche Gesundheit
Entgegen Antonovskys Annahme ist ein direkter Einfluss des SOC auf körperliche Gesundheitsparameter bisher empirisch kaum nachgewiesen worden und daher in Frage zu stellen (vgl. Schmidt-Rathjens, Benz, Van Damme, Feldt & Amelang, 1997). Zudem zeigen sich bei Patienten verschiedener Krankheitsgruppen (Krebs, Rheuma) keine niedrigeren SOC-Werte als bei „Gesunden". Wenn sich signifikante Korrelationen zwischen Kohärenzgefühl und Maßen körperlicher Gesundheit ergeben, bleiben sie relativ gering (zwischen r. = –.10 und –.37).

2. SOC und psychische Gesundheit
Zahlreiche Untersuchungen belegen einen engen Zusammenhang zwischen SOC-Werten und verschiedenen Aspekten psychischer Gesundheit (wie bspw. Verstimmtheit, Konzentrationsmängel, allgemeines Wohlbefinden und Lebenszufriedenheit). Psychosomatische und psychiatrische Patienten sowie Menschen mit Abhängigkeitsproblemen zeigen durchgängig signifikant niedrigere SOC-Werte als „gesunde" Kontrollpersonen.

3. SOC und Stressbewältigung
Die Befunde bisher durchgeführter empirischer Studien bestätigen Antonovskys Hypothesen zur Rolle des SOC bei der Stressbewältigung: demnach gibt es einen Zusammenhang zwischen SOC und subjektiv empfundenem Stress. Probanden mit einem hohen Kohärenzgefühl erleben in Belastungssituationen weniger Stress, Angst bzw. Ärger und nehmen mehr (Bewältigungs-) Ressourcen bei sich und im sozialen Umfeld wahr. Sie schreiben der zu bewältigenden Aufgabe tendenziell mehr Sinn zu und trauen sich eine Bewältigung eher zu. Ihr Copingverhalten ist zudem eher durch Versuche, die Situation zu kontrollieren, und aktive Bewältigungsstrategien geprägt.

4. SOC und Gesundheitsverhalten
Zum Zusammenhang zwischen SOC und gesundheitsförderlichem Verhalten liegt laut Bengel et al. (1998) bisher eine widersprüchliche Befundlage vor. Es gibt zwar Hinweise darauf, dass Menschen mit einem hohen SOC im Krankheitsfall ein angepassteres Verhalten zeigen und bei Belastungen weniger auf gesundheitsschädigende Copingstrategien wie Alkohol- oder Suchtmittelgebrauch zurückgreifen. In anderen Studien ließ sich die Beziehung zwischen der

> SOC-Ausprägung und gesundheitsfördernden Aktivitäten (wie z. B. Sport) dagegen nicht auffinden.

Die empirische Befundlage hinkt der starken Beachtung, die das Modell der Salutogenese und damit der SOC in Fachkreisen evozierte, deutlich hinterher: Die bisher durchgeführten Studien liefern nur bescheidene und zum Teil inkonsistente Belege für Antonovskys Annahmen. Zudem handelt es sich größtenteils um Querschnittsuntersuchungen, deren Ergebnisse nicht als Beleg für Ursachenzusammenhänge herangezogen werden können. Die Offenheit der Ergebnisinterpretation in beide Richtungen (SOC beeinflusst den Gesundheitsstatus, der wiederum die Höhe des SOC mitbestimmt) kann jedoch nicht zur Falsifizierung der Modellannahmen verwendet werden, da Antonovsky eine rekursive Beziehung zwischen den Variablen postuliert (vgl. Abb. 2.1).

2.2.4 Kritik am SOC-Konzept

Antonovsky musste sich den Einwand gefallen lassen, mit dem Salutogenese-Modell „keine revolutionierende Wende eingeläutet", „sondern vielmehr an ressourcen- und stresstheoretische Erkenntnisse seiner Zeit" (Siegrist, Neumer & Margraf, 1998, S. 5) angeknüpft zu haben. Tatsächlich flossen beispielsweise die Ergebnisse der Resilienzforschung, die sich mit der relativen Widerstandskraft von zum Beispiel Kindern (Werner & Smith, 1982) gegenüber pathogenen Lebenssituationen und Ereignissen beschäftigt, in die Entwicklung des Salutogenese-Modells mit ein (Bender & Lösel, 1998). Auch die Idee eines Kontinuummodells von Gesundheit und Krankheit und die Suche nach Widerstandsressourcen hatte etwa schon Menninger (1968) thematisiert. Weitere Aspekte zu Theorie und Operationalisierung des SOC-Konzeptes können kritisch hinterfragt bzw. ergänzt werden.

a) Kritik am theoretischen Konzept: Die Beziehung der einzelnen Bestimmungsstücke des *Salutogenese-Modells* zueinander und der „Informationstransfer" (Bengel et al., 1998) zwischen ihnen ist weiter klärungsbedürftig. So ist beispielsweise fraglich, wie und welche protektiven Widerstandsressourcen in welcher Art und Weise systematisch untereinander und mit dem SOC interagieren. Unklar bleibt auch, wodurch sich ein Spannungs- von einem Stresszustand unterscheidet und durch welche vermittelnden Prozesse sich Stresszustände pathogen auswirken. Zudem führt die eindimensionale Konzeptualisierung von Gesundheit und Krankheit in Form eines Kontinuums zur Vorstellung, dass gesunde und kranke Anteile einer Person wechselseitig voneinander abhängen (je mehr kranke, desto weniger gesunde Anteile und umgekehrt). Ein solch linearer Zusammenhang konnte jedoch empirisch nicht bestätigt werden (vgl. Bradburn, 1967; Vossler, Haltenhof, Sommer & Bühler, 1994), die Befunde sprechen vielmehr für einen unabhängigen Ausprägungsgrad von „Gesundheit" und „Krankheit". Es wurde daher vorgeschlagen, beide im Gegensatz zum HEDE-Kontinuum als unabhängige Faktoren zu konzeptualisieren (Lutz & Mark, 1995).

Der *Kohärenzsinn* selbst ist im Wesentlichen ein kognitionspsychologisches Konzept, indem affektive Komponenten nur peripher berücksichtigt werden. Zudem fehlt eine stressphysiologische Verankerung des Modells (Siegrist, 1993). Antonovsky hatte auf die soziokulturelle Bedingtheit des SOC hingewiesen. Es wurde ihm jedoch vorgeworfen, die postulierten Wirkzusammenhänge zwischen sozialen und kulturellen Merkmalen (z. B. Schicht) und SOC-Ausprägung nur unzureichend theoretisch elaboriert zu haben (Geyer, 1997). Antonovskys Vorstellungen zufolge wirkt das Kohärenzgefühl hauptsächlich im Kontext der Stressbewältigung „salutogen". Dem SOC-Einfluss auf den Gesundheitsstatus über aktive, gesundheitsfördernde Verhaltensweisen misst er weniger Bedeutung bei. Gegenüber dem damit vermittelten „reaktiven" Charakter des SOC-Konzepts (in Reaktion auf Stressoren) betont beispielsweise Faltermayer (1994) stärker aktive und bewusste, gesundheitsherstellende Handlungen des Subjekts, die auch unabhängig von Bewältigungsprozessen erfolgen können (aktiver Herstellungsprozess von Gesundheit, vgl. Keupp, 1997a).

b) Kritik an der Operationalisierung: Hinsichtlich der *Konstruktvalidität* des Konzepts kann aufgrund hoher, positiver Korrelationen eine Konfundierung der SOC-Messungen mit Emotionalität (Korotkov, 1993), positivem Wohlbefinden (Maercker, 1998) und anderen gesundheitsprotektiven Ressourcen (z. B. Kontrollüberzeugung, Selbstwertgefühl, Optimismus, sozialer Unterstützung) vermutet werden. Umgekehrt hängen so genannte negative Affekte wie Angst und Depressivität hoch negativ (r. = –.50 und –.85) mit dem SOC zusammen (Larsson & Kallenberg, 1999; Stuempfer, Gouws & Viviers, 1998). Diese Zweifel an der diskriminanten Validität der SOC-Operationalisierung konnten bisher nicht ausgeräumt werden, da kaum Konstruktvalidierungen mit nicht-korrelativen Methoden vorliegen.

Die *faktorielle Validität* der SOC-Skala lässt sich empirisch ebenfalls nicht bestätigen, obwohl Antonovsky jedes Item genau einer der drei SOC-Komponenten zuordnete. Die Itemzuordnung ist wenig eindeutig und lässt sich experimentell von unabhängigen Experten kaum replizieren. Der Inhalt mancher *Items* ähnelt sich sehr stark, obwohl sie unterschiedlichen Komponenten angehören (Lutz, Herbst, Iffland & Schneider, 1998). Darüber hinaus wurden die SOC-Items wegen ihrer Länge bzw. Komplexität, unterschiedlichen Antwortskalen, vagen oder zweideutigen Situationsvorgaben und überwiegend negativen Itemformulierungen kritisiert. Lutz et al. (1998) nehmen an, dass mit dem vorwiegend negativen Itemformat der SOC-Skala – im Widerspruch zur salutogenen Denkweise – nur defizitorientiert auf ein mangelndes Kohärenzgefühl geschlossen werden kann. Die hohe Komplexität des Salutogenese-Modells sowie die schwierige konzeptuelle Abgrenzung seiner zentralen Elemente (z. B. GRR's und SOC) behindern seine *empirische Überprüfung* erheblich. Die beim bisher vorherrschenden Forschungsdesign gegebene Gefahr der Vermischung von abhängiger (z. B. Angst, Depressivität, subjektive Gesundheitseinschätzung) und unabhängiger (SOC) Variable (Konfundierung) sollte zukünftig durch schärfere konzeptuelle Abgrenzungen sowie verbesserte Untersuchungspläne (Verlaufsstudien, experimentelle und interventionelle Untersuchungsansätze) abgemildert werden.

2.3 Die Entwicklung und Veränderung des Kohärenzsinns

Die Klärung der Frage, wie sich das Kohärenzgefühl in Kindheit und Jugend entwickelt und welche Einflussfaktoren dabei bedeutsam sind, ist für die Evaluation von Erziehungsberatung von besonderem Interesse. Aus der Analyse der Bedingungsfaktoren der SOC-Entwicklung können Hinweise darauf abgeleitet werden, ob und in welcher Weise der Beratungsprozess zu einer Förderung des Kohärenzgefühls der jungen Klienten beitragen kann.

2.3.1 Antonovskys Annahmen zur Kohärenzsinnentwicklung

Antonovsky (1979/1987) nahm an, dass das Kohärenzgefühl in seinen wesentlichen Zügen in der Kindheit geformt wird. In der Adoleszenz wird dieser „vorläufige" SOC durch die zu bewältigenden Lebensaufgaben (z. B. Identitätsentwicklung, Geschlechtsrollenidentifizierung) nochmals erschüttert und verunsichert. Spätestens im jungen Erwachsenenalter, „nachdem man die Inkonsistenzen in den verschiedenen Bereichen des Lebens in Ordnung gebracht oder akzeptiert hat" (Antonovsky, 1997, S. 114), verfestigt sich das Kohärenzgefühl in seiner Ausprägung. Die Stabilisierung des SOC ab ca. 30 Lebensjahren erklärt Antonovsky damit, dass nach der Jugendphase mit ihren Wahlmöglichkeiten inzwischen Festlegungen getroffen wurden (bezüglich Partnerschaft, Beruf, Lebensstil), die ihrerseits wiederum konsistente und einordbare Lebenserfahrungen zur weiteren SOC-Kristallisierung bereitstellen. In den folgenden Lebensphasen wird die bis dahin erreichte SOC-Ausprägung bewahrt, da es Antonovsky für unwahrscheinlich hält, „that one's sense of coherence, once formed and set, will change in any radical way" (S. 188).

Die Konzeptualisierung des SOC als mehr oder weniger stabile Persönlichkeitsdisposition *(„Stabilitätsannahme")* ist auf die dem Salutogenese-Modell inhärente Rekursivität zurückzuführen: Menschen mit einem starken SOC werden durch ihre generellen Widerstandsressourcen Lebenserfahrungen ermöglicht, die ihr Kohärenzgefühl kontinuierlich stärken bzw. aufrechterhalten. Menschen mit einem schwachen SOC geraten dagegen leicht in einen „Teufelskreis" von generellen Widerstandsdefiziten, wenig kohärenten Lebenserfahrungen und weiteren SOC-Schwächungen. Grundlegende Veränderungen des SOC im Erwachsenenalter können nur durch neuartige Lebenserfahrungsmuster, die durch strukturelle Veränderungen (z. B. Arbeitsplatzwechsel, Emigration) eingeleitet und über mehrere Jahre beibehalten wurden, in Gang gesetzt werden. Kritische Lebensereignisse bewirken laut Antonovsky (1987) dagegen nur vorübergehende SOC-Veränderungen im Sinne einer „Fluktuation um einen Mittelwert" (S. 118).

Wie im Salutogenese-Modell (Abb. 2.1) zu erkennen ist, kommt den jeweiligen generalisierten Widerstandsressourcen eine zentrale Rolle bei der SOC-Entwicklung in Kindheit und Jugend zu. Sie werden maßgeblich vom soziokulturellen Kontext mitbestimmt (z. B. von Geschlecht, Hautfarbe, Schichtzugehörigkeit; Antonovsky, 1997, S. 93). Zusammen mit weiteren somatischen, affektiv-kognitiven und interpersonellen Ressourcen oder Defiziten stellen sie ein jeweils individuelles „Muster von Lebenserfahrungen" zur Verfügung. Für jede der drei SOC-Komponenten gelten die in Kasten 2.3 beschriebenen Erfahrungsmuster als grundlegend (Antonovsky, 1991). Wird die Erfahrungswelt eines Individuums durch diese Merkmale geprägt, können die Welt und das eigene Leben in ihr als kohärent und sinnvoll erlebt werden und darauf basierend mit der Zeit ein starker SOC entstehen.

Kasten 2.3: Kohärenzsinnfördernde Erfahrungsmuster

1. **Verstehbarkeit:** wird durch die Erfahrung der Umwelt als *konsistent* und *vorhersagbar* gefördert („the extend to which (...) messages were clear and there was order and structure, rather than chaos in one's environment", Sagy & Antonovsky, 1996, S. 201).

2. **Handhabbarkeit:** kann durch eine *gute Balance zwischen Überlastungs- und Unterforderungserfahrungen* ausgeformt werden („the extend to which (...) one suffered overload (or under-load), in terms of the appropriateness of demands made upon one and one's resources", ebd., S. 201).

3. **Sinnhaftigkeit bzw. Bedeutsamkeit:** bildet sich durch die *Partizipation an der Gestaltung von Handlungsereignissen* in sozial anerkannten Bereichen („the extend to which one felt that she/he had an appropriately significant part in deciding her/his fate and was not an object of the and whims of others"; Sagy & Antonovsky, 1999, S. 256).

Das Wechselspiel zwischen inneren kognitiv-emotionalen Repräsentationen und Erfahrungsmustern in der äußeren Welt, mit dem sich der Kohärenzsinn aufbaut, kann mit Piagets (1969) Mechanismen der Assimilation und Akkommodation beschrieben werden (Bengel et al., 1998): Die im SOC gebündelte Weltsicht bestimmt im Sinne einer Assimilation die Wahrnehmung und Gestaltung der subjektiven Wirklichkeit (z. B. durch Vermeidung von Situationen). Andererseits führen äußere Ereignisse (z. B. Trennung der Eltern) dazu, dass die innere Orientierung der Wirklichkeit angepasst wird (Akkomodation).

Antonovsky (1987/1997) beschreibt Faktoren, welche die Entwicklung des Kohärenzgefühls in *Kindheit und Jugend* fördern, in Anlehnung an Eriksons (1959) Phasenlehre der psychosozialen Entwicklung:

a) Säuglingsalter und Kindheit: Die Grundlage für ein *Konsistenzerleben* in den ersten Lebensjahren sind frühkindliche Bindungs- und Umwelterfahrungen (vgl. Haltenhof & Schmoll, 1997). Die Ergebnisse der modernen Säuglingsforschung weisen darauf hin, dass bereits Säuglinge über Interaktionskompetenzen verfügen und damit stabile und konsistente Reaktionen fördern können. Zugleich verstehen Bezugspersonen die Signale des Säuglings (z. B. Hunger, Unbehagen) idealerweise und beantworten sie zuverlässig. Die Kinder gelangen dadurch zu einem wachsenden Bewusstsein der den sozialen Beziehungen inhärenten Kontinuität (Boyce, 1985), die inneren und äußeren Stimuli werden zum großen Teil vorhersag- und verstehbar.

Die Erfahrung einer *Belastungsbalance* wird insbesondere ab der zweiten Entwicklungsphase nach Erikson (1981; Entwicklungsthemen „Automie vs. Scham und Zweifel") bedeutsam: Kinder reagieren auf verschiedene innere Bedürfnisse mit Willensäußerungen und Verhaltensweisen, die von den Eltern ignoriert, abgelehnt, gelenkt und bestätigt werden können. Ein elterlicher Erziehungsstil, der entweder situationsspezifische Grenzen setzt oder ignoriert, größtenteils aber durch Kanalisierung und Ermutigung charakterisiert ist, vermeidet nach Antonovsky (1997, S. 99) Unterforderung und Überlastung. Gleichzeitig werden Eltern mit einem ausgeprägten SOC die äußeren Anforderungen an ihre Kinder so gestalten, dass sie auf Dauer weder unter- noch überfordernd wirken.

Eine *Beteiligung an Entscheidungsprozessen* kann auch schon bei kleinen Kindern ermöglicht werden. Wichtig hierfür ist ein emotional positiv gefärbtes Eingehen auf kindliche Aktivitäten und das kontingente Bereitstellen erwünschter Ergebnisse.

b) Adoleszenz: Die SOC-Entwicklung in der Adoleszenz ist für Antonovsky eng mit Prozessen der Identitätsbildung verbunden. Bezugnehmend auf Erikson (1981; Entwicklungsthemen: „Identität vs. Identitätsverwirrung") sieht er in einer gelungenen Identitätsentwicklung die Voraussetzung für die Ausbildung der drei SOC-Komponenten. Die jeweils vorherrschenden gesellschaftlichen Bedingungen sind dabei mitentscheidend dafür, ob die für die SOC-Entwicklung wichtigen Erfahrungen in dieser Lebensphase gesammelt werden können. Eine komplexe, offene Gesellschaft eröffnet demnach zwar eine Vielzahl von legitimierten Handlungsoptionen, sie kann mit ihren grenzenlosen Wahlmöglichkeiten aber auch überfordern.
Eine homogene, wenn auch relativ isolierte Gesellschaft oder Subkultur mit klar vorgegebenen Werten bzw. Handlungsmodellen kann von Jugendlichen dagegen sowohl konsistenzvermittelnd als auch sinnstiftend erlebt werden. Dies erkärt, wieso auch restriktive und fundamentalistische Gesellschaftsformen die Grundlagen für die Bildung eines starken (wenngleich vermutlich eher rigiden) Kohärenzsinns bieten können. Destruktive und konfuse soziokulturelle Zusammenhänge wirken dagegen unverständlich und unvorhersehbar und erschweren eine Sinnfindung.

Konsistenzerleben, Belastungsbalance und die Partizipation an gesellschaftlich geschätzten Entscheidungsprozessen bleiben im *Erwachsenenalter* in unterschiedlichen Kontexten weiter maßgebend für eine kohärente Weltsicht. Dabei sind es nicht nur Erfahrungen aus dem Arbeitsbereich, die sich auf das Kohärenzerleben auswirken. Vielmehr entstehen im Bezugsrahmen anderer sozialer Rollen (z. B. in der Rolle als Frau, als Angehöriger einer sozialen Minderheit etc.) Erfahrungsmuster, die den SOC stärker beeinflussen können als die jeweilige Hauptaktivität[2]. An Antonovskys theo-

---

2 Dies ist insofern von besonderer Bedeutung, als in der postmodernen Gesellschaft immer mehr Menschen gezwungen sein werden, Verstehbarkeit, Handhabbarkeit und Sinnhaftigkeit in ihren Lebenserfahrungen außerhalb einer Rolle als Erwerbstätiger zu finden (z. B. im Kontext eines bürgerschaftlichen Engagements).

retischen Vorstellungen zu Entwicklung und Veränderbarkeit des Kohärenzsinns wurde in zweierlei Hinsicht *Kritik* geübt: Zum einen lässt sich die von ihm postulierte Stabilitätsannahme bisher nicht empirisch bestätigen (Franke, 1997; Bengel et al., 1998). Die vorliegenden Studien sprechen dagegen eher dafür, dass der SOC bei Erwachsenen parallel zum Lebensalter ansteigt. Für die Jugendphase fand beispielsweise Renate Höfer (2000) individuelle SOC-Veränderungen in alle Richtungen.

Zum anderen haben sich die Vorstellungen über den Prozess der Identitätskonstruktion der Subjekte – und mit ihm über die Entwicklung des SOC – seit der ersten Formulierung des Salutogenese-Modells erheblich gewandelt. Im folgenden Abschnitt sollen daher aktuelle identitätstheoretische Überlegungen mit ihren Implikationen für die SOC-Entwicklung im Jugendalter skizziert werden.

2.3.2 Identitäts- und Kohärenzsinnentwicklung im Jugendalter

Keupp (1997b) sieht in der Identität „die zentrale integrative Verknüpfung von individueller und gesellschaftlicher Ebene" (S. 28). Identitätstheoretische Überlegungen setzen demzufolge eine Analyse der vorherrschenden gesellschaftlichen Bedingungen voraus. Wie in Kapitel 1.3.1 bereits skizziert wurde, haben sich diese in den letzten Jahrzehnten im Zuge tief greifender Individualisierungsprozesse radikal gewandelt. Die von Antonovsky noch implizierte Möglichkeit kontinuierlicher Erfahrungsräume und homogener biographischer Entwicklungen ist heute kaum noch gegeben. Besonders Jugendliche sind vermehrt Diskontinuitäts- und Ambiguitätserfahrungen ausgesetzt[3]. Ihre familiären Konstellationen erleben sie mehr und mehr als brüchig, im Kontext der zunehmenden Pluralisierung von Lebensformen und -entwürfen können sie immer weniger auf tradierte und normierte Lebens- und Identitätsmuster zurückgreifen (Keupp, 1997c), weltanschauliche Schablonen und sinnstiftende Glaubensgebäude verlieren ebenfalls immer mehr an Bedeutung. Generell hat sich laut Fend (1988) ein Wandel von geschlossenen und verbindlichen zu offenen und gestaltenden Systemen vollzogen. Die damit verbundene gesteigerte soziale und geographische Mobilität in der Gesellschaft führt für viele Jugendliche einerseits zu einem Verlust an Sicherheit und Kontinuität, andererseits erweitern sich ihre Möglichkeiten zur Gestaltung ihrer eigenen individuellen Lebensweise. Angesichts des vergrößerten Optionsraumes sind sie in viel stärkerem Maße als frühere Generationen selbst verantwortliche Baumeister ihres eigenen Lebensentwurfes („Innere Kontrolle muss fehlende äußere Kontrolle ersetzen", Fend, 1988, S. 295). Jugendliche müssen heute als aktive Produzenten bzw. „Erzähler" („Identitätsnarrationen", vgl. Kraus, 1996) ihrer Selbstrepräsentation widersprüchlichste Erfahrungen integrieren und sich in ihren Lebensbedingungen so verorten, dass eine subjektive Sinnfindung möglich wird. Die stärkere Eigenverantwortung und Entscheidungsfreiheit kann sich auch als Bürde erweisen. Neben der ständigen Ungewissheit, aus der Vielzahl von Optionen die Richtige gewählt zu haben, bringen gesellschaftlich begrenzte Realisierungsbedingungen (z. B.

---

3   z. B. hinsichtlich der Brüchigkeit des „bildungsoptimistischen Lebensentwurfs" (Münchmeier, 2001), vgl. 1.3.1.

durch fehlende Arbeitsplätze oder materielle Ressourcen) und der Zwang zur bestmöglichen Selbstinszenierung auch die Gefahr des Scheiterns und Versagens mit sich. Keupp (1997a) spricht diesbezüglich von einem „ambivalenten Gemisch von „riskanten Chancen'" (S. 55).

Als erforderliche Bedingungen, diese riskanten Chancen produktiv nutzen und damit Lebenssouveränität erreichen zu können, nennt Keupp (1999) neben materiellen und sozialen Ressourcen die Fähigkeit zum Aushandeln (auch Konfliktfähigkeit), eine vergrößerte individuelle Gestaltungskompetenz und Ambiguitätstoleranz sowie eine kritische Eigenständigkeit gegenüber vorgefertigten Lebensschablonen (S. 147).

Aktuelle Identitätstheorien verstehen die *Identitätsbildung* – im Gegensatz zum Modell einer stufenweisen und normativen Identitätsentwicklung mit jeweils abgeschlossenen Entwicklungsphasen – als einen dynamischen, prinzipiell niemals abgeschlossenen Prozess. Zwischen einzelnen Identitätsphasen kann es zu fließenden und flexiblen Übergängen kommen. Unter dem Oberbegriff Identität werden im Zuge einer lebensweltlichen Ausdifferenzierung der Konzepte verschiedene Ebenen unterteilt. Teilidentitäten in unterschiedlichen Lebens- bzw. Einstellungsbereichen, die untereinander verschieden und in ihrer Entwicklung desynchron sein können, fügen sich in einem übergeordneten Identitätsrahmen („Metaidentität") zusammen („Patchwork-Identität", Keupp, 1989). Zudem wird mit Konzepten zur „alltäglichen Identitätsarbeit" (Straus & Höfer, 1997) der aktive Herstellungsprozess von Identität betont, bei dem die Subjekte im Rahmen spezifischer Identitätsprojekte unter Einsatz verschiedener Identitätsstrategien versuchen, ein für sie stimmiges Balanceverhältnis zwischen inneren und äußeren Anforderungen und zwischen ihren Teilidentitäten zu finden.

Das Verständnis von Identität als einem lebenslänglichen Konstruktionsprozess impliziert auch eine veränderte Einschätzung bezüglich der *Rolle und Flexibilität des Kohärenzsinns*. Höfer (2000) geht beispielsweise davon aus, „dass das Kohärenzgefühl in und mit der alltäglichen Identitätsarbeit immer wieder entsteht beziehungsweise immer wieder neu hergestellt werden muss und so seine dynamische Komponente in alle Richtungen erhält" (S. 272). In ihrem Modell konzipiert sie das Kohärenzgefühl als Bestandteil des „Identitätsgefühls", das neben dem SOC noch Bewertungen über die Qualität und Art der Beziehung zu sich selbst erhält („Selbstgefühl") und über interne Bilanzierungsprozesse bezüglich identitätsrelevanter Entwürfe und deren Realisierung gebildet wird. Zu Veränderungen des SOC kommt es – vereinfachend beschrieben – , wenn aufgrund identitätsrelevanter Stressoren bzw. Erfahrungen (z. B. Person mit der Teilidentität „erfolgreiche Studentin" erlebt eine Reihe von Misserfolgen) ein neues subjektives Passungsgefüge der Identitätsarbeit hergestellt werden muss. Je nachdem, wie gut der daraus resultierende Spannungsmanagementprozess gelingt und auch widersprüchliche Aspekte in ein neues, stimmiges Passungsverhältnis gebracht werden können, wird der SOC positiv oder negativ verändert. Höfer (2000) konnte ihre theoretischen Annahmen mit der qualitativen Analyse selbstreflexiver Prozesse und subjektiver Deutungen von Jugendlichen, deren SOC (erhoben mit dem SOC-13) sich zwischen zwei Messzeitpunkten erheblich verändert hatte, belegen und illustrieren.

Allerdings wirken sich nur die Prozesse auf das Identitäts- und damit auch das Kohärenzgefühl aus, die von hoher *Relevanz* für die Identitätsentwürfe und -projekte des Subjekts sind. Dies erklärt auch die besondere Rolle der Jugendphase, deren Identitätsprojekte (wie z. B. Autonomie, individuelle Sinnfindung) grundlegend für eine eigenständige Identität sind, für die SOC-Bildung. Umgekehrt scheint ein hoher Kohärenzsinn gerade für Jugendliche wichtig zu sein, da das in ihm ausgedrückte Vertrauen in eine sinnvolle, verstehbare Welt und in ausreichende Bewältigungsressourcen einen gelungenen Identitätsmanagementprozess (und den Aufbau der dazu erforderlichen Kompetenzen, s. o.) erleichtert.

2.3.3 Einflussfaktoren auf die SOC-Entwicklung

Neben den kohärenzsinnbildenden Prozessen im Rahmen der alltäglichen Identitätsarbeit wurden in den letzten Jahren noch andere Einflussfaktoren auf die Kohärenzsinnentwicklung diskutiert. Empirische Untersuchungen konzentrierten sich dabei auf die Einflussgrößen, die in Antonovskys Theorie als generalisierte Widerstandsressourcen die oben skizzierten, für die Bildung der SOC-Komponenten erforderlichen Lebenserfahrungsmuster ermöglichen. Die in diesen Studien erzielten Ergebnisse erlauben je nach gewählter Forschungsmethodik unterschiedlich weit reichende Rückschlüsse:

a) **Längsschnittuntersuchungen:** Der Frage, welche Auswirkungen Kindheitserfahrungen auf die SOC-Entwicklung und seine Ausprägungen im Erwachsenenalter haben, kann nur mit Längsschnittuntersuchungen methodisch adäquat nachgegangen werden. Bisher liegen jedoch nur wenige Studien vor, die potentielle Einflussfaktoren in der Kindheit und Jugend erheben und mit dem Erwachsenen-SOC in Beziehung setzen (Kasten 2.4):

Kasten 2.4: Längsschnittstudien zum Einfluss von Kindheitserfahrungen auf die SOC-Entwicklung

> **Fraczek und Zwolinski (1999)** befragten 106 polnische Kinder (und ihre Eltern) zu zwei Messzeitpunkten: als Schüler (3. bis 5. Klasse) und 15 Jahre später als junge Erwachsene. Mithilfe multipler Regressionsanalysen (abhängige Variable: Erwachsenen-SOC) konnten aus den „Kindheitsdaten" Prädiktormodelle für die SOC-Ausprägung im Erwachsenenalter berechnet werden. Dabei zeigten sich geschlechtsspezifische Ergebnismuster. Nur die Variable „aggressive Phantasien" in der Kindheit konnte bei beiden Geschlechtern als Prädiktor für ein schwaches SOC im Erwachsenenalter identifiziert werden.
>
> Elterliche Zurückweisung, die den Befunden zufolge einen direkt negativen Einfluss auf das männliche Kohärenzgefühl hat, könnte laut Autoren bei Mädchen aggressive Phantasien auslösen und sich auf diesem Wege indirekt auf die SOC-Entwicklung auswirken. Den positiven Zusammenhang zwischen kindlichem Konsum von Gewaltszenen im Fernsehen und SOC-Ausprägung bei erwachsenen Männern erklären sie mit dem Modellverhalten der „Fernsehhel-

2.3 Die Entwicklung und Veränderung des Kohärenzsinns

den", schwierige Situationen als Herausforderung anzunehmen. Aggressivität könnte bei Mädchen über eine verbesserte Partizipation an Entscheidungsprozessen zu einer Stärkung der SOC-Komponente „Sinnhaftigkeit" führen. Da möglicherweise nicht miterhobene, dritte Variablen für die zum Teil überraschenden Ergebnismuster verantwortlich sind, bleiben die Interpretationsversuche der Autoren spekulativ.

Lundberg (1997) untersuchte 4390 Personen einer repräsentativen schwedischen Bevölkerungsstichprobe zu unterschiedlichen Messzeitpunkten (1968, 1974, 1981, 1991). Nur für eine Kindheitserfahrung konnte ein Zusammenhang mit dem SOC im Erwachsenenalter nachgewiesen werden: „Konflikte in der Herkunftsfamilie" erhöhen das Risiko eines schwachen SOC im späteren Leben um 30 Prozent. Die ökonomische Familiensituation in der Kindheit hatte keinen Einfluss auf das Erwachsenen-SOC.

Höfer (2000) führte bei 25 Jugendlichen eine Verlaufsuntersuchung zum Kohärenzgefühl über den Zeitraum von einem Jahr durch. Dabei zeigte sich, dass einzelne Lebensereignisse oder deren Summe ebenso wenig wie „daily hassles" während des Erhebungszeitraumes als Erklärungsfaktoren für SOC-Veränderungen herangezogen werden können. Lediglich Einzelitems, die mit dem sozialen Netz der Jugendlichen zusammenhingen (Einsamkeitsgefühle, Verlust eines Freundes), gingen mit einer Verschlechterung des SOC nach Jahresfrist einher.

b) Retrospektive Analysen und Querschnittuntersuchungen: Die meisten Studien zur Kohärenzsinnentwicklung sind im Querschnitt angelegt. Dabei wird die SOC-Ausprägung entweder mit zum selben Messzeitpunkt erhobenen potentiellen Einflussvariablen oder mit retrospektiv gewonnenen Einschätzungen von Erwachsenen zu ihren kindlichen Erfahrungsmustern korreliert. Die auf diesen Wegen gewonnenen Daten erlauben keine Aussagen zu kausalen Beziehungen zwischen den Variablen. Retrospektiv gewonnene Selbsteinschätzungen sind zudem anfällig für Wahrnehmungsverzerrungen und Konfundierungseffekte.

Die Ergebnisse von Studien zur Rolle von Kindheits- und Jugenderfahrungen (Sagy & Antonovsky, 1996, 1999, 2000; Yeheskel, 1995) weisen darauf hin, dass in unterschiedlichen Entwicklungsphasen jeweils spezifische *Erfahrungsmuster in der Familie* für die Ausprägung eines stabilen SOC als Erwachsener bedeutsam sein könnten. Für die Kindheit sind dies Erfahrungen, die zusammenfassend als „bedeutungsvolle Partizipation" am Familienleben bezeichnet werden können. Darunter werden Autonomie bezüglich Gedanken, Verhalten und Emotionen sowie die Beteiligung an innerfamiliären Entscheidungsprozessen subsummiert. Für die Jugendphase zeigt sich dagegen der engste Zusammenhang mit den Erfahrungsmustern, die der Kategorie „Belastungsbalance" zugeordnet werden können. Dazu gehört sowohl die Erfahrung einer ausgewogenen Belastung als auch das Erleben familialer Ressourcen. Für den Familienstatus als solchen (Eltern getrennt oder zusammenlebend, Familiengröße) konnte kein Zusammenhang mit der SOC-Ausprägung im Jugendalter nachgewiesen werden (Höfer, 2000; Lundberg, 1997; Mroziak, Wojtowicz & Zwolinsky, 1999). Dagegen scheint die erlebte Qualität der Beziehungen in der Familie für den SOC der Jugendlichen bedeutsam zu sein (positive SOC-Korrelation mit „Anerkennung von den Eltern" und „erlebter Beziehungsqualität" bei Höfer, 2000).

Angesichts einer noch immer vorherrschenden geschlechtsspezifischen Sozialisation würde ein *direkter* Einfluss des *Geschlechts* auf die Entwicklung des Kohärenzgefühls nicht überraschen. Anson, Paran, Neumann und Chernichovsky (1993) nehmen bspw. an, dass das gesellschaftlich vermittelte Geschlechtsrollenstereotyp einer abhängigen und Hilfe suchenden Frau die Bildung von Vertrauen in eigene Bewältigungsressourcen (Handhabbarkeit) und in eine berechenbare Umwelt (Verstehbarkeit) erschwert. Mädchen könnten zudem weniger Autonomie und Beteiligungsmöglichkeiten an innerfamiliären Entscheidungsprozessen (Partizipationserfahrungen) zugestanden werden als Jungen. Die heterogene empirische Befundlage kann diese Annahmen allerdings nur teilweise bestätigen. Den Studien, in denen Frauen bzw. Mädchen geringere SOC-Werte als Männer bzw. Jungen aufweisen (z. B. Mroziak et al., 1999; Larsson & Kallenberg, 1996), stehen zahlreiche Befunde ohne Geschlechtsunterschiede gegenüber (z. B. Margalit & Eysenck, 1990; Rimann & Udris, 1998). Ein direkter Einfluss des Geschlechts auf die SOC-Entwicklung ist daher nicht zweifelsfrei zu belegen. Fraglich bleibt auch, ob das SOC-Konstrukt und seine Operationalisierung nicht primär männliche Vorstellungen und Werte transportiert, in denen sich Frauen weniger wiederfinden (und daher niedrigere SOC-Werte erreichen; Franke, 1997). Dafür gibt es Hinweise auf *indirekte* Auswirkungen geschlechtsspezifischer Erfahrungen. Höfer (2000) konnte bei Jugendlichen zeigen, „dass die Basiserfahrungen von Anerkennung, Integration und Zugehörigkeit zwar für beide Geschlechter die Grundlage für ein höheres Kohärenzgefühl darstellen, dass sich diese Erfahrungen aber aus unterschiedlichen Referenzsystemen speisen" (S. 135). Bei Mädchen geschieht dies vor allem aus der Erfahrung von Nähe und Intimität in sozialen Beziehungen, bei Jungen über die allgemeine soziale Unterstützung aus der Familie und dem Freundeskreis.

Sowohl für quantitative *Netzwerkindikatoren* (Anzahl der Freunde; Larsson & Kallenberg, 1996) als auch für die subjektiv wahrgenommene *soziale Unterstützung* (Becker, Bös, Opper, Woll & Wustmann, 1996) zeigen sich empirisch eindeutig positive Zusammenhänge mit der Stärke des Kohärenzgefühls. Nach Höfers (2000) Befunden sind soziale Beziehungen die wichtigsten Erfahrungsquellen für die jugendliche SOC-Entwicklung. Bei einer Itemanalyse des in ihrer Studie verwendeten „Fragebogen zur Sozialen Unterstützung" (F-SOZU; Sommer & Fydrich, 1989) kristallisierte sich das Gefühl von Zugehörigkeit, Geborgenheit und Nähe als besonders wesentliche kohärenzsinnbildende Erfahrungsdimension heraus. Neben anderen – in der Netzwerkforschung belegten – positiven Auswirkungen sozialer Ressourcen (vgl. Röhrle, 1994) könnte selbstwertstabilisierenden Interaktionsinhalten (wie Lob, persönliche Wertschätzung, Akzeptanz) eine Schlüsselfunktion zukommen: Jugendlichen wird damit in Familie und Peergruppe ein grundlegendes Vertrauen in ihre Bewältigungsmöglichkeiten (vgl. Vossler, Sommer, Bühler & Haltenhof, 2001) und die Sinnhaftigkeit ihres eigenen „Seins" und „Tuns" vermittelt. Ein alternativer Interpretationsansatz scheint jedoch ebenso plausibel: Menschen mit starkem SOC sind eher in der Lage, sich ein soziales Umfeld zu schaffen und Unterstützung zu mobilisieren.

Für *soziodemographische Merkmale* liegen laut Bengel et al. (1998) keine konsistenten Ergebnisse vor. Bei Jugendlichen scheint das subjektive Erleben materieller Ressourcen (Elterneinkommen, Zufriedenheit mit Wohnverhältnissen) für die SOC-Ausprägung bedeutsam zu sein (Höfer, 2000). Es bedarf jedoch differenzierterer Analysen, um nachzeichnen zu können, über welche subjektiven Wertesysteme und Erfahrungsräume Einkommens- oder Bildungsbedingungen in die SOC-Entwicklung einfließen (z. B. indirekt über Ausgrenzungserfahrungen und Selbstwertschwächungen bei arbeitslosen Jugendlichen).

Die dargestellte Befundlage lässt noch viele Fragen offen. Zur weiteren Klärung des komplexen Zusammenspiels verschiedener Einflussfaktoren bei der Bildung des Kohärenzsinns (z. B. geschlechtsspezifische Auswirkungen sozialer Beziehungen) bedarf es differenzierterer Analysen. Eine Weiterentwicklung und Ausdifferenzierung der Erfassungsmethoden zum SOC ist hierfür unabdingbar. Dennoch wir deutlich, dass individuellen *Erfahrungen im familialen Kontext* (z. B. elterliche Zurückweisung, Qualität der Familienbeziehungen, Konflikte in der Familie) eine zentrale Rolle bei der Kohärenzsinnbildung spielen[4]. Die Bedeutung des Familienlebens und familialen Klimas für die SOC-Entwicklung wird daher im folgenden Abschnitt zum „Familien-Kohärenzsinn" (FSOC) ausführlich behandelt.

2.4 Der Familien-Kohärenzsinn als kollektives Konzept

Bereits im Rahmen seiner ursprünglichen Definition des SOC warf Antonovsky (1979) die Möglichkeit auf, dieses Konzept auch auf soziale Gruppen zu übertragen. Er sprach in diesem Kontext davon, dass „ein starkes Kohärenzgefühl jede soziale Einheit charakterisieren kann" (1979, S. 136). Als Voraussetzungen für die Entwicklung eines Gruppen-Kohärenzgefühls nannte er später (Antonovsky, 1987) das Gefühl eines Gruppenbewusstseins bei den Gruppenmitgliedern (subjektiv identifizierbare Gemeinschaft) sowie eine zeitliche Stabilität der sozialen Beziehungen in der Gruppe. Kriterien, die von Primärgruppen wie dem Kollegen- oder Freundeskreis, kleinen lokalen Gemeinden oder der Familie erfüllt werden.

2.4.1 Definition und potentieller Einfluss des Familien-Kohärenzsinns

Analog zum individuellen SOC (Franke, 1997) handelt es sich beim Familien-Kohärenzsinn („family sense of coherence", FSOC; Antonovsky & Sourani, 1988) in erster Linie um ein kollektives und kognitives Konstrukt. In Anlehnung an die SOC-Definition konzeptualisierte Antonovsky den *Familien-SOC* (FSOC) als eine globale familiale Orientierung bzw. familiale Weltsicht entsprechend einer kognitiven familialen Landkarte. Demnach kann einer Gruppe ein starkes Kohärenzgefühl zugesprochen

---
4 Münchmeier (2001) konstatiert im Hinblick auf die Befunde der 13. Shell Jugendstudie (Jugendwerk der Deutschen Shell, 2000), dass elterliches Zutrauen allgemein jene Persönlichkeitsressourcen fördert, „die gute Voraussetzungen für eine gelingende Lebensbewältigung bieten" (S. 132).

werden, wenn ihre Mitglieder „... dazu tendieren, die Gemeinschaft als eine zu sehen, die die Welt als verstehbar, handhabbar und bedeutsam ansieht, und zwischen denen ein hohes Ausmaß an Übereinstimmung bezüglich dieser Wahrnehmung besteht" (Antonovsky, 1987; zitiert nach Antonovsky, 1997, S. 157). Nach dieser ursprünglichen Definition ist der Familien-Kohärenzsinn abhängig von der individuellen Einschätzung der familialen Weltsicht durch die einzelnen Familienmitglieder und dem Konsens ihrer Urteile. Dagegen hängt die Ausprägung des FSOC nicht notwendigerweise mit den individuellen SOC-Werten der Familienmitglieder zusammen. In einer späteren Veröffentlichung (Antonovsky & Sourani, 1988) verweisen die Autoren auf die Möglichkeit, den Fokus des FSOC-Konzepts enger als beim individuellen SOC zu fassen und ausschließlich darauf zu beziehen, wie die Familienmitglieder das Familienleben selbst erleben. Diese Konzeptualisierung beinhaltet die Wahrnehmung der familialen Fähigkeiten bzw. Ressourcen zur Bewältigung der täglichen Lebensanforderungen (Handhabbarkeit) sowie das Ausmaß, indem die Familie ihr Zusammenleben als sinnhaft (Bedeutsamkeit) und verständlich (Verstehbarkeit) einschätzt. Sagy und Dotan (2000) fassen das FSOC-Konzept noch enger und beziehen es darauf, wie Kinder ihre Familie, deren Weltsicht und den Umgang der Familie mit Belastungen wahrnehmen. Nach ihrer Konzeptualisierung beinhaltet der FSOC kognitive Komponenten wie das Erleben von Konsistenz bezüglich familialer Regeln und Normen, die Balance zwischen Über- und Unterforderungserfahrungen sowie die bedeutungsvolle Partizipation am Familienleben und innerfamilialen Entscheidungsprozessen.

Vergleichbare kognitive Faktoren sind Bestandteile vieler *Theorien zur familialen Stressbewältigung,* auf die sich Antonovsky bei der Formulierung des FSOC-Konzeptes bezog (z. B. McCubbin & Patterson, 1983; Lavee, McCubbin & Patterson, 1985). Im Rahmen dieser Konzepte aus der Familienstressforschung wird angenommen, dass jede Familie im Laufe ihres Zusammenlebens kollektiv zentrale, dauerhafte Annahmen („shared constructs"; Reiss, 1981) entwickelt, die Bedeutungszuschreibungen zur familialen Identität („family identity"), zur sozialen Umwelt („family world view") und zu Stresssituationen beinhalten (vgl. Patterson & Garwick, 1994). Die inhaltliche Ausrichtung der kollektiven Konstrukte beeinflusst demnach sowohl die familiale Anpassung an äußere Stressoren als auch die Auswahl der sozialen Lebensbedingungen aus den verfügbaren Optionen. So wird bspw. eine Familie, die Spannungen mit der Nachbarschaft als elementar bedrohlich wahrnimmt (familiäres Konzept), verstärkt konfliktvermeidende Verhaltensweisen zeigen (Anpassung) oder in eine Wohnumgebung mit möglichst wenig nachbarschaftlichem Kontakt ziehen.

In der *systemischen Theorie* wurden FSOC-ähnliche Konzepte zur familialen Wirklichkeitskonstruktion und kollektiven Vermittlung von Werten entwickelt. So geht der soziale Konstruktionismus (Gergen, 1990) davon aus, dass soziale Systeme mittels Konversation ihre gemeinsamen Überzeugungen darüber, was „wahr" ist und wie die Dinge zu sehen sind, erzeugen. Demnach werden Familienmitgliedern durch ihren Einbezug in intrafamiliäre Kommunikationsformen grundlegende Konzepte, Werte und allgemeine Annahmen vermittelt (Klammer, 2000). Narrative Therapieansätze (Boeckhorst, 1994) schreiben jeder Familie eine spezifische Erzähltradition zu („Family Paradigm"), die ein gemeinsames System von Begriffen und Überzeugungen beinhaltet. Diese kollektiven „Familiengeschichten" (z. B. von der schon immer „ungewöhnlichen" oder besonders „erfolgreichen" Familie) beeinflussen wiederum die individuelle Interpretation der Wirklichkeit durch die einzelnen Familienmitglieder (Schlippe & Schweitzer, 1996). Reich, Massing und Cierpka (1996) beschreiben als klinische Manifestationen mehrgenerationaler Prozesse so genannte „Familienmythen". Dies sind „Geschichten", die Familien über sich selbst erzählen, um damit wesentliche Normen, Werte und Ideale der Familie zu transportieren und die familiale Identität zu stärken.

Dem *Familien-Kohärenzsinn* werden in der Literatur vor allem zwei Wirkungsweisen zugesprochen, die sich zu folgenden *Grundannahmen* bündeln lassen (vgl. Kasten 2.5):

Kasten 2.5: Grundannahmen zu Wirkungsweisen des Familien-Kohärenzsinns

a) Der FSOC wird vor allem bei Kindern und Jugendlichen als ein wesentlicher Faktor bei der *Entwicklung und Modifizierung des individuellen Kohärenzsinns* angesehen. So entsprechen die oben genannten Komponenten des FSOC (Sagy & Dotan, 2000) genau den nach Antonovsky (1987, 1991) für die Ausbildung des SOC maßgebenden „Mustern von Lebenserfahrungen" (Konsistenzerleben, Belastungsbalance, Partizipation an sozial relevanten Entscheidungsprozessen). Darüber hinaus wird angenommen, dass ein stark ausgeprägter Familien-Kohärenzsinn indirekt über die Schaffung eines positiven familialen Klimas mit handhabbaren Anforderungen und positiven Copingerfahrungen für Kinder dauerhaft zu einer Stärkung des SOC führt.

b) Der FSOC *moderiert als salutogene Ressource das Bewältigungsverhalten und die Anpassung in familialen Stresssituationen*. Antonovsky (1997) ging davon aus, dass angesichts kollektiver Stressoren (z. B. Berentung, Umzug) „... die Stärke des Gruppen-SOC bei der Handhabung von Spannungen entscheidender als das des Individuums ..." (S. 161) ist. Ähnlich wie bei den eingangs skizzierten Theorien aus der Familienstressforschung wird ein Einfluss des FSOC auf den Anpassungsprozess über die Wahrnehmung und Bewertung von Stresssituationen bzw. Bewältigungsressourcen sowie die flexible Wahl angemessener Copingstrategien postuliert (Anderson, 1994).

2.4.2 Operationalisierungen des FSOC-Konzeptes

Der Familien-Kohärenzsinn wird von Sagy und Antonovsky (1992) als Abstraktion der zugrunde liegenden familialen Realität verstanden. Er ist demnach keine einfache Aggregation individueller Konzepte und lässt sich als abstraktes Konstrukt im Gegensatz zu einer individuellen Orientierung auch nicht ohne weiteres ermitteln. Die Autoren betrachten ihn vielmehr im Sinne eines heuristischen, forschungsleitenden Konzeptes, für das sie empirische Belege finden wollen.

Entsprechend der unterschiedlichen FSOC-Konzeptualisierungen können die bisher verwendeten *Operationalisierungen* danach unterschieden werden, ob sie den FSOC aus individueller Sicht erheben oder als kollektives Maß über die Verrechnung individueller SOC-Werte schätzen (differenzierte Systematisierung bei Vossler, 2001b):

a) Direkte Befragungen zum FSOC: Zur Erhebung des Familien-Kohärenzsinn aus *individueller* Sicht liegen zwei Fragebogenverfahren vor. Neben der „Family Sense of Coherence Scale" (FSOC, Antonovsky & Sourani, 1988), die unter 3.4.1 beschrieben wird, entwickelte Sagy (1998) die „Sense of Family Coherence Scale" als „Familienversion" des SOC-Fragebogens. Die zwölf Items der Skala beziehen sich auf die Einschätzung des Familienlebens bzw. der familialen Interaktion und wurden im Gegensatz zur FSOC-Skala speziell für Kinder und Jugendliche entwickelt. Die interne Konsistenz der Skala nach Cronbach's a lag in verschiedenen Studien zwischen .76 (Sagy & Dotan, 2000) und .88 (Sagy, 1998). Die Binnenstruktur der FSOC-Fragebögen wurde bisher nicht untersucht. Weiterhin wurde versucht, durch die rechnerische Kombination individuell erhobener FSOC-Werte einen Schätzwert für das nicht direkt erfassbare Ausmaß des *kollektiven* Kohärenzgefühles zu erhalten. Anderson (1994) unterscheidet unter Verwendung der individuellen Werte der Familienmitglieder auf der FSOC-Skala (Antonovsky & Sourani, 1988) zwei Arten zur Bestimmung eines FSOC-Index aus kollektiver Sicht: Zum einen kann der Mittelwert der individuellen FSOC-Werte in der Familie als Schätzung für den Familien-Kohärenzsinn herangezogen werden. Beim anderen Verfahren wird aus der Differenz zwischen den individuellen FSOC-Werten ein Maß für den Konsens bzw. Dissens in der Familie berechnet. Gemäß der ursprünglichen Definition des FSOC (Antonovsky, 1987) kann Familien mit einer großen Übereinstimmung der individuellen Einschätzungen auch ein starker kollektiver SOC zugeschrieben werden.

b) Schätzungen des FSOC über die Aggregation individueller SOC-Werte: Das kollektive Familien-Kohärenzgefühl kann als „familiale Weltsicht" indirekt über die „Bündelung" von individuellen SOC-Werten erschlossen werden. Hierzu wird aus den individuellen SOC-Werten der Familienmitglieder auf unterschiedlichen Wegen ein *kollektives Maß* für den FSOC berechnet. Er kann dabei über die mittlere Summe der individuellen SOC-Werte („aggregation model"), den SOC-Wert des „schwächsten" („pathogenic model") oder „stärksten" Familienmitglieds („salutogenic model") oder über die größte Differenz zwischen den individuellen SOC-Werten („consensus model") bestimmt werden (Sagy & Antonovsky, 1992).

Als wirklich neue und eigenständige FSOC-Operationalisierung können nur die beiden Fragebogenverfahren gewertet werden. Die anderen Ansätze greifen auf bereits bestehende Verfahren (SOC-Skala) zurück. Aus den Einzelwerten der Familienmitglieder in diesen Messverfahren werden dann auf unterschiedlichen Wegen Schätzwerte für das kollektive Konstrukt des FSOC berechnet, ohne das jeweilige Vorgehen theoretisch ausreichend herzuleiten oder konzeptionell zu begründen.

Die Schwierigkeit, ein abstraktes Konzept wie das des Familien-Kohärenzsinns auf einer kollektiven Ebene zu erfassen, lässt sich mit den seither hauptsächlich verwendeten Fragebogenverfahren nicht vollständig auflösen. In einer Längsschnittuntersuchung zur Migration von Familien und ihrer Adaption an einen neuen Kulturkreis wählte Haour-Knipe (1998) einen alternativen methodischen Zugang zum FSOC: Sie führte qualitative Interviews mit Ehepaaren oder ganzen Familien durch. Über die Interpretation expliziter oder impliziter Bedeutungsgehalte konnte sie familiale Muster und kollektiv getragene Haltungen rekonstruieren und zu einer Beschreibung des Familien-Kohärenzgefühles verdichten. Wenngleich mit einer solchen fallbezogenen Analysestrategie keine repräsentative Untersuchung an großen Stichproben zu realisieren ist, so könnten darüber doch weitere Erkenntnisse zur Bedeutung und potentiellen Wirkungsweise des FSOC gewonnen werden.

Es wären weitere, alternative methodische Wege zur Erschließung kollektiver Sichtweisen zum Familienleben denkbar. Neben diskursiven Verfahren wie Familieninterviews und Familienentscheidungsaufgaben käme dafür die in der systemischen Familientherapie entwickelte Technik der Familienskulptur (Schweitzer & Weber, 1982) – in standardisierter Form beispielsweise mit dem Familiensystemtest (FAST; Gehring, 1993) zu erheben – in Frage.

2.4.3 Studien zum Familien-Kohärenzsinn

Die bisher veröffentlichten Untersuchungen zum Familien-Kohärenzsinn wurden alle außerhalb des deutschen Sprachraumes durchgeführt. Die Autoren und Autorinnen verwendeten dabei unterschiedliche Arten von Stichproben und Operationalisierungen des FSOC-Konstruktes. Tabelle 2.3 gibt einen Überblick über die bisher durchgeführten Studien. Die aufgeführten Befunde liefern erste Hinweise auf die *diskriminative Validität* des Familien-Kohärenzsinns. Unabhängig von der jeweils gewählten Operationalisierungsform zeigt sich hypothesenkonform (vgl. Grundannahme b, Kasten 2.5) in fast allen Untersuchungen ein positiver Zusammenhang zwischen FSOC-Werten und selbst eingeschätzten Adaptionsmaßen (z. B. subjektiver Gesundheitsstatus, Lebens- bzw. Familienlebenszufriedenheit). Umgekehrt ist der FSOC negativ mit subjektiv empfundenen Belastungen (z. B. Angst) korreliert.

Als Beispiel für die Vorgehensweise in den meisten Studien sei hier die Studie von Antonovsky und Sourani (1988) genannt. Sie befragten in ihrer Untersuchung sechzig israelische Ehepaare, bei denen der Ehemann seit mindestens zwei Jahren unfallbedingt zu mehr als vierzig Prozent behindert war, nach ihrer Zufriedenheit mit der familialen Adaption (sowohl intrafamilial als auch gegenüber der sozialen Umwelt) an die veränderte Lebenssituation. Dabei zeigte sich für die FSOC-Skala eine sehr hohe Korrelation mit den selbst eingeschätzten Adaptionswerten, sowohl für die Ehemänner ($r. = 89$) als auch für die Ehefrauen ($r. = .85$). Kritisch festzuhalten bleibt, dass das Studiendesign mit seinen Korrelationsberechnungen keine Aussage über die kausale Richtung des Zusammenhangs beider Variablen zulässt und eine inhaltliche Überlappung der Messungen nicht auszuschließen ist. Gegen diesen „Konfundierungsverdacht" spricht jedoch, dass auch die Fremdeinschätzung der Adaptionsgüte durch die betreuenden Sozialarbeiter in einem positiven Zusammenhang mit den FSOC-Werten der untersuchten Ehepaare stand.

Tabelle 2.3: Empirische Befunde zum Familien-Kohärenzsinn

Autor/in	Studienthema /Stichprobe	Design/ Messverfahren	Wichtigste Ergebnisse
Antonovsky & Sourani (1988)	FSOC und familiale Anpassung an Krisensituationen bei 60 Ehepaaren (Ehemänner seit mindestens 2 Jahren behindert).	Einpunkterhebung FSOC: FSOC-Scale Anpassung: Family Adaption Scale (FAS) und Fremdeinschätzungen	Hohe Korrelation FSOC mit FAS (Männer .89, Frauen .85) und Fremdeinschätzungen der familialen Anpassung (Männer .64, Frauen .62). Absolute FSOC-Höhe (Mittelwert Eheleute) besserer Adaptionsprädiktor als FSOC-Konsensmessung (Übereinstimmungsgrad der Eheleute = .77).
Sagy & Antonovsky (1992)	FSOC und „kritisches Familienereignis" (Berentung eines Ehepartners) bei 286 Ehepaaren.	Messzeitpunkte: 1 und 2 Jahre nach dem Ereignis. FSOC: Verrechnung individueller SOC. Anpassung: Skalen zu Lebenszufriedh. (LZ) und Gesundheitsstatus (GS).	Bester Adaptionsprädiktor: FSOC-Berechnung nach „salutogenetic model" (höchster individ. SOC-Wert), korreliert positiv mit LZ (.39) und GS-Skalen (.24–.37). Bei Paaren mit unterschiedlich hohem SOC: FSOC besserer Prädiktor für Adaption des berenteten Partners als dessen individueller SOC.
Anderson (1994)	FSOC und „kritisches Familienereignis" (schwere Krankheit) bei 78 stationären Patienten und je einem Familienmitglied zu Hause.	Einpunkterhebung FSOC: FSOC-Scale. Familiale Lebensqualität: Quality of Life (QOL). Subjektive Krankheitsbelastung: Illness Stress (IS).	FSOC korreliert positiv mit der Qualität des Familienlebens (Parent Form, .55) und negativ mit Krankheitsbelastung (–.37). Multiple Regression (QOL als abhängige Variable): FSOC stärkster Prädiktor (30 % Varianzaufklärung von 57 % insgesamt).

2.4 Der Familien-Kohärenzsinn als kollektives Konzept

Autor/in	Studienthema /Stichprobe	Design/ Messverfahren	Wichtigste Ergebnisse
Sagy (1998)	FSOC als Moderator bei kollektivem Stress bzw. Unsicherheit (Friedensverhandlungen) bei: Untersuchungsgr.: 107 Schüler aus den Golanhöhen. Kontrollgruppe: 94 Schüler.	Einpunkterhebung FSOC: Sense of FSOC-Scale. Abhängige Variablen: Angst- und Ärgerempfinden. Moderatorvariablen: Trait-Angst/ Ärger, SOC u.a.	FSOC korreliert in der Gesamtstichprobe schwach negativ mit Angst- (–.17) und Ärgerempfinden (–.20). Varianzanalyse: Kein FSOC-Haupteffekt auf situatives Angst- bzw. Ärgerempfinden. Korrelationen zwischen FSOC und Trait-Angst (-.47) bzw. individuellem SOC (.45). Interpretation der Autorin: FSOC wirkt sich eher auf globale Orientierungen denn auf aktuelle Befindlichkeiten aus.
Haour-Knipe (1999)	FSOC und Migration: familiale Anpassung an ein neues kulturelles Umfeld bei 25 amerikanischen Familien, die aus beruflichen Gründen nach Genf gezogen waren.	Fallstudien: Interviews zu 3 Zeitpunkten: 3 Monate, 1 und 2 Jahre nach der Migration. FSOC/Adaption: qualitative Interviews mit Eltern, SOC-Fragebogen.	FSOC steuert Situationseinschätzungen und Copingverhalten der Familie. Hoher FSOC (emotionale Erlebnisinhalte werden geteilt, Familienmitglieder leben in derselben „Erfahrungswelt") trägt zu einer gelungenen Anpassung an die neue Umgebung bei und fördert die Entwicklung des individuellen SOC der Kinder in der Familie.
Sagy & Dotan (2000)	FSOC und salutogene Kompetenzen von misshandelten Kindern in der Familie bei 226 israelischen Schüler/innen (81 mit, 145 ohne Misshandlungserfahrungen).	Einpunkterhebung FSOC: Sense of FSOC-Scale Abhängige Variablen: erlebte Kompetenzen (sozial, kognitiv), psychosomatische Beschwerden.	Misshandelte Kinder berichten niedrigeren FSOC für ihre Familien als Kontrollgruppe. Korrelation FSOC mit erlebten Kompetenzen für misshandelte (.37) und nicht-missh. (.29) Kinder, kein Zusammenhang mit psychosomatischen Beschwerden. Multiple Regression (erlebte Kompetenzen als abhängige Variable): FSOC einziger signifikanter Prädiktor (14 % Varianzaufkommen).

Die Autoren der Studien werten die Befunde selbst meist als Beleg dafür, dass der Familien-Kohärenzsinn als eigenständiges, kollektives Konstrukt das Copingverhalten der Familienmitglieder maßgeblich beeinflusst und ausschlaggebend dafür sein kann, ob und wie der Familie eine Anpassung an veränderte Lebenssituationen gelingt. Analog zum individuellen Kohärenzsinn wird der FSOC dabei als motivationale und kognitive Grundhaltung gesehen, welche die salutogenen Ressourcen der einzelnen Familienmitglieder aktiviert und steuert.

Zur *Konstruktvalidität* des FSOC-Konzepts liegen bisher noch keine empirischen Untersuchungen vor, obwohl – wie beim Konzept des individuellen Kohärenzgefühls (vgl. 2.2.2) – mit inhaltlichen Überschneidungen zu vergleichbaren Konstrukten zu rechnen ist. Insbesondere das noch junge Konzept der „kollektiven Selbstwirksamkeitserwartung", das von Bandura (1997) als „die von einer Gruppe geteilte Überzeugung in ihre gemeinsamen Fähigkeiten, die notwendigen Handlungen zu organisieren und auszuführen, um bestimmte Ziele zu erreichen" (S. 476, Übersetzung von Schwarzer & Schmitz, 1999) definiert wird, steht in konzeptueller Nähe zu den FSOC-Komponenten „Handhabbarkeit" und „Verstehbarkeit". Wie beim FSOC ist die wahrgenommene kollektive Selbstwirksamkeit nicht als reine Addition der individuellen Überzeugungen zu verstehen. Sie wurde bisher vor allem bei Teams im Arbeits- oder Sportkontext und für Lehrerkollegien untersucht. Eine auf diesem Konzept basierende Skala könnte zur Konstruktvalidierung zusammen mit einem FSOC-Fragebogen bei Familien eingesetzt werden. In ähnlicher Weise wäre es möglich, die „Familienbögen" (FB) von Cierpka und Frevert (1995), mit denen familiäre Prozesse bezüglich verschiedener Dimensionen (wie bspw. Aufgabenerfüllung, Kommunikation, Werte und Normen) aus gesamtfamiliärer Perspektive operationalisiert werden, als Validierungsinstrument für den FSOC heranzuziehen. Auch ein Vergleich mit den Ansätzen zum „dyadischen Coping" (Bodenmann, 1997) und zur Erfassung von „Familienkompetenzen" (Bodenmann-Kehl, 1999) könnte dazu beitragen, bisherige Unschärfen im konzeptuellen Profil des FSOC aufzuklären.

Der explizite Zusammenhang zwischen der individuellen *Kohärenzsinnentwicklung und dem Familien-Kohärenzsinn* (Grundannahme a, Kasten 2.5) wurde bisher kaum empirisch überprüft. Einzig Haour-Knipe (1999) leitet aus ihren Interviewanalysen Hypothesen darüber ab, wie und wodurch in Familien das individuelle Kohärenzgefühl der Kinder gestärkt wird. Demnach fördern Eltern, die im Alltagsleben Engagement und Interesse für ihre soziale Umwelt zeigen, die Bedeutsamkeits-Komponente des SOC ihrer Kinder. Die Handhabbarkeitskomponente wird durch die Bereitschaft der Eltern, neue bzw. problematische Konstellationen als Herausforderungen zu sehen und in Angriff zu nehmen, unterstützt.

Sagy und Dotan (2000) schätzen auf der Grundlage ihrer Ergebnisse stabile und klare Regeln (FSOC-Komponente Verstehbarkeit) sowie angemessene Anforderungen und Bewältigungsstrategien im familialen Kontext (FSOC-Komponente Handhabbarkeit) als bedeutsam dafür ein, dass Kinder sich in verschiedenen Bereichen (kognitiv, sozial, körperlich, Selbstwertgefühl) kompetent fühlen können. Zur genaueren Klärung des potentiellen Einflusses des FSOC auf die Entwicklung des Kohärenzgefühls sind weitere Untersuchungen notwendig, die nach Alter und SOC-Komponente differenzieren.

Die Aussagekraft der in Tabelle 2.3 berichteten Befunde wird allerdings durch die *methodischen Restriktionen* der fast ausnahmslos als Querschnittuntersuchung bzw. retrospektive Einpunkterhebung angelegten Studien erheblich abgeschwächt. Die darüber ermittelten Befunde zum Familien-Kohärenzsinn erlauben streng genommen keine Aussagen über kausale Beziehungen zwischen den Variablen. So könnte eine erfolgreiche Adaption auch in umgekehrter Richtung einen positiven Einfluss auf die Wahrnehmung und Bewertung des Familienlebens und damit auf den FSOC haben.

Befunde aus Querschnittuntersuchungen unterliegen zudem der Gefahr einer Konfundierung von abhängigen und unabhängigen Messungen, ein Problem, mit dem die Copingforschung im Allgemeinen konfrontiert ist (vgl. Haltenhof & Vossler, 1994). So könnte analog zur Konfundierung von Copingstrategie und Adaptionskriterium (z. B. depressive Reaktion) in die Bearbeitung der Fragebögen zum FSOC die implizite oder explizite Zufriedenheitsbewertung zum Familienleben bzw. zur familialen Adaption mit einfließen. Ein möglicher salutogener Einfluss des FSOC kann daher letztlich nur durch Längsschnittuntersuchungen mit prospektivem Design und probandenunabhängigen Datenquellen zweifelsfrei belegt werden.

Für die *Praxis der Familientherapie bzw. -medizin* könnte es hilfreich sein, den FSOC als diagnostische Größe mit zu berücksichtigen und ihn bei den behandelten Familien gezielt zu fördern. So beschreiben beispielsweise Kröger und Altmeyer (2000) konkrete Interventionen im Rahmen einer systemisch orientierten Familienmedizin, die eine Verbesserung der Verstehbarkeit, Handhabbarkeit und Sinnhaftigkeit einer Erkrankung für die gesamte Familie anstreben. Ziel ist dabei eine Erhöhung der familialen Lebensqualität und die Unterstützung des Adaptionsprozesses. Beides Faktoren, die nach den Ergebnissen der vorgestellten Studien in einem engen Zusammenhang zum Familien-Kohärenzsinn stehen.

Ein wichtiges Feld zukünftiger Forschungsbemühungen wäre damit die Relevanz des Familien-Kohärenzsinns für familientherapeutische oder präventive Interventionsangebote. Studien im Rahmen der Psychotherapieforschung könnten den FSOC explizit als Erfolgs- bzw. Zielgröße für familientherapeutische Prozesse anwenden.

2.5 Erziehungsberatung und Kohärenzsinnentwicklung

Angesichts der potentiell gesundheitserhaltenden bzw. -wiederherstellenden Auswirkungen eines starken Kohärenzgefühls ist die Frage, ob sich das individuelle Kohärenzgefühl durch therapeutische oder beraterische Hilfen gezielt fördern lässt, von besonderer präventiver bzw. kurativer Relevanz. Antonovsky selbst stand der Möglichkeit einer *psychotherapeutischen Beeinflussung des SOC* skeptisch gegenüber, da die entscheidenden Weichenstellungen für Richtung und Ausprägung des individuellen Kohärenzgefühls seiner Meinung nach in der Kindheit und Jugend vollzogen werden.

Bei *Erwachsenen,* bei denen die SOC-Bildung weitgehend abgeschlossen ist, kann eine Modifizierung des SOC demnach nur noch von einschneidenden, langfristigen Lebensveränderungen bewirkt werden. Für Antonovsky (1997) ist es „.... utopisch zu erwarten, dass eine Begegnung oder auch eine Reihe von Begegnungen zwischen Klient und Kliniker das SOC signifikant verändern kann" (S. 118). Eine therapeutische Beziehung kann für ihn nur dann kohärenzsinnstärkend sein, wenn sie lang anhaltende, konsistente Veränderungen in den realen Lebenserfahrungen des Klienten ermöglicht. Derartige Konstellationen sind für Antonovsky (1997) nur in Langzeittherapien oder in Settings, „.... in denen der Praktiker über eine lange Zeitspanne ein beträchtliches Ausmaß an Kontrolle über die Lebenssituation des Klienten hat" (S. 119, z. B. stationäre Settings) gegeben. Weniger intensiven Kontakten zwischen professionellen Helfern und Klienten räumt er nur geringfügige und zeitlich begrenzte Einflüsse (etwa 5 Punkte im SOC Fragebogen) auf das individuelle Kohärenzgefühl ein.

Mit der Kritik an Antonovskys Stabilitätsannahme (vgl. 2.3.1) kann jedoch auch sein Postulat der SOC-Stabilität gegenüber therapeutischen Interventionen angezweifelt werden. Verständlicherweise verweisen insbesondere professionelle Helfer und Psychotherapeuten auf Möglichkeiten der therapeutischen Bearbeitung und Modifikation kognitiver, behavioraler und emotionaler Muster auch bei erwachsenen Klienten (Fäh, 2000).

Trotz dieser Einwände und seines salutogenen Potentials hat das Kohärenzgefühl bisher erstaunlicherweise keine Rolle als Erfolgs- oder Zielkriterium in der Psychotherapieforschung gespielt (Franke, 1997). Lediglich zwei Untersuchungen gingen bis heute der Frage nach, ob und wie im Rahmen einer Therapie oder Beratung auf eine Stärkung des Kohärenzgefühls hingearbeitet werden kann:

Sack, Künsebeck und Lamprecht (1997; Sack & Lamprecht, 1994) untersuchten die Veränderungen des SOC als Erfolgskriterium einer stationären psychosomatischen Behandlung bei 81 Patienten mit unterschiedlichen Diagnosen. Die Patienten füllten den SOC-Fragebogen und verschiedene Beschwerdemaße zu Beginn der Behandlung, nach vier Wochen, bei der Entlassung sowie im Rahmen einer Halbjahreskatamnese aus. Der SOC-Gesamtmittelwert der Patientenstichprobe stieg während der Behandlung bis zur Entlassung kontinuierlich an (um 5.8 Punkte), was vor allem auf Veränderungen in den Unterskalen „Verstehbarkeit" und „Handhabbarkeit" beruhte. Bei der Halbjahreskatamnese war der SOC-Mittelwert jedoch wieder soweit gesunken, dass er sich nicht mehr signifikant vom Ausgangswert zu Behandlungsbeginn unterschied. Der während der Behandlung erzielte Beschwerderückgang blieb dagegen stabil. Für die Gesamtgruppe scheint sich also Antonovskys Annahme zu bestätigen, wonach das Kohärenzgefühl – anders als die Symptomatik der Patienten – durch Psychotherapie nur wenig und nur temporär zu beeinflussen ist. Bei der Analyse individueller Verlaufsmuster zeigt sich jedoch ein widersprüchliches Bild: Bis zum Katamnesezeitpunkt war bei 41% der Patienten der SOC um mehr als 10 Punkte gestiegen, bei 27 % realtiv stabil geblieben und bei 29 % sogar um mehr als 10 Punkte gefallen. Bei 2 Patienten, die sich während des stationären Aufenthalts ineinander verliebt hatten und eine Beziehung eingegangen waren, konnten sogar SOC-Anstiege um über 50 Punkte ermittelt werden. Wie schon bei Höfer (2000) sind auch hier dauerhafte Veränderungen des Kohärenzgefühls in beide Richtungen zu konstatieren, was eine Einzelfallanalyse möglicher Therapie- oder Beratungseinflüsse auf den SOC notwendig erscheinen lässt.

Broda, Bürger, Dinger-Broda und Massing (1995, 1996) konnten bei einer ähnlich angelegten Untersuchung (60 psychosomatische Patienten) keine signifikanten Veränderungen des Kohärenzgefühls über die Zeit (drei Messzeitpunkte: vor Behandlungsbeginn, ein halbes und ein ganzes Jahr nach Entlassung) feststellen. Weitere Studien, die therapie- oder beratungsindizierte SOC-Veränderungen bei erwachsenen Klienten bestätigen oder widerlegen könnten, fehlen bislang.

Für *Kinder und Jugendliche* kann von anderen Prämissen ausgegangen werden. Da das Kohärenzgefühl in dieser Lebensphase noch nicht stabil ausgebildet und den verschiedensten individuellen, sozialen und kulturellen Einflussfaktoren ausgesetzt ist, können Modifizierungsmöglichkeiten durch Kinder- und Jugendlichenpsychotherapie oder Erziehungsberatung angenommen werden. So geht Höfer (2000) auf der Grundlage ihrer Interviews mit Jugendlichen davon aus, dass sich die SOC-Entwicklung in dieser Altersgruppe unter Berücksichtigung der jeweiligen Kontextbedingungen und vorhandenen Ressourcen gezielt beeinflussen und für die Gesundheitsförderung fruchtbar machen lässt. Bengel et al. (1998) leiten aus Antonovskys Grundannahmen „... für die Gesundheitsförderung und Prävention die Forderung ab, Kindern und Jugendlichen eine Umwelt zu schaffen, die ihnen ausreichend Ressourcen bietet, um ein stärkeres Kohärenzgefühl herausbilden zu können" (S. 94). Welche Wege, auf denen *kohärenzsinnfördernde Prozesse durch eine Erziehungsberatung* eingeleitet werden könnten, wären prinzipiell denkbar?

Beraterische und therapeutische Interventionen könnten auf *direktem Weg* die Stärkung der drei SOC-Komponenten zum Ziel haben. So kann im Kontext einer Trennungs- und Scheidungsberatung mit den betroffenen Kindern daran gearbeitet werden, die erlebten Konfliktszenarien zwischen den Eltern einordnen und zukünftige Trennungsfolgen besser verstehen zu können (Stärkung Verstehbarkeit). Den Kindern würde im Idealfall deutlich werden, welche Möglichkeiten sie auch nach der Trennung noch haben, die Beziehung zu beiden Elternteilen zu gestalten und mit eigenen Wünschen und Bedürfnissen in Einklang zu bringen (Stärkung Handhabbarkeit). Schließlich könnte sich der Berater gemeinsam mit dem Kind auf die Suche nach sinnhaften Bezügen in der neuen familialen Lebenswelt nach der Trennung machen (Sinnhaftigkeits-Komponente).

Diese exemplarisch skizzierten Einflussmöglichkeiten lassen sich auch auf andere Problemkonstellationen übertragen. Zentral wäre dabei jeweils, mit den Klienten ein stabiles, positives Bild der eigenen Handlungsfähigkeit zu erarbeiten und auf die langfristige Gewinnung von subjektivem Lebenssinn hinzuwirken. Ob damit dann eine nachhaltige Formung des kindlichen Kohärenzsinns erreicht werden kann, ist vermutlich vor allem von der Intensität der Beratung und ihrer subjektiven Bedeutung für den Klienten abhängig. Nach Borg-Laufs (1998) entspricht die Einstellung von Erziehungsberatern zum Beratungsprozess häufig einer ganzheitlichen, salutogenetischen Sichtweise: Sie versuchen – im Sinne einer besseren Verstehbarkeit – mit Gesprächen zu helfen, eine „Krise und die damit zusammenhängenden Ängste als Bestandteil der aktuellen Lebenssituation zu verstehen" (S. 238).

Dagegen scheint die Vorstellung, in der Erziehungsberatung könnten „durch die eingesetzten Methoden, Interventionsformen und Settings solche Partizipationserfahrungen gefördert bzw. angestoßen werden", die das Kohärenzgefühl stärken (Lenz, 2001b, S. 50), illusorisch. Dazu sind die in der „Ausnahmesituation" Erziehungsberatung gemachten Einzelerfahrungen (z. B. Partizipation im Familiensetting) zu vereinzelt und zu wenig alltagsprägend.

Weitaus Erfolg versprechender sind die auf *indirektem Weg* zu realisierenden kohärenzsinnfördernden Effekte einer Erziehungsberatung: Wenn sie im Sinne des Kinder- und Jugendhilfegesetz (KJHG) so ausgerichtet ist, dass eine Verbesserung der Lebensbedingungen des Klienten angestrebt wird, könnten darüber die generellen Widerstandsressourcen (GRR) des Kindes gestärkt werden. Dadurch würde die Voraussetzung für neue, SOC-fördernde Alltagserfahrungen geschaffen werden. Durch eine gemeindepsychologische Orientierung (vgl. Lenz & Straus, 1998) kann Erziehungsberatung die soziale und materielle Umwelt der Betroffenen thematisieren und einbeziehen, was ebenfalls den individuellen GRR zugute kommen könnte. Insbesondere durch die an vielen Beratungsstellen vorherrschende systemisch-familientherapeutische Arbeitsweise wird der Einbezug des familialen Systems des „Indexpatienten" in die Beratung forciert. Damit steht häufig auch eine Veränderung der Familienbeziehungen bzw. des Familienklimas im Zentrum der Beratungsbemühungen, was sich im Sinne eines verbesserten Familien-Kohärenzsinnes positiv auf den kindlichen Kohärenzsinn niederschlagen kann.

Empirische Studien, die zur Überprüfung der skizzierten direkten und indirekten Einflussmöglichkeiten die Auswirkungen therapeutischer oder beraterischer Hilfen auf die kindliche Kohärenzsinnentwicklung untersuchen, stehen bislang jedoch aus.

2.6 Zusammenfassung und Integration

In Abkehr von seither vorherrschenden pathogenetischen Vorstellungen werden Krankheiten im *Modell der Salutogenese* nicht mehr in erster Linie als Folge gesundheitsbeeinträchtigender oder -störender Einflüsse verstanden, sondern als Ergebnis unzulänglicher gesundheitserhaltender oder -wiederherstellender Ressourcen. Diese sowohl individuell als auch soziokulturell vermittelten Widerstandsfaktoren bestimmen, ob und wie die allgegenwärtigen Belastungen bewältigt und der jeweilige Gesundheitszustand stabilisiert werden kann. Über die durch sie ermöglichten Lebenserfahrungen wird ein individuelles Kohärenzgefühl ausgebildet.

Dieses *Kohärenzgefühl* (SOC) wurde als dispositionale Orientierung konzipiert, welches die kognitive, instrumentelle und motivationale Grundhaltung der Welt und dem eigenen Leben gegenüber umfasst und die Bewältigungsreaktionen gegenüber Stressoren flexibel steuert. Mit empirischen Untersuchungen, bei denen der SOC mittels Fragebogenverfahren operationalisiert wurde, konnten erste Hinweise für eine moderierende Rolle des Kohärenzgefühls bei der Stressbewältigung und seine enge Beziehung zu psychischen Gesundheitsmaßen ermittelt werden.

Die Aussagekraft der Befunde wird allerdings – trotz ihrer hohen subjektiven Evidenz – durch diverse *Kritikpunkte* und Schwachstellen sowohl an der Theorie (z. B. am zu passiven und kognitionslastigen Charakter des SOC) als auch an der empirischen Umsetzung (z. B. fragliche diskriminante Validität) des SOC-Konstrukts relativiert. Schmidt-Rathjens et al. (1997) kommen zusammenfassend zu der kritischen Schlussfolgerung, wonach „die Empirie zum Kohärenzsinn hinter der hohe subjektive Evidenz vermittelnden Theorie zurückbleibt" (S. 343). Antonovsky (1993c) war sich der methodischen Probleme bei der Umsetzung und Operationalisierung seiner theoretischen Annahmen bewusst. Er schlug deshalb die Anwendung alternativer Untersuchungsverfahren, wie strukturierte Interviews, ethnomethodologische Verfahren und projektive Tests, vor (S. 729). Sein theoretisches Konzept verfügt ohne Zweifel über eine beachtliche heuristische Potenz. Ob diese mit alternativen oder kombinierten Methoden auch empirisch überzeugend abgebildet werden kann, bleibt abzuwarten. Ohne verbesserte (prospektive) Versuchspläne oder alternative methodische Zugänge bleibt es angesichts der Komplexität des SOC-Konzeptes jedoch beim skizzierten, unbefriedigenden Forschungsstand. Die im Zentrum dieses Buches stehende Evaluationsstudie unternimmt daher den Versuch, sich dem individuellen und familialen Kohärenzsinn mit einer Methodenkombination aus quantitativen (FSOC) und qualitativen (SOC) Verfahren anzunähern (vgl. Kapitel 4).

Die *Bildung des Kohärenzgefühls* vollzieht sich für Antonovsky im Wesentlichen in Kindheit und Jugend. Die Stärke des SOC hängt für ihn davon ab, ob die Erfahrungswelt in diesen Lebensphasen von bestimmten Erfahrungsmustern geprägt ist. Dazu gehören Konsistenzerleben, Belastungsbalance und eine Partizipation an der Gestaltung von Handlungsereignissen in sozial anerkannten Bereichen. Im frühen Erwachsenenalter ist die Kohärenzsinnentwicklung nach Antonovsky abgeschlossen, der SOC bleibt in der Folge stabil. Diese Stabilitätsannahme wurde vor allem vor dem Hintergrund des soziokulturellen Wandels und den damit verbundenen Anforderungen an die Subjekte in Frage gestellt. Neuere Untersuchungen liefern Hinweise darauf, dass der Kohärenzsinn – im Kontext der Identitätskonstruktion – immer wieder neu hergestellt werden muss und damit seine dynamische Komponente behält. Für die Kohärenzsinnbildung in Kindheit und Jugend scheinen nach diesen Befunden neben der subjektiv wahrgenommenen Qualität sozialer Beziehungen insbesondere Erfahrungen im Kontext des Familienlebens bedeutsam zu sein.

Dieses Ergebnismuster verweist auch auf den potentiellen Einfluss des *Familien-Kohärenzsinns* – einer Anwendung des Konzeptes des individuellen SOC auf die Familie als Kollektiv – auf die Entwicklung des individuellen Kohärenzsinns. Eine Annahme, die bisher kaum empirisch überprüft wurde, da das kollektive FSOC-Konzept – vermutlich auch infolge der methodischen Probleme bei seiner Operationalisierung – nur selten Untersuchungsgegenstand war. Die wenigen durchgeführten Studien zeigen einen positiven Zusammenhang zwischen FSOC und Adaptionsmaßen bei familialen Krisen, lassen aber aufgrund methodischer Restriktionen (Querschnittdesign) keine weiterführenden Schlussfolgerungen zu.

Für Hilfen im Rahmen einer *Beratung oder Therapie* wäre eine direkte oder indirekte Förderung des kindlichen Kohärenzgefühls und Familien-Kohärenzgefühles vorstellbar und angesichts ihrer darüber erreichbaren, potentiell salutogenen Auswirkung besonders wünschenswert. Allerdings wurden beide Konzepte in den bisherigen Studien zur Evaluation von Erziehungsberatung, die im nächsten Kapitel im Überblick dargestellt werden, nicht als Zielkriterium eingesetzt.

3
Qualitätssicherung und Evaluation in der Erziehungsberatung

> Angesichts der in den vorangegangenen Kapiteln beschriebenen gesellschaftlichen Veränderungen stellt sich die Frage, ob die institutionelle Erziehungsberatung den aktuellen Herausforderungen gewachsen ist und sich auf die Bedürfnisse der Ratsuchenden einstellen kann. Oder anders formuliert: Schafft sie tatsächlich die Beratungsqualität, die ihre Anbieter immer wieder behaupten?
> Aufschlüsse darüber liefern die bislang durchgeführten Studien zur Qualität von Erziehungsberatung, zu denen dieses Kapitel einen differenzierten und systematisierten *Überblick* liefert.
> Die Evaluationsbemühungen auf dem Feld der institutionellen Erziehungsberatung wurden von zwei lebhaft geführten Diskursen unterschiedlichen Ursprungs angestoßen oder zumindest beeinflusst: vom ursprünglich im industriellen Kontext entstandenen *Diskurs zur Qualitätssicherung,* der seit rund einer Dekade auch in der Jugendhilfe und im Gesundheitswesen aufgegriffen und geführt wird, und von den sehr viel älteren Diskussionen bzw. Aktivitäten im Rahmen der *Psychotherapie-* und sozialwissenschaftlichen *Evaluationsforschung*. Beide Diskurse werden einleitend nachgezeichnet, um die bisherigen wissenschaftlichen Ansätze zur Evaluation von Erziehungsberatung, die als Spezialfall der Psychotherapieforschung verstanden werden können, mit ihren spezifischen methodischen Problemen besser einordnen zu können.
> Anschließend folgt die Illustration und Bewertung des derzeitigen *Forschungsstandes* zu verschiedenen Phasen und Aspekten des Beratungsgeschehens anhand zentraler empirischer Befunde aus der Psychotherapie- und Beratungsforschung. Ein besonderer Schwerpunkt wird dabei auf die spezielle Situation von *Kindern und Jugendlichen* in der systemischen Familientherapie und Erziehungsberatung gelegt, einem Thema, das in der Forschung seither weitgehend vernachlässigt wurde.

3.1 Qualitätssicherung in der Erziehungsberatung

3.1.1 Der Diskurs zur Qualitätssicherung

Antworten auf die Frage, warum die Diskussion um Qualitätssicherung und Qualitätsmanagement in Jugendhilfe und Gesundheitswesen derzeit boomt, sind auf verschiedenen Ebenen zu suchen. Ein wesentlicher Hintergrund dürfte – wie in Kapitel 1

(These 5) für den Bereich der Erziehungsberatung bereits ausgeführt – der allgemeine Werteverlust im Kontext gesellschaftlicher Modernisierungsprozesse darstellen: In Zeiten, in denen durch Individualisierung und Enttraditionalisierung immer weniger Orientierungskriterien und Entscheidungshilfen verfügbar sind, bedienen die auf die Standardisierung von Prozessen ausgerichteten Qualitätssicherungssysteme die „Sehnsucht" nach Sicherheit und Eindeutigkeit. Da es sich bei Beratung zudem um einen durch Beziehung bestimmten, manchmal diffusen Arbeitsbereich handelt, erfährt Qualitätssicherung – zumindest bei Trägern und Zuschussgebern – auch hier eine positive Wertschätzung (Straus, 1996).

Daneben lassen sich weitere, zum Teil miteinander verbundene Diskurse und Entwicklungen differenzieren, die zu einer systematischen Implementierung der neuen „Qualitätsphilosophie" beigetragen haben (vgl. Straus, 1998) und in Kasten 3.1 zusammengefasst sind:

Kasten 3.1: Hintergründe und Wurzeln des Diskurses zur Qualitätssicherung

1. Betriebswirtschaftliche Konzepte:
Ihren Ursprung nahmen Debatten zur Qualitätssicherung bei der Entwicklung und Umsetzung neuer betriebswirtschaftlicher Konzepte, die vor dem Hintergrund wirtschaftlicher Globalisierungsprozesse und verschärfter Konkurrenzkämpfe auf freien Märkten auf einem von Kunden-, Prozess- und Mitarbeiterorientierung geprägten Qualitätsverständnis basieren. Entsprechende Modelle beinhalten ein stärker teamorientiertes Arbeiten, abgeflachte innerbetriebliche Hierarchien (Lean-Management), kontinuierliche Maßnahmen zur Mitarbeiterqualifizierung und die Einführung von Qualitätsstandards und -sicherungssystemen für alle Produktionsphasen und Arbeitsbereiche.

2. Kostendruck und Sparzwänge:
Die Finanznot der öffentlichen Hand und die daraus resultierende Ressourcenverknappung im Sozialbereich hat zur Folge, dass die unter Modernisierungsdruck stehende öffentliche Verwaltung stärker auf betriebswirtschaftliche Instrumente setzt. Neue Steuerungsmodelle haben zum Ziel, die Kommunalverwaltung auf eine Dienstleistungsorientierung bei dezentralen Strukturen, klaren Zielformulierungen und systematischen Qualitätskontrollen hin zu „trimmen". Besonders bedeutsam für die Jugendhilfe ist das von der „kommunalen Gemeinschaftsstelle" (KGSt) entwickelte Modell der „outputorientierten Steuerung" (KGSt, 1994), das für viele Kommunen eine verbindliche Basis für handlungsleitende Orientierungen darstellt (Gmür & Straus, 1998).

> **3. Dienstleistungsphilosophie im Sozialbereich:**
> Ein stärkeres „Dienstleistungsbewusstsein" (Münstermann, 1999, S. 22) macht sich auch auf anderen Feldern bemerkbar: Im Gesundheitswesen finden sich neben rechtlichen Vorgaben zum Patientenschutz berufsethische Richtlinien, die die bestmögliche Behandlung des Patienten zum wichtigsten Therapiestandard erheben (Laireiter & Vogel, 1998). Im Zusammenhang mit der Einführung des KJHG wurde in der Jugendhilfe gar von einem Paradigmenwechsel hin zu einer stärkeren Kunden- bzw. Klientenorientierung gesprochen (vgl. 1.1.3). Heiner Keupp (2000) erkennt in Partizipation und Selbstgestaltung im Allgemeinen zentrale Orientierungspunkte und Innovationspotentiale für die zukünftige Bürgergesellschaft.

Die skizzierten Diskurse implizieren einen größeren Bedarf nach Steuerung und Kontrolle: Die Angebote sollen möglichst effizient bzw. effektiv gestaltet werden und mehr an den Bedürfnissen der „Kunden" bzw. Patienten orientiert sein. Die Träger und Dienstleister müssen verstärkt nachweisen, dass ihre Arbeit diesen Kriterien entspricht.

Mit der „Ökonomisierung des Sozialen" (Schernus, 1997) tauchte durch die Qualitätsdebatte auch eine neue, ungewohnte Sprache in der psychosozialen Praxis auf. Ihre Begriffe und Schlagworte, die nach der Analyse der gleichen Autorin durch Marktorientierung gekennzeichnet sind (z. B. „Kunden", „Konkurrenzfähigkeit") und Vorstellungen von Maximierungsmöglichkeiten (z. B. „Ablaufoptimierung") und Linearität der Abläufe („Input" – „Output") transportieren, lösen vielerorts zunächst Unbehagen aus (z. B. Kühnl, 2001; Nüßle et al., 1998). Zum besseren Verständnis sollen die wichtigsten *Begriffe* und *Konzepte* des betriebswirtschaftlich geprägten Qualitätsdiskurses kurz erläutert werden (vgl. Kasten 3.2):

Kasten 3.2: Zentrale Konzepte und Begriffe des Qualitätssicherungsdiskurses

> **1.** *Qualität* lässt sich formal als die „Gesamtheit von Eigenschaften und Merkmalen eines Produkts oder einer Dienstleistung, die sich auf deren Eignung zur Erfüllung festgelegter oder vorausgesetzter Erfordernisse beziehen" (Deutsches Institut für Normierung DIN, 1992, S. 9) definieren. Da sie keine objektive, absolute Größe ist, muss Qualität immer relativiert auf die jeweils zugrunde liegenden, gesellschaftlichen und persönlichen Normen, Werte, Ziele und Erwartungen bezogen werden. Nach Merchel (1998) ist die Grundlage jeder Qualitätsdefinition in der sozialen Arbeit „deren ethische und normative Ausrichtung" (S. 27). Wenn beispielsweise die Kundenorientierung zum zentralen Wert in der Jugendhilfe allgemein und im Leitbild der Einrichtungen speziell erhoben wird, liegt es nahe, Qualität zu einem großen Teilen mit Klientenzufriedenheit gleichzusetzen (vgl. 3.3.6).

Welche Merkmale oder *Qualitätsstandards* zur Bewertung einer Leistung in einem bestimmten Bereich angelegt werden, muss zwischen den jeweils Beteiligten – mit ihren möglicherweise unterschiedlichen Erwartungen und Interessen – ausgehandelt werden (vgl. Bobzien, Stark & Straus, 1996).

2. In der Regel werden bei Dienstleistungen in Anlehnung an die klassische Trias bei Donabedian (1966) drei verschiedene *Qualitätsdimensionen* unterschieden: Die *a. Strukturqualität* bezieht sich auf die allgemeinen Rahmenbedingungen, unter denen eine Institution ihre Leistungen erbringt. Die *b. Prozessqualität* beinhaltet die Güte der Handlungsabläufe innerhalb der Einrichtung, die zur Leistungserbringung erforderlich sind. Die *c. Ergebnisqualität* umfasst die Wirksamkeit der erbrachten Dienstleistung („output") unter Effektivitäts- und Effizienzgesichtspunkten. Sie wird danach bewertet, ob spezifische Ergebniskriterien erreicht wurden (vgl. Laireiter, 1997). Als zentrales Merkmal der Ergebnisqualität wird meist die Kundenzufriedenheit genannt (vgl. Straus, 1998), es können jedoch alle Faktoren („outcome") berücksichtigt werden, die den Erfolg oder Misserfolg der Leistungserbringung indizieren.

3. Bei Verfahren zur *Qualitätssicherung* (QS) oder zum *Qualitätsmanagement* (QM)* wird zudem zwischen internen und externen Prozessen differenziert: Bei einer rein *internen* Qualitätssicherung führt der Dienstleister die Verfahren in Eigenregie ohne äußere Vorgaben oder Kontrollinstanzen durch. Dies hat den Vorteil, dass die Mitarbeiter an der Aushandlung der Qualitätsstandards und Planung der Maßnahmen direkt beteiligt sind und dem gesamten QS-Verfahren dadurch meist motivierter gegenüber stehen (vgl. Scheidt & Wirsching, 1996). Eine externe Qualitätssicherung wird von äußeren Instanzen – z. B. vom Kostenträger – eingefordert und überwacht.

Anmerkung: *Beide Begriffe werden häufig – wie auch hier – synonym verwendet (Straus, 1998), obwohl „Qualitätsmanagement" als Oberbegriff die Führungs- und Managementaufgaben zur Förderung und Aufrechterhaltung der Leistungsqualität unter Einbezug der gesamten Organisation umfasst. „Qualitätssicherung" meint dagegen die Abläufe, Verfahren und Mittel zur Verwirklichung des Qualitätsmanagements (nach DIN-ISO 9004/Teil 2, DIN, 1992).

Mit dem gemeinsamen Ziel, die Leistungen und Angebote effektiver bzw. effizienter zu gestalten, wurde eine Vielzahl von *Konzepten zur Qualitätssicherung* entwickelt (im Überblick bei Beywl, 1994, und Bobzien et al., 1996).

Der bekannteste und umfassendste Ansatz ist das *„Total Quality Management"* (TQM), das ganzheitlich alle Betriebs- bzw. Einrichtungsbereiche – Führungskräfte wie Mitarbeiter, technische wie soziale Ebene der Organisation – einbezieht und eine neue „Qualitätskultur" etabliert (vgl. Strotmann, 1998). Leitend sind dabei die drei Grundprinzipien (a) Kundenorientierung, (b) Beteiligung und Betonung der Eigenverantwortung der Mitarbeiter sowie (c) Fokussierung auf die der Leistungserbringung zugrunde liegenden Prozesse. Qualitätsverbesserung wird als kontinuierlicher Prozess verstanden und z. B. durch die Arbeit von *„Qualitätszirkeln"* – auf der Ebene vorgegebener Arbeitseinheiten (Teams, Abteilungen) oder projektbezogener Arbeitsgruppen, die sich dauerhaft mit Qualitätsfragen beschäftigen – unterstützt.

Ein zweiter QS-Ansatz, der im Sozialbereich auf zunehmendes Interesse stößt, ist die *Zertifizierung* der Einrichtung *nach DIN-ISO-9000ff.*[1] Mit den in dieser Normenreihe zusammengefassten, internationalen Standards für QS-Systeme wird die Qualität der Organisationsstrukturen und Abläufe innerhalb der Dienstleistungseinrichtung bewertet. DIN-ISO-9004 stellt einen Leitfaden für den Aufbau eines Qualitätssicherungssystemes bereit, das unter der Prämisse der Kundenzufriedenheit insbesondere die Erstellung eines Qualitätshandbuches, Schulungen der Mitarbeiter und eine ausführliche Dokumentation der Vorgänge beinhaltet (vgl. Liebald, 1998). Zur Zertifizierung prüfen dann unabhängige Gutachter (Auditoren), ob das in der Einrichtung etablierte QM-System den DIN-ISO-Normen 9001 bis 9003 entspricht. Da QM allgemein als ein kontinuierlicher, nicht abzuschließender Kreislauf verstanden wird, muss auch die Zertifizierung nach DIN-ISO-9000ff. in regelmäßigen Abständen erneuert werden.

3.1.2 Qualitätssicherung in Psychotherapie und Erziehungsberatung

Qualitätssicherung wurde im Gesundheitswesen vor rund zehn Jahren als gemeinsame Aufgabe von Kostenträgern und Leistungserbringern gesetzlich verankert („Gesundheitsreformgesetz", 1988; „Gesundheitsstrukturgesetz", 1991; Sozialgesetzbuch V), was auch für den Bereich der *Psychotherapie* weichenstellend wirkte. In der Folge kam es auf verschiedenen Ebenen (Initiierung von Fachkongressen und Publikationen, Aktivitäten von Berufsverbänden und Gründung von Fachgesellschaften) zu einigen konzeptionellen Initiativen und empirisch gestützten Qualitätssicherungsmaßnahmen (vgl. Nübling & Schmidt, 1998):

Für die Psychotherapie im *ambulanten Setting* sind verstärkt Bemühungen zu verzeichnen, Diagnostik und Evaluation von „Alltagsbehandlungen" zu standardisieren und damit vergleichbar zu machen (vgl. Fydrich, Laireiter, Saile & Engberding, 1996). Dazu wurden etwa Basisdokumentationssysteme wie das „PSYCHO-DOK"-System (Laireiter, Lettner & Baumann, 1998) entwickelt, die nach einem einheitlichen Schema die fortlaufende Erhebung von Patienten-, Behandlungs- und Ergebnismerkmalen ermöglichen. Mit so genannten „Stundenbögen", die von den Klienten nach einzelnen Therapiesitzungen ausgefüllt werden (z. B. Grawe & Braun, 1994; Krampen & Wald, 2001), kann die Beurteilung der Prozessqualität systematisiert werden. Ein computergestütztes Verfahren mit Basisdokumentationen und routinemäßigen Ergebnis- und Prozessmessungen wurde von Klaus Grawe und Mitarbeitern (Grawe & Baltensperger, 1998; Grawe & Braun, 1994) entwickelt: Anschauliche Graphiken („Figurationen") zur Visualisierung von Therapieerfolg und Prozessqualität liefern den Therapeuten Anhaltspunkte für eine einzelfallbezogene Qualitätskontrolle.

---

1 DIN steht für „Deutsches Institut für Normierung", ISO für die „Internationale Standardisierungs-Organisation" in Genf, die Standards auf internationaler Ebene zusammenfasst und herausgibt.

In der *stationären* Psychotherapie hat sich die Debatte zur Qualitätssicherung schon früher in Form von größeren Modellprojekten oder routinemäßig implementierten QS-Systemen niedergeschlagen. Beispielhaft können hier das „Heidelberger Modell der aktiven internen Qualitätssicherung" (Lutz, Stammer, Leeb, Dötsch, Bölle & Kordy, 1996) und das für die Christoph-Dornier-Stiftung nach den Normen der DIN-ISO-9000 Reihe entwickelte QS-Modell (Fiegenbaum, Tuschen & Florin, 1997) genannt werden.

Als besonders problematisch erweist sich die *Bestimmung der Ergebnisqualität* von Psychotherapie (vgl. Schulte, 1993). Die Festlegung von spezifischen „Outcome"-Kriterien scheint wenig sinnvoll, da Psychotherapie nicht als linearer Prozess zu begreifen ist und das Therapieergebnis von vielen nicht planbaren Faktoren (z. B. soziale Unterstützung) abhängt. Mögliche Qualitätskriterien bzw. Standards für Therapieeffekte können zudem je nach Therapieverfahren und Wahrnehmungsperspektive (z. B. Therapeut versus Klient) sehr unterschiedlich definiert werden. Vorgeschlagen wurden stattdessen die multimodale Erfassung von Therapieergebnissen (vgl. Spöhring & Hermer, 1998), Veränderungserhebungen (z. B. mittels „direkter Veränderungsmessung"; Zielke & Kopf-Mehnert, 1978) und der Vergleich von Therapiezielen, die zu Therapiebeginn festgelegt wurden, mit den erzielten Effekten („Zielerreichungsskalierung"; Langenmayr & Kosfelder, 1998; Lenz, 1998a).

Nachdem die Qualitätsdebatte in der *Jugendhilfe* erst Mitte des letzten Jahrzehnts aufkam, wurden 1998 gesetzliche Vorschriften zur Qualitätssicherung bei teilstationären und stationären Jugendhilfeleistungen erlassen (§78 a-g, SGB VIII). Die darin geforderten Vereinbarungen zur Qualitätsentwicklung, in denen Grundsätze und Maßstäbe für die Bewertung der Qualität der Leitungsangebote formuliert werden, betreffen den ambulanten Bereich der institutionellen *Erziehungsberatung* zwar nicht direkt, markieren jedoch die gesetzliche Verankerung des Qualitätsdiskurses in diesem Bereich. Von Trägerseite wurden Aspekte der Qualitätssicherung in die Rahmenkonzeptionen für die trägereigenen Beratungsstellen aufgenommen (z. B. Caritasverband der Erzdiözese München und Freising e. V., 2001).

Die Qualitätsdiskussion wurde auch von der Bundeskonferenz für Erziehungsberatung e. V. (bke) aufgegriffen. Sie hat eine Reihe konkreter Vorschläge für QS in der Erziehungsberatung erarbeitet, die in der Folge kurz skizziert werden (vgl. bke, 1999a).

Im Rahmen eines durch das Bundesfamilienministerium geförderten Projekts wurde ein *Qualitätskatalog* mit einer Leistungsbeschreibung der institutionellen Erziehungsberatung, Qualitätsmerkmalen und Empfehlungen zu Qualitätsstandards herausgegeben (bke, 1998b). Er basiert auf intensiven inhaltlichen Diskussionen zu Qualitätssicherung und -management und kann sich daher auf einen breiten fachlichen Konsens stützen (vgl. Haid-Loh, 1998). In Kasten 3.3 werden ausgewählte Aspekte dieses Qualitätskataloges genannt und kommentiert:

Kasten 3.3: Auszüge aus dem Qualitätskatalog der bke für die institutionelle Erziehungsberatung

> **1. Strukturqualität:** Neben personellen und materiellen Ressourcen der Stelle werden vor allem strukturbildende Festlegungen (wie z. B. Organisationsformen, Kooperation mit dem Jugendamt, Ausbildung von Praktikanten) genannt. Die Niedrigschwelligkeit der Angebote wird zudem als wichtiges Qualitätsmerkmal herausgestellt, was als Reaktion auf die Kritik an den institutionellen Bedingungen („Komm-Struktur"; vgl. Kapitel 1.2.3) an vielen EBSt verstanden werden kann. Die hier genannten Empfehlungen sollen helfen, die Zugangsschwelle für schwer erreichbare Klientengruppen zu senken.
>
> **2. Prozessqualität:** Hier werden Merkmale aufgelistet, die für die Gestaltung der Beratungsbeziehung und die Interaktion mit den Klienten in der Einzelfallarbeit von Bedeutung sind (fachliche Unabhängigkeit, Vertrauensschutz, Ressourcenaktivierung). Der explizit aufgeführte Kompetenzabgleich im multidisziplinären Team und die geforderte Aktivierung der Fachöffentlichkeit bzw. der politischen Öffentlichkeit spricht abermals bislang vernachlässigte Bereiche an (vgl. Kapitel 1.4, Thesen 1 und 7).
>
> **3. Ergebnisqualität:** Für diesen Bereich werden vergleichsweise wenig differenzierte Merkmale angegeben. Dies ist sicherlich – wie für den Bereich der Psychotherapie schon konstatiert – auf den Mangel an verbindlichen, differenzierten Kriterien zur Einschätzung der Beratungseffektivität zurückzuführen. Die bke wertet stattdessen die regelmäßige Evaluation der Arbeit (Ermittlung von Zielerreichung, Klientenzufriedenheit, Zufriedenheit von Kooperationspartnern und Mitarbeitern mit ihren Arbeitsbedingungen) als Qualitätsmerkmal einer Beratungsstelle. Zudem werden statistische Analysen der Arbeit und das Verhältnis von Fallzahlen und Gesamtkosten als Qualitätsindikatoren vorgeschlagen.

In Ermangelung anderer Kriterien schlägt Menne (1998) vor, die Anzahl der einvernehmlich beendeten Beratungsprozesse als *Wirksamkeitsindikator* heranzuziehen, da diese in etwa der in Studien belegten Zahl zufriedener Klienten entspricht. Lenz (1998b) schlägt auf der Grundlage der skizzierten gemeindepsychologischen Beratungskonzepte (vgl. 1.2.3) weitere inhaltliche Aspekte vor, an denen sich die Bewertung des Beratungsergebnisses orientieren kann: verbesserte Kommunikations- und Diskursfähigkeit, Alltags- und Lebenswelttransfer, Ressourcenaktivierung (Stärkung der sozialen Netzwerke), effektivere Problembewältigung sowie eine Stärkung von Ambiguitätstoleranz und Kohärenzsinn der Klienten. Allerdings fehlen aus der Sicht von Praktikern bislang geeignete Instrumente zur Erfassung dieser Dimensionen (Hundsalz, 2000; Seus-Seberich, 1999).

Ein Teil der Qualitätsmerkmale dient zudem bei der Vergabe des *bke-Gütesiegels* „Geprüfte Qualität" (bke, 1999b) als Prüfgröße. Mit diesem Zertifikat können Beratungsstellen auf Antrag ausgezeichnet werden, die den „fachlichen Standards für die Arbeit und Ausstattung von Beratungsstellen für Kinder, Jugendliche und Eltern" (S. 7) entsprechen. Gegenüber einer Zertifizierung nach DIN-ISO-9000ff. wird ein Vorteil darin gesehen, dass mit dem bke-Gütesiegel neben formalen Aspekten auch fachliche Inhalte überprüft werden.

Die bke bietet darüber hinaus für interessierte Stellen die Durchführung eines extern begleiteten *Projektes zur Qualitätsentwicklung* an. Dabei wird auf das „Münchner Modell zum Qualitätsmanagement" (Gmür & Straus, 1998; Straus, 1998) zurückgegriffen, das die Ideen des TQM-Konzeptes mit den wichtigsten Prinzipien nach DIN-ISO-9004 verbindet und an die Bedingungen in der Jugendhilfe angepasst ist. Dieser Ansatz ist sowohl prozess- als auch produktorientiert und umfasst einen jeweils einjährigen einrichtungsspezifischen QS-Prozess, der zusammen mit den Mitarbeitern der Einrichtung in einem partizipativen „bottom-up"-Verfahren gestaltet wird. In aufeinander aufbauenden Phasen werden dabei zunächst das Leitbild der Stelle, davon abgeleitete, kundenorientierte Qualitätsziele und die jeweils zielführenden Prozessabläufe entwickelt bzw. überprüft. Anschließend folgt die Analyse ausgewählter Schlüsselprozesse und Schnittstellen (z. B. im Rahmen von Qualitätszirkeln). Zur Ergebnissicherung werden die Ergebnisse des QS-Prozesses in einem Qualitätshandbuch oder in Konsensvereinbarungen mit Zuschussgebern dokumentiert.

Von *Praktikern* an Beratungsstellen wurde allerdings die starke zeitliche Belastung durch das QM-Projekt sowie der Einsatz defizitärer Evaluationsinstrumente (keine wissenschaftlich überprüften Instrumente zur Wirkungsbeurteilung) kritisiert (Seus-Seberich, 1999). Einige Beteiligte zeigten sich mit den Partizipations- und Einflussmöglichkeiten im konkreten Verlauf des QM-Projektes unzufrieden (Nüßle et al., 1998). Die gleichen Autoren beobachteten zudem, „dass diejenigen, die sich eher als fallbezogene Berater oder Therapeuten verstehen (gegenüber Mitarbeitern, denen es leichter fällt, in organisatorischen und ökonomischen Kategorien zu denken; A. V), mit QM mehr Probleme haben und sich dadurch auch in der Freiheit ihrer Arbeit eingeschränkt sehen" (S. 211). Infolge des noch immer weit verbreiteten „therapeutischen Selbstverständnisses" in der Erziehungsberatung (vgl. Kapitel 1.4, These 1) kann daher vielerorts von einer eher skeptischen Haltung gegenüber QM in der Praxis ausgegangen werden.

3.1.3 Risiken und Chancen des Qualitätsdiskurses in der Erziehungsberatung

„Da werden uns betriebswirtschaftliche Modelle übergestülpt!" oder „In Wirklichkeit geht es doch nur um finanzielle Kürzungen!" – so lassen sich häufige Einwände von Mitarbeitern der Erziehungsberatungsstellen gegenüber QS-Systemen charakterisieren (Nüßle et al., 1998, S. 230). Die Äußerungen spiegeln die beiden – neben dem Zeit- und Kostenaufwand und einer zunehmenden Bürokratisierung – zentralen *Befürchtungen* von Vertretern aus der EB-Praxis wider: Zum einen wird angenommen, dass es beim Qualitätsmanagement vorrangig darum gehen soll, Einsparpotentiale aufzuspüren und unter reinen Kostengesichtspunkten Einschnitte vorzunehmen

(Lücke, 1998), was letztlich zu Lasten der Qualität gehen würde. Zum anderen wird beobachtet, wie QS-Konzepte, die auf dem ökonomischen Paradigma aufbauen und vor allem an Wirtschaftlichkeitsaspekten ausgerichtet sind, teilweise bedenkenlos auf die Erziehungsberatung übertragen werden: „Wir sind traditionell stark den Ratsuchenden und vor allem den Kindern verpflichtet, die wir kaum als ‚Kunden' im engeren Sinn sehen können" (Seus-Seberich, 1999, S. 35). In Verbindung damit steht die Befürchtung, QM führe zu einer fachfremden Außensteuerung und Normierung der Arbeit nach „mechanistischen Kriterien" (Klatetzki, 1998, S. 72), die mit ganzheitlichen, fallorientierten Arbeitsweisen in der Praxis nicht zu vereinbaren sind[2].

Ein um die fachliche Dimension beraubter, rein auf quantitative Leistungsnachweise reduzierter Qualitätsdiskurs („Qualitätsautismus"; Struck, 1999, S. 16) verstärkt zudem die entpolitisierende Funktion institutioneller Erziehungsberatung (vgl. Kapitel 1.4, These 7): So wird etwa mit der Rede vom „Kunden" das Bild eines „Dienstleistungsnutzers" suggeriert, der seine Situation selbst verantwortet und dem Berater in einer symetrisch-gleichgestellten Beziehung gegenübertritt. Der gesellschaftliche Entstehungskontext der Problemlagen und das Machtgefälle in der Beratungssituation (vgl. Kühnl, 2000) werden implizit ausgeblendet.

Die skizzierten Vorbehalte sind nicht alleine auf eine – in einem mancherorts innovationshemmenden Einrichtungsklima anzutreffende – misstrauische Abwehrhaltung zurückzuführen. Sie könnten sich in der Praxis durchaus bestätigen, je nachdem, welche QS-Variante vor Ort zum Einsatz kommt. Haid-Loh, Lindemann und Märtens (1995) fordern daher ein verstärktes Nachdenken über die „Qualität der Qualitätssicherung" (S. 64).

Damit Qualitätsmanagement in der Erziehungsberatung als offener Entwicklungs- und Aushandlungsprozess zwischen allen Beteiligten (Einrichtung, Mitarbeiter, Klienten, Kostenträger) gestaltet und mit einer auf den EB-Bereich angepassten Qualitätslogik zur Qualitätsentwicklung (nach innen) und -darstellung (nach außen) nutzbar gemacht werden kann, bedarf es bestimmter *Voraussetzungen:*

Von Seiten der *Einrichtung* und des *Trägers* müssen neben den von außen auferlegten Gründen zur QS – wie Legitimationsdruck und Transparenzforderungen der Kostenträger („Außenmotivation"; Straus, 1996) – eigenes Interesse und eigene Fragestellungen („Innenmotivation") entwickelt und im QM-Prozess offensiv vertreten werden. Das QS-Verfahren kann dann von den Mitarbeiterteams als selbst zu bestimmende und zu organisierende Möglichkeit begriffen werden, sich mit den eigenen Arbeitsmethoden und -abläufen konstruktiv-kritisch auseinander zu setzen. Umgekehrt birgt ein rein extrinsisch motivierter QM-Prozess die Gefahr, dass sich die betreffende Einrichtung äußerlich anpasst, ohne für sich die Chancen zur Weiterentwicklung zu nutzen.

Qualitätssicherungskonzepte, die in der Erziehungsberatung zur Anwendung kommen, müssen auf die besonderen Bedingungen in diesem Bereich zugeschnitten werden. Dabei ist die Partizipation der Mitarbeiter im Sinne eines „bottom-up"-Vorgehens

---

2 Auch Albert Schad, der frühere Fachreferent für Erziehungsberatung des Auftraggebers der vorliegenden Evaluationsstudie, übte aus christlicher Sicht Kritik an der Übertragung der wirtschaftsliberalistischen Doktrin von Markt, Anbieter und Kunde auf die caritative Jugendhilfe (Schad, 1997).

grundlegend, um eine Vertrauensbasis zu schaffen und die Ziele bzw. zu entwickelnde Standards unter Einbezug der fachlichen Dimension mit allen Beteiligten auszuhandeln. Genauso unerlässlich ist die Ausrichtung der Verfahren an den Beteiligten, für die die Qualitätssicherung eigentlich gedacht ist: die Nutzer der Angebote in Person der betroffenen Kinder, Jugendlichen und Eltern. Hier gilt es, die aktive Partizipation der Klienten an den Qualitätsdebatten der Einrichtungen zu ermöglichen: „Eine psychosoziale Praxis, die vorgibt, im Sinne ihrer NutzerInnen tätig zu sein, ohne diese systematisch und umfassend dazu zu befragen, wie Angebote aus ihrer Sicht aussehen müssten, läuft immer Gefahr, an den Bedürfnissen der NutzerInnen vorbei zu arbeiten" (Teuber, Stiemert-Strecker & Seckinger, 2000, S. 133). Daher muss regelmäßigen Klientenbefragungen meines Erachtens ein zentraler Stellenwert als Qualitätsmerkmal der institutionellen Erziehungsberatung (vgl. Kasten 3.3) eingeräumt werden.

Dementsprechend sollte mit der Evaluationsstudie, die im Zentrum dieses Buches steht, versucht werden, „eine reflexive Wirksamkeitsforschung zu betreiben, die die Sicht der nutzenden BürgerInnen einbezieht, also im Sinne der Ansätze zur Empowerment-Evaluation" (Abschlusserklärung der von der „Gesellschaft für Gemeindepsychologische Forschung und Praxis e. V." (GGFP) veranstalteten Fachtagung „Qualität durch Partizipation und Empowerment", 1999, S. 127).

3.2 Psychotherapie- und Evaluationsforschung

Da psychotherapeutische Verfahren in der Erziehungs- und Familienberatung nach wie vor weit verbreitet sind (vgl. Kapitel 1.2.1), greifen Evaluationsbemühungen in diesem Bereich häufig auf die im Rahmen der Psychotherapieforschung entwickelten Methoden und Ansätze zurück und werden von diesen angeregt (vgl. Vossler, 2001a). Zum besseren Verständnis der nachfolgend zu berichtenden empirischen Befunde und des methodischen Vorgehens in meiner eigenen Untersuchung (vgl. Kapitel 4) erscheint es daher sinnvoll, zunächst einen kurzen Überblick über den Diskurs zur Psychotherapieforschung zu geben.

3.2.1 Der Diskurs zur Psychotherapieforschung

Die Entwicklung der Psychotherapieforschung war von ihren Anfängen bis heute durch verschiedene *Phasen* mit spezifischen Fragestellungen und Untersuchungsmethoden gekennzeichnet (im Überblick bei Orlinsky & Russel, 1994). Bis zu Eysencks (1952) klassischer Arbeit „The effects of psychotherapy: An evaluation" – in der die Wirksamkeit von Psychotherapie generell in Frage gestellt wurde und die damit wie ein Startschuss für die empirische Psychotherapieforschung wirkte – bestimmten therapieschulenspezifische Fallschilderungen das Bild. Die daraufhin einsetzende „Rechtfertigungsforschung" widmete sich hauptsächlich zwei Fragestellungen: „Ist ein Therapieverfahren generell wirksam" und „ist es wirksamer als ein anderes psychotherapeutisches Verfahren"? In Anlehnung an pharmakologische Studien zum Nachweis der Wirksamkeit eines Medikamentes werden dazu Vergleichsstudien mit prospektivem Kontrollgruppendesign (entweder Wartelisten- bzw. Placebogruppen oder verschiedene Psychotherapiebedingungen) durchgeführt. Eine größtmögliche Kontrolle potentiell konfundierender Einflussgrößen und eine Randomisierung der Gruppeneinteilung soll eine hohe interne Validität der Studien gewährleisten, damit die bei den Klienten nach Therapieende ermittelten Veränderungen alleine auf das untersuchte therapeutische Verfahren rückführbar sind. Das einseitige Streben nach interner Validität geht jedoch in der Regel zu Lasten der externen Validität im Sinne der Generalisierbarkeit der Ergebnisse: Je mehr das Therapiegeschehen im Forschungssetting standardisiert und homogenisiert wird – z. B. durch Therapiemanuale mit genauen Richtlinien für Therapeuten und Patienten mit eng umschriebenen Störungsbildern (z. B. einfache Phobien) – desto weiter entfernt sich die Forschung von der therapeutischen Praxis. Mit Wilken und Kemmler (1999) kann zudem vermutet werden, „dass Forscher auch gerne ‚leicht Erforschbares' untersuchen, um möglichst schnell zu veröffentlichende Ergebnisse zu produzieren (‚publish or perish')" (S. 89).

Die ab ca. 1970 anschließende Phase der „differentiellen Psychotherapie-Effizienz-Forschung" (Meyer, 1990) ist geprägt durch Verfeinerungen und Differenzierungen der Methoden und Fragestellungen. Im Zentrum des Forschungsinteresses stehen nun die Fragen, welche Behandlungsmaßnahmen appliziert durch welchen Therapeuten bei welchen Klienten mit welchen spezifischen Problemen unter welchen Bedingungen in welcher Zeit zu welchem Ergebnis führen.

Die wichtigsten *Forschungsergebnisse* aus der Psychotherapieforschung können den beiden historisch parallel zueinander gewachsenen Forschungssträngen der Outcome- und Prozessforschung zugeordnet werden:

Die *Outcome- oder Erfolgsforschung* beschäftigt sich mit der Frage nach der Wirksamkeit von Psychotherapien. Dazu werden neben den bereits erwähnten kontrollierten Vergleichsstudien mit Messungen vor und nach der Therapie katamnestische Studien zur Outcomeerhebung durchgeführt. Mithilfe von Sekundär- oder Metaanalysen kann die in der Zwischenzeit enorm gewachsene Zahl von Einzelstudien zusammenfassend betrachtet und bewertet werden[3]. Auf dieser Datenbasis ist die Frage nach der generellen Wirksamkeit von Psychotherapie durchweg positiv zu beantworten (Scheithauer & Petermann, 2000). Ihr Wirkpotential kann in Relation zu anderen Einflussnahmen (pädagogische, psychosoziale oder medizinische) als vergleichsweise hoch bezeichnet werden (Czogalik, 1999). Umstritten bleibt jedoch die Frage der differentiellen Wirksamkeit verschiedener therapeutischer Verfahren: Auf der Grundlage ihrer groß angelegten Sekundäranalyse weisen Grawe, Donati und Bernauer (1994) die „Äquivalenzhypothese", wonach zwischen den verschiedenen Therapieverfahren kein Wirksamkeitsunterschied festzustellen sei (sog. „Dodo-Bird-Hypothese" in Anlehnung an Alice im Wunderland: „Everybody has won, all must have prizes"), zurück. Vielmehr liefern ihre Analysen nur für kognitiv-behaviorale, psychoanalytischorientierte und gesprächspsychotherapeutische Verfahren hinreichende Wirksamkeitsbelege, wobei sich ein verhaltenstherapeutisches Vorgehen als die mit Abstand effek-

---

3 Von besonderer Bedeutung sind hier die Studienüberblicke im „Handbook of Psychotherapy and Behavior Change" (Bergin & Garfield, 1994), dass in siebenjährigen Abständen jeweils neu herausgegeben und „von manchen scherzhaft als „die Bibel' der Psychotherapieforschung bezeichnet wird" (Grawe et al., 1994, S. 46).

tivste Therapieform erwies. Diese Befundinterpretation blieb jedoch – auch im Hinblick auf ihre beträchtliche berufspolitische Brisanz – nicht unwidersprochen. Kritik wurde etwa an den für einsichtsorientierte Verfahren weniger geeigneten Erfolgskriterien (z. B. reine Symptomatik) der meisten analysierten Studien (Czogalik, 1999) und der vorschnellen negativen Bewertung von Therapieformen, die noch nicht ausreichend untersucht worden sind (Kriz, 1999), geübt.

Mittlerweile wird die Outcome-Forschung stärker mit der *Prozessforschung* verknüpft: In Studien zur Prozessforschung soll überprüft werden, „was therapeutisch an der Psychotherapie" ist (vgl. Bastine, Fiedler & Kommer, 1989). Um die den therapeutischen Veränderungsvorgängen zugrunde liegenden Wirkmechanismen aufzudecken, wird das therapeutische Geschehen bzw. die therapeutische Beziehung untersucht. So konnte im Kontext der Unterscheidung zwischen dem spezifischen Wirkanteil der therapeutischen Intervention und unspezifischen Wirkfaktoren gezeigt werden, dass zwischenmenschliche Variablen – insbesondere die Qualität der therapeutischen Beziehung – von besonderer Bedeutung für das Therapieergebnis sind. Ferner wurden therapieschulenübergreifende Elemente (vgl. Grawe, 1999; vgl. Kasten 3.6) sowie verschiedene Merkmale und Verhaltensweisen von Therapeut und Klient in Abhängigkeit von Therapiephase und Symptomatik als therapeutisch wirksam identifiziert (mehr dazu unter 3.3).

In jüngerer Zeit sind zwei *neue Strömungen* in der wissenschaftlichen Psychotherapieforschung auszumachen: Zum einen wird von verschiedenen Autoren der Versuch unternommen, ein integratives, therapieschulenübergreifendes Modell der Psychotherapie zu entwickeln („Allgemeine Psychotherapie": Grawe 1995, 1999; Wagner & Becker, 1999; „Generic Model of Psychotherapy": Orlinsky, 1999), das auf den Erkenntnissen der psychologischen Grundlagen- und der Psychotherapieforschung aufbaut. Zum anderen erhält die ökonomische Dimension in der Psychotherapieforschung und Therapieevaluation (vgl. Moosbrugger & Schweitzer, 2002) durch die zahlreicher werdenden Kosten-Nutzen-Studien (vgl. Grawe & Baltensperger, 2001) ein stärkeres Gewicht. Hier wird deutlich, wie eng die Diskurse zur Qualitätssicherung in der Psychotherapie und zur Psychotherapieforschung unter den derzeit gegebenen gesellschaftlichen Bedingungen miteinander verknüpft sind.

Bei psychotherapeutisch tätigen Praktikern stoßen die Befunde der Psychotherapieforschung auf erstaunlich wenig Beachtung (vgl. Wilken & Kemmler, 1999; Williams & Irving, 1999). Dafür dürfte – neben methodischen und wissenschaftstheoretischen *Kritikpunkten* (vgl. Kriz, 1999) – der am häufigsten geäußerte Vorwurf an die Adresse der Forscher verantwortlich sein: Der „hohe methodologische Anspruch gehe mit Resultaten von geringer klinischer Bedeutung einher" (von Wyl, 1999, S. 175), die verwendeten Forschungsansätze werden der Komplexität des Therapiegeschehens in der Praxis nicht gerecht.

Zur Überbrückung der Kluft zwischen Forschung und therapeutischer Praxis müsste meines Erachtens – neben den bereits vorgeschlagenen Maßnahmen (z. B. für den Bereich der Kinder- und Jugendlichenpsychotherapie bei Weisz, Donenberg, Han und Weiss, 1995) – verstärkt auf *alternative methodische Zugänge* gesetzt werden: Klaus Grawe forderte bereits 1988 „sorgfältig aufbereitete Einzelfallanalysen, die das therapeutische Geschehen zunächst einmal auf der Ebene des Einzelfalls in seinen komplexen Zusammenhängen darstellen und verständlich machen" (Grawe, 1988, S. 6). Seligman (1995) und in Deutschland Scheithauer und Petermann (2000) plädieren für eine Verbindung der klassischen Wirksamkeitsstudien („efficacy") mit der Überprüfung psychotherapeutischer Interventionen unter realen Praxisbedingungen („effectiveness"). Auch der ergänzende Einsatz qualitativer Methoden (Konzepte und methodische Beispiele bei von Wyl, 1999), die sich mit ihrer offenen Prozess- und Kontextorientierung in besonderer Weise für die Rekonstruktion komplexer Interaktionen eignen, könnte der Psychotherapieforschung helfen, aus dem „Prokrustesbett quantitativer Forschung" (von Wyl, 1999, S. 180) zu steigen. Eine Empfehlung, die keineswegs neu ist (vgl. Buchholz & Streeck, 1999; Jacob & Bengel, 2000; Hildenbrand, 1998), gemessen an der vergleichsweise geringen Zahl von Untersuchungen mit qualitativen Zugängen bisher aber kaum umgesetzt wurde.

3.2.2 Evaluation und Evaluationsforschung

Beim definitorischen Versuch, „den Pudding Evaluation an die Wand zu nageln" (Furth-Riedesser, 1998, S. 144), ist es hilfreich, sich auf den konsensuellen Bedeutungsgehalt der vielfältig gebrauchten Begriffe „Evaluation" und „Evaluieren" zu besinnen. Für „Evaluieren" kann dieser mit Maja Heiner (1996) als „auswerten, bewerten und damit zugleich auch empfehlen, beraten und bei Entscheidungsfindungen unterstützen" (S. 20) umschrieben werden. *Evaluation* beinhaltet demnach Vorgehensweisen, die zur Bewertung bzw. Beurteilung eines Produktes, einer Maßnahme, eines Programms[4] (allgemein: Evaluationsgegenstand) dienen. Wenn dabei wissenschaftliche Forschungsmethoden und -techniken zum Einsatz kommen, kann von „Evaluationsforschung" gesprochen werden (vgl. z. B. die Definition bei Rossi & Freeman, 1993, S. 5).

Evaluationsforschung nimmt als praxisbezogene Anwendungsvariante wissenschaftlicher Forschungsmethoden eine Sonderstellung unter den Forschungstraditionen ein: Sie verfügt nicht über ein spezifisches methodisches Instrumentarium. Im Rahmen eines jeweils maßzuschneidernden Evaluationsdesigns wird vielmehr je nach Fragestellung und Evaluationsgegenstand auf die in den empirischen Sozialwissenschaften entwickelten, qualitativen und quantitativen Verfahren zurückgegriffen („Methodenpluralismus"; Christiansen, 1999). Damit handelt es sich bei der Evaluationsforschung „um ein interdisziplinäres Feld (...), das weit über die Grenzen einzelner sozialwissenschaftlicher Disziplinen hinausgeht" (Wottawa & Thierau, 1998, S. 66). Sie unterscheidet sich mit ihrer ausgesprochenen Anwendungsorientierung in wesentlichen Punkten von der Grundlagenforschung: Sie kann nicht zweck- und wertungsfrei sein, sondern ist in der Regel den durch einen Auftraggeber (z. B. Staat, Wohlfahrtsverbände, Krankenkassen) vorgegebenen Anforderungen und Zielsetzungen verpflichtet, die Bewertungen (z. B. eines Produkts, einer Leistung) explizit einfordern.

---

[4] In der Evaluationsliteratur ist „Programm" der überwiegend verwendete Begriff für den Gegenstand der Evaluationsforschung (Christiansen, 1999).

Ihre auftragsbedingte Nutzungs- und Handlungsorientierung begründet eine *„Dualität"* (Stockmann, 2000, S. 17), der sich wissenschaftliche Evaluationsprojekte in noch stärkerem Maß als Studien der klassischen Psychotherapieforschung (vgl. „Forschung-Praxis-Kluft", 3.2.1) ausgesetzt sehen: Einerseits orientieren sie sich bezüglich ihres Vorgehens und ihrer Methoden an wissenschaftlichen (Güte-)Kriterien. Andererseits ist ihre Akzeptanz bei Auftraggebern und Zielgruppe jedoch davon abhängig, ob es ihnen gelingt, die Anliegen, Meinungen und Informationsbedürfnisse aller Beteiligten („stakeholder") zu berücksichtigen und ihren praktischen Nutzen nachzuweisen.

Im Unterschied zur Psychotherapieforschung haben sich in der Evaluationsforschung beim Versuch, beiden Anforderungen gerecht zu werden, parallel zueinander verschiedene *konzeptionelle Ansätze* entwickelt. Sie reichen vor dem Hintergrund unterschiedlicher Forschungstraditionen vom „quantitativen methodologischen Rigorismus" bis zum „konstruktivistischen, interpretativen Paradigma" (vgl. Übersicht bei Stockmann, 2000; qualitative Ansätze bei von Kardorff, 2000). Über die methodologischen Differenzen hinweg hat sich – vor allem in der amerikanischen Evaluationsforschung – längst ein Konsens herausgeschält, wonach sich Evaluationen an der Nützlichkeit ihrer Ergebnisse für die Auftraggeber orientieren (vgl. „utilization-focused Evaluation"; Patton, 1997) und je nach Evaluationsgegenstand sowohl quantitative als auch qualitative Methoden integrieren sollten: „Because qualitative and quantitative methods involve differing strengths and weaknesses, they constitute alternative, but not mutually exclusive, strategies for research. Both qualitative and quantitative data can be collected in the same study" (Patton, 2002, S. 14).

Der „paradigmatische Wandel in der Evaluationsdisziplin" (Beywl, 1996, S. 87), in dessen Zuge der Dienstleistungsauftrag und die sozialpolitische Verantwortung von Evaluatoren und ihren Projekten betont wurde, lässt sich auch an den vom „Joint Committee on Standards for Educational Evaluation" (deutsch: Sanders, 1999) vorgelegten und in den USA weit verbreiteten „Standards for Evaluation" ablesen: Sie umfassen standardisierte „Gütekriterien" für Programmevaluationen, die den vier Leitprinzipien „Nützlichkeit" (für die Nutzer), „Durchführbarkeit" (z. B. realistisch, kostenbewusst), „Korrektheit" (z. B. ethisch, rechtlich) und „Genauigkeit" (fachlich angemessene, valide und reliable Informationen) zugeordnet werden.

Die „Standards für Evaluation" der „Deutschen Gesellschaft für Evaluation" (DeGEval), die im Jahr 2002 (DeGEval, 2002) veröffentlicht wurden, orientieren sich an den amerikanischen Standards: „Die Verfahren zur Gewinnung von Daten sollten so gewählt oder entwickelt und dann eingesetzt werden, dass die Zuverlässigkeit der gewonnenen Daten und ihre Gültigkeit bezogen auf die Beantwortung der Evaluationsfragestellungen nach fachlichen Maßstäben sichergestellt sind. Die fachlichen Maßstäbe sollen sich an den Gütekriterien quantitativer und qualitativer Sozialforschung orientieren" (Standard G 5, S. 33).

Hinsichtlich der angewandten *Evaluationsformen* gelten folgende Unterscheidungen als grundlegend:

3.2 Psychotherapie- und Evaluationsforschung

Kasten 3.4: Unterschiedliche Evaluationsformen

1. Eine „ex-ante-Evaluation" setzt bereits in der Phase der Interventionsentwicklung an und untersucht die Rahmenbedingungen und Eingangsvoraussetzungen des geplanten Programmes. Nach der von Scriven (1967) eingeführten Unterscheidung begleiten *formative* Evaluationen ein Programm während der Implementation bzw. Durchführung („on-going-Evaluations") und ermöglichen durch regelmäßige Rückkoppelungen eine Verbesserung und Steuerung des laufenden Programmes.* Mit *summativen* Evaluationsansätzen soll dagegen nach Programmabschluss („ex-post-Evaluationen") eine ergebnisorientierte Bilanz gezogen und die Auswirkungen der Interventionen (Effektivitäts- und Effizienzanalysen) bewertet werden. Bei fortlaufenden Programmen können summative Evaluationen durch entsprechende informationelle Rückkoppelungsschleifen auch formative Bedeutung gewinnen. Die Wirksamkeit der Interventionen kann bei summativen Evaluationen im Bereich von Therapie und Beratung über Prä- und Post-Messungen, externe Bewertungsinstanzen (Fremd- oder Expertenbeurteilung) oder die direkte Befragung der betroffenen Personen nach erlebten Veränderungen abgeschätzt werden (Gmür & Straus, 1998).

2. Eine weitere Unterscheidung betrifft die Person des Evaluators (vgl. Heiner, 1996): Bei einer *externen* Evaluation liegt die Durchführung in den Händen von einrichtungsfremden Experten, während eine *interne* Evaluation von Einrichtungs- oder Organisationsmitgliedern realisiert wird. Im Rahmen einer *Selbstevaluation* untersucht eine Einrichtung bzw. ihre Mitarbeiter – die natürlich mit den Abläufen und Arbeitsformen ihres beruflichen Handelns gut vertraut sind – die eigenen Arbeitsprozesse und Leistungen. Dagegen wird bei einer *Fremdevaluation* das Handeln anderer beurteilt, was durch den größeren Abstand zum Untersuchungsgegenstand mit einem höheren Grad an Objektivität (keine „Betriebsblindheit") verbunden sein kann.

Anmerkung: *Ein Beispiel für die formativ angelegte wissenschaftliche Begleitung eines Bundesmodellprogrammes findet sich bei Haubrich und Vossler (2001).

Mit Stockmann (2000) können Evaluationen vier zentrale *Funktionen* zugeschrieben werden: Neben der (1) Sammlung entscheidungserleichternder (Erkenntnisfunktion) und (2) steuerungsrelevanter (Kontrollfunktion) Daten regen die bereitgestellten Informationen (3) den Austausch und die Zusammenarbeit zwischen allen „Evaluationsbetroffenen" an (Dialogfunktion). Viertens dienen die Evaluation selbst und ihre Ergebnisse zur Legitimation, zum Beispiel gegenüber den Geldgebern eines Angebots oder gegenüber der Öffentlichkeit. Spätestens an diesem Punkt wird die enge Verknüpfung zwischen Evaluationsforschung und Qualitätssicherungsdiskurs deutlich: Obwohl beide sehr unterschiedliche Wurzeln und jeweils eigene Begrifflichkeiten besitzen, eint sie die gemeinsame Zielsetzung der Qualitätskontrolle und -verbesserung (vgl. Wottawa & Thierau, 1998). Der „neue Auftragsboom" (Stockmann, 2000, S. 34) in der Evaluationsforschung wird aus denselben „diskursiven Quellen" gespeist wie die „QM-Konjunktur" (vgl. 3.1.1).

3.3 Evaluation von Erziehungsberatung

Nachdem im vorangegangenen Abschnitt die Forschungslandschaften zu Psychotherapie und Evaluation durchstreift wurden, sind Untersuchungen zur Evaluation von Erziehungsberatung nun besser zu verorten. Ihre empirischen Ergebnisse werden – im Anschluss an eine Systematisierung der bisher verwendeten Untersuchungspläne und der in diesem Kontext auftretenden methodischen Probleme – so vorgestellt, dass der Forschungsstand zu den unterschiedlichen Beratungsphasen (3.3.3–3.3.6) und zur Situation von Kindern in der Erziehungsberatung (3.4.2) abgebildet werden kann. Für Fragestellungen, auf die beratungsspezifische Evaluationsstudien keine Antworten geben, werden Befunde aus benachbarten Bereichen (Eheberatung, allgemeine Psychotherapieforschung) hinzugezogen.

3.3.1 Untersuchungen zur Evaluation von Erziehungsberatung

Abbildung 3.1 zeigt eine Übersicht über alle – mir bekannten – deutschen und zwei ausländische Evaluationsstudien, die in den letzten zwanzig Jahren veröffentlicht wurden und sich mit Erziehungsberatung aus der Sicht der Betroffenen beschäftigen. Sie sind nach dem jeweils verwendeten Untersuchungsdesign gruppiert.

a) Bei den *quantitativen* Untersuchungen stützen sich die bisherigen Erkenntnisse über Abläufe in und Auswirkungen von Erziehungsberatung, im Gegensatz zur Psychotherapieforschung, ausschließlich auf Studien, die praxisnah im Feld durchgeführt wurden (*„effectiveness"*). Wirksamkeitsuntersuchungen unter Laborbedingungen (*„efficacy"*) sind in diesem Bereich aufgrund spezifischer methodischer Schwierigkeiten (vgl. 3.3.2) und ethischer Bedenken kaum vorstellbar.

Diese Gründe dürften auch dafür verantwortlich sein, dass in Deutschland mit der multizentrischen „Jugendhilfe-Effekte-Studie" (JES-Studie; Schmidt, 2000) bisher erst eine prospektive Untersuchung mit *quasi-experimentellem Design* realisiert wurde. Erziehungsberatung wird dabei über einen fünfjährigen Zeitraum mit vier Messterminen (Ausgangs-, Verlaufs- und Abschlusserhebung, Katamnese nach einem Jahr) mit vier anderen Erziehungshilfen (gemäß §§ 28 bis 34 KJHG) hinsichtlich Prozess- und Outcomevariablen verglichen. Allerdings weist die Studie erhebliche Schwachstellen auf: Ein Vergleich zwischen den verschiedenen Untersuchungsstichproben ist nur sehr begrenzt möglich, da sie mit sehr verschiedenen Voraussetzungen in die Studie eingehen (z. B. Kinder in der Heimerziehung gegenüber Kindern in der Erziehungsberatung). Darüber hinaus ist die kleine (n = 44, zur Katamnesemessung n = 23) und hoch selektive EB-Stichprobe nicht repräsentativ, da nur über das Jugendamt im Rahmen eines Hilfeplanes vermittelte Klientenfamilien (was in der Praxis den Ausnahmefall darstellt, vgl. Kap.1) mit psychosozial auffälligen Kindern (5 bis 13 Jahre, keine Jugendlichen) in die Studie einbezogen wurden. Infolge der nicht zufallsgesteuerten Einrichtungs- und Klientenauswahl sind zudem eher hoch motivierte Beratungsstellen und Klientenfamilien in der Stichprobe vertreten (Petermann & Schmidt, 2000). Die Ermittlung von Prozess- und Outcomewerten ist vor allem auf Angaben der Leistungserbringer und Jugendamtsmitarbeiter gestützt, Eltern und Kinder wurden nur bei der Katamnese ausreichend einbezogen. Die Vergleichbarkeit von Messwerten ist darüber hinaus ungeklärt, da sie nicht immer von den gleichen Informanden eingeholt wurden (Hohm & Petermann, 2000).

Abbildung 3.1: Untersuchungen zur Evaluation von Erziehungsberatung

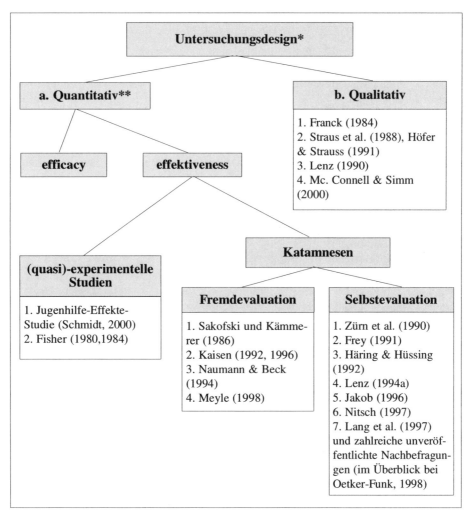

Annmerkung: * Einteilung in quantitative bzw. qualitative Studien nach den jeweils vorherrschenden Erhebungs- und Auswertungsverfahren; ** Wirksamkeit unter Labor- („efficacy") und Feldbedingungen („effectiveness")

Ansonsten findet sich laut Heekerens (1998) im Feld der Erziehungsberatung nur eine *experimentelle Evaluationsstudie,* die den Auswahlkriterien der Grawe-Gruppe (Grawe et al., 1994, S. 57) entspricht: Fisher (1980; 1984) untersuchte die familientherapeutische Behandlung an einer amerikanischen „Child-Guidance-Clinic" mit einer für diese Einrichtung repräsentativen Stichprobe (37 Familien mit Indexpatienten zwischen 8 und 13 Jahren). Die Familien wurden zufällig einer Warteliste-Kontrollgruppe (n = 10) und 3 Behandlungsgruppen mit variierender Therapiedauer – 6 Sitzungen innerhalb 8 Wochen (n = 9), 12 Sitzungen innerhalb 16 Wochen (n = 10) und Familientherapie ohne zeitliche Begrenzung (n = 8) – zugeordnet. Mit diesem Design konnten die vier Gruppen zu fünf Messzeitpunkten (Aufnahme, nach sechs Sitzungen, zum Behandlungsende und sechs Wochen bzw. ein Jahr danach) hinsichtlich verschiedener Indikatoren („Symptomatik" beim Kind, familiale Beziehungen) aus der Perspektive der Kinder, Eltern und Berater verglichen werden.

Die weitaus meisten Evaluationsstudien sind als *Katamnesen* angelegt, bei denen die Klienten (zumeist ausschließlich die Eltern) nach Beratungsende per ad-hoc entwickeltem Fragebogen nach dem Beratungsverlauf, ihrer Zufriedenheit mit der erhaltenen Hilfe und erlebten Veränderungen befragt werden. Die in Abbildung 3.1 aufgelisteten katamnestischen Untersuchungen waren zu einem Teil als externe *Fremdevaluation* angelegt (4 Studien), zum anderen Teil wurden sie von den Beratungsstellen in Eigenregie initiiert und durchgeführt *(Selbstevaluation;* 7 Studien). Die Größe der nur bei einigen Katamnesen per Zufallsfaktor ausgewählten Stichproben variierten – bei einem Fragebogenrücklauf zwischen 21 und 65 Prozent (Mittelwert: 46 %) – zwischen 34 und 560 Klienten (Mittelwert: n = 154). Der Katamnesezeitraum differiert zwischen einer Befragung fünf Jahre nach der erhaltenen Beratung (Häring & Hüssing, 1992) und Rückmeldungen direkt nach Beratungsende (Frey, 1991). Gegenüber (quasi-)experimentellen Studien sehen sich katamnestische Befragungen jedoch mit erheblichen methodischen Restriktionen konfrontiert: Ihre Ergebnisse erlauben keine Aussage darüber, ob beratungsspezifische Wirkfaktoren für die erlebten Veränderungen und Effekte verantwortlich sind (fragliche interne Validität). Bei postalischen Abfragen können – neben einer häufig eingeschränkten Repräsentativität aufgrund zu geringer Rücklaufquoten – Verständnisprobleme auftauchen (Petermann, Sauer & Becker, 1997). Retrospektiven Veränderungseinschätzungen unterliegen außerdem der Gefahr, dass eher Klientenzufriedenheit als tatsächliche Veränderung durch die Beratung abgebildet wird.

b) Im Gegensatz zu quantitativ-katamnestischen Untersuchungen, die den Einsatz von Fragebögen zugunsten größerer Stichproben und einer vermeintlich besseren Repräsentativität bevorzugen, stellen die *qualitativen Studien* in Abb. 3.1 eine vertiefte Analyse der Einzelfälle zur Identifizierung zugrunde liegender Muster ins Zentrum ihrer Evaluationsbemühungen. Der damit einhergehende erhöhte Zeit- und Arbeitsaufwand bedingt die geringere Stichprobengröße bei diesen Untersuchungen, die zwischen 2 (Franck, 1984) und 100 Klientenfällen (Lenz, 2001b) variiert (Mittelwert: n = 37). Zur Befragung der zumeist nach inhaltlichen Kriterien ausgewählten Eltern und Kinder wurden halbstandardisierte bzw. leitfadengestützte Interviewverfahren verwendet, deren Fokus stärker auf dem erlebten Beratungsgeschehen (Zugang zur Beratung, Beratungsprozess: Lenz, 1990; 2001b; Straus, Höfer & Gmür, 1988) und den darin identifizierbaren „Schlüsselprozessen" lag. Dem entsprechend fand die Befragung in der Regel „prozessnah" bereits während der laufenden Beratung oder kurz nach Beratungsende statt. Der zum Teil geringe Stichprobenumfang und mögliche Selektionsprozesse bei der Auswahl der untersuchten Klienten (keine Angaben zu Auswahlkriterien bei Franck, 1984; McConnell & Sim, 2000; Auswahl nach Beratervorschlägen bei Lenz, 2001b; Straus et al., 1988) könnte die Generalisierbarkeit der per qualitativer Auswertung ermittelten Befundmuster dieser Studien und damit ihre externe Validität beeinträchtigen.

Insgesamt stellen methodisch anspruchsvolle Evaluationsstudien im Bereich der Erziehungsberatung – trotz der Virulenz der Evaluationsthematik in der Fachdiskussion (vgl. 3.2.2) – noch sehr seltene Ausnahmen dar. Dafür dürften zu einem großen Teil die spezifischen Bedingungen und Schwierigkeiten verantwortlich sein, mit denen die Beratungsforschung in diesem Bereich konfrontiert ist.

3.3.2 Methodische Probleme bei der Evaluation von Erziehungsberatung

Die in Kasten 3.5 angeführten methodischen Probleme teilt die Evaluation von Erziehungsberatung partiell mit der allgemeinen Psychotherapieforschung, sie treten hier jedoch in spezifischer und zugespitzter Form auf.

Kasten 3.5: Methodische Probleme bei der Evaluation von Erziehungsberatung

---

1. Definition und Messung des Beratungserfolges: Je nach Bewertungskriterium (z. B. Symptomveränderung vs. Klientenzufriedenheit) kann der Erfolg bzw. das Ergebnis einer Beratung sehr unterschiedlich beurteilt werden. Die Outcome-Messung ist zudem abhängig von der jeweiligen Evaluationsperspektive (Problem der Multiperspektivität, aus Kinder-, Eltern-, Träger- oder Umfeldsicht sind unterschiedliche Ergebnisbewertungen möglich und wahrscheinlich, vgl. Märtens & Petzold, 1995; Höfer & Straus, 1991) und dem Zeitpunkt der Erhebung (Katamnesedauer). Für Erziehungsberatung ist es daher noch viel weniger möglich als für Psychotherapie, „Bewertungskriterien und Zielvariablen in einer Weise zu formulieren, die eine unmittelbare Festlegung von objektiven Veränderungsindices möglich machen" (Lenz, 1998b, S. 160).

2. Einfluss von Kontextvariablen und externen Faktoren: In weitaus größerem Maße als bei den stärker strukturierten und standardisierten Psychotherapien (z. B. Verhaltenstherapie mit Therapiemanual) stehen Verlauf und Ergebnis einer Beratung in einem stetigen Wechselwirkungsverhältnis zu Kontextvariablen und beratungsunabhängigen Einflussgrößen. Institutionelle Rahmenbedingungen, Beratungsmotivation und Klientenerwartungen in Abhängigkeit

> vom Zugangsweg zur Beratung einerseits, Reifungs- bzw. Wachstumsprozesse der betroffenen Kinder sowie Veränderungen in der Familie und in ihrem sozialen Umfeld andererseits haben oftmals prägende Auswirkungen auf Prozess- und Outcomewerte. Eine Kontrolle oder Konstanthaltung dieser Faktoren ist im Rahmen einer praxisnahen Evaluationsforschung weder möglich noch wünschenswert (vgl. Problem der „Forschung-Praxis-Kluft", 3.2.1).
>
> **3. Heterogenität des Evaluationsgegenstandes:** Im Gegensatz zu Studien zur Psychotherapieforschung, die sich in den meisten Fällen mit der schulspezifischen Therapie eines bestimmten Störungsbildes (z. B. Phobien) in einem einheitlichen Setting befassen („efficacy"-Studien), stoßen Untersuchungen im Feld der Erziehungsberatung („effectiveness"-Studien) auf heterogene Problemlagen der Klienten, die während eines Beratungsprozesses in wechselnden Settings (z. B. kindzentriertes Setting vs. Familiensetting) mit verschiedenen Beratungstechniken schulenübergreifend beraten werden (vgl. Kapitel 1 und Kaisen, 1992; Hundsalz, 1998). Die „Symptome" der Klienten lassen sich zudem häufig nicht differentialdiagnostisch klassifizieren, da es sich um diffuse oder allgemeine Lebensschwierigkeiten und Beziehungs- und Kommunikationsstörungen im Familiensystem handelt (Lenz, 1998b).

Der Einsatz standardisierter Testverfahren, die auf spezifische Symptombereiche oder Therapieschulen ausgerichtet sind, würde die Beratungswirklichkeit infolgedessen nur unzureichend abbilden. Die im Rahmen der allgemeinen Psychotherapieforschung entwickelten Fragebögen (z. B. „Bielefelder Klienten-Erfahrungsbogen" (BKEB), Höger & Eckert, 1997; „Patientenstundenbogen", Grawe & Braun, 1994) können nicht ohne weiteres zur Evaluation von Erziehungsberatung eingesetzt werden.

3.3.3 Empirische Befunde zu Zugangs- und Rahmenbedingungen

Bei den Untersuchungsstichproben, bei denen die Angaben zum *Beratungsanlass* erhoben wurden (Kaisen, 1992; Straus et al., 1988), spiegeln sich im Wesentlichen die für die Erziehungsberatung typischen Anmeldegründe wider (vgl. Tabelle 1.1 in Kapitel 1.2.1). Im Vergleich mit anderen Hilfen zur Erziehung nach § 27 (KJHG) weist die Zielgruppe der Erziehungsberatungsstellen nach den Ergebnissen der JES-Studie die geringste Problemausprägung und die meisten familialen Ressourcen auf, wodurch die prognostische Aussicht auf Veränderung in diesem Bereich am höchsten einzuschätzen ist (Flosdorf, Hohm & Macsenaere, 2000). Die Ergebnisse von Lenz (1994a) deuten darauf hin, dass das Veränderungspotential einer Beratung von ihren problemlagenspezifischen Einflussmöglichkeiten abhängt: Bei Lern- und Leistungsproblemen geben die Klienten deutlich geringere Veränderungswerte nach der Beratung an als bei emotionalen Störungen, psychosomatischen Beschwerden und familiären Beziehungsproblemen.

3.3 Evaluation von Erziehungsberatung

Die Befunde aus den qualitativen Klientenbefragungen (Lenz, 1990; Straus et al., 1988) illustrieren, welche oft langwierigen, innerfamilialen Entscheidungs- und Aushandlungsprozesse dem *Weg zur Beratungsstelle* vorausgehen und welche Faktoren dabei eine Rolle spielen: In der Regel suchen die Betroffenen erst dann professionelle Hilfe auf, wenn alle anderen Bewältigungsversuche – wie Bagatellisieren, Aushalten und auf spontane Besserung hoffen, Rückgriff auf Hilfen aus dem sozialen Netzwerk – fehlgeschlagen sind.

Im Rahmen der sozialen Netzwerkforschung konnte gezeigt werden, das *soziale Unterstützungsnetzwerke* sowohl eine hemmende als auch eine förderliche Rolle bei der Inanspruchnahme therapeutischer Hilfen spielen können (vgl. Herrle, 1998): Im Sinne eines „Konkurrenzmodells" können Widerstände und Vorbehalte aus dem sozialen Netzwerk gegenüber „externen" Hilfen zum Tragen kommen. In den enger begrenzten und dichten ländlichen Netzwerken wird den Betroffenen das Aufsuchen professioneller Hilfen zudem durch eine geringere soziale Anonymität und der damit verbundenen Angst vor Stigmatisierung erschwert (Lenz, 1990). Andererseits kann das soziale Netzwerk durch Informationen oder Aufforderungen, sich in Therapie oder Beratung zu begeben, den Weg zur Beratungsstelle ebnen („Katalysatoreffekte"). Personen, die innerhalb ihrer funktionierenden sozialen Bezüge Beziehungskompetenzen erworben haben, fällt es darüber hinaus leichter, sich auf die beziehungs- und interaktionsdominierte „Beratungskultur" einzulassen („Kompetenzmodell"; Herrle & Angermeyer, 1997).

Bei den untersuchten EB-Klienten trägt in den meisten Fällen eine *Empfehlung* oder Vermittlung äußerer Instanzen zur Anmeldung an der Beratungsstelle bei. Neben außerfamiliären Institutionen, die das Verhalten bzw. die Situation der betroffenen Kinder häufig zuerst gegenüber den Eltern als Problem definieren (Schule, Kindergarten, Arzt), beeinflussen im Sinne der „Katalysatoreffekte" vor allem Bezugspersonen (Bekannte, Verwandte, Freunde) die Zugangsentscheidung. Die Quote der so genannten „Selbstmelder", die sich ohne Anregung und Vorinformation zur Beratung entschließen, ist dagegen mit 16 Prozent (Straus et al., 1988) bis 25 Prozent (Kaisen, 1996) der Klienten vergleichsweise niedrig.

Die Anregung zur Beratung – beispielsweise von Seiten der Schule oder des Jugendamtes – erleben Eltern nicht selten als „psychischen Druck", da sie bei einem Nichtbefolgen negative Konsequenzen befürchten. Wenn sie der Empfehlung dennoch mit „innerem Widerstand" nachkommen, kann – zumindest zu Beratungsbeginn – ihre *Beratungs- bzw. Veränderungsmotivation* erheblich eingeschränkt sein. Doch obwohl das Ausmaß der Behandlungsmotivation in der Psychotherapieforschung als bedeutsame Klientenvariable für Therapieverlauf und -erfolg identifiziert werden konnte (Schulz, Winkler & Schröder, 1999), wurde diese Variable bei der Evaluation von Erziehungsberatung selten berücksichtigt. Sakofski und Kämmerer (1986) fanden zwar keinen Zusammenhang zwischen Elternmotivation und Beratungserfolg, dagegen korrelierte die Motivation des Kindes schwach positiv mit einem erfolgreichen Beratungsabschluss. McConnell und Sim (2000) konnten in ihrer qualitativen Analyse eines Gruppenprogramms für Kinder aus Scheidungsfamilien zeigen, dass eine erfolgreiche Beratung der Kinder den Einbezug der Mütter und ihre Motivation zur Beratung voraussetzt. Allerdings wurde auch deutlich, dass eine fehlende Beratungsmotivation durch unklare Absprachen und mangelnde Transparenz des Beratervorgehens bedingt sein kann.

Die qualitativen Interviews von Lenz (1990) belegen andererseits den infolge krisenhafter Zuspitzungen oft erheblichen *Leidensdruck,* der die Familien den Weg zur Beratungsstelle – quasi als letzten Ausweg – gehen lässt und „notgedrungen" eine hohe Beratungsmotivation impliziert. Dabei dürften sich die Mütter am stärksten belastet fühlen, da die beratungsrelevanten Problemlagen angesichts der immer noch vorherrschenden geschlechtsspezifischen Rollenverteilung meist in ihren „Zuständigkeitsbereich" fallen. Es sind dem entsprechend in den meisten Fällen die Mütter, die den Anmeldekontakt zur Beratungsstelle aufnehmen (vgl. Kapitel 1.2.1 und Lenz, 1990; Straus et al., 1988).

Der Anteil der Klienten, die bereits über *Vorerfahrung* mit Beratungshilfen verfügen, schwankt in den drei Untersuchungen, die dazu Daten erhoben haben, zwischen 25 Prozent (Lenz, 1990, für Klienten im ländlichen Raum) und 43 (Kaisen, 1992) bzw. 55 Prozent (Straus et al., 1988). Allerdings handelt es sich dabei um heterogene Erfahrungswerte, die in der Folge nicht zwangsläufig zu einer „erfolgreichen" Beratung führen. Das Klientenurteil über die aktuelle Beratung ähnelt bei Straus et al. (1988) vielmehr häufig (75 % der Fälle) der Einschätzung der vorausgegangenen Beratungserfahrung.

Klienten ohne Vorerfahrung erhalten erste *Informationen* zur Erziehungsberatung über Medien, die zuweisenden Stellen oder über Personen aus dem privaten Umfeld, die schon einmal mit Erziehungsberatungsstellen zu tun hatten. Das Wissen der Klienten über diese Hilfeform scheint bei der Anmeldung aber nur rudimentär und diffus zu sein (Kaisen, 1996; Lenz, 1990), was die Vorbehalte vieler Klienten gegenüber Beratung mitbedingen dürfte.

Im Rahmen einer Fragebogenuntersuchung berichtet zwar nur ein Fünftel der Klienten von *Bedenken* gegenüber einer Beratung (Lang, Herath-Schugsties & Kilius, 1997), bei direktem Nachfragen im Interview zeigte sich jedoch, das mehr als die Hälfte der Klienten die Beratung mit einer Reihe von Vorbehalten und Ängsten aufnimmt (Straus et al., 1988; Lenz, 1990), ohne diese in der Beratung zu thematisieren. Beratungsvorbehalte sind bei Klienten aus unteren sozialen Schichten tendenziell etwas stärker ausgeprägt (Frey, 1991). Am häufigsten werden Zweifel an der generellen Wirksamkeit einer Beratung geäußert. Daneben reicht das weitere Bedenkenspektrum von Unsicherheiten gegenüber dem Beratungsgeschehen („Was werden die dort mit uns machen?") und dem Zurechtfinden in der fremden „Beratungskultur" (Probleme nach außen tragen, Scham- und Versagensgefühle) bis zur Befürchtung, theorielastig und mit „akademischer" Distanz behandelt zu werden. Während Vorbehalte bezüglich der Beraterperson und seinem Vorgehen im Beratungsprozess während des Beratungsverlaufs relativ schnell abgebaut werden können, bleiben vor allem bei den Vätern die Zweifel an der Effektivität der Beratung bestehen (Straus et al., 1988).

Klientenerwartungen an die Therapie haben nach Ergebnissen aus der Psychotherapieforschung (vgl. Orlinsky, Grawe & Parks, 1994) einen hohen prognostischen Wert für Therapieverlauf und Behandlungserfolg. So wurden etwa für Therapieabbrecher hohe bis sehr hohe Therapieerwartungen ermittelt, die in Verbindung mit Uninformiertheit über Art und Ablauf der Therapie zu Unzufriedenheiten führten (Schulz et al., 1999). In einer katamnestischen Studie zur Eheberatung (Vennen, 1992) war der Erfolg der Beratung umso geringer, je mehr die Klienten zu Beratungsbeginn Ratschläge vom Berater erwarteten.

Inhaltlich überwiegt in den meisten Untersuchungen weiterhin eine passive Erwartungshaltung bei den Klienten: Sie wünschen sich vor allem konkrete Hinweise, Ratschläge und Verhaltensrichtlinien (Frey, 1991; Lang et al., 1997; Lenz, 1994a), die sie für sich als Denkanstöße prüfen und im Alltag umsetzen können. Dem Berater kommt in diesen Vorstellungen in Anlehnung an das vertraute „Arztmodell" die Rolle des idealisierten Experten zu (Schmidtchen, Bohnhoff, Fischer & Lilienthal, 1983), der den Beratungsablauf bestimmt und sich dabei – im Gegensatz zu den häufig familientherapeutisch geprägten Erwartungen der Berater – inhaltlich hauptsächlich mit dem Anmeldeproblem beschäftigt, ohne die Elternpaar- oder Familienebene zu sehr zu thematisieren (Kaisen, 1996). Ein transparentes Beratervorgehen mit einer umfassenden Klärung von Erwartungen und Wünschen zu Beratungsbeginn ist angesichts der Befunde von zentraler Bedeutung, um ein Scheitern der Beratung aufgrund unterschwelliger Erwartungsdiskrepanzen zwischen Berater und Klienten (z. B. bezüglich eines familientherapeutischen Vorgehens) zu verhindern (Hundsalz, 2000; Jacob, 1996).

An den *institutionellen Rahmenbedingungen* werden – jeweils von einer kleinen Minderheit der Klienten – nur die zu langen Wartezeiten bis zum Erstgespräch (Lang et al., 1997; Naumann & Beck, 1994; Nitsch, 1997) und Aspekte des zeitlichen Beratungsablaufs (zu wenige Termine oder zu kurze Beratungen; Häring & Hüssing, 1992, Lang et al., 1997; Meyle, 1998) kritisiert. Andere Aspekte des Beratungskontextes – wie beispielsweise Einrichtung und „emotionales Klima" der Beratungsstelle, ihre Einbindung in regionale Zusammenhänge, Trägereinfluss und Leitbilder der Institution – kamen bei der Evaluation von Erziehungsberatung bisher kaum zur Sprache, obwohl sie Prozess und Ausgang der Beratung vermutlich mit beeinflussen (vgl. McLeod & Machin, 1998).

3.3.4 Empirische Befunde zum Beratungsprozess

Die vergleichende Analyse der vorliegenden Evaluationsbefunde verdeutlicht, dass die Qualität der *Beratungsbeziehung* aus Klientensicht eine Schlüsselrolle bei der Beurteilung des Beratungsprozesses einnimmt: Bei offenen Fragen zu hilfreichen Beratungselementen werden vorrangig Beziehungsaspekte genannt (z. B. Lenz, 1994a; Nitsch, 1997), bei Zufriedenheitseinschätzungen wird dieser Bereich am positivsten bewertet (z. B. Fisher, 1984; Lang et al., 1997; Meyle, 1998). Darüber hinaus konnte retrospektiv ein bedeutsamer Zusammenhang zwischen der Qualität der Beziehung und Beratungszufriedenheit bzw. -erfolg ermittelt werden (Naumann & Beck, 1994; Sakofski & Kämmerer, 1986). Im Einklang mit der Psychotherapieforschung, die der therapeutischen Beziehung die am besten nachgewiesene Prozess-Outcome-Wirkung bescheinigt (Orlinsky et al., 1994, S. 360), wird damit auch für die Erziehungsberatung die These untermauert, wonach eine erfolgreiche Beratung ein tragfähiges Arbeitsbündnis zwischen Klient und Berater voraussetzt. Wiederum analog zur Psychotherapieforschung (vgl.

Beutler, Machado, Neufeldt & Allstetter, 1994) werden in den Klientenantworten die klassischen, beziehungsgestaltenden Faktoren auf Beraterseite – wie „Engagement", „Akzeptanz", „Wertschätzung", „Verständnis" und „Empathie" – als konstituierend für die erlebte Beziehungsqualität beschrieben. Neben der emotionalen Unterstützung, die diese Beratereigenschaften und -verhaltensweisen für die Klienten beinhalten, können ihre positiven Auswirkungen nach der „Social influence theory" (Strong, 1968) mit der in einer ersten Beratungsphase zu etablierenden „influence power" (S. 223) des Beraters erklärt werden: Sie wird dadurch hergestellt, dass der Klient den Berater als kompetent („expertness"), sympathisch („attractivness") und vertrauenswürdig („trustworthiness") erlebt und auf dieser Basis kognitive und behaviorale Veränderungen erleichtert werden (Hoyt, 1996; Heppner & Claiborn, 1989). Dem entsprechen die in den Evaluationsstudien ebenfalls häufig genannten und positiv bewerteten Beziehungselemente „Vertrauen", „Offenheit" und „Sympathie für den Berater". Sie implizieren jedoch auch, dass die Qualität der Beratungsbeziehung von der Berater-Klient-Passung abhängt und sich zudem während des Beratungsprozesses verändern kann (Straus et al., 1988). Das Klientenverhalten in der Beratungsbeziehung wird – im Sinne des bereits erwähnten „Kompetenzmodells" – nicht zuletzt von den individuellen Beziehungserfahrungen im jeweiligen sozialen Unterstützungsnetzwerk geprägt. Unterstützende Beziehungen außerhalb der Beratung fungieren ferner als wichtige motivationale Kontrollinstanz zur Aufrechterhaltung der Beratung, während sich soziale Belastungen und Konflikte negativ auf die Beratungsbeziehung auswirken können (vgl. Herrle, 1998). Umgekehrt deutet zum Beispiel ein Befund der katamnestischen Untersuchung von Lenz (1994a) auf die Bedeutung der Beratungsbeziehung als *soziale Ressource* für Klienten hin: Den höchsten Grad an Beratungszufriedenheit drücken „eindeutig die allein erziehenden Mütter" (S. 306) aus. Es wäre allerdings für eine „Hilfe zur Selbsthilfe" nicht unproblematisch, wenn der Berater längerfristig eine kompensatorische Funktion für eine fehlende enge Bezugsperson übernehmen würde.

Die Heterogenität der Beratungsanlässe und Vorgehensweisen unter dem „Sammelbegriff" Erziehungsberatung (Eklektizismus; vgl. Hollander & McLeod, 1999) erschwert eine differenzierte Erfassung und Bewertung des *Beratervorgehens* in der praxisorientierten Evaluationsforschung. In der Psychotherapieforschung wurde sogar die Meinung laut, ein derart (unsystematisches) eklektisches Vorgehen sei infolge fehlender Abgrenzungsmöglichkeiten überhaupt nicht erforschbar (Garfield & Bergin, 1994, S. 7).

In den beiden (quasi-)experimentellen Studien wurden die verschiedenen Methoden und Techniken innerhalb des „Gesamtpakets" Erziehungsberatung nicht unterschieden. Sakofski und Kämmerer (1986) können in ihrer katamnestischen Studie retrospektiv keinen Zusammenhang zwischen der Therapieorientierung des Beraters und Erfolgswerten ermitteln. Auch die für den Bereich der Ehe-, Familien- und Lebensberatung bundesweit unter Einbezug von 234 beratenen Paaren durchgeführte Evaluationsstudie von Klann und Hahlweg (1994) erbrachte keine Korrelation zwischen Outcomemaßen und Berufsausbildung oder therapeutischer Schwerpunktsetzung der 84 untersuchten Berater.

Befunde zur Beratungsmethodik stützen sich in erster Linie auf die Aussagen der Klienten in den katamnestischen und qualitativen Studien. Die zentralen Aspekte des

Beratervorgehens, die hier als hilfreich klassifiziert wurden, lassen sich den von Grawe (1995; 1999) aus dem Ergebnisstand der Prozess- und Wirksamkeitsforschung abgeleiteten *allgemeinen therapeutischen Wirkfaktoren* zuordnen (vgl. Kasten 3.6):

Kasten 3.6: Hilfreiches Beratervorgehen hinsichtlich der Wirkfaktorensystematisierung nach Grawe (1999)

---

1. Beziehungsperspektive: Die als *ressourcenaktivierend* erlebte Beratungsbeziehung ermöglicht den Klienten, in einer vertrauensvollen Gesprächsatmosphäre „über etwas" („Veröffentlichungseffekt") und „mit jemandem" („Dialogeffekt") zu reden, was als entlastend erlebt wird (vgl. Straus et al., 1988) und zur *Problemaktualisierung* führt. Zum Beispiel können im Familiensetting problematische Beziehungsabläufe erlebt und dadurch einer Veränderung zugänglich gemacht werden.

2. Klärungsperspektive: Das Aufzeigen von Zusammenhängen und Ursachen der Problemlagen (Lenz, 1990; Meyle, 1998) hilft dem Klienten in der Beratung, „sich über die Bedeutung seines Erlebens und Verhaltens im Hinblick auf seine bewussten und unbewussten Ziele und Werte klarer zu werden" (Grawe, 1995, S. 138). Dagegen liefern psychologische Test und Untersuchungsverfahren lauf Lenz (1994a) nur für ein Drittel der Eltern wichtige Hinweise.

3. Problembewältigungsperspektive: Insbesondere aktive Hilfen zur Problembewältigung – wie die Vermittlung neuer Sichtweisen und die Bereitstellung von Informationen, Ratschlägen und Entscheidungshilfen – werden von Klienten positiv bewertet (Nitsch, 1997; Vennen, 1992, für die Eheberatung). Umgekehrt betreffen kritische Stimmen in erster Linie das Fehlen konkreter Hilfestellungen (Lang et al., 1997; Lenz, 1994a; Straus et al., 1988). In der Psychotherapieforschung konnte zudem die Bedeutung von „Erfolgserlebnissen" im Therapieverlauf („therapeutic realizations") für das Therapieergebnis belegt werden (vgl. Orlinsky et al., 1994; Vennen, 1992).

Ein gut funktionierendes Arbeitsbündnis („working alliance") zwischen Berater und Klient ist für Horvath und Greenberg (1989) unabhängig von der therapeutischen Orientierung des Beraters die Basis für den erfolgreichen Einsatz spezifischer Beratungsstrategien. Neben der vertrauensvollen Beratungsbeziehung („bond") ist dafür eine Übereinkunft bezüglich der substantiellen Elemente (Ablauf und Vorgehen; „tasks") und Zielsetzungen („goals") der Beratung maßgebend.

Angeregt durch die weite Verbreitung systemischer Arbeitsweisen in der Erziehungsberatung wurde zur Frage des *Beratungssettings* vor allem die Akzeptanz der Klienten gegenüber dem Familiensetting im Vergleich zu einer Beratung im Einzelsetting untersucht. In der Studie von Kaisen (1996) fand die Beratung in 19 % der Fälle im Familiensetting statt, bei Straus et al. (1988) wurde in 65 % der Fälle, in denen ein Familiensetting möglich war, diese Beratungsform gewählt. Damit konnte belegt werden, „dass dieses Setting heute bereits zum normalen Repertoire der Berater gehört" (S. 63) und in der Beratungspraxis im Sinne einer fallbezogenen Settingflexibilität mit anderen Beratungsformen kombiniert wird (Lenz, 1994a). Der Einbezug der Familie in die Beratung steht jedoch immer noch im Widerspruch zu den Eingangserwartungen vieler Klienten, die von einer primär kindzentrierten Behandlung ausgehen (vgl. 3.3.3 und Kaisen, 1996). Diese Diskrepanz schlägt sich in kritischen Äußerungen gegenüber dem Familiensetting nieder: Klienten beklagen, dass ihr Kind zu wenig in das Gespräch einbezogen wurde (Nitsch, 1997) oder wünschen sich generell mehr Einzelarbeit mit dem Kind (Lenz, 1994a). Zudem fällt bei weniger erfolgreichen Beratungsfällen die Zustimmung zum Familiensetting niedriger aus als bei erfolgreicheren Klienten (Zürn, Bosselmann, Arendt & Liebl-Wachsmuth, 1990). Straus et al. (1988) erklären die geringere Zufriedenheit mit dem Familiensetting bei den befragten Frauen damit, dass die Aufmerksamkeit des Beraters im Sinne empathischer Zuwendung in diesem Kontext mit anderen Personen geteilt werden muss.

Für einen potentiellen Zusammenhang zwischen *Beratungsdauer* und Outcomemaßen ist die Befundlage widersprüchlich: Während sich zwischen den drei nach der Beratungsdauer gebildeten Gruppen (6 bzw. 12 Wochen und ohne Zeitbegrenzung) in der experimementellen Studie von Fisher (1980; 1984) keine Effektunterschiede zeigen, sprechen die Ergebnisse der JES-Studie dafür, dass sich wesentliche Veränderungen „nicht nur im ersten, sondern auch im zweiten Abschnitt" (Schmidt et al., 2000, S. 210) des Hilfsprozesses abspielen. Vom ebenso heterogenen Ergebnisstand der katamnestischen Studien (Naumann & Beck, 1994; Sakofski & Kämmerer, 1986) ist eine signifikante Korrelation bei Jacob (1996) diesbezüglich erwähnenswert: Je länger die Beratungsdauer, desto eher wird die Symptombesserung von den Klienten auf die Beratung zurückgeführt. Dies kann aber auch mit kognitiven Dissonanzreduktionsbemühungen der Klienten erklärt werden, welche die großen Investitionen bei einer lang anhaltenden Beratung effektiv erscheinen lassen möchten.

3.3.5 Empirische Befunde zu Beratungseffekten

Experimente und Quasi-Experimente gelten in der Evaluationsforschung als „Königsweg" zur Wirksamkeitsüberprüfung von Interventionen (Reis, 2001; vgl. auch 3.2.1). Allerdings sind die auf diesem Weg ermittelten *Wirksamkeitsnachweise* für Erziehungsberatung, die im Folgenden berichtet werden, aufgrund der nicht vollständig realisierbaren Kontrolle alternativer Einflussgrößen nur bedingt kausal zu interpretieren.

Die Eltern aller drei Behandlungsgruppen bei Fisher (1980) berichten bei Therapieende über signifikant mehr Verbesserungen hinsichtlich der Anmeldeproblematik, dem Problemverhalten des Kindes und der familiären Beziehungen als die Wartelistegruppe. Diese Effekte bleiben auch noch bei der Nachbefragung ein Jahr später stabil. Dagegen zeigten sich aus Sicht der befragten Kinder und bei einer Verhaltensbeobachtung (Family interaction task) keine Unterschiede zwischen Untersuchungs- und Kontrollgruppen.

Die Erziehungsberatungsprozesse, die im Rahmen der JES-Studie untersucht wurden, erzielten bei kindbezogenen Zielsetzungen Verbesserungen, die überwiegend in der Größenordnung einer Standardabweichung liegen (klassische Effektstärken konnten nicht berechnet werden; Schmidt et al., 2000, S. 210). Verminderungen der Gesamtauffälligkeiten des Kindes (Symptomatik nach ICD-10) werden in stärkerem Ausmaß erreicht als Steigerungen seiner Fähigkeiten zur Alltagsbewältigung (psychosoziales Funktionsniveau). Im Vergleich der verschiedenen untersuchten Erziehungshilfen weisen Erziehungsberatungen am Hilfeende die stärkste Verringerung psychosozialer Belastungen im Umfeld des Kindes auf. Während das psychosoziale Funktionsniveau im einjährigen Katamnesezeitraum weitgehend stabil bleibt und sich die Auffälligkeiten des Kindes sogar weiter verringern (31 % weniger als zum Ende der Erziehungshilfe), verschwinden die positiven Auswirkungen auf das nähere soziale Umfeld jedoch wieder vollständig (Hohm & Petermann, 2000).

Zusammenfassend kann Erziehungsberatung, auf der Grundlage dieser Wirksamkeitsbefunde, vor allem bezogen auf Kompetenzerwerb und Symptomreduktion beim angemeldeten Kind (aus Eltern- und Beratersicht) als effektiv bezeichnet werden. Ob die betroffenen Kinder die Beratung selbst als wirksam erleben, bleibt fraglich und wird unter 3.4.2 eingehend beleuchtet. Das soziale Umfeld des „Indexpatienten" scheint dagegen nur schwer beeinflussbar, wie auch die vergleichsweise selten berichteten Netzwerkeffekte in der qualitativen Klientenbefragung von Höfer und Straus (1991) belegen. Die zuletzt genannte Einschätzung mag angesichts der vorherrschenden (familien-)systemischen Arbeitsweisen in der Erziehungsberatung überraschen. Sie deckt sich jedoch mit Erkenntnissen aus der Psychotherapieforschung, wonach Merkmale des sozialen Unterstützungsnetzwerks nur sehr eingeschränkt (z. B. nur spezifische Unterstützungsfunktionen) und zeitverzögert einer Veränderung durch Psychotherapien zugänglich sind (Herrle, 1998, S. 69).

In den *katamnestischen* und *qualitativen Evaluationsstudien* wurde ebenfalls nach Veränderungen im Zuge der Beratung gefragt. Aus den retrospektiven Antworten der Klienten lässt sich aber noch weniger als bei experimentellen Studien erschließen, bei welchen Effekten es sich um reine Auswirkungen des Beratungsprozesses handelt (fragliche interne Validität, vgl. 3.3.1), zumal *beratungsunabhängige Einflussfaktoren* in den meisten Untersuchungen gar nicht getrennt thematisiert oder erhoben wurden. Wenn Klienten den Anteil externer Faktoren an den erzielten Veränderungen schätzen (z. B. bei Jacob, 1996; Naumann & Beck, 1994), beläuft sich dieser auf rund 30 bis 50 Prozent. Hierfür werden neben Reifungsprozessen beim Kind zumeist Änderungen im sozialen und schulischen Umfeld oder soziale Unterstützung verantwortlich gemacht (z. B. McConnell & Sim, 2000). Wie bei Psychotherapien (vgl. Herrle, 1998) können sich vor allem subjektive und emotionale Unterstützungsaspekte fördernd auf den Beratungserfolg auswirken, während fehlender sozialer Rückhalt umgekehrt positive Auswirkungen einer Beratung unwahrscheinlicher werden lässt.

Eltern schätzen die Beratung in fast allen Untersuchungen mehrheitlich als insgesamt *erfolgreich* ein und berichten von teilweise oder vollständig verbesserten Problemlagen. Dabei umfasst das subjektive Veränderungserleben nicht nur die „Symptomatik" des angemeldeten Kindes. Die Analysen der Evaluationsstudien beschreiben vielmehr Verbesserungen in folgenden *Veränderungsbereichen:*

Kasten 3.7: Spektrum der von Klienten berichteten Veränderungseffekte in Evaluationsstudien

> **1. Verbesserung der Anmeldesymptomatik:** Durchschnittlich geben (auf der Basis der Angaben aus insgesamt acht Katamnesen) 72 % der Klienten teilweise oder vollständige Symptombesserungen an.
>
> **2. Emotionale Entlastung:** Emotionale Entlastungs- und Unterstützungseffekte durch die Beratungsgespräche werden von den Klienten noch etwas häufiger berichtet (durchschnittlich 85 % über drei Studien benennen emotionale Entlastungseffekte).
>
> **3. Veränderte Problemsicht:** Vor allem die qualitativen Analysen zeigen, dass durch die Beratung relativ häufig Einstellungen und Sichtweisen gegenüber beratungsrelevanten Problembereichen bei den Klienten modifiziert werden. Lenz (1994a) gibt an, dass 75 % der Befragten berichten, „sie hätten jetzt mehr verstanden, dass die kindlichen Probleme mit ihnen und ihrer Beziehung zueinander zusammenhingen" (S. 309).
>
> **4. Verbesserte familiale Beziehungen bzw. Familienklima:** Aus Sicht der Eltern beeinflusst die Beratung auch das Familienleben (Umgang mit Konflikten, Kommunikation, Atmosphäre). Immerhin berichten durchschnittlich 68 % der Klienten (über sechs Studien) über positive Veränderungen in diesem Bereich.

Weniger positiv wird der Transfer der erfahrenen Beratungshilfen auf die alltägliche Lebenswelt der Klienten – im Sinne einer *Förderung der Selbsthilfekräfte* – beurteilt. In schriftlichen Befragungen geben die Klienten zwar an, Anregungen zur selbstständigen Lösung ihrer Probleme erhalten zu haben (70 % bei Naumann & Beck, 1994) und diese im Alltag auch umsetzen zu können (56 % bei Meyle, 1998). Qualitative Analysen zeigen jedoch, dass der Umfang tatsächlicher Transferleistungen eher als gering einzuschätzen ist (Straus et al., 1988, S. 395). Im Vergleich mit den weniger optimistischen, differenzierteren Befunden aus den Interviewanalysen (z. B. „nur" 50 % erfolgreiche Beratungsprozesse bei McConnell & Sim, 2000) scheinen die Nachbefragungen per Fragebogen Veränderungseffekte generell zu überschätzen, was vermutlich auf ihre methodischen Defizite und Antworttendenzen zurückzuführen ist.

Wenn parallel zu den Eltern *Berater* befragt wurden, schätzten diese den Erfolg der Beratung und die erreichten Problemlösungen etwas vorsichtiger ein (Kaisen, 1996; Straus et al., 1988), führten Veränderungseffekte aber häufiger als die Klienten auf die Beratung zurück (Naumann & Beck, 1994).

Für soziodemographische *Klientenvariablen* – wie Alter und Geschlecht des angemeldeten Kindes oder soziale Schichtzugehörigkeit der Familie – ließ sich in den Evaluationsstudien kein signifikanter Zusammenhang mit Outcomemaßen nachweisen. Sie scheinen demzufolge nicht maßgebend für einen erfolgreichen Beratungsprozess zu sein.

3.3.6 Empirische Befunde zur Beratungszufriedenheit

Im Rahmen der katamnestischen und qualitativen Untersuchungen wurden die Klienten neben Veränderungseinschätzungen auch nach ihrer Zufriedenheit mit der erhaltenen Beratung gefragt. Häring und Hüssing (1992) beschränkten sich in ihrer Klientenbefragung sogar ausschließlich auf die Zufriedenheitseinschätzungen der Eltern, die sie mit einem international gebräuchlichen Erhebungsinstrument zur Patientenzufriedenheit („Client Satisfaction Questionnaire"; Attkisson & Zwick, 1982) ermittelten. Vor dem Hintergrund der stärkeren Dienstleistungsorientierung in der Kinder- und Jugendhilfe (KJHG, vgl. Kapitel 1.1.3) und der anzustrebenden Nutzerorientierung bei Qualitätssicherungsprozessen (vgl. 3.1.3) hat die subjektive Klientenzufriedenheit den Rang eines zentralen Erfolgskriteriums (vgl. Hundsalz, 2000). Das breite Spektrum der von den Klienten erlebten Beratungseffekte deutet zudem darauf hin, dass eine nur auf Symptomveränderungen bezogene Bewertung der Hilfeleistung zu kurz greifen und wesentliche Aspekte des komplexen Beratungsgeschehens vernachlässigen würde.

Führt man sich die Werte der elterlichen *Zufriedenheitseinschätzungen* vor Augen, zeigt sich das für die Erziehungsberatung typische „Diskrepanzphänomen" zwischen der Beratungszufriedenheit auf der einen und dem Grad der konkreten Verhaltens- oder Symptomänderungen (vgl. Kasten 3.7: 72 %) auf der anderen Seite: Durchschnittlich 81 Prozent der Klienten (über 8 Studien) gibt an, mit der Beratung vollständig oder überwiegend zufrieden zu sein. Teilweise zeigen sich Klienten also auch dann insgesamt zufrieden, wenn sich ihre Problemlagen nicht gebessert haben (in einzelnen Studien ist diese Diskrepanz noch stärker ausgeprägt: z. B. Straus et al., 1988: 9 bis 20 Prozentpunkte Unterschied). Der große Anteil der Klienten, die eine Beratungsstelle wieder aufsuchen oder weiterempfehlen würden (zwischen 80 und 90 Prozent), spiegelt ebenfalls eine hohe Beratungszufriedenheit wider.

Dass umgekehrt jeweils nur eine kleine Minderheit der Klienten ihre *Unzufriedenheit* mit der Beratung äußert, dürfte zum Teil auch mit Selektionseffekten bei der Auswahl der Katamnesestichproben zusammenhängen: Klienten, welche die Beratung nach wenigen Sitzungen abgebrochen haben, sind aufgrund der häufig verwendeten Einschlusskriterien (meist mindestens drei Sitzungen) nicht darin vertreten. Bei den teilweise geringen Rücklaufquoten ist zudem zu vermuten, dass sich vorrangig zufriedene Klienten an der Befragung beteiligen. Lebow (1983) sowie Frank und Fiegenbaum (1994) konnten im psychotherapeutischen Kontext einen linearen Zusammenhang zwischen einer geringen Behandlungszufriedenheit und der fehlenden Motivation, an einer Nachbefragung teilzunehmen, belegen.

Nur in zwei Untersuchungen wurden *Abbruchquoten* ermittelt: In der JES-Studie wurden 19 % aller untersuchten Erziehungsberatungsprozesse (n = 44) vorzeitig und unplanmäßig beendet (Schmidt, 2000). Hintergrund für die sechs Beratungsabbrüche (12 %) bei Straus et al. (1988) ist die Enttäuschung der Klienten über die Veränderungsmöglichkeiten im Rahmen dieser Hilfeform. Wenn in den anderen Studien Unzufriedenheiten der Klienten benannt werden, betreffen sie ebenfalls die fehlende Wirksamkeit (Nitsch, 1997: 20 % der Befragten) oder unzureichende Alltagsnähe der Beratung (Naumann & Beck, 1994: 19 %). Auf die Klientenkritik an den zeitlichen

Beratungsbedingungen und die enttäuschten Erwartungen bezüglich konkreter Tipps und Ratschläge (Lenz, 1994a: 34 %) wurde bereits hingewiesen (vgl. 3.3.3). Beratungsabbrecher unterschieden sich ferner dadurch von zufriedenen Klienten, dass sie ein Abweichen der Beratungspraxis von ihren Wünschen sensibler wahrnahmen und negativer bewerteten (Kaisen, 1992).

Womit lässt sich das „*Diskrepanzphänomen*" erklären, wonach das Ausmaß der subjektiven Zufriedenheit der Klienten nicht mit wahrgenommenen Problemveränderungen im selben Umfang einhergeht (z. B. Korrelation von .34 zwischen beiden Werten bei Kaisen, 1996)? Zum einen könnte es Ausdruck einer veränderten Problemsicht sein, die gemeinsam mit dem Berater im Verlauf der Beratung erarbeitet wurde: Im Hinblick auf „Problemlagen", die einer Veränderung letztlich nicht zugänglich sind (z. B. Persönlichkeitsanteile des Kindes), konnten unrealistische Erwartungen und Zielsetzungen abgebaut und die Klienten im Umgang mit der Situation gestärkt werden. Zum anderen lässt die Vielschichtigkeit der von den Klienten berichteten Beratungsauswirkungen darauf schließen, dass das Gesamturteil „Zufriedenheit" aus unterschiedlichen Erlebnisfacetten gespeist wird: Außer einer Symptomveränderung kann dazu beispielsweise eine bessere familiale Kommunikation, das Gefühl, nicht der Einzige mit diesem Problem zu sein (Entlastungseffekt), das Erlebnis eines offenen Gesprächs im Rahmen einer vertrauensvollen und wertschätzenden Beratungsbeziehung oder auch das Gefühl, etwas zur Lösung der Problemlagen getan bzw. versucht zu haben, beitragen.

Schließlich kann auf der Grundlage von Evaluationsbefunden eine weitere Erklärungshypothese formuliert werden: Lenz (1994a) erkennt in den Antworten der Klienten eine generelle Erweiterung und Stärkung ihrer Erziehungskompetenzen und Bewältigungsressourcen" (S. 310). Sie berichten zudem teilweise, durch die Beratung in einer umfassenderen Weise „Orientierung erhalten, einen Sinn gefunden" zu haben (Straus et al., 1988, S. 374). Im Hinblick auf die in Kapitel 2.5 skizzierten Zusammenhänge kann dies dahingehend interpretiert werden, dass es offenbar gelungen ist, die kognitiven und motivationalen Aspekte zu fördern, die im Kohärenzsinn sowohl für die individuelle (SOC) als auch für die familiale Ebene (FSOC) konzeptualisiert wurden. Eine Veränderung der als SOC und FSOC bezeichneten globalen „Welt- und Lebenssicht" durch die Beratung könnte ebenfalls zu positiven Erfolgseinschätzungen – auch ohne gleichzeitige Symptombeseitigung – führen.

3.4 Kinder und Jugendliche in Therapie- und Beratungsforschung

Die bisher vorgestellten Befunde dokumentieren zum größten Teil die Sichtweise der beratenen Eltern und ihre Bewertungen des Beratungsgeschehens. Die Perspektive der betroffenen Kinder und Jugendlichen war dagegen bis heute nur selten Gegenstand der Evaluationsforschung. Damit ergibt sich sowohl für die Kinder- und Jugendlichenpsychotherapie als auch für die Erziehungs- und Familienberatung die paradoxe Forschungssituation, dass Prozess und Ergebnis der Intervention in der Regel unter Ausschluss der eigentlichen Adressaten analysiert werden. Märtens und Petzold (1995) konstatieren darüber hinaus einen generellen Mangel an Wirksamkeitsuntersuchungen zur Therapie mit Kinder- und Jugendlichen und beklagen eine „Ausblendung von Kindern" (S. 303) auf dem Feld der Psychotherapieforschung (z. B. in den Analysen von Grawe et al., 1994). Diese „stiefmütterlich" anmutende Behandlung von Kindern bzw. Jugendlichen und ihren Sichtweisen hängt meines Erachtens mit methodischen Schwierigkeiten (z. B. fehlende kindgerechte Erhebungsverfahren) und der Auftragssituation zusammen: Kinder treten selbst nicht als Auftraggeber für ihre Beratung auf und werden von Beratern und Forschern auch nicht so wahrgenommen. Bezugspunkt bleibt damit oft die Einschätzung und Zufriedenheit der auftraggebenden Bezugspersonen.

In den letzten Jahren ist allerdings vor dem Hintergrund neuer politischer und rechtlicher Bestimmungen[5] ein verstärktes Interesse an der „Stimme der Kinder und Jugendlichen" in Politik (vgl. Einrichtung von Kinder- und Jugendparlamenten), Forschung (vgl. Ansätze zur Kindheitsforschung; Richter, 1997) und Evaluation in der Kinder- und Jugendhilfe (Müller-Kohlenberg, 2001) zu vernehmen. Auch von der Evaluationsforschung zur Erziehungsberatung wird vermehrt gefordert, die eigenständigen Sicht- und Erlebnisweisen von Kindern und Jugendlichen zu berücksichtigen (Haid-Loh et al., 1995; Lenz, 1994a).

Im Folgenden werden die vereinzelten Ansätze hierzu mit ihren empirischen Ergebnissen im Überblick vorgestellt. Da systemisch-familientherapeutische Arbeitsweisen und mit ihnen das Familiensetting in der Erziehungsberatung häufig zum Einsatz kommen (vgl. 1.2.1 und Bohlen, 1991), wird zunächst ein kurzer Blick auf die Situation von Kindern und Jugendlichen in der systemischen Familientherapie geworfen (ausführlich bei Vossler, 2000).

3.4.1 Kinder und Jugendliche in der systemischen Familientherapie

Systemtherapeutische Ansätze beschreiben Symptome nicht als Pathologie eines Individuums. Sie sehen und beurteilen Problemlagen vielmehr mit ihren jeweiligen Definitionen und Festschreibungen im Kontext des sozialen und familiären Bezugssystems (Schmidt, 1998). Im systemischen *Theorieverständnis* werden Kinder mit entsprechenden Symptomen als „Indexpatienten" verstanden, die mit ihren Schwierigkeiten einengende Wirklichkeitskonstruktionen und Leid erzeugende Beziehungs- bzw. Wechselwirkungsmuster im gesamten Familiensystem anzeigen. Kinder verlieren dadurch in der Therapie oder Beratung den Nimbus des „kranken", „schwierigen", „auffälligen", „nicht-normalen Sorgenkindes", mit dem sie von ihren Eltern häufig an den Einrichtungen angemeldet werden. Sie werden vielmehr als gleich- bzw. vollwertiges Systemelement verstanden bzw. behandelt und damit „normalisiert". Diesen veränderten Blickwinkel können Kinder in der Praxis der systemisch orientierten Familientherapie und -beratung als Entlastung erleben. Sie sitzen nicht länger auf der

---

5 UN-Kinderrechtskonvention (1989): Sicherung und Förderung kindlicher Selbstbestimmung (vgl. Reiter-Theil, Eich & Reiter, 1993). KJHG, §8: Partizipation von Kindern in der Jugendhilfe (vgl. 1.1.3).

familiären „Anklagebank" und können (theoretisch) an symetrischen Interaktionen mit anderen Systemmitgliedern und Therapeuten partizipieren.

Sitzungen im Familiensetting erlauben den Systemtherapeuten, komplexe familiale Interaktionsmuster zu beobachten (Mustererkennung) und ihre Interventionen (z. B. Umdeutungen, Familienskulpturen) auf „Systempassung" hin zu überprüfen. Kinder können in Familiensitzungen außerdem verbal oder nonverbal (Verhalten, Bilder, Spiel) Themen und Muster zur Sprache bringen, die die Erwachsenen vermeiden oder übersehen (Kinder als „Co-Therapeuten", Zilbach 1986).

Fraglich bleibt allerdings, wie systemisch-familientherapeutisch orientierte Therapeuten in der *Praxis* auf Kinder und ihre Erlebnisweisen eingehen und sie ins Familiensetting integrieren. Es gibt Hinweise darauf, dass Kinder hier „offensichtlich als störend empfunden" (Märtens & Petzold, 1995, S. 303) werden und als „Indexpatienten" leicht ins therapeutische Abseits geraten (Vossler, 2000).

Ihre speziellen Bedürfnisse in Therapie und Beratung sowie darauf zugeschnittene, kindgerechte Mitwirkungsmöglichkeiten werden in systemtherapeutischen Lehrbüchern (v. Schlippe & Schweitzer, 1996; Schiepek, 1999) und Ausbildungsgängen kaum thematisiert. So zeigt sich in einer Befragung von 173 Mitglieder der American Association for Material and Family Therapy (AAMFT) zu ihrer Einstellung zu und ihrem Umgang mit Kindern in der Familientherapie (Korner & Brown, 1990), dass ein Viertel der befragten Therapeuten überhaupt keine spezielle Ausbildung für die therapeutische Arbeit mit Kindern hatte. Fast die Hälfte (49,1 %) empfanden ihre Ausbildung in diesem Bereich als unzureichend. Zudem berichteten 69 % der Therapeuten, in weniger als 25 % ihrer praktischen Arbeit Kinder mit einzubeziehen. Die Autoren sprechen in diesem Kontext von einer weit verbreiteten „Kinderausschlusshaltung" und „-praxis", für die sie in erster Linie Ausbildungsdefizite und ein zu sehr auf die Elterndyade fokussierendes Theorieverständnis verantwortlich machen.

Zum gleichen Schluss führt eine schwedische Studie (Cederborg, 1997), in der 28 Familientherapiesitzungen mithilfe von Videoaufnahmen eingehend analysiert wurden: Insgesamt 85 % aller Therapeutenäußerungen sind an die Eltern gerichtet oder auf sie bezogen. Kinder haben im Durchschnitt einen Anteil von 3,5 % an der verbalen Interaktion in den Sitzungen, auf die Eltern entfallen 56 %, auf die Therapeutin bzw. den Therapeuten 37,5 % und auf andere Personen 3 %. Die Kinder verbringen die meiste Zeit (durchschnittlich 61 % der Therapiezeit) in einem so genannten „stand-by"-Status: Sie sitzen im Kreise der Erwachsenen und hören deren Gesprächen untereinander zu, ohne selbst mit einbezogen zu sein. Durchschnittlich 9 % der Zeit beschäftigten sie sich mit Spielen neben dem Gespräch her im Therapieraum, zu 16 % waren sie ganz ausgeschlossen und warteten außerhalb des Raumes.

Demgegenüber zeichnet die einzige mir bekannte Untersuchung, welche die *Erfahrungen der betroffenen Kinder* in familientherapeutischen Gesprächen thematisierte (Stith, Rosen, McCollum, Coleman & Herman, 1996), ein konträres Bild der kindlichen Bedürfnislage: Die 16 interviewten Kinder (5 bis 13 Jahre alt) wollten aktiv an den Familiensitzungen teilhaben, ohne dabei aber ständig im Fokus der Aufmerksamkeit stehen zu müssen. Jüngere Kinder wünschten sich weniger erwachsenenorientierte Sitzungsinhalte (weniger gesprächslastig, mehr Aktivitäten und Spielelemente). Nicht alle Kinder waren darüber informiert, warum sie zur Therapie sollten (einige nannten auch andere Gründe als die Eltern). Die meisten Kinder fühlten sich wohler, wenn sie vorab über Anlass und Ablauf der Therapie in Kenntnis gesetzt wurden. Sie verstanden im Verlauf der Sitzungen Sinn und Zweck der Therapie und lernten deren Wert zu schätzen, obwohl sie anfangs nicht kommen wollten.

Zusammenfassend eröffnen diese Befunde eine augenfällige Diskrepanz zwischen den theoretischen Konzepten und der therapeutischen Praxis der systemischen Familientherapie: Während „symptomtragende" Kinder im systemtherapeutischen Verständnis entpathologisiert und als gleichwertiges Systemelement mit ihren Ressourcen und Fähigkeiten wahrgenommen werden, sind sie mit ihren Bedürfnissen und Anliegen oft nur unzureichend in die erwachsenenorientierten Familiengespräche eingebunden. Dowling (1993) spricht in diesem Kontext von einer Tendenz mancher Therapeuten, „Ehe- oder Elternberatung in Anwesenheit der Kinder" (S. 404) anstelle von familientherapeutischen Gesprächen zu führen.

3.4.2 Kinder und Jugendliche in der Erziehungsberatung

Wenn in den seither durchgeführten Evaluationsstudien die Einschätzungen der betroffenen Kinder und Jugendlichen am Rande miterhoben wurden, traten meist *Abweichungen vom Elternurteil* zur Beratung zu Tage:

Die in der experimentellen Studie von Fisher (1980) ermittelten Beratungseffekte zeigten sich nur in den Elternangaben, die kindlichen Selbstberichte zur Anmeldeproblematik und zu Familienbeziehungen unterschieden sich dagegen nicht von den Werten in der Kontrollgruppe. Analog hierzu beurteilten die von Straus et al. (1988) befragten Kinder den Beratungserfolg insgesamt skeptischer als ihre Eltern. Ähnlich wie bei Stith et al. (1996) fielen insbesondere ihre Rückmeldungen zu Familiengesprächen ambivalent aus, da „das Familiensetting auf die Bedürfnisse der Kinder oft zu wenig zugeschnitten ist und Kinder sich über weite Strecken langweilen" (Straus et al., 1988, S. 423). Kinder stimmen als „Indexpatienten" aus der Sicht ihrer Eltern zudem weniger häufig einer Beratung zu (Zürn et al., 1990) und fühlen sich dort zu einem größeren Prozentsatz vom Berater nicht angenommen bzw. respektiert als die Eltern (Lang et al., 1997).

Allerdings wurde im deutschsprachigen Raum bisher erst eine Studie durchgeführt, die sich alleine den *Erfahrungen von Kindern* in der Erziehungsberatung widmete: Lenz (2001b) untersuchte die Beratung an Erziehungsberatungsstellen aus der Perspektive von 100 Kindern im Alter von 6 bis 13 Jahren mithilfe semistrukturierter, qualitativer Interviews. Die Beratung fand in den meisten Fällen (54 % der Kinder) in einem kindzentrierten Setting (Einzel- und Gruppenarbeit) statt, weniger häufig im Familiensetting (18 %) oder in gemischten Settingformen (28 %). Die Ergebnisse zeigen, dass die Mehrheit der befragten Kinder in die Aushandlungs- und Problemdefinitionsprozesse zu Beratungsbeginn nicht ausreichend eingebunden war. So konnten beispielsweise nur 35 % der Kinder retrospektiv den Anlass für die Beratung benennen. Den Beratungsprozess selbst bewerten dennoch rund zwei Drittel der Kinder positiv. Allerdings beziehen sich ihre Einschätzungen fast ausschließlich auf die aktiven Mitwirkungs- und Gestaltungsmöglichkeiten im kindzentrierten Setting.

Das Drittel der befragten Kinder, das den Beratungsprozess kritisch oder eindeutig negativ einschätzt, erlebte die Beratung vor allem im Familiensetting. Insgesamt bewerten lediglich 22 % der befragten Mädchen und Jungen ihre Erfahrungen im Familiensetting als positiv. Dabei handelt es sich ausschließlich um Kinder aus Scheidungs- oder Stieffamilien, die augenscheinlich die Wiederaufnahme unterbrochener Beziehungen und Gespräche im geschützten Rahmen schätzten. Die Mehrheit der Kinder (78 %), die das Familiensetting negativ oder ambivalent bewertet, beklagt vor allem, dass ihre Grenzen und Autonomiebedürfnisse nicht genügend berücksichtigt wurden. Sie erleben die Erwachsenen ferner als dominierend oder kontrollierend hinsichtlich inhaltlicher Themen und Verhaltensweisen und sehen sich selbst häufig in einer Zuhörer- bzw. Zuschauerrolle. Aus ihrer Sicht wurde in den Gesprächen nicht ausreichend auf ihre individuellen Probleme und Bedürfnisse eingegangen, sie vermissten konkrete Hilfen und Unterstützung.

Im Vergleich mit den Elternbefragungen gaben die Kinder weniger Beratungseffekte an: Knapp die Hälfte (46 %) berichtet über Veränderungen im persönlichen Bereich, ein Drittel (32 %) spricht von einem Wandel auf der familialen Ebene. Ähnlich wie aus Elternsicht (vgl. 3.3.5) konstatieren nur wenige Kinder Veränderungen in ihren außerfamiliären sozialen Beziehungen (8 %). Das Ausmaß der Beratungszufriedenheit ist mit einem Anteil von 62 % der Kinder, die insgesamt mit der Beratung zufrieden waren, etwas niedriger als die durchschnittlichen Werte der Eltern (vgl. 3.3.6).

Aus den spärlichen Befunden kristallisieren sich vorläufig zwei Aspekte heraus, mit denen sich die *spezielle Situation von Kindern* im Beratungskontext charakterisieren lässt:

1. Kinder kommen mit ihren eigenen Ängsten und Bedürfnissen in die Beratungsstelle, denen im Beratungsverlauf vor allem im Familiensetting offensichtlich zu wenig Rechnung getragen wird. Dementsprechend richtet sich die Kritik der befragten Kinder in Erziehungsberatung und systemischer Familientherapie hauptsächlich gegen ihre geringe Partizipation an den Familiengesprächen und ihre mangelnden Mitwirkungs- und Mitentscheidungsmöglichkeiten.
2. Die positiven Beratungsauswirkungen, von denen Eltern berichten, lassen sich nicht ohne weiteres auf Kinder übertragen. Sie können vermutlich weniger von den dargestellten „beratungsspezifischen Wirkfaktoren" – wie entlastenden „Dialog- oder Veröffentlichungseffekten" oder kognitiven Problemklärungen – profitieren, solange sich an der zumeist von ihnen getragenen „Symptomatik" (z. B. Bettnässen, Leistungsprobleme) direkt nichts ändert. Ihre Beratungszufriedenheit könnte daher enger an konkrete Problemverbesserungen gekoppelt sein als bei den Eltern.

3.5 Zusammenfassung und Integration

Evaluationsprojekte zur institutionellen Erziehungsberatung finden sich eingebettet in zwei gegenwärtig intensiv geführte Diskurse mit unterschiedlichen Wurzeln, die im Zuge der „Ökonomisierung des Sozialen" unter Effizienzgesichtspunkten aufeinander

3.5 Zusammenfassung und Integration

bezogen werden: die relativ jungen Debatten zur Qualitätssicherung sowie die historisch gewachsene Forschungstradition der Psychotherapie- und Beratungsforschung. Abbildung 3.2 stellt graphisch die Verbindungen zwischen beiden Diskursen und ihr Verhältnis zur Evaluation dar. Sie zeigt, dass sich die Ansätze an unterschiedlichen Stellen eines Kontinuums zwischen „Praxis- und Anwendungsorientierung" auf der einen und „Wissenschaftlichkeit" auf der anderen Seite ansiedeln lassen. Anwendungsorientierte Evaluationsprojekte wie die in Kapitel 4 vorgestellte Studie können in diesem Kontext zu einem Bindeglied zwischen Theorie und Praxis werden: Sie überprüfen und bewerten – unter Einsatz wissenschaftlicher Forschungsmethoden – die Implementierung und Auswirkungen von Interventionen in der Praxis.

Abbildung 3.2: Verhältnis zwischen Qualitätssicherung, Evaluation und Beratungsforschung

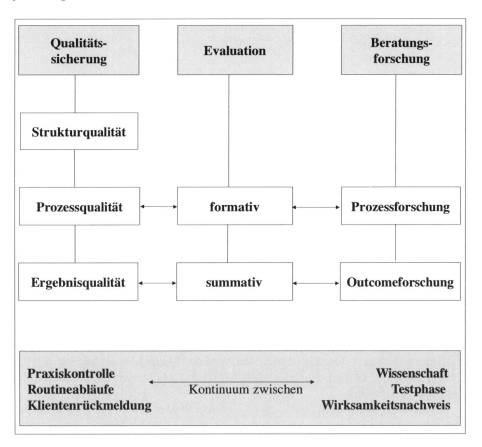

a) Der *horizontale* Vergleich in Abbildung 3.2 verdeutlicht die *unterschiedlichen* Ansatzpunkte: Die Psychotherapieforschung liefert vor allem wissenschaftlich fundierte

Belege für die Wirksamkeit von psychotherapeutischen oder beraterischen Interventionen und die dabei zugrunde liegenden Prozesse. Entsprechende Untersuchungen versuchen häufig, potentiell konfundierende Einflüsse (experimentell) zu kontrollieren und spezifische Wirkfaktoren der Therapie unter idealen Bedingungen grundsätzlich zu testen. Ihr in vielen Fällen praxisfernes Forschungssetting hat der Psychotherapieforschung den Vorwurf von Seiten praktisch tätiger Therapeuten eingebracht, Resultate von geringer praktischer Relevanz zu produzieren (vgl. z. B. Weisz et al., 1995).

Bei Verfahren zur Qualitätssicherung geht es dagegen darum, die Qualität in der Beratungs- oder Therapieroutine zu erzeugen und in einem kontinuierlichen, unabgeschlossenen Kreislauf immer wieder aufs Neue sicherzustellen. Ein wichtiges Prinzip ist dabei die Kundenorientierung und der Einbezug von Klientenrückmeldungen zur Ermittlung der Ergebnisqualität einer Dienstleistung, wobei wissenschaftliche Verfahren nur selten zum Einsatz kommen. Der Diskurs zur Qualitätssicherung mit den daraus hervorgegangenen QS-Ansätzen ist – auch im Hinblick auf seinen Entstehungskontext – in noch stärkerem Maße von ökonomischen bzw. monetären Denkweisen durchdrungen und bestimmt als die Psychotherapieforschung.

b) Auf der *vertikalen* Ebene der Abbildung 3.2 werden Gemeinsamkeiten und *Verbindungen* deutlich: Sowohl Qualitätssicherungsverfahren als auch Psychotherapie- und Evaluationsforschung differenzieren und verknüpfen Prozess- und Ergebnisaspekte bei der gemeinsamen Zielsetzung, Qualität zu entwickeln oder zu sichern. QM-Verfahren können darüber hinaus von den Methoden und Verfahren profitieren, die in der Evaluations- und Psychotherapieforschung entwickelt wurden, und diese praxisnah einsetzen (Christiansen, 1999). Qualitätssicherungsprozesse berücksichtigen zudem unter dem Aspekt der Strukturqualität systematisch die Rahmenbedingungen von Beratungsprozessen.

In Qualitätssicherung und Evaluation von Erziehungsberatung wurde von wissenschaftlich überprüften Erhebungsverfahren bisher allerdings kaum Gebrauch gemacht. Die Aussagekraft der bis dato hauptsächlich durchgeführten *katamnestischen Befragungen* der Eltern leidet darunter, dass „fast ausschließlich mit Häufigkeiten operiert und weitergehende statistische Werte wie Korrelationen und Effektstärken nicht berücksichtigt" wurden (Kühnl, 2001, S. 408). Dazu kommen in den Katamnesen unterschiedlichste, jeweils selbst entwickelte Testverfahren zum Einsatz, die häufig nur Teilaspekte des Beratungsgeschehens erfassen und den Einfluss von Kontextfaktoren weitestgehend ausklammern. Hier wird der Mangel an speziell auf die Erziehungsberatung zugeschnittenen Testverfahren mit evaluierten psychometrischen Eigenschaften deutlich.

Die bisher ermittelten *Befunde* zeigen zusammenfassend, dass die Eltern mit der erhaltenen Beratung in hohem Maße zufrieden sind und über Veränderungseffekte auf verschiedenen Ebenen (verbesserte Anmeldeproblematik, emotionale Entlastung, Einstellungsänderungen, verbesserte familiäre Beziehungen) berichten. Dass die Zufriedenheitswerte häufig das Ausmaß der tatsächlich erlebten Problemverbesserungen übertreffen („Diskrepanzphänomen") kann mit positiv bewerteten Beratungsaspekten jenseits von Symptomänderungen (wie Einstellungsänderung und Kompetenzförderung) erklärt werden.

Als wichtigste *Moderatorvariable* für eine erfolgreiche Beratung kann die von Klienten eingeschätzte Qualität der Beratungsbeziehung gelten. Ein Beratervorgehen, das sich durch Transparenz sowie Zielübereinstimmung mit den Klienten auszeichnet und allgemeine therapeutische Wirkfaktoren (Grawe, 1999) beinhaltet, wird in der Regel als hilfreich erlebt. Klienten schätzen eine Beratung im Einzelsetting tendenziell positiver ein als Familienberatungen. Von den Zugangsbedingungen scheinen insbesondere die Beratungsmotivation sowie die Erwartungen an die Hilfeleistung bedeutsam für den Beratungsverlauf zu sein.

Die fragliche Repräsentativität der zugrunde liegenden Stichproben (Selektionseffekte) und mögliche Antworttendenzen bei retrospektiven Befragungen (z. B. „Hello-goodby"-Effekt) schränken die Generalisierbarkeit der ermittelten Befunde jedoch ein.

Die Perspektive der Kinder und Jugendlichen wurde bisher in der Evaluation von Erziehungsberatung „stiefmütterlich" behandelt und nur selten thematisiert. Den wenigen verfügbaren Befunden zufolge bewerten *Kinder* die Beratungsergebnisse – ebenso wie Berater – in der Regel weniger positiv und fühlen sich und ihre Bedürfnisse, vor allem bei einer Beratung im Familiensetting, zu wenig berücksichtigt. Eine Untersuchung der Sichtweisen betroffener *Jugendlicher* ist in Deutschland meines Wissens bisher nicht durchgeführt worden.

4
Eine multiperspektivische und multimodale Evaluationsstudie

In Reaktion auf die im vorangegangenen Kapitel skizzierten Defizite in der Evaluation von Erziehungsberatung sollte mit einer eigenen Studie ein Beitrag zur Überwindung der stagnierenden Forschungssituation in diesem Bereich geleistet werden. Für die als *katamnestische Nachbefragung* angelegte Untersuchung wurde dazu gezielt eine Methoden- und Perspektivenkombination genutzt, mit der neben den Eltern- und Beraterurteilen auch die Sichtweisen von jungen Klienten einbezogen werden konnten.

Gerade weil die bisherige Evaluationsforschung zur Erziehungsberatung mit methodischen Mängeln behaftet war, ist es das Ziel dieses Kapitels, das Vorgehen und die verwendete Untersuchungsmethodik der Studie umfassend und nachvollziehbar darzustellen: Nachdem dazu einleitend der *Untersuchungskontext* (Evaluationsauftrag) und die methodische Anlage der Studie beschrieben werden, lassen sich die darauf basierenden *zentralen Fragestellungen* und Analyseziele präzisieren.

Der multiperspektivische und multimodale Ansatz impliziert, dass in der Untersuchung besonderer Wert darauf gelegt wurde, die verschiedenen Beteiligtengruppen mit unterschiedlichen, auf die jeweilige Fragestellung abgestimmten Erhebungsverfahren zu befragen. Breiten Raum nimmt dem entsprechend die Beschreibung der untersuchten *Stichproben* – Eltern, Jugendliche, Berater – und der ihrer Auswahl jeweils zugrunde liegenden Kriterien ein. Anschließend werden die eingesetzten *Erhebungsverfahren* mit ihren methodischen Eigenschaften und den Strategien zur Auswertung der ermittelten Daten vorgestellt. Während für die Nachbefragung der Eltern mit dem *„Fragebogen zur Erziehungs- und Familienberatung"* (FEF; Vossler, 2001a) ein neues, quantitatives Befragungsinstrument entwickelt wurde, das speziell auf die Beratungssituation zugeschnitten ist, konnten die Einschätzungen der jugendlichen Klienten mit qualitativen Leitfadeninterviews einbezogen werden.

Am Kapitelende steht eine *zusammenfassende Bewertung* des gewählten methodischen Vorgehens im Vergleich zu bisherigen Evaluationsansätzen in diesem Bereich.

4.1 Untersuchungsrahmen und -design

4.1.1 Rahmenbedingungen und Evaluationsauftrag

Die hier vorgestellte Studie ist Bestandteil eines weiter gefassten *Selbstevaluationsprojektes* des Caritasverbandes der Erzdiözese München und Freising e. V. zur Überprüfung der Tätigkeit von Erziehungsberatungsstellen dieses Trägers. Ziel dieses internen Evaluationsvorhabens war es, Aussagen zur Bedarfsnotwendigkeit und Zweckmäßigkeit von Erziehungsberatung (Strukturqualität), zur Angemessenheit und Fachlichkeit der Arbeitsweise (Prozessqualität) und zum Beratungserfolg (Ergebnisqualität) treffen zu können. Insgesamt waren dafür drei *Analysestufen* vorgesehen:

1. Im ersten, vom zuständigen Fachreferenten des diözesanen Caritasverbandes durchgeführten Schritt wurde die zeitliche Arbeitsleistung der einbezogenen Erziehungsberatungsstellen dokumentiert und in Relation zu den anfallenden Personal- und Sachkosten gesetzt.
2. Für die zweite Analysestufe erfasste der Referent in den Monaten April und Mai 1997 aus den Akten der elf beteiligten Beratungsstellen (zehn Hauptstellen, eine Nebenstelle) die Daten einer nach folgenden Kriterien ausgewählten *Klientenstichprobe*: An 9 Hauptstellen wurden je 20, von einer Hauptstelle und ihrer Nebenstelle 16 bzw. 15 Fälle ausgewählt, die im Jahr 1996 abgeschlossen worden waren und Beratung oder Therapie erhalten hatten (keine reinen „Infofälle"). Die insgesamt 211 Fälle sollten per Zufall (jeder 3., 6., 9. etc. Fall) aus den alphabetisch angelegten Klientenkarteien an den jeweiligen Stellen gezogen werden. In der Praxis wurde jedoch nicht kontrolliert, ob die Beratungsstellen bei der Zusammenstellung ihrer Fälle tatsächlich so vorgegangen sind. Die aus den Klientenakten erhobenen Daten umfassen soziodemographische Angaben (Alter und Geschlecht des angemeldeten Kindes), Informationen zur Familiensituation und zu weiteren sozialen Bezugsfeldern sowie Daten zum Hilfeverlauf (Diagnose, Verweildauer, Art der Hilfe, Abschlussbewertung des Beraters). Diese Daten ermöglichten erste verbandsinterne Analysen zur Prozess- und Ergebnisqualität der ausgewählten Fälle aus Beratersicht.
3. In einer dritten Analysestufe sollte der Beratungserfolg in den ausgewählten Fällen wissenschaftlich überprüft werden. Hierzu erhielt ich vom diözesanen Caritasverband den Auftrag, eine *Langzeitkatamnese* durchzuführen und dabei sowohl die Sichtweisen von Eltern als auch von Kindern bzw. Jugendlichen einzubeziehen.

4.1.2 Perspektiven- und Methodenkombination zur Evaluation von Erziehungsberatung

In Kapitel 3 wurden die Schwachstellen der bisher durchgeführten katamnestischen Evaluationsstudien zur Erziehungsberatung ausführlich beschrieben: Die Analysen beschränken sich entweder ganz auf die Sichtweise der Eltern (in den meisten Fällen) oder auf die der Kinder (Lenz, 2001b). Ein Perspektivenvergleich zwischen Eltern und Kinder fehlt bislang (abgesehen von den rudimentären Ansätzen dazu bei Straus et al., 1988) genauso wie eine Befragung von betroffenen Jugendlichen. Analog hierzu verwenden die Evaluatoren in der Regel nur einen methodischen Zugang – entweder quantitativ per Fragebogen oder qualitativ per Interview –, ohne die damit verbundenen Defizite (vor allem mangelnde interne oder externe Validität) kompensieren zu können.

Die vorliegende Evaluationsstudie kann als Beitrag zur Überwindung dieser stagnierenden Forschungssituation im Bereich der Erziehungsberatung verstanden werden. Mit ihrer methodischen Anlage soll in zweifacher Hinsicht Neuland betreten werden:

a) Vergleich unterschiedlicher Perspektiven zur Beratung
Gemäß des Evaluationsauftrages ist die Studie so angelegt, dass sowohl die Perspektive der beratenen Eltern als auch das subjektive Erleben der Kinder und Jugendlichen Gegenstand der Untersuchung ist. Zudem wird die Einschätzung der jeweiligen Berater in die Analysen mit einbezogen. Damit kann ein systematischer Vergleich der unterschiedlichen Sicht- und Erlebnisweisen der Beratungsbeteiligten gezogen werden. Auch unter dem Aspekt, dass die Frage nach Beratungserfolg oder -misserfolg immer eine Frage der Perspektive ist (Höfer & Straus, 1991, S. 161), ist die Nutzung verschiedener Datenquellen unerlässlich, um ein umfassendes, komplexes Gesamtbild des Beratungsgeschehens zu erhalten (Langenmayr & Kosfelder, 1998).

b) Verbindung von quantitativen und qualitativen Methoden
Die Wahl des methodischen Zugangs ist in der vorliegenden Studie an der jeweiligen Fragestellung und den zu befragenden Forschungssubjekten orientiert:

Die subjektive Bewertung von Beratungsprozess und -ergebnis durch *Eltern* und *Berater* wird quantitativ mit standardisierten Fragebogeninstrumenten (vgl. 4.4.1 und 4.4.2) erhoben. *Kinder* und *Jugendliche* werden mittels qualitativ-interpretativem Leitfadeninterview (vgl. 4.4.3) zur erhaltenen Beratung und deren Auswirkungen befragt.

Durch die gewählte *Methodenkombination* können die Vorzüge beider methodischer Zugänge zur Beschreibung der Beteiligtenperspektiven genutzt werden (Engler, 1997): Qualitative Ansätze zielen auf das Verständnis tiefer liegender Sinnstrukturen („Tiefe"), während die breiter angelegten quantitativen Untersuchungen in der Regel Repräsentativität und generalisierende Aussagen anstreben.

Die Einzelmethoden werden dabei nicht ohne inhaltliche Verbindung nebeneinandergestellt, sondern wechselseitig abgestimmt. So sind beispielsweise die Eltern- bzw. Beraterfragebögen und der Interviewleitfaden für Kinder und Jugendliche inhaltlich aufeinander bezogen, die Ergebnisse der quantitativen Elternbefragung werden zum Teil als Auswahlkriterien für die Interviewfälle herangezogen. In Fragebogenantworten auftauchenden Konstellationen (z. B. „unser Kind fühlte sich in der Beratung nicht wohl") kann in den Interviews nachgegangen werden („von der Breite in die Tiefe"). So kombiniert, wird es möglich, die „blinden Flecken" des jeweiligen methodischen

Zugangs zu erhellen: „Studies that use only one method are more vulnerable to errors linked to that particular method (...) than studies that use multiple methods in which different types of data provide cross-data validity checks" (Patton, 2002, p. 248).

Mit dem für die Psychotherapieforschung verschiedentlich geforderten Einsatz qualitativer Methoden kann versucht werden, die eigentlichen, vom Individuum erlebten Ursachen der Veränderungseffekte zu ergründen und zusätzlich Informationen zu liefern (Petermann et al., 1997). Entsprechende Befunde zu so genannten „Mikro-Mediatoren" erleichtern die Beantwortung der Frage nach der Generalisierbarkeit der zu vermutenden kausalen Beratungseffekte (Bortz & Döring, 1995, S. 487).

Der *qualitativ-interpretative Zugang* ist darüber hinaus durch seine Grundelemente „Offenheit" und „Kommunikation" (Richter, 1997; Lenz, 1998c) besonders dafür geeignet, die von der Erwachsenenperspektive möglicherweise abweichenden Denk- und Erlebnisweisen der Kinder und Jugendlichen zu rekonstruieren. Das Prinzip der Offenheit impliziert, dass die Erforschung der Sichtweise der Betroffenen nicht durch Vorannahmen und Vorstrukturierungen (wie z. B. bei einem standardisierten Fragebogen) gesteuert bzw. beeinflusst wird (Fuchs-Heinritz, 1993). Damit soll es den Kindern und Jugendlichen in den Interviews ermöglicht werden, ihre eigene subjektive Perspektive zu entfalten. Der kommunikative Aspekt der Methode erlaubt es dem Forscher, sich getragen durch das gegenseitige Vertrauensverhältnis in der Interviewsituation an die „fremde" Kinder- bzw. Jugendlichenwelt verstehend anzunähern. Für die Kinder und Jugendlichen eröffnet sich dabei die Möglichkeit, dem erwachsenen Forscher gegenüber Gefühle und Gedanken zu artikulieren, die bei einem anderen methodischen Zugang ungesagt, weil ungefragt blieben (Heinzel, 1997). Durch den interaktiven Charakter des Interviews kann zudem flexibler als bei quantitativen Methoden auf den kognitiven und intellektuellen Entwicklungsstand der Interviewpartner eingegangen werden.

Ziel der zugrunde liegenden qualitativen Forschungslogik ist es nicht, vorgefertigte Theorien oder Variablen zu überprüfen oder zu repräsentativen Aussagen zu gelangen, was infolge der kleinen Stichproben ohnehin nicht möglich wäre. Es wird vielmehr angestrebt, neue Zusammenhänge zu entdecken und latente Sinnstrukturen und Bedeutungsgehalte zu verstehen. Damit eignet sich dieser Zugang insbesondere für die in dieser Untersuchung erstmals aufgeworfenen Fragestellungen bzw. Hypothesen bezüglich des Zusammenhangs zwischen Erziehungsberatung und Kohärenzsinn (vgl. 4.2.3).

Im Evaluationskontext begegnen qualitative Methoden jedoch einem spezifischen Analysegegenstand (den Bewertungen der Beteiligten), was aus methodologischer Sicht *offene Fragen* provoziert (vgl. Lüders & Haubrich, 2002), die bisher weitgehend undiskutiert blieben und hier nur aufgeworfen werden können:

Der Fokus des qualitativen Zugangs liegt auf dem Sinnverstehen und der Sinndeutung des impliziten oder latenten Bedeutungsgehaltes des erhobenen Materials (Jaeggi & Faas, 1993). Dazu wird sowohl „Gesagtes in" als auch „Ungesagtes zwischen den Zeilen" zur Auswertung gebracht. Daten werden auf verschiedenen Sinnebenen erhoben und unter Herstellung von Kontextbezug interpretiert (vgl. z. B. Deutungsmusteranalyse; Lüders & Meuser, 1997). Widersprüche zwischen expliziten und impliziten Inhalten können in den Analysen aufgedeckt werden – „mit anderen Worten, das qualitative Interview erlaubt dem Befragten, sich zu widersprechen" (Hohl, 2001, S. 251). Durch den Auftrag zur Evaluation einer Hilfeleistung oder eines Programmes sehen sich jedoch auch qualitative Ansätze vor die Aufgabe gestellt, „Bewertungsleistungen" („Die InformantIn soll den Gegenstand bewerten", Langer, 2001, S. 25) systematisch anzuregen und adäquat auszuwerten (Lüders & Haubrich, 2002). Besonderheiten und Probleme, die sowohl die gezielte Evokation als auch die Analyse bewertender Aussagen für die üblicherweise offene und interpretative Herangehensweise bergen, tauchen in der entsprechenden Forschungsliteratur (z. B. Froschauer & Lueger, 1996; v. Kardorff, 2000) bisher nicht auf. „Opinion and Values Questions" beschreibt Patton (2002, S. 350) zwar als eigenständigen Fragetypus, er thematisiert jedoch nicht, wie und anhand welcher Kriterien das damit gewonnene Material ausgewertet werden kann. So bleibt beispielsweise offen, nach welchen methodischen Regeln die von den Auftraggebern eingeforderten Evaluationsaussagen getroffen werden sollen, wenn die explizite Bewertung aus Klientensicht im Widerspruch zum impliziten Bedeutungsgehalt der Klientenaussagen steht.

4.1.3 Evaluationsdesign und Untersuchungsablauf

Die vorliegende Studie kann formal als *Fremdevaluation* gelten, da ich vom diözesanen Caritasverband als externer Evaluator damit beauftragt wurde. In den vier Fällen der zugrunde liegenden Klientenstichprobe, die ich im Jahr 1996 in meiner damaligen Funktion als Berater an einer der beteiligten Beratungsstellen betreut hatte, handelt es sich davon abweichend um eine Selbstevaluation. Somit war ich in der Lage – durch meine genauen Kenntnisse des Arbeitsbereiches bei gleichzeitigem Abstand zu Untersuchungsgegenstand und Auftraggeber – die Vorzüge von Selbst- und Fremdevaluation (vgl. Kasten 3.4) in meiner Funktion als Evaluator miteinander zu verknüpfen.

Die Evaluationsstudie konnte nur als retrospektive Einpunkterhebung und daher mit einer *summativen Grundausrichtung* durchgeführt werden, da ich den Evaluationsauftrag erst 1998 und damit nach Ende der Beratungen im Jahr 1996 erhielt. Veränderungsmessungen im Sinne eines Prä-Post-Vergleiches oder Gruppenvergleiche waren nicht möglich, da weder Informationen über mögliche abhängige Variablen zu Behandlungsbeginn (wie Symptomausprägung) noch Werte einer Kontrollgruppe vorliegen. Die *katamnestische Untersuchungsform* bietet dafür die Möglichkeit, die Stabilität von Beratungseffekten nach Beratungsende über einen längeren Zeitraum zu überprüfen. Im Gegensatz zu den seither durchgeführten und mit methodischen Schwächen behafteten Katamnesen (vgl. Kapitel 3) sollte die Aussagekraft der vorliegenden Studie durch repräsentative Stichproben (Zufallsauswahl, hohe Rücklaufquote) und adäquate Untersuchungsverfahren verbessert werden.

Abbildung 4.1 illustriert den *Ablauf der Untersuchung,* der sich in zwei Phasen einteilen lässt, und die einbezogenen Stichproben:

Abbildung 4.1: Untersuchungsablauf und Stichprobenbildung

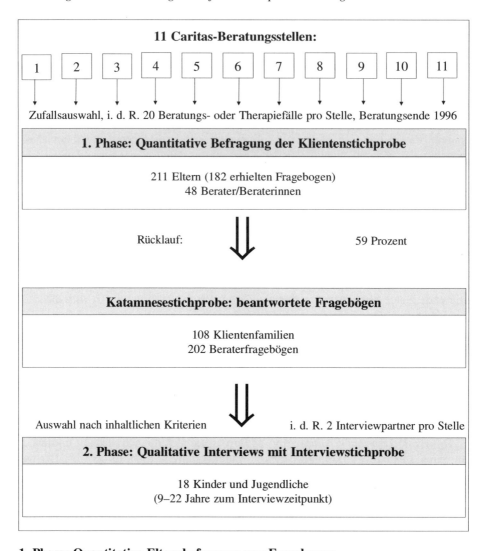

1. Phase: Quantitative Elternbefragung per Fragebogen

Im Herbst 1998 wurde den Eltern der 211 Klientenfamilien, die im Rahmen des Selbstevaluationsprojekts des diözesanen Caritasverbandes zufallsgesteuert ausgewählt worden waren (vgl. 4.1.1), ein Fragebogen mit einem vom mir formulierten, standardisierten Begleitbrief (siehe Anhang) per Post zugeschickt. Damit beträgt der *Katamnesezeitraum* für die Elternbefragung je nach Zeitpunkt des Beratungsabschlusses im Jahr 1996 *zwischen zwei und drei Jahre*. Durch verschiedene Maßnahmen sollte ein möglichst hoher Fragebogenrücklauf gewährleistet werden:

Zum einen erhielten die Eltern die Fragebögen mit der Bitte um Mitwirkung von ihren ehemaligen Beratern (bei Fällen von inzwischen ausgeschiedenen Beratern übernahmen die Stellenleiter den Versand der Bögen). Gleichzeitig wurde jedoch auf eine strikte Einhaltung des Datenschutzes und die Wahrung der Anonymität der antwortenden Eltern geachtet: Die ausgefüllten und mit einer Codenummer versehenen Fragebögen wurden von den Eltern ohne Namensnennung und Absender per beigelegtem, frankiertem Rückumschlag direkt an die diözesane Caritaszentrale (und von dort aus an mich) geschickt. Damit konnte sichergestellt werden, dass die ehemaligen Berater nichts von den Klientenantworten in den Fragebögen erfahren konnten und ich als Auswerter die nur mit einer Nummer versehenen Bögen nicht auf einzelne Klientenfamilien zurückführen konnte.

Zum anderen erhielten die Eltern, die den Fragebogen ausgefüllt zurückgeschickt hatten, die Möglichkeit, als kleines „Dankeschön" für ihre Mitarbeit an einem Gewinnspiel teilzunehmen. Die dafür ausgeschriebenen, von Sponsoren gestifteten Preise wurden unter juristischer Aufsicht unter allen Teilnehmern am Gewinnspiel verlost. Rund zwei Wochen nach der Fragebogenzusendung wurde darüber hinaus ein Erinnerungsschreiben an alle Klientenfamilien verschickt (siehe Anhang).

Insgesamt 29 der 211 Klientenfamilien erhielten keinen Fragebogen, da sie entweder unbekannt verzogen waren oder wegen der fehlenden Kooperationsbereitschaft eines Beraters nicht angeschrieben werden konnten. Von den restlichen 182 Klientenfamilien schickten 108 ausgefüllte und auswertbare Fragebögen zurück, was einem für diesen Bereich außergewöhnlich hohen *Rücklauf* von 59 Prozent entspricht.

Parallel zur Elternbefragung füllten die jeweiligen *Berater* Beraterfragebögen zu den Klientenfällen aus. Insgesamt liegen für 202 der 211 Fälle Beratereinschätzungen vor.

2. Phase: Qualitative Interviews mit Kindern und Jugendlichen
Die Interviewpartner für die qualitative Befragung (Kinder und Jugendliche) wurden aus den Fällen der Katamnesestichprobe (beantwortete Fragebögen) ausgewählt (vgl. Abbildung 4.1). Damit konnten die Werte in den Eltern- und Beraterfragebögen, die für alle Interviewfälle vorlagen, bei der Auswahl der 18 Kinder und Jugendlichen für die qualitative Befragung berücksichtigt werden. Das genaue Vorgehen und die Auswahlkriterien sind unter 4.3.2 beschrieben. Die Codenummer der von mir ausgewählten, anonymisierten Beratungsfälle wurde den jeweiligen ehemaligen Beratern mitgeteilt (Wahrung der Anonymität). Diese luden die betreffenden Kinder und Jugendlichen zu den Interviews ein. Dazu verschickte der Berater die von mir formulierten, standardisierten Einladungsschreiben jeweils parallel und in getrennter Post an das betroffene Kind bzw. den Jugendlichen und seine Eltern. Einige Tage später wurde die Teilnahmebereitschaft vom Berater telefonisch abgefragt (bei Kinder unter 18 Jahren wurde zusätzlich die Einwilligung der Eltern eingeholt) und ggf. ein Interviewtermin vereinbart. Um ein einheitliches Vorgehen sicherzustellen, hatten die Berater zuvor ein Informationsblatt über Durchführung und Ablauf der katamnestischen Interviews erhalten.

Die Teilnahme an den Gesprächen war für die Jugendlichen selbstverständlich freiwillig. Sie wurden von mir jeweils an der Beratungsstelle, an welcher der Jugendliche beraten worden war, zwischen Juli 1999 und Januar 2000 durchgeführt. Der *Katamnesezeitraum* für die qualitative Befragung schwankt damit zwischen *zweieinhalb und vier Jahren.* Um ihre Erinnerungen an die Beratung zu aktivieren, sollten die Jugendlichen in dem Beratungs- oder Therapieraum interviewt werden, der ihnen von ihren Beratungssitzungen her vertraut war.

Der konkrete *Ablauf* der katamnestischen Interviews gliederte sich in drei Phasen: In einer *Einstiegssequenz* wurde zunächst informell Kontakt zu den Interviewpartnern aufgenommen und das Forschungsinteresse mit der den Interviews zugrunde liegenden Fragestellung erläutert. Um das Interview deutlich von einem Beratungsgespräch abzugrenzen, wurde die Interviewrolle der Kinder- und Jugendlichen als „Experten", die über eine Beratung aus Sicht der Betroffenen Auskunft geben können, angesprochen. Ferner wurde ihnen versichert, dass ihre ehemaligen Berater und ihre Eltern keinesfalls über den Inhalt des Gespräches informiert und ihre Angaben streng vertraulich behandelt werden.

Die eigentliche *Interviewphase* (Leitfadenbeschreibung unter 4.4.3) nahm in der Regel eine bis eineinhalb Stunden in Anspruch und wurde mit Einverständnis der Kinder und Jugendlichen vollständig auf Band aufgezeichnet. Zu Beginn dieser Sequenz wurden die Interviewpartner gebeten, ein Bild zu ihrer Beratungserfahrung zu zeichnen. Die meisten Kinder und Jugendlichen thematisierten den Inhalt ihrer Zeichnungen im weiteren Interviewverlauf.

Zum *Abschluss* des Gespräches wurden den Interviewpartnern zwei kurze Fragebögen (Beschreibung unter 4.4.3 bzw. 4.4.4) vorgelegt, zu denen, nach dem Ausfüllen, noch Nachfragen gestellt werden konnten. Als Anreiz und Dank für die Interviewteilnahme erhielten die Kinder und Jugendlichen am Ende des Gespräches ein kleines Geschenk (Kino-Gutschein).

4.2 Zentrale Fragestellungen der Studie

Vor dem Hintergrund des beschriebenen Evaluationsauftrages war es die zentrale *Zielsetzung* der vorliegenden Studie, Informationen und Erkenntnisse zu gewinnen, an Hand derer sich die Qualität der Jugendhilfeleistung „Erziehungsberatung" bewerten lässt. Folgende zwei Kriterienbereiche sollten dazu untersucht und zur Beurteilung der Beratungsprozesse und -ergebnisse herangezogen werden:

a) Im Sinne einer stärkeren Klientenorientierung, die sowohl für das KJHG (als gesetzliche Grundlage der institutionellen Erziehungsberatung) als auch für die Ansätze zur Qualitätssicherung leitend ist, wurden die retrospektiven *Einschätzungen der Klienten* zu Prozess und Ergebnis der erhaltenen Beratung ermittelt. Die Klientenzufriedenheit und die von den Klienten wahrgenommenen Beratungseffekte dienten dabei als zentrale Evaluationskriterien für die Prozess- und Ergebnisqualität der zu untersuchenden Beratungsfälle. Da die Frage nach dem Beratungserfolg aus unterschiedlichen Sichtweisen (Kinder, Eltern, Berater) divergierend beantwortet werden kann (Problem der Multiperspektivität, vgl. 3.3.2), sollten die *verschiedenen Nutzerperspektiven* in die Analysen einbezogen und miteinander verglichen werden. Ferner soll im Hinblick auf die in Kapitel 3.3 vorgestellte Befundlage ermittelt werden, welche Aspekte des Beratungsgeschehens mit dem Beratungserfolg aus Elternsicht – definiert als Beratungszufriedenheit und Veränderungserleben – assoziiert sind.

b) In Kapitel 1.3 konnte aufgezeigt werden, welchen neuartigen Problemlagen und Anforderungen sich sowohl die Erziehungsberatung als auch ihre Klienten (Kinder, Jugendliche und Familien) im Kontext gesellschaftlicher Modernisierungsprozesse ausgesetzt sehen: Die Berater bekommen es verstärkt mit Menschen zu tun, die im Zuge von „Ent-Traditionalisierung" und „Individualisierung" Diskontinuitäten und Verunsicherungen erleben und verloren gegangene Orientierungen suchen. Die (post)moderne Erziehungsberatung steht vor der Aufgabe, ihre Klienten bei einer produktiven Lebensbewältigung zu unterstützen und dafür hilfreiche Kompetenzen zu stärken. Dem entspricht die in Kapitel 2.5 skizzierte beraterische Förderung der Kompetenzaspekte, die mit dem Konzept des *Kohärenzsinns* auf individueller (SOC) und familialer (FSOC) Ebene konzeptualisiert wurden: die Entwicklung eines positiven Bildes der eigenen bzw. familiären Handlungsfähigkeit (Handhabbarkeit), die Stärkung der Ambiguitätstoleranz (Verstehbarkeit) sowie die Gewinnung von subjektivem Lebenssinn (Sinnhaftigkeit). Angesichts der potentiell salutogenen Wirkungen des Kohärenzsinns ist daher die bis dato noch nicht untersuchte Fragestellung von besonderem Interesse, ob und wie SOC und FSOC im Rahmen einer Erziehungsberatung gestärkt werden können.

Aus diesen übergeordneten Zielsetzungen können weitere differenzierte *Fragestellungen* zu den folgenden drei inhaltlichen Untersuchungsbereichen abgeleitet werden.

4.2.1 Beratungsbewertung aus der Sicht von Jugendlichen, Eltern und Beratern

Zur Beantwortung der zentralen Frage, wie die Beratung aus unterschiedlichen Perspektiven bewertet wird, sollte untersucht werden, wie zufrieden sich Klienten und Berater mit der erhaltenen Beratung zeigen und über welche Veränderungen bzw. Beratungseffekte sie berichten. Daneben war vor dem Hintergrund der bisher ermittelten empirischen Befunde (vgl. 3.3) von Interesse, ob sich hinsichtlich folgender Aspekte *Perspektiven- und Bewertungsunterschiede* zeigen:

a)	**Erfolgseinschätzung:**	Eltern zeigen sich zufriedener mit der Beratung und berichten mehr Beratungseffekte als Kinder bzw. Jugendliche und Berater.
b)	**Veränderungsattribution:**	Berater führen wahrgenommene Problemveränderungen stärker auf die Beratung zurück als Klienten.
c)	**Diskrepanzphänomen:**	Das Ausmaß der Beratungszufriedenheit der Klienten übersteigt den Umfang der wahrgenommenen Problemveränderungen.

> **d)** **Settingunterschiede:** Beratungen im Einzelsetting werden von den Klienten (insbesondere von Kindern und Jugendlichen) positiver bewertet als Beratungen im Familiensetting.

Besonderes Augenmerk wurde dabei auf die Frage gerichtet, welche Aspekte des Beratungsgeschehens von Kindern und Jugendlichen anders erlebt werden als von ihren Eltern. Über die Ergebnisse zu diesem Fragekomplex berichtet Kapitel 5.

4.2.2 Assoziierte Faktoren des Beratungserfolgs aus Elternsicht

Die empirische Befundlage zur Erziehungsberatung leidet unter den methodischen Defiziten der bisher vorliegenden Untersuchungen (vgl. 3.3.1): In vielen Fällen wurden nur Häufigkeitswerte berechnet, deren Repräsentativität zudem in Frage gestellt werden muss. Demgegenüber sollte in der vorliegenden Studie – mit verbesserten methodischen Zugängen und Erhebungsverfahren – systematisch der explorativen Fragestellung nachgegangen werden, welche Aspekte im Kontext einer Beratung mit Beratungszufriedenheit und Veränderungseffekten assoziiert sind. Daher sollte analysiert werden, welche *Zusammenhänge* sich mit folgenden, im Hinblick auf die in Kapitel 3.3 skizzierten Befunde relevanten Variablen zeigen:

> **a)** **Soziodemographische Variablen:** Geschlecht, Alter, Familientyp, Schicht- und Bildungsniveau der Klienten.
> **b)** **Zugangsvariablen:** Beratungsanlass, Motivation, Vorerfahrung, Erwartungen, Bedenken, Leidensdruck, institutionelle Rahmenbedingungen.
> **c)** **Prozessvariablen:** Beratungsdauer, Beratungssetting, Qualität der Beratungsbeziehung, Vorgehen in der Beratung bzw. Beratungsmethode.
> **d)** **Beratermerkmale:** Alter, Geschlecht, Grundberuf, Zusatzausbildung, Berufserfahrung.

Darüber hinaus sollte durch multivariate Zusammenhangsanalysen spezifiziert werden, durch welche assoziierten Merkmale zufriedene und erfolgreiche Klienten gekennzeichnet sind. Die Analysen zu diesem Themenbereich finden sich in Kapitel 6.

4.2.3 Zusammenhang zwischen Erziehungsberatung und Kohärenzsinn

Vor dem Hintergrund der in Kapitel 2.5 angeführten theoretischen Überlegungen sollten erstmals die *Zusammenhänge* zwischen dem Kohärenzsinn der Klienten und dem von ihnen erlebten Beratungserfolg untersucht werden. Ausgangspunkt dafür war die Überlegung, dass der Kohärenzsinn auf familiärer und individueller Ebene durch eine effektive und zufrieden stellende Beratung gefördert werden könnte. Aber auch die umgekehrte Wirkrichtung wäre denkbar: Ein starker Kohärenzsinn der Klienten bzw. Klientenfamilien könnte einen erfolgreichen und zufrieden stellenden Beratungsabschluss begünstigen. Angesichts dieser rekursiven Beziehung muss eine gegenseitige Beeinflussung in beide Richtungen angenommen werden, die empirisch in einer positiven Korrelation zwischen Kohärenzsinn und Beratungszufriedenheit und -effekten zum Ausdruck kommen müsste.

Im Hinblick auf die in Kapitel 2.4 skizzierten theoretischen und empirischen Zusammenhänge wurde weiter vermutet, dass ein starkes familiäres Kohärenzgefühl die Entwicklung und Ausprägung eines stabilen individuellen Kohärenzgefühles bei Kindern und Jugendlichen fördert und daher ein positiver Zusammenhang zwischen beiden Werten aufgezeigt werden kann. Kapitel 7 berichtet über die Befunde zu diesen Untersuchungshypothesen.

4.3 Beschreibung der Stichproben

4.3.1 Eltern

Die Elternstichprobe umfasste ursprünglich die 211 Fälle, die als *Klientenstichprobe* in das Selbstevaluationsprojekt des diözesanen Caritasverbandes eingegangen waren (die dafür herangezogenen Auswahlkriterien wurden bereits unter 4.1.1 beschrieben). Die *Katamnesestichprobe* wird von den 108 Klientenfamilien gebildet, die den Elternfragebogen ausgefüllt zurückgeschickt hatten (vgl. Abbildung 4.1).

Für die in Tabelle 4.1 bzw. Tabelle 4.3 aufgeführten *soziodemographischen und beratungsspezifischen Merkmale* liegen sowohl für die ursprüngliche Klientenstichprobe als auch für die Katamnesestichprobe Informationen vor.

Tabelle 4.1: Soziodemographische Daten der Klienten- und Katamnesestichprobe

Stichprobenmerkmale zu Beratungsbeginn		Klientenstichprobe (n = 211)		Katamnese (n = 108)		Prüfung* Selektion
Angemeldetes Kind:		n	%***	n	%***	
Geschlecht:	Mädchen	80	38 %	37	34 %	p = .33
	Jungen	131	62 %	71	66 %	
Alter:	< 6 Jahre	38	18 %	22	20 %	p = .27
	6–9 Jahre	88	42 %	37	35 %	
	10–14 Jahre	70	33 %	40	37 %	
	15–17 Jahre	13	6 %	8	7 %	
	> 18	2	1 %	1	1 %	
Klientenfamilie:						
Familientyp:	Vollständig	119	57 %	67	62 %	p = .33
	Stieffamilie	24	11 %	13	12 %	
	allein Erziehende	34	30 %	27	25 %	
	Pflegefamilie	4	2 %	1	1 %	

Stichprobenmerkmale zu Beratungsbeginn		Klientenstich-probe (n = 211)		Katamnese (n = 108)		Prüfung* Selektion
Anzahl Kinder:	1 Kind	46	22 %	14	13 %	p = .01**
	2 Kinder	104	49 %	57	53 %	
	3 Kinder	44	21 %	24	22 %	
	4 Kinder	11	5 %	9	8 %	
	> 4 Kinder	6	3 %	4	4 %	
Schicht:****	Unterschicht	38	19 %	17	15 %	p = .15
	Untere Mittelschicht	90	45 %	45	42 %	
	Obere/Mittelschicht	74	36 %	46	43 %	
Bildung:****	Hauptschule	55	27 %	27	25 %	p = .03**
	Mittlere Reife	41	20 %	19	18 %	
	Lehre	57	28 %	26	24 %	
	Abitur	9	4 %	7	6 %	
	Studium	40	20 %	29	27 %	
Staats-Angehörigk.:	deutsch	207	98 %	106	98 %	p = .96
	ausländisch	4	2 %	2	2 %	

Anmerkungen:: * Chi²-Test auf Äquivalenz zwischen Antwortern (n = 108) und Nicht-Antwortern (n = 103); ** Signifikanz; *** Prozentwerte wurden gerundet; **** Niveauschätzung der Berater (jeweils n = 202 für Klientenstichprobe).

Anhand dieser Daten kann zunächst der Frage nachgegangen werden, inwieweit die ursprünglich ausgewählte *Klientenstichprobe* die Grundgesamtheit aller im Jahr 1996 an den Caritas-Beratungsstellen betreuten Klientenfamilien repräsentiert. Verglichen mit der verbandsinternen Jahresstatistik (persönliche Mitteilung Caritasverband) und den Zahlen des statistischen Bundesamtes für institutionelle Beratung im Jahr 1996 (Statistisches Bundesamt, 1998) bildet die Stichprobe die zugrunde liegende Population hinsichtlich wesentlicher Kennwerte – wie Familientyp, Kinderzahl, Geschlecht des angemeldeten Kindes – ab. Bei einem Durchschnittsalter des angemeldeten Kindes von knapp neun Jahren (8,93; SD: 3,77) zeigen sich in der Altersverteilung der Klientenstichprobe leichte Abweichungen zur Grundgesamtheit: Kinder im Grundschulalter (6 bis 9 Jahre) sind in der Stichprobe überrepräsentiert (42 % vs. 34 %), während Jugendliche über 15 Jahren mit einem siebenprozentigen Anteil im Vergleich zur Grundgesamtheit (15 %) zu schwach vertreten sind.

Im Hinblick auf die Diskussionen zur Öffnung der Erziehungsberatung für weitere Bevölkerungsschichten (vgl. Kapitel 1.2.3) zeigt sich, dass Klienten aus unteren sozialen Schichten – gemessen an den Beratereinschätzungen zu Schicht- und Bildungsniveau der Klientenfamilien – in der Klientenstichprobe nicht unterrepräsentiert sind. Dagegen ist der Anteil von Familien mit ausländischer Staatsangehörigkeit mit zwei Prozent vergleichsweise gering (bundesweit rund fünf Prozent; Statistisches Bundesamt, 1998). Abgesehen von den angeführten Abweichungen scheint die ausgewählte Stichprobe die Grundgesamtheit der EB-Klienten gut zu repäsentieren.

4.3 Beschreibung der Stichproben

Für die *Katamnesestichprobe* können noch weitere Daten herangezogen werden, die über den Elternfragebogen erhoben wurden: Ausgefüllt wurde der Fragebogen in den meisten Fällen alleine von den Müttern (67 % der Fälle), selten alleine von Vätern (9 %). In rund einem Viertel der Fälle füllten die Eltern (16 %) oder die ganze Familie (8 %) den Fragebogen gemeinsam aus. Das Durchschnittsalter der angemeldeten Kinder zu Beratungsbeginn liegt knapp über neun Jahren (9,17; SD: 3,78), das der Mütter (36,13; SD: 5,33) ist über drei Jahre niedriger als das der Väter (39,77; SD: 6,14). Tabelle 4.2 gibt einen Überblick über Altersverteilung und Bildungsabschluss der Mütter und Väter der Klientenfamilien:

Tabelle 4.2: Stichprobencharakteristika der Katamnesestichprobe für Mütter und Väter

Merkmale Katamnesestichprobe		Mütter (n = 105)		Väter (n = 97)	
		n	%*	n	%*
Alter:	34 Jahre	34	32 %	14	14 %
	34–36 Jahre	25	24 %	20	21 %
	37–39 Jahre	23	22 %	19	20 %
	> 39 Jahre	23	22 %	44	45 %
Bildung:**	Hauptschule	21	20 %	19	19 %
	Mittlere Reife	24	23 %	9	9 %
	Lehre	35	33 %	36	38 %
	Abitur	8	8 %	1	1 %
	Studium	17	16 %	32	33 %

Anmerkungen: * Prozentwerte wurden gerundet; ** Elternangaben

Beratungsspezifische Merkmale für die Fälle in der Klienten- und Katamnesestichprobe – Terminhäufigkeit, Beratungsdauer und vorwiegendes Beratungssetting – enthält Tabelle 4.3. Die Beratungsanlässe der Katamnesefälle sind in Kapitel 5.1.1 aufgeführt.

Die durchschnittliche Anzahl der Beratungstermine unterscheidet sich in der Klientenstichprobe mit 18,6 Terminen (Streuung 26,2) nur unwesentlich von der Katamnesestichprobe (17,8 Termine; Streuung 25,6). Auch die durchschnittliche Beratungsdauer in Monaten ist in beiden Stichproben in etwa gleich lang, sie beträgt in der Klientenstichprobe 8,60 Monate (Streuung 8,59) und in der Katamnesestichprobe 8,73 (Streuung 8,78). In beiden Gruppen überwiegen die Fälle, in denen der Beratungsprozess innerhalb eines halben Jahres und mit weniger als elf Beratungsterminen abgeschlossen wurde. Die Beratungsdauer liegt in den Stichproben dennoch etwas höher als die bundes- bzw. bayernweiten Durchschnittswerte (Bayern: 7,2 Sitzungen). Dafür ist der vergleichsweise hohe Anteil an Langzeitberatungen in beiden Stichproben mit verantwortlich: Rund ein Viertel der Klientenfamilien befand sich länger als eine Jahr in Beratung (Maximum: 46 Monate) und erhielt dabei mehr als 20 Sitzungstermine (Maximum: 180 Termine), was als Indiz für die an vielen Beratungsstellen noch immer vorherrschende therapeutisch-orientierte Arbeitsweise gewertet werden kann.

Tabelle 4.3: Beratungsspezifische Merkmale der Klienten- und Katamnesestichprobe

Stichprobenmerkmale*		Klientenstichprobe (n = 211)		Katamnese (n = 108)		Prüfung Selektion
		n	%***	n	%***	
Beratungsdauer:						
Anzahl Sitzungen:	< 6 Termine	49	23 %	30	28 %	p = .60**
	6–10 Termine	65	31 %	30	28 %	
	11–15 Termine	24	12 %	12	11 %	
	16–20 Termine	20	9 %	10	9 %	
	> 20 Termine	53	25 %	26	24 %	
Monate:	< 4 Monate	73	35 %	34	32 %	p = .90**
	4–6 Monate	47	22 %	24	22 %	
	7–9 Monate	32	15 %	18	17 %	
	10–12 Monate	17	8 %	7	6 %	
	> 12 Monate	42	20 %	25	23 %	
Beratungssetting: (in über 50 % der Sitzungen)						
Diagnostiksitzung mit dem Kind:		12	6 %	9	26 %	p = .24**
Einzelsitzung mit dem Kind:		63	31 %	28	26 %	
Sitzung mit Kind und Elternteil:		28	13 %	19	18 %	
Einzelsitzung mit Elternteil:		64	30 %	34	32 %	
Paarsitzung mit den Eltern:		20	9 %	10	9 %	
Familiensitzung:		16	8 %	8	7 %	

Anmerkungen: * Angaben der Berater (n = 203 bei Beratungssetting); ** Chi^2-Test auf Äquivalenz zwischen Antwortern (n = 108) und Nicht-Antwortern (n = 103); *** Prozentwerte wurden gerundet

Die Zahlen zum vorwiegenden Beratungssetting in den Stichproben zeigen, dass trotz der häufig anzutreffenden familientherapeutischen Zusatzqualifikationen bei Beratern in zwei Drittel der Fälle überwiegend im Einzelsetting – Diagnostik oder Beratungssitzungen mit Kindern oder Elternteilen allein – beraten wurde.

Der für die Repräsentativität der Katamnesestichprobe entscheidenden Frage, ob es durch den „drop-out" infolge unbeantworteter Elternfragebögen zu systematischen Verzerrungen im Vergleich zur ursprünglichen Klientenstichprobe gekommen ist, wird im folgenden Abschnitt nachgegangen.

Zur *Überprüfung der Äquivalenz* zwischen der Katamnesestichprobe (n = 108) und der Gruppe der „Nicht-Antworter" (n = 103) wurden je nach Datenniveau Chi²-Tests oder t-Tests berechnet.

Bezüglich der *soziodemographischen Merkmale* zeigen sich nur zwei signifikante Unterschiede zwischen beiden Gruppen (vgl. Tab. 4.1): In der Katamnesestichprobe befinden sich überproportional viele Klientenfamilien mit höheren Bildungsabschlüssen, dagegen sind Familien mit nur einem Kind unterrepräsentiert. Personen mit niedrigerem Bildungsniveau waren möglicherweise weniger motiviert, an der schriftlichen Befragung mit einem vergleichsweise umfangreichen Fragebogen teilzunehmen. Dass überproportional viele „Einkind-Familien" den Fragebogen nicht bearbeitet haben, lässt sich nicht ohne weiteres erklären, zumal die Anmeldegründe zur Beratung in beiden Gruppen in etwa gleich verteilt sind.

Weitere Vergleichsmöglichkeiten bieten die *Beratereinschätzungen* in den Beraterfragebögen, die für die Fälle in beiden Gruppen vorliegen (vgl. Tab. 4.4).

Tabelle 4.4: Beratereinschätzungen des Beratungserfolges für „Antworter" und „Nicht-Antworter"

Beratereinschätzung		„Nicht-Antworter"**		„Antworter"**	
		n (= 97)	%*	n (= 105)	%*
Fall:	*unzutreffend*	4	4 %	6	6 %
	unverändert	8	8 %	2	2 %
	teilweise gebessert	70	74 %	70	65 %
	vollständig gebessert	13	14 %	29	27 %

Anmerkungen: * Prozentwerte wurden gerundet; ** Fälle, zu denen Beratereinschätzungen vorlagen

Hier zeigt sich gemäß der fallbezogenen Abschlussbewertung der Berater, dass in der Katamnesestichprobe „erfolgreichere" Fälle aus Sicht der Berater leicht überrepräsentiert sind (Chi² = .02; df: 3). Die Fälle in der Katamnesestichprobe erzielen zudem signifikant höhere Werte auf der Skala „Globale Zufriedenheit" (GZ) des Beraterfragebogens (MW: 2,89 (SD: .49) vs. 2,71 (SD: .64; t(192): 2,15, p=.03)). Die Beratereinschätzung des beratungsspezifischen Veränderungsanteils („Attributionsfrage") unterschied die beiden Gruppen dagegen genauso wenig wie Beratervariablen (Alter, Berufserfahrung).

Hinsichtlich der Verteilung *beratungsspezifischer Merkmale* (Beratungsdauer und -setting, Anlass) differieren die Stichproben ebenfalls nicht signifikant.

Entsprechend dieser Befunde kann die Katamnesestichprobe bezüglich der meisten untersuchten Merkmale als repräsentativ für die Grundgesamtheit gelten. Alleine die Schulbildung der Klienten in der Katamnesestichprobe sowie die Erfolgseinschätzungen aus Beratersicht weichen von den Werten in der zufällig ausgewählten Klientenstichprobe ab.

4.3.2 Kinder und Jugendliche

Die Interviewstichprobe umfasst 18 Kinder bzw. Jugendliche, die aus den 108 Klientenfamilien der Katamnesestichprobe als Interviewpartner ausgewählt wurden (vgl. Abbildung 4.1).

Gemäß des qualitativen methodischen Zugangs lagen der Auswahl der Interviewteilnehmer weniger statistische Repräsentativitätsgesichtspunkte als vielmehr methodische und inhaltliche Aspekte (inhaltliche Repräsentation des Untersuchungsfeldes, vgl. Merkens, 1997) zugrunde: Zunächst wurden Fälle ausgeschlossen, in denen sich die Beratung über weniger als drei Termine erstreckte oder die Kinder zu Beratungsbeginn jünger als sechs Jahre alt waren. Damit sollte sichergestellt werden, dass sich die interviewten Kinder und Jugendlichen trotz des langen Katamnesezeitraumes noch differenziert an die Beratung erinnern können. Im Sinne eines „gezielten (purposive) Sampling" (Patton, 1990) war für die Auswahl weiter maßgebend, ein möglichst breites Spektrum an Sicht- und Erfahrungsweisen mit ihren zugrunde liegenden Bedingungsfaktoren zu erheben, um der Vielschichtigkeit des Beratungsgeschehens gerecht zu werden. In der Interviewstichprobe sollten daher Fälle vertreten sein, die aus divergierenden Anlässen in unterschiedlichen Settings verschieden lange beraten und deren Verlauf bzw. Ergebnis von den Eltern heterogen bewertet wurde *(Auswahlkriterien „Beratungsanlass", „Setting", „Beratungsdauer", „Zufriedenheits- und Veränderungseinschätzung Eltern")*. Die Stichprobe sollte ferner bezüglich der Geschlechts-, Schicht- und Altersverteilung, der Familienformen und der Ausprägungen des Familien-Kohärenzsinns die Verhältnisse in der Katamnesestichprobe widerspiegeln.

Im Zuge des Auswahlverfahrens wurden insgesamt 40 Kinder und Jugendliche ausgewählt und um eine Interviewteilnahme gebeten, um mindestens 2 Interviews pro Beratungsstelle realisieren zu können. Von den 40 angefragten Fällen konnten nur 18 Interviews an 10 Beratungsstellen tatsächlich durchgeführt werden. Zehn Kinder- und Jugendliche waren nicht zum Gespräch zu motivieren, bei zwölf weiteren war aus anderen Gründen (Umzug, Beraterweigerung zur Kooperation) kein Interview möglich. Angesichts dieser Ausfallquote stellt sich natürlich die Frage, inwieweit mit der resultierenden Stichprobe die angestrebte Vielfalt bezüglich der Auswahlkriterien eingehalten werden konnte.

Die dazu durchgeführten statistischen Äquivalenzüberprüfungen (Chi^2- bzw. t-Tests) zwischen Interviewstichprobe (n = 18) und den nicht-interviewten Fällen der Katamnesestichprobe (n = 90) erbrachte nur den aufgrund der Altersbegrenzung zu erwartenden signifikanten Altersunterschied (Mittelwert der Interviewten zu Beratungsbeginn: 12,44; SD: 3,47). Bezüglich aller anderen Auswahlkriterien zeigten sich keine bedeutsamen Verzerrungen, die Interviewstichprobe scheint demnach die Verhältnisse in der Katamnesestichprobe zu reflektieren. Allerdings könnte der hohe Anteil unmotivierter „Interviewverweigerer" ein Indiz dafür sein, dass Kinder- und Jugendliche, die – eventuell im Unterschied zu ihren Eltern – die Beratung eher negativ bewerten, in der Interviewstichprobe unterrepräsentiert sind.

Tabelle 4.5 gibt einen Überblick über die *soziodemographischen Merkmale* der Interviewstichprobe zu Beratungsbeginn. Die darin aufgeführten Häufigkeiten bezüglich

Geschlecht, Familienform und Schicht- bzw. Bildungsniveau illustrieren, dass die Verhältnisse in der Katamnesestichprobe mit der Interviewstichprobe gut abgebildet wurden.

Tabelle 4.5: Soziodemographische Daten der Interviewstichprobe zu Beratungsbeginn

Merkmale Interview-stichprobe		Weiblich (n=6)	Männlich (n=12)	Insgesamt n
Alter:	< 6 Jahre	–	1	1
	7 Jahre	–	1	1
	9 Jahre	–	1	1
	10 Jahre	1	2	3
	11 Jahre	1	–	1
	12 Jahre	–	1	1
	13 Jahre	1	–	1
	14 Jahre	1	4	5
	16 Jahre	–	1	1
	17 Jahre	2	1	3
Familie:	Vollständig	3	7	10
	Stieffamilie	1	1	2
	Alleinerziehende	2	4	6
Schicht:**	Unterschicht	–	3	3
	Untere Mittelschicht	3	4	7
	Obere/Mittelschicht	6	2	8
Bildung:**	Hauptschule	2	1	3
	Mittlere Reife	2	2	4
	Lehre	2	2	4
	Abitur	2	–	2
	Studium	4	1	5

Anmerkung: ** Schätzung der Berater zu Schicht- und Bildungsniveau der Klientenfamilie

Die ausgewählten Interviewpartner decken den Altersbereich zwischen 6 und 17 Jahren – mit einem Übergewicht von Jugendlichen ab 14 Jahren (n = 8) – ab. Bedingt durch das Altersauswahlkriterium (älter als fünf Jahre zu Beratungsbeginn) liegt das Durchschnittsalter mit rund zwölf Jahren höher als in der Katamnesestichprobe.

Das Interview mit einem zu Beratungsbeginn sechsjährigen Klienten konnte wegen mangelndem Erinnerungsvermögen an die Beratung nicht in die Auswertung einbezogen werden. Da das Alter der anderen 17 Interviewpartner, deren Angaben in die Auswertung eingingen, zum Interviewzeitpunkt zwischen 13 und 22 Jahren lag, werden sie im Weiteren als „*Jugendliche*" bezeichnet.

Tabelle 4.6 zeigt die beratungsspezifischen Merkmale der ausgewählten Interviewpartner.

Die Zahlen verdeutlichen, dass die bei der Auswahl angestrebte Heterogenität der Fälle bezüglich Beratungsdauer, Terminhäufigkeit und vorwiegendem Beratungssetting erreicht werden konnte: Die Interviewstichprobe enthält sowohl Fälle, die über einen kurzen Zeitraum mit bis zu zehn Terminen behandelt wurden (zehn Fälle), als auch fünf Langzeitberatungen mit mehr als zwanzig Terminen. Die Hälfte der Interviewpartner wurde vorwiegend im Einzelsetting beraten. Angaben zu den Beratungsanlässen der Fälle finden sich in Kapitel 5.

Tabelle 4.6: Beratungsspezifische Merkmale der Interviewstichprobe (nach Beraterangaben)

Anzahl der Sitzungstermine				
< 6 Termine	6–10 Termine	11–15 Termine	16–20 Termine	> 20 Termine
n = 5	n = 5	n = 1	n = 2	n = 5
Beratungsdauer in Monaten				
< 4 Monate	4–6 Monate	7–9 Monate	10–12 Monate	> 12 Monate
n = 6	n = 4	n = 3	–	n = 5
Vorwiegendes Beratungssetting (in mehr als 50 % der Sitzungen)				
Kind alleine	Kind + Elternteil	Elternteil alleine	Paarsitzung	Familiensitzung
n = 9	n = 1	n = 3	n = 1	n = 4

Anmerkung: Interviewstichprobe: n = 18

4.3.3 Berater und Beratungsstellen

Tabelle 4.7 beinhaltet Angaben zu den 48 Berater von 202 Fällen der ursprünglichen Klientenstichprobe sowie zu den 24 Berater der 108 Fälle der Katamnesestichprobe.

Das Durchschnittsalter der Berater der Klientenstichprobe betrug zum Erhebungszeitpunkt 46 Jahre (45 Jahre in der Katamnesestichprobe). Ihre *Berufserfahrung* in der Erziehungsberatung bis zum Jahr 1996 schwankte zwischen wenigen Monaten bis zu 34 Jahren Tätigkeit in diesem Bereich (Durchschnitt: 14 Jahre, Katamnesestichprobe: 13 Jahre).

Die anderen Angaben entsprechen den für die institutionelle Erziehungsberatung typischen Verteilungen, über die in Kapitel 1 berichtet wurde: Bei den Grundberufen der Berater überwiegen mit über 60 Prozent Diplompsychologen, während die mit Abstand am häufigsten genannte Zusatzqualifikation eine Ausbildung in systemischer Familientherapie ist.

Die elf *Beratungsstellen,* die auf freiwilliger Basis an der Untersuchung beteiligt waren, sind in verschiedenen oberbayrischen Städten beheimatet. Zu einem Teil handelt es sich dabei um Einrichtungen mit einem vergleichsweise großen Einzugsgebiet, die sich in ländlich geprägten Sozialräumen mit geringerer psychosozialer Versorgungsdichte befinden (Freising, Freilassing, Garmisch-Partenkirchen, Mühldorf am Inn, Pfaffenhofen an der Ilm, Traunstein, Rosenheim). Zum anderen Teil sind die Beratungsstellen im Großraum München in Städten mit einer stärker durchmischten Wohnbevölkerung (Pendler, ländliche Bevölkerung) lokalisiert (Dachau, Fürstenfeldbruck, Germering, Taufkirchen).

Tabelle 4.7: Beratermerkmale für die Klienten- und Katamnesestichprobe

Beratermerkmale		Klientenstichprobe		Katamnese	
		(48 Berater/202 Fälle)		(24 Berater/108 Fälle)	
		n	%	n	%
Geschlecht:	weiblich	32	67 %	16	67 %
	männlich	16	33 %	8	33 %
Alter:	30–39 Jahre	15	32 %	9	38 %
	40–49 Jahre	16	34 %	7	29 %
	50–59 Jahre	15	32 %	8	33 %
	> 60 Jahre	1	2 %	–	–
Beruf:	Dipl.-Psychologe	29	61 %	15	63 %
	Dipl.-Sozialpädagoge	15	31 %	7	29 %
	Dipl.-Pädagoge	2	4 %	2	8 %
	Arzt/Psychotherapeut	2	4 %	–	–
Zusatzausbildung:	Systemische Familientherapie	17	36 %	8	33 %
	Analytische Therapie	3	6 %	3	13 %
	Gestalttherapie	3	6 %	2	8 %
	Andere (VT, GT)	3	6 %	3	13 %
	Mehrere Ausbildungen	5	10 %	2	8 %
	Keine Angabe	17	36 %	6	25 %

4.4 Erhebungsverfahren und Auswertungsstrategien

Abbildung 4.2 gibt einen Überblick über die in der vorliegenden Untersuchung zur Operationalisierung der Fragestellungen eingesetzten Erhebungsverfahren. Sie werden in der Folge zusammen mit ihren psychometrischen Kennwerten ausführlicher vorgestellt. Alle Fragebögen sind im Anhang im Wortlaut abgedruckt.

Für die Auswahl der Fragebögen galt der *Grundsatz,* dass speziell für diese Studie neu entwickelte Skalen nur zum Einsatz kommen sollten, wenn nicht auf bereits vorhandene, evaluierte und standardisierte Messinstrumente zurückgegriffen werden konnte. Um einen Vergleich der Sichtweisen von Eltern, Beratern und Jugendlichen zu ermöglichen, wurden die Skalenbereiche der Fragebögen und die Themenbereiche des Leitfadeninterviews inhaltlich aufeinander abgestimmt.

Abbildung 4.2: Eingesetzte Erhebungsverfahren

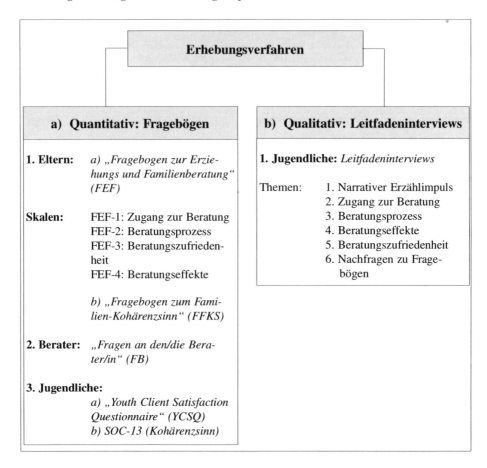

4.4.1 Der „Fragebogen zur Erziehungs- und Familienberatung" (FEF) für Eltern

Zur retrospektiven Einschätzung von Prozess- und Ergebnisvariablen der abgeschlossenen Beratungen aus Elternsicht wurde der „Fragebogen zur Erziehungs- und Familienberatung" (FEF) eingesetzt. In Kapitel 3.3.2 wurde bereits aufgezeigt, dass Instrumente aus der Psychotherapieforschung angesichts spezifischer Evaluationsbedingungen nicht ohne weiteres auf das Feld der Erziehungsberatung transferiert werden können. Da in diesem Bereich zudem evaluierte und standardisierte Erhebungsverfahren

4.4 Erhebungsverfahren und Auswertungsstrategien

fehlen, mussten wesentliche Teile des FEF neu entwickelt bzw. zusammengestellt werden.

Der FEF sollte im Hinblick auf die angeführten methodischen Probleme (Kasten 3.5) bei der Evaluation von Erziehungsberatung (Definition des Beratungserfolges, Einfluss von Kontextvariablen, Heterogenität des Gegenstandes) auf die besonderen Erfordernisse in diesem Bereich zugeschnitten werden. Dazu waren folgende vier *Konstruktionsprinzipien* leitend:

Kasten 4.1: Konstruktionsprinzipien bei der Entwicklung des FEF

> 1. **Mehrdimensionale Messung des Beratungserfolges** durch die Erhebung von Zufriedenheitsmaßen sowie intra- und interpersonalen Veränderungsindizes (direkte Veränderungsmessung).
>
> 2. Einschätzung der Bedeutung **beratungsunabhängiger Einflussfaktoren** für Beratungsprozess und -effekte durch die Klienten.
>
> 3. Erhebung von Klienteneinschätzung zu **Variablen des Beratungskontextes** wie institutionelle Rahmenbedingungen, Einrichtungsträger, Bedenken und Erwartungen an die Beratung.
>
> 4. **Unspezifische Itemformulierungen** zur problem- bzw. beratungsmethodenunabhängigen Erfassung von Einschätzungen zu Beratungsprozess und -effekten.

Die Entwicklung des „Fragebogens zur Erziehungs- und Familienberatung" verlief im Rahmen zweier *Konstruktionsschritte:*

1. In einem ersten Schritt wurde unter Zugrundelegung der in Kapitel 3.3 vorgestellten Befunde aus der Beratungs- und Psychotherapieforschung ein *Itempool* zu Variablen des Beratungsprozesses und -ergebnisses gebildet. Aus dem Itempool wurden entsprechend der Konstruktionskriterien Items ausgewählt und zu Skalenbereichen zusammengefasst. Der hieraus resultierende *Vorentwurf* des FEF wurde in drei unterschiedlichen Expertenrunden – im Gemeindepsychologischen Forschungsseminar an der Universität München, im Beraterteam einer Münchner Beratungsstelle und in der Runde der Leiter der an der Studie beteiligten Beratungsstellen – vorgestellt und diskutiert. Anhand der dabei erhaltenen Rückmeldungen wurden erste Item- und Skalenmodifizierungen vorgenommen.

2. Der Vorentwurf des FEF wurde in einem zweiten Schritt einer *Voruntersuchung* unterzogen. Dazu füllten 50 ehemalige Klienten der „Pädagogisch-psychologischen Informations- und Beratungsstelle für Schüler/innen" (P.I.B.) in München im September 1998 ein Fragebogenexemplar aus. 49 Klienten beantworteten zudem einen Metafragebogen („Fragen zum FEF", siehe Anhang) mit 4 Items zu

Verständlichkeit und Durchführbarkeit des FEF. Obwohl die Auswahl dieser Klienten den ehemaligen Beratern überlassen und daher nicht am Zufallsprinzip orientiert war, entspricht die Stichprobe der Voruntersuchung in wesentlichen Merkmalen – wie Familientyp, Kinderzahl, Beratungsanlass und vorwiegendes Beratungssetting – dem typischen Klientel einer Erziehungsberatungsstelle.

Mit den Daten aus dieser Stichprobe konnte eine umfassende Item- und Skalenanalyse (Itemmittelwerte, Trennschärfeindizes, interne Konsistenzen) vorgenommen werden (Ergebnisse siehe Tabelle 4.8). Auf eine faktorenanalytische Überprüfung der Skalenbildung wurde in der Voruntersuchung verzichtet, da sie aufgrund des zu geringen Stichprobenumfangs nicht sinnvoll zu interpretieren gewesen wäre. So fordern Claus und Ebner (1985) hierfür einen Stichprobenumfang, der keinesfalls kleiner als 50 bis 60 sein sollte. Die Ergebnisse der Voruntersuchung bzw. der Metafragebögen führten zu einer umfangreichen *Revision* und teilweisen Vereinfachung des FEF. Dabei wurden drei Items aus dem Fragebogen herausgenommen, neun Items umformuliert und fünf Items zusätzlich aufgenommen.

Der *Aufbau* des FEF ist am „Baukastenprinzip" orientiert, um eine über die Studie hinausgehende, flexible Anwendung des Verfahrens je nach Evaluationserfordernis zu ermöglichen. Seine inhaltlich abgrenzbaren Skalenbereiche sind so angeordnet, dass sie den Prozesscharakter der Beratung – vom Beratungszugang bis zu erlebten Beratungseffekten – abbilden. Die Beantworter sollen damit zugleich für eine Unterscheidung zwischen Prozess- und Ergebnisaspekten in ihrer Einschätzung sensibilisiert werden. Auf dem Deckblatt des FEF werden Thema und Zielgruppe (Eltern) des Verfahrens kurz beschrieben. Mit den daran anschließenden *Instruktionen* zum Ausfüllen des Fragebogens soll die Wahrnehmung der Klienten im Sinne einer „inneren Gedankenreise" auf die Zeitspanne zwischen Beratungsbeginn und Katamnesezeitpunkt gelenkt und ihre retrospektive Erinnerungs- und Urteilsfähigkeit geschärft werden. Im Einzelnen umfassen die Skalen folgende vier Bereiche:

„**FEF-1: Zugang zur Beratung**": Dieser Bereich besteht aus einer offenen Eingangsfrage zum hauptsächlichen Beratungsanlass (Item 1) sowie sieben geschlossenen Einzelitems (Antwortkategorien wie bei FEF-2) mit deskriptiven Zusatzfragen zu den Zugangsvariablen, die sich hinsichtlich der in Kapitel 3.3.3 dargestellten Befundlage als potentiell bedeutsam für Beratungsprozess oder -ergebnis erwiesen haben. Dazu zählen die Motivation zu (Item 2) und Vorerfahrung mit einer Beratung (Item 3), Erwartungen (Item 4) und Bedenken (Item 5) gegenüber dieser Hilfeform, der familiale Leidensdruck (Item 6), die Zufriedenheit mit den institutionellen Rahmenbedingungen (Item 7) und die Einstellung zum Träger der Beratungsstelle (Item 8).

„**FEF-2: Beratungsprozess**" (BP): Die 17 Items der Skala operationalisieren Aspekte der Beratungsbeziehung und des Vorgehens in der Beratung, deren empirische Basis durch die unter 3.3.4 berichtete Befundlage als gesichert gelten kann. Die Items beziehen sich zudem zum Teil auf die dort vorgestellten theoretischen Konzeptualisierungen der Therapeut-Klient-Beziehung („Social Influence Research in Counseling", Hoyt, 1996; „Working Alliance Theory", Horvath & Greenberg, 1989). Vier

Items (Item 1, 7, 12, 13) entsprechen den Fragen der „Skala Hilfreiche Beratervariablen" der „Fragen zur Beratung an Klienten", die von Klann und Hahlweg (1994) entwickelt und getestet wurde. Die Autoren kamen dabei zum Schluss, dass es „sowohl aus inhaltlichen Überlegungen heraus als auch aus teststatistischen Gründen" sinnvoll wäre, „diese Skala um weitere Items zu ergänzen" (S. 135). Zusammen mit 13 weiteren, neu entwickelten Items wurden ihre Fragen a-priori drei Unterskalen zugeordnet: Die Skala *„Beratungsbeziehung"* (BB, 7 Items) umfasst Items zu Beratervariablen (Empathie: Item 1; Wertschätzung: Item 5; Engagement: Item 4; „attractivness": Item 7) und zu Beziehungsaspekten (allgemeine Qualität/„bond": Item 6; „trustworthiness": Item 2; Offenheit: Item 3). Die Skala *„Beratungsbeziehung Kind"* (BBK) beinhaltet drei Fragen zur Orientierung der Beratung an kindlichen Bedürfnissen (Item 10), der Beratungsmotivation des Kindes (Item 9) und seinem Vertrauen zum Berater (Item 8). Sieben Items zum Vorgehen des Beraters (Transparenz: Item 11; Zielorientierung/„goal": Item 12, 14; allgemeines Vorgehen/„task": Item 13), zu seiner beraterischen Kompetenz (Item 17) und zur Problembewältigungsperspektive (Erfolgserlebnisse/„therapeutic realisations": Item 15; Ratschläge: Item 16) bilden die Skala *„Beratungstechnik"* (BT). Alle Items werden auf einer vierstufigen Skala mit 1 = „stimmt gar nicht", 2 = „stimmt ein wenig", 3 = „stimmt weitgehend" und 4 = „stimmt vollkommen" beantwortet. Abgeschlossen wird dieser Skalenbereich durch zwei offene Fragen zum Beratungsprozess („In der Beratung hat mir besonders geholfen"; „In der Beratung fand ich weniger gut/hat mir gefehlt").

„FEF-3: Beratungszufriedenheit" (BZ): Die Skala (11 Items) beinhaltet die acht Items der deutschen Übersetzung (Häring & Hüssing, 1992) des „Client Satisfaction Questionnaire" (CSQ-8; Larsen, Attkisson, Hargreaves & Nguyen, 1979), eines international verwendeten, monodimensionalen Erhebungsinstrumentes zur Evaluation der globalen Patientenzufriedenheit (Deane, 1993). Der CSQ-8 wurde auch zur Erfassung der Zufriedenheit von Eltern mit der Therapie ihrer Kinder eingesetzt (Byalin, 1993). Er wird in der revidierten FEF-Version ergänzt durch die neu gebildete Unterskala *„Organisationszufriedenheit"* (OZ, drei Items zu Setting (Item 10), zeitlichem Ablauf (Item 11) und Zusammenarbeit mit anderen Stellen (Item 12)), um damit den spezifischen Kontextbedingungen in der Erziehungsberatung Rechnung zu tragen. Die vierstufigen, itemspezifischen Antwortkategorien der Skala werden im Anhang wiedergegeben. Mit Item 9 wird das vorwiegende Beratungssetting (über 50 % der Sitzungen) erhoben. Auch dieser Bereich wird mit einer offenen Frage („Womit waren Sie gegebenenfalls unzufrieden") abgeschlossen.

„FEF-4: Beratungseffekte" (BE): Mit dieser Skala wird das Konzept der direkten Veränderungsmessung (Zielke & Kopf-Mehnert, 1978) auf den Bereich der Erziehungs- und Familienberatung übertragen. Wie beim „Veränderungsfragebogen des Erlebens und Verhaltens" (VEV) wird damit eine differenzierte, aber dennoch ökonomische und gut in den Beratungsalltag integrierbare (Gmür & Lenz, 1998) Erfassung von Klienteneinschätzungen zu verschiedenen Erlebens- und Verhaltensbereichen ermöglicht. Die 15 Items dieser Skala beschreiben potentielle Veränderungen in Aussageform für sechs Veränderungsbereiche: Problemsituation (Item 1, 5, 15) und Problemsicht (Item 3, 11, 13), emotionaler Bereich (Item 2, 6) Situation des Kindes (Item 4, 9), Familie (Item 7, 10, 12) und Selbsthilfemöglichkeiten (Item 8, 14). Damit werden die Bereiche abgedeckt, die sich entsprechend der unter 3.3.5 berichteten Befunde in der Beratungsforschung als änderungssensitiv erwiesen haben. Das Zutreffen der Itemaussagen aus Sicht der Klienten kann auf einer siebenstufigen Antwortskala eingeschätzt werden (von „starker Verschlechterung" über „keine Änderung" bis „starke Verbesserung"). Der offenen Frage nach *beratungsunabhängigen Einflussfaktoren* folgt jene, zu welchem Prozentsatz erlebte Veränderungen auf die Beratung zurückzuführen sind *(„Attributionsfrage")*. Hierzu kann eine Prozentzahl zwischen 0 und 100 angekreuzt werden. Abschließend werden mit einer weiteren offenen Frage Veränderungen thematisiert, die „vor allem durch die Beratung und ihre Auswirkungen bewirkt" wurden.

In einem *Anhang zum FEF* („Weitere Angaben") werden soziodemographische Angaben zum angemeldeten Kind bzw. zur Klientenfamilie, die Inanspruchnahme einer psychologischen Hilfe nach Beratungsende sowie die Fragebogenbearbeitung („Ausfüller") abgefragt.

Für den Bereich FEF-1 können keine Skalenwerte berechnet werden, da die darin enthaltenen, kombinierten Einzelitems inhaltlich unterschiedliche Aspekte erheben. Antworthäufigkeiten für die Einzelitems finden sich in Kapitel 5.

Für die anderen FEF-Skalen wurden, einem Vorschlag von Sommer und Fydrich (1989) folgend, mittlere Werte als Quotienten aus dem Skalensummenwert und der Itemzahl der jeweiligen Skala berechnet, um die Anschaulichkeit und die Vergleichbarkeit der Ergebnisse zu verbessern. Tabelle 4.8 zeigt die *deskriptiven und teststatistischen Kennwerte* der Skalen FEF-2, FEF-3 und FEF-4 jeweils getrennt für die Voruntersuchung (n = 50) und die Katamnesestichprobe (revidierte Fragebogenfassung, n = 108).

Die hohen *Skalenmittelwerte* lassen bei beiden Stichproben eine negativ schiefe Verteilung der Werte zum oberen Ende der jeweiligen Bewertungsskala („Deckeneffekt") hin erkennen. Dieses für Evaluationsstudien in diesem Bereich typische Verteilungsmuster wird durch die Tendenz der befragten Klienten zu hohen retrospektiven Zufriedenheitseinschätzungen bedingt. Die drei Hauptskalen weisen bei der Voruntersuchung mit Cronbach-α-Koeffizienten zwischen .83 und .88 bereits zufrieden stellende *interne Konsistenzen* auf.

Durch die Revision des FEF und die größere Varianz der Werte in der Katamnesestichprobe werden hier sehr hohe Reliabilitätsschätzungen zwischen .91 und .95 erzielt. Auch unter Berücksichtigung, dass der Konsistenzkoeffizient eine „optimistische" Einschätzung der Reliabilität darstellt (Lienert, 1989, S. 214), kann die Reliabilität der FEF-Hauptskalen daher als gut betrachtet werden.

Auch die Spannweite der Itemtrennschärfen für die Hauptskalen verschiebt sich von Stichprobe 1 (r_{it} zwischen .13–.78) zu Stichprobe 2 (.32–.86). Damit befinden sich die Trennschärfeindizes überwiegend im mittleren Bereich, was als wichtiger Aspekt für eine vorhandene Aufgabenvalidität gewertet werden kann (Lienert, 1989, S. 39).

Tabelle 4.8: Deskriptive und teststatistische Kennwerte der FEF-Skalen

Skala		Iz	M	SD	W	Trennschärfe Range r_{it}	Trennschärfe Mr_{it}	Interne Konsistenz α
FEF-2: BP	(1)	18	3,57	32	1–4	.13–.68	.44	.83
	(2)	**17**	**3,39**	**.50**	**1–4**	**.32–.82**	**.59**	**.91**
BB	(1)	7	3,78	.26	1–4	.00–.62	.34	.62
	(2)	**7**	**3,55**	**.52**	**1–4**	**.33–.56**	**.47**	**.87**
BBK	(1)	2	3,29	.83	1–4	.72	.72	.83
	(2)	**3**	**3,30**	**.67**	**1–4**	**.43–.70**	**.56**	**.73**
BT	(1)	9	3,46	.40	1–4	.24–.68	.50	.79
	(2)	**7**	**3,19**	**.61**	**1–4**	**.08–.70**	**.43**	**.82**
FEF-3: BZ	(2)	**11**	**3,24**	**.58**	**1–4**	**.51–.86**	**.74**	**.94**
CSQ-8	(1)	8	3,55	.40	1–4	.38–.45	.63	.87
	(2)	**8**	**3,21**	**.63**	**1–4**	**.75–.85**	**.79**	**.94**
OZ	(2)	**3**	**3,17**	**.62**	**1–4**	**.19–.34**	**.28**	**.69**
FEF-4: BE	(1)	15	5,44	.66	1–7	.22–.78	.55	.88
	(2)	**15**	**5,49**	**1.14**	**1–7**	**.59–.85**	**.73**	**.95**

Anmerkungen: Werte jeweils für (1): Stichprobe Voruntersuchung, n = 50 und **(2): Katamnesestichprobe, n = 108 (fett gedruckt).** Iz: Itemzahl der Skalen. W: Wertebereich Antwortkategorien. Mr_{it}: Mittlere Trennschärfekoeffizienten der Skalen. α: Cronbachs α. BP: Beratungsprozess. BB: Unterskala Beratungsbeziehung. BBK: Unterskala Beratungsbeziehung Kind. BT: Unterskala Beratungstechnik. BZ: Beratungszufriedenheit. CSQ-8: Client Satisfaction Questionnaire. OZ: Unterskala Organisationszufriedenheit. BE: Beratungseffekte.

Tabelle 4.9 zeigt die *Korrelationen* zwischen den FEF-Skalen für die revidierte Fragebogenversion. Alle Skalen korrelieren signifikant positiv miteinander. Die hohe Korrelation zwischen den Skalen „Beratungsprozess" und „Beratungszufriedenheit" (r = .84) entspringt weniger unscharfen Operationalisierungen als dem inhaltlichen Zusammenspiel beider Variablen. Einerseits bemessen Klienten – im Sinne des in Kapitel 3.3.6 beschriebenen „Diskrepanzphänomens" – ihre Zufriedenheit mit einer Beratung danach, wie sie die Beratungsbeziehung und den Beratungsverlauf erleben. Wahrgenommene Beratungseffekte sind hierfür dagegen deutlich weniger maßgebend (Korrelation zwischen BZ und BE: r = .58). Andererseits finden sich trotz der vergleichsweise hohen Korrelation von BP und BZ Hinweise dafür, dass beide Skalen inhaltlich unterschiedliche Dimensionen messen. So weißt die BP-Unterskala „Beratungsbeziehung" mit einer Korrelation von r. = 70 einen eigenständigen Varianzbereich von über 50 % auf, der nicht von den Zufriedenheitswerten aufgeklärt werden kann.

Tabelle 4.9: Korrelationsmatrix der FEF-Skaleninterkorrelationen

FEF- Skaleninterkorrelationen	**BP**	**BB**	**BBK**	**BT**	**BZ**
FEF-2: Beratungsprozess (BP)					
Beratungsbeziehung (BB)	.84**				
Beratungsbeziehung Kind (BBK)	.79	.57**			
Beratungstechnik (BT)	.92**	.63**	.64**		
FEF-3: Beratungszufriedenheit (BZ)	**.84****	.70**	.56**	.83**	
FEF-4: Beratungseffekte (BE)	**.48****	.45**	.22*	.47**	**.58****

Anmerkungen: ** $p < .01$, * $p < .05$, Spearman-Korrelationskoeffizienten, **Fett:** Korrelationen der Hauptskalen

Zur Überprüfung ihrer *faktoriellen Struktur* wurden die Skalen FEF-2 und FEF-4 einer Hauptkomponentenanalyse mit orthogonaler Varimax-Rotation unterzogen. Bei Skala FEF-3 (Globale Zufriedenheitseinschätzung) wird Eindimensionalität vorausgesetzt.

Für die *Skala FEF-2* finden sich 3 Faktoren mit einem Eigenwert größer als 1.0 (Eigenwerteverlauf: Faktor 1 = 7,35 ; Faktor 2 = 1,38; Faktor 3 = 1,20; Weitere Faktoren = 0,99; 0,89). Da beim Kaiser-Guttman-Kriterium häufig eine Überschätzung der Faktorenzahl festzustellen ist (Bortz, 1993, S. 503) und die Analyse des Eigenwerteverlaufs (Screeplot) eine Extraktion von zwei Faktoren sinnvoll erscheinen lässt, wurde diese Lösung gewählt. Dies wird durch die resultierende Faktorenladungsmatrix bestätigt: Zusammen kann von den beiden extrahierten Faktoren 51,38 % der Varianz aufgeklärt werden. Die Kommunalitäten der Items sind mit zwei Ausnahmen (Item 9 und 14) größer als .40. Die Items der a-priori gebildeten Unterskalen „Beratungsbeziehung" und „Beratungstechnik" laden jeweils auf einem eigenen Faktor am höchsten (alle Ladungen mit einer Ausnahme größer als .50). Dem entsprechend laden zwei Items der Unterskala BBK (Item 8: Vertrauen; Item 9: Motivation) auf dem „Beziehungsfaktor", ein Item (10: Bedürfnisorientierung) auf dem „Technikfaktor". Damit konnte die Zuordnung der Items zu den a-priori gebildeten Unterskalen faktorenanalytisch bestätigt und ein erster Hinweis auf die faktorielle Validität dieses Skalenbereiches gesammelt werden.

Für die *Skala FEF-4* legen sowohl das Kaiser-Guttman-Kriterium als auch der Eigenwerteverlauf eine Lösung mit drei Faktoren nahe (Eigenwerteverlauf: Faktor 1 = 9,42; Faktor 2 = 1,41; Faktor 3 = 1,06; Weitere Faktoren: 0,58; 0,42). Die drei Dimensionen klären 79,31 % der Varianz auf, die Kommunalitäten der Items sind alle größer als .65. Da jedoch 9 der 15 Items Nebenladungen zwischen .40 und .62 aufweisen, ist eine Bildung von Unterskalen nicht empfehlenswert.

Angesichts der vorgestellten Ergebnisse scheint der FEF nach psychometrischen (Güte-)Kriterien insgesamt gut geeignet, Beratungsprozess und -ergebnis aus Elternsicht zu erfassen.

4.4.2 „Fragen an den/die Berater/in" (FB) für Berater

Mit dem neu entwickelten Fragebogen „Fragen an den/die Berater/in" (FB) wurde die Einschätzung der Berater zum jeweiligen Beratungsfall erhoben.

Die FB enthalten zehn Items, die Aspekte des Erlebens des Beratungsprozesses und der Beratungsbeziehung thematisieren und auf einer vierstufigen Antwortskala mit 1 = „stimmt gar nicht", 2 = „stimmt ein wenig", 3 = „stimmt weitgehend" und 4 = „stimmt vollkommen" beantwortet werden können *(Skala FB-10)*. Insgesamt konnten hierfür sieben Items der „Fragen zur Beratung an die Beraterin" (FBB; Klann & Hahlweg, 1994) verwendet werden: Die vier Fragen der Unterskala „Globale Zufriedenheit der Beraterin" *(GZ)* der FBB bilden die Items 1–4 der FB. Für diese Unterskala konnten Klann und Hahlweg (1994) eine gute interne Konsistenz (Cronbach α: .86) bei guter Itemdifferenzierung und mittlerer Itemtrennschärfe ermitteln. Ferner wurden drei Einzelitems der FFB zur Beratungsbeziehung allgemein (FB 6), zur Beratungsmotivation der Klienten (FB 7) und zur persönlichen Betroffenheit des Beraters („Dieser Fall hat mich persönlich sehr bewegt"; FB 8) aufgenommen. Zusätzlich wurden drei Items zum Vertrauensverhältnis zwischen Berater und Klient (FB 5), zur fachlichen Anforderung durch den Fall (FB 9) und zur Beratungsmotivation des angemeldeten Kindes (FB 10) neu formuliert.

Auf einer weiteren Skala von 0 % bis 100 % erfolgt analog zum Elternfragebogen eine Beurteilung, zu welchem Prozentsatz die Veränderungen auf die Beratung zurückzuführen sind *(„Attributionsfrage Berater")*. Die Berater werden zudem nach ihrer *Abschlussbewertung* zum Beratungsergebnis des Falles befragt (Antwortkategorien wie bei den Angaben für die statistischen Landesämter: „unverändert", „teilweise gebessert", „vollständig gebessert", „unzutreffend").

Darüber hinaus enthalten die FB Fragebereiche zum Berater (Alter, Geschlecht, Beruf, Zusatzausbildung, Berufserfahrung in der Erziehungsberatung), zum angemeldeten Kind (Beratungsanlass/Diagnose, Alter und Geschlecht des Kindes) und seiner Familie (Familienform, Anzahl und Alter der Kinder, Schicht- und Bildungsniveau der Eltern) sowie weitere Angaben zur Beratung (hauptsächliches Beratungssetting, vorwiegende methodische Orientierung der Beratung). Die jeweils verwendeten Antwortkategorien können im Anhang eingesehen werden.

Tabelle 4.10 gibt die *psychometrischen Kennwerte* für die Items der FB (Skala FB-10) wieder, die über 160 vollständig ausgefüllte Fragebögen für die ursprüngliche Klientenstichprobe ermittelt werden konnten.

Mit einem Cronbach-α-Koeffizienten von .84 kann die interne Konsistenz der Skala als gut eingestuft werden. Auch die Trennschärfekoeffizienten liegen mit einer Ausnahme (FB 8) in einem guten, mittleren Bereich (.39–.76) und weisen damit auf eine hohe Übereinstimmung der Einzelitems mit dem Skalenwert hin. Item FB 8 („Dieser Fall hat mich persönlich sehr bewegt") wird von den Beratern offensichtlich relativ unabhängig von den anderen Items zur Bewertung des Beratungsprozesses (Trennschärfekoeffizient: .03) und generell weniger zustimmend beantwortet. Es scheint sich demzufolge inhaltlich eher auf die eigene professionelle Grundhaltung als auf den jeweiligen Einzelfall zu beziehen und sollte daher bei einer weiteren Anwendung aus der Skala herausgenommen werden.

Tabelle 4.10: Itemcharakteristika für die Items Skala FB-10 der „Fragen an den/die Berater/in" (FB)

Item-Nr.	Iteminhalt	Mittelwert	Streuung	Trennschärfe*
FB 1	Positiver Einfluss auf Klienten	2,68	.63	.68
FB 2	Bestätigung für Vorgehen	2,76	.71	.67
FB 3	Beratungsziele erreicht	2,80	.70	.56
FB 4	Gute Zusammenarbeit	2,89	.72	.76
FB 5	Vertrauensvolles Verhältnis	2,99	.62	.67
FB 6	Beratungsbeziehung	2,92	.68	.54
FB 7	Motivation Klient	2,77	.78	.66
FB 8	Emotionale Betroffenheit	2,42	.76	.03
FB 9	Fachliche Anforderung	3,24	.50	.40
FB 10	Motivation Kind	2,94	.76	.39

Anmerkungen: n = 160, Wertebereich 1–4, *corrected item-total correlation

Für die übernommene Unterskala „Globale Zufriedenheit der Beraterin", die als Maß für die Beratungszufriedenheit aus Beratersicht gelten kann, ergibt sich ein Cronbach-α-Wert von .85 bei Itemtrennschärfen zwischen .65 bis .73.

Insgesamt liegen zur Beratungszufriedenheit (GZ) und zur Beurteilung des Beratungsprozesses (FB-10) zwei geeignete Einschätzungsskalen aus Beratersicht vor, die in die folgenden Analysen eingehen können.

4.4.3 Interview und Fragebögen für Jugendliche

Für die Befragung der Jugendlichen zur ihren Erfahrungen und Sichtweisen wurde auf das semistrukturierte Verfahren des Leitfaden-Interviews (vgl. Hopf, 1995) zurückgegriffen, das sich in der Forschung mit Kindern (Heinzel, 1997) und Jugendlichen (Fuchs-Heinritz, 1993) bewährt hat. Es ist zudem für die Evaluation von Erziehungsberatung besser geeignet als die offenere, narrative Interviewform, da der Leitfaden die Interviewthematik vorgibt und die jugendlichen Interviewpartner dazu anregt, sich umfassend zu den interessierenden Themenkomplexen zu äußern (Friebertshäuser, 1997). Die Themenvorgabe ermöglicht – neben der leichteren Vergleichbarkeit der Interviews untereinander – einen kombinierten Einsatz des Leitfaden-Interviews mit anderen (quantitativen) Erhebungsverfahren, wie er im vorliegenden Fall zum Perspektivenvergleich zwischen Jugendlichen, Eltern und Beratern angestrebt wird.

Um eine möglichst offene Gestaltung der Gesprächssituation und freie Artikulation der interviewten Jugendlichen zu erreichen, wurde der *Interviewleitfaden* (siehe Kasten 4.2) – in Anlehnung an das „problemzentrierte Interview" (vgl. Witzel, 1982) – so konstruiert, dass die thematischen Vorgaben mit erzählgenerierenden Elementen verknüpft sind:

Kasten 4.2: Themenbereiche des Interviewleitfadens für Jugendliche

> **1. Zugang zur Beratung**
> - Vorinformationen zu Erziehungsberatung und Vorerfahrungen
> - Beratungsanlass und Beteiligung an der Entscheidung zur Beratung
> - Erwartungen und Bedenken gegenüber einer Beratung
>
> **2. Bewertung des Beratungsprozesses**
> - Beratungsbeziehung (Vertrauen, Offenheit, Sympathie, Verständnis)
> - Beratungsmethode (Partizipation, Themen, Setting, Neutralität des Beraters)
>
> **3. Bewertungen der Beratungseffekte**
> - Veränderungen beim Jugendlichen
> - Veränderungen in der Familie und im sozialen Umfeld
> - Einfluss externer Faktoren
>
> **4. Beratungszufriedenheit/Allgemeine Bewertung der Beratung**
> - Allgemeine Bewertung der erhaltenen Beratung
> - Kritik an der Beratung und unerfüllte Wünsche diesbezüglich

In diesem Sinne wird das Interview mit einer offen formulierten, anregenden *Eingangsfrage* (vgl. Horn, 1994) eingeleitet, die als Erzählimpuls dient und die Erlebnis- und Erinnerungsinhalte, die dem Jugendlichen im Hinblick auf das Beratungsgeschehen am wichtigsten oder am präsentesten sind, aktivieren soll. Daran anschließend folgen *vier Themenbereiche,* die den vier Skalenbereichen des Elternfragebogens entsprechen und im Leitfaden chronologisch angeordnet sind. Jeder Themenkomplex wird durch eine themenspezifische narrative Einleitungsfrage eröffnet (z. B. 1. Zugang zur Beratung: „Erzähl doch mal wie das war, wie Du damals zur Beratungsstelle gekommen bist"). Fragen zu interessierenden Aspekten der Themenkomplexe, die der Jugendliche auf die Eingangsfrage von sich aus noch nicht angesprochen hat, werden in einem jeweils an die Eingangsfrage anschließenden *Nachfrageteil* gestellt. Im Einzelnen umfasst der Interviewleitfaden die in Kasten 4.2 aufgeführten Themenbereiche.

Im Interview wird jedoch nicht strikt an der Reihenfolge der Fragen und Themenbereiche festgehalten. Der Leitfaden liefert vielmehr das inhaltliche Gerüst, in dessen Rahmen die Jugendlichen ihre subjektiven Sichtweisen und Einschätzungen entfalten können. Die Fragen des Leitfadens dienen dabei dem Interviewer als Gedächtnisstütze, um wichtige noch anstehende Themen nicht aus dem Blickfeld zu verlieren.

Die erste Fassung des Interviewleitfadens wurde im Rahmen zweier *Probeinterviews* mit einem elf- und einem zwölfjährigen ehemaligen Klienten der „Pädagogisch-psychologischen Informations- und Beratungsstelle für Schüler/innen" (P.I.B.) in München getestet und anschließend überarbeitet. Dabei konnten problematische oder zu komplexe Frageformulierungen ermittelt und verbessert werden. Die Dauer der Interviews betrug durchschnittlich 60 Minuten.

Komplettiert wurde die Befragung der Jugendlichen durch den Einsatz zweier kurzer Fragebogenverfahren. Neben einer Skala zum individuellen Kohärenzsinn, die im nächsten Abschnitt (4.4.4) vorgestellt wird, wurde den Jugendlichen der *„Youth Client Satisfaction Questionnaire"* (YCSQ; Shapiro, Welker & Jacobson, 1997) vorgelegt. Der YCSQ erhebt mit vierzehn geschlossenen und drei offenen Fragen die Zufriedenheit bzw. Unzufriedenheit jugendlicher Klienten (ab elf Jahren) mit einer erhaltenen Beratung oder Therapie. Die Beantwortung der geschlossenen Items erfolgt auf einer vierstufigen Likertskala mit jeweils itemspezifischen Antwortkategorien. Der YCSQ wurde in eigener deutscher Übersetzung eingesetzt, da bis zum Untersuchungszeitpunkt keine deutsche Version vorlag[1].

Shapiro et al. (1997) ermittelten in ihrer Untersuchung mit 150 Jugendlichen, die eine ambulante Behandlung in einem Mental Health Center erhalten hatten, eine Test-Retest-Reliabilität (vier Wochen) von .92 (Cronbachs α: .90) für den YCSQ, während die mittlere Itemtrennschärfe .65 (.39–.78) betrug. Hinweise auf die konvergente Validität der Skala ergaben sich aus positiven Korrelationen mit der elterlichen Behandlungszufriedenheit sowie Einschätzungen der Berater zu Behandlungsfortschritten. Faktorenanalytisch konnten die beiden Faktoren „Relationship with therapist" (6 Items) und „Benefits of therapy" (8 Items) extrahiert und sinnvoll interpretiert werden. Da sich die Faktoren jedoch als nicht voneinander unabhängig erwiesen (Interfaktor-Korrelation: .61), wurde auf die Bildung von Unterskalen verzichtet.

Auf der Grundlage dieser Befunde kommen Shapiro et al. (1997) zu dem Schluss, „that the YCSQ is a reliable and valid measure of consumer evaluations of their treatment" (p. 87). In der vorliegenden Untersuchung wurde auf die Berechnung teststatistischer Kennwerte für die deutsche Version des YCSQ verzichtet, da diese infolge des geringen Umfangs der Interviewstichprobe nicht sinnvoll zu interpretieren wären.

4.4.4 Kohärenzsinnfragebögen

a) „Fragebogen zum Familien-Kohärenzsinn" (FFKS) für Eltern

Zur Operationalisierung des Familien-Kohärenzsinns lag bisher kein deutschsprachiges Fragebogenverfahren vor. Daher wurde für die vorliegende Studie eine – aus ökonomischen Gründen – verkürzte Version der „Family Sense of Coherence Scale" (Antonovsky & Sourani, 1988, vgl. Kapitel 2.4.2) in eigener deutscher Übersetzung eingesetzt. Diese Skala, die von den Eltern als „FEF-5: Familienleben" im Paket mit den FEF-Skalen ausgefüllt wurde, wird im Folgenden als „Fragebogen zum Familien-Kohärenzsinn" (FFKS) bezeichnet.

Der Fragebogen von Antonovsky und Sourani (1988) erfasst mit 26 Items (siebenstufige Likert-Skala mit verbalen Ankern an den Extrempolen), in welchem Ausmaß das Familienleben als kohärent im Sinne der SOC-Komponenten Verstehbarkeit (8

---

[1] Persönliche Mitteilung von J. P. Shapiro, Cleveland, USA.

Items), Handhabbarkeit (9 Items) und Sinnhaftigkeit (9 Items) eingeschätzt wird. Die Fragen setzen sich zu einem Teil aus Items der SOC-Skala zusammen, die dem Fokus „Familienleben" entsprechend angepasst wurden. Zu einem anderen Teil wurden Items mit inhaltlichem Bezug zu Themen des alltäglichen familialen Zusammenlebens neu konstruiert. Die innere Konsistenz der Skala nach Cronbachs α wurde mit .92 (Antonovsky & Sourani, 1988) und .75 (Anderson, 1994) gemessen.

Um für die Entwicklung der *verkürzten deutschen Fassung* eine Itemauswahl treffen zu können, wurde die „Family Sense of Coherence Scale" zunächst übersetzt und dann einer *Voruntersuchung* unterzogen. Dazu wurde die Skala neben 48 Klientenfamilien aus der FEF-Voruntersuchung noch weiteren 25 Familien vorgelegt. Die resultierende Evaluationsstichprobe (n = 73) weist gegenüber der Katamnesestichprobe (vgl. Tabelle 4.1) einen höheren Anteil an vollständigen Familien (72 % gegenüber 62 %) und an Ein-Kind-Familien (43 % gegenüber 13 %) auf. In den meisten Fällen (68 %) füllten die Mütter den Fragebogen alleine aus. Die interne Konsistenz der Skala lag mit α = .91 ähnlich hoch wie beim englischsprachigen Original. Die Trennschärfekoeffizienten der Einzelitems rangierten zwischen .17 und .76, ihre Mittelwerte zwischen 4,05 und 6,22 (Wertebereich von 1 bis 7).

Auf der Grundlage der Itemstatistiken konnte die Skala auf eine zwölf Items umfassende Kurzversion (siehe Anhang) reduziert werden, wobei folgende Auswahlkriterien leitend waren:

a) **Extreme Verteilungscharakteristika:** Um eine möglichst große Varianz und Differenzierung aufgrund mittlerer Itemschwierigkeiten zu erhalten, wurden sieben Items mit einem Mittelwert größer als 5,65 ausgeschlossen.
b) **Unklare Itemformulierungen:** Vier Items, die einige Klienten in den „Fragen zum FEF" (Metafragebogen) als schwer verständlich bzw. unklar einstuften, wurden eliminiert.
c) *Inhaltliche Gründe:* Drei Items wurden ausgeschlossen, weil ihre Zuordnung zu einer SOC-Komponente nicht eindeutig nachvollziehbar erscheint oder weil sie eine inhaltliche Redundanz gegenüber anderen Fragen aufwiesen.

Mit der Katamnesestichprobe konnten für den auf diesem Weg gebildeten „Fragebogen zum Familien-Kohärenzsinn" (FFKS) folgende *psychometrische Kennwerte* ermittelt werden:

Der Cronbach-α-Wert für seine interne Konsistenz liegt mit α = .84 in einem zufrieden stellenden bis guten Bereich. Zur Beurteilung der Messgenauigkeit der Skala sind in Tabelle 4.11 Mittelwerte, Standardabweichungen und Trennschärfekoeffizienten der Items angegeben. Die Trennschärfekoeffizienten liegen mit einer Ausnahme zwischen .38 und .75 und deuten damit auf eine gute inhaltliche Übereinstimmung der Einzelitems mit dem Skalenwert hin.

Zur Überprüfung der Binnenstruktur des FFKS wurde eine Hauptkomponentenanalyse mit othogonaler Varimax-Rotation durchgeführt, die zu einer 3-Faktoren-Lösung mit insgesamt 61 Prozent Varianzaufklärung führte (Extraktionskriterium: Eigenwert 1; Eigenwerteverlauf: Faktor 1 = 4,84; Faktor 2 = 1,40; Faktor 3 = 1,09; Weitere Faktoren = .78; .77). Die resultierende Ladungsmatrix lässt sich jedoch nicht im Sinne der theoretischen Subkomponentenstruktur erklären, da auf jedem Faktor Items unterschiedlicher FSOC-Komponenten hoch laden. Wie schon im Fall der SOC-Skala (vgl. 2.2.4) lassen sich die theoretischen Komponenten des Familien-Kohärenzsinns nicht empirisch abbilden. Auf die Bildung von Unterskalen zum FFSK wird vor diesem Hintergrund verzichtet.

Tabelle 4.11: Itemcharakteristika für den „Fragebogen zum Familien-Kohärenzsinn" FFSK

Item-Nr.	FSOC-Komponente	Mittelwert	Streuung	Trennschärfe*
FFKS 1	Verstehbarkeit	4,43	1,94	.38
FFKS 2	Handhabbarkeit	5,24	1,67	.39
FFKS 3	Sinnhaftigkeit	4,90	1,81	.53
FFKS 4	Handhabbarkeit	4,33	1,79	.41
FFKS 5	Handhabbarkeit	4,08	1,81	.16
FFKS 6	Sinnhaftigkeit	5,06	1,47	.50
FFKS 7	Sinnhaftigkeit	5,57	1,28	.66
FFKS 8	Handhabbarkeit	5,33	1,39	.72
FFKS 9	Verstehbarkeit	5,11	1,60	.75
FFKS 10	Verstehbarkeit	5,38	1,34	.51
FFKS 11	Handhabbarkeit	5,32	1,44	.63
FFKS 12	Sinnhaftigkeit	5,69	1,64	.60

Anmerkungen: n = 106, Wertebereich 1–7, *corrected item-total correlation

b) Kohärenzsinnfragebogen (SOC-13) für Jugendliche
Als Fragebogen zur Erhebung des Kohärensinns der Jugendlichen wurde die SOC-Skala („Orientation to Life Questionnaire"; Antonovsky, 1983) in der deutschen validierten und autorisierten Kurzform (SOC-13) von Noack, Bachmann und Oliveri (1991) eingesetzt[2]. Die Kurzform wurde verwendet, um die Jugendlichen im Anschluss an das mit ihnen geführte Leitfadeninterview nicht über Gebühr zu strapazieren.

Die SOC-13 umfasst 13 Items zu den SOC-Komponenten Verstehbarkeit (5 Items), Handhabbarkeit (4 Items) und Sinnhaftigkeit (4 Items). Zur Beantwortung dienen jeweils siebenstufige Likert-Skalen mit verbalen Ankern an den Extrempolen. Die Skalen sind inzwischen in mindestens 14 Sprachen (Franke, 1997) übersetzt worden. Für die deutschsprachigen Versionen der SOC-29 und SOC-13 liegen Normwerte (Prozentränge) vor (Schumacher, Gunzelmann & Brähler, 2000).

Für die SOC-Skalen (SOC-29 und SOC-13) konnten in verschiedenen Studien (vgl. Antonovsky, 1993c) gute bis sehr gute Werte bezüglich interner Konsistenz

---

[2] In den letzten Jahren wurde zwar auch eine Fragebogenversion für Kinder („Cildren's Orientation Scale"; Margalit & Efrati, 1996) entwickelt. Sie ist jedoch nur für den Einsatz bei Kindern zwischen fünf und zehn Jahren geeignet (persönliche Mitteilung Prof. Malka Margalit, Tel Aviv, Israel).

(Cronbachs-α: .74 bis .91) und Test-Retest-Reliabilität (r. = .90 und höher, Intervall 1–8 Wochen) ermittelt werden. Allerdings lassen sich die drei Komponenten des SOC in der Regel nicht faktorenanalytisch bestätigen (Lutz et al., 1998). Die entsprechenden Befunde deuten eher auf einen Generalfaktor hin, der vor allem durch die kognitiv-motivationalen Aspekte des Konstruktes geprägt wird. Die Kritik an der Operationalisierung des Kohärenzgefühls mit Hilfe der SOC-Skalen wurde unter Kapitel 2.2.4 bereits dargestellt.

Auf eine Berechnung der teststatistischen Kennwerte der Skala wurde im Hinblick auf den geringen Umfangs der Interviewstichprobe in der vorliegenden Untersuchung verzichtet.

4.4.5 Auswertungsstrategien

Entsprechend der zur Befunderhebung verwendeten Methodenkombination kamen je nach Datenqualität und Fragestellung sowohl quantitativ-statistische als auch qualitativ-interpretative Auswertungsverfahren zum Einsatz:

Zur Darstellung der Beratungsbewertung aus Sicht der Eltern und Berater wurden einfache Häufigkeits- und Mittelwertsberechnungen durchgeführt. Vergleiche zwischen Eltern- und Beratereinschätzungen wurden zudem mittels bivariaten Korrelationsberechnungen und t-Test für gepaarte Stichproben vorgenommen. Die Sichtweise der Jugendlichen konnte aus dem vorliegenden Interviewmaterial über qualitative Auswertungsverfahren ermittelt werden. Die beim Interview von Seiten der Jugendlichen ausgefüllten Fragebögen wurden mittels quantitativer Verfahren ausgewertet.

Zur Überprüfung einer Interdependenz („Interdependenzanalyse", vgl. Bortz & Döring, 1995, S. 473) mit Beratungszufriedenheit oder -effekten wurden für stetige Variablen Verfahren zur Überprüfung von Zusammenhängen (bivariate Korrelationen, multiple Korrelation bzw. Regression) eingesetzt. Bei dichotomen oder mehrstufigen Variablen wurde die Katamnesestichprobe in Untergruppen eingeteilt. Anschließend konnte mit Verfahren zur Überprüfung von Unterschieden (t-Test, Varianzanalyse) getestet werden, ob sich die Ausprägung der abhängigen Variable (Beratungszufriedenheit bzw. Veränderungseffekte) zwischen den Teilstichproben auf systematische Weise unterscheidet. Zur Interpretation, in welchem Ausmaß die einzelnen assoziierten Variablen zur Unterscheidung zwischen zufriedenen und unzufriedenen Klienten beziehungsweise zwischen Fällen mit starken und schwachen Veränderungseffekten beitragen, wurden für beide abhängigen Variablen separate Diskriminanzanalysen durchgeführt.

Im Hinblick auf die formulierten Fragestellungen (vgl. Kapitel 4.2) sollten die verschiedenen Aspekte und Variablen des Beratungsgeschehens möglichst umfassend in die Zusammenhangsanalysen einbezogen werden. Die Durchführung zahlreicher Signifikanztests für die verschiedenen Variablenkombinationen wurde dadurch unumgänglich. Dem entsprechend würde sich bei einer Hypothesentestung auch die Wahrscheinlichkeit erhöhen, infolge einer Anhäufung des Alpha-Fehlers „Scheinsignifikanzen" zu erliegen. Da die Reduktion des Signifikanzniveaus jedoch andererseits die

Gefahr vergrößert, einen Fehler zweiter Art zu begehen und bestehende Zusammenhänge zu „übersehen", wurde auf eine Adjustierung der Prüfgröße verzichtet: Der explorative Charakter der zu untersuchenden Fragestellung führt – unter Abwägung der skizzierten Aspekte – dazu, einer stärkeren „Entdeckungspotenz" der Testreihe Vorrang einzuräumen.

Zur Überprüfung des Zusammenhangs zwischen Beratungszufriedenheit bzw. -effekten und Kohärenzsinnwerten wurden Korrelationsberechnungen durchgeführt. Potentiell kohärenzsinnfördernden Einflüssen einer Erziehungsberatung und eines starken Familien-Kohärenzsinnes wurde zudem über qualitative Interviewauswertungstechniken und vertiefende Fallinterpretationen (vgl. Schmidt, 1997) nachgegangen.

Die einzelnen quantitativen und qualitativen Auswertungsstrategien werden in der Folge getrennt voneinander beschrieben:

a) Statistische Analysen
Die statistischen Verfahren, die in der vorliegenden Untersuchung zur Inspektion von Stichprobenrepräsentativität (Chi^2-Tests oder t-Tests), Fragebogengüte (Berechnungen der Itemtrennschärfen, interne Konsistenzen, Faktorenstruktur) und Normalverteilung der Variablen (Kolmogorow-Smirnow-Test) eingesetzt wurden, sowie basale und gebräuchliche Prozeduren zur Überprüfung der Fragestellungen (bivariate Korrelationen, univariate Varianzanalysen) können an dieser Stelle nicht im Einzelnen ausführlich dargestellt werden. Interessierte Leser seien diesbezüglich auf Bortz und Döring (2002) sowie Bortz (1993) verwiesen.

Informationen zu den beiden komplexeren Auswertungsverfahren der Diskriminanz- und multiplen Regressionsanalyse, die bei den statistischen Analysen zu Beratungszufriedenheit und -effekten (Kapitel 6) eine zentrale Rolle spielen, finden sich im Anhang.

b) Interviewauswertung
Zur Interviewauswertung wurden die auf Band aufgezeichneten Interviews zunächst vollständig transkribiert, um eine interpretative Rekonstruktion der Einzelfälle zu ermöglichen. Die Transkriptionen erfolgten wörtlich, nonverbale Äußerungen (wie Pausen u. a.) wurden im Interviewtranskript gekennzeichnet, um eine möglichst gute Wiedergabetreue zu erreichen. Darüber hinaus wurden vom Interviewer im Anschluss an die Interviews jeweils Feldnotizen („Postskriptum", Jaeggi & Faas, 1993) zu den Gesprächen verfasst, die subjektive Eindrücke zur Interviewsituation und den jeweiligen Rahmenbedingungen beinhalten.

Angesichts der in Abschnitt 4.1.2 skizzierten spezifischen Anforderungen an qualitative Verfahren im Evaluationskontext kamen zur weiteren Bearbeitung der Transkripte zwei Auswertungsstrategien zum Einsatz, mit deren Hilfe das vorliegende Interviewmaterial mit jeweils unterschiedlichen Fokussen und Zielsetzungen analysiert werden konnte.

1) Zur Ermittlung der Beratungsbewertung aus der Perspektive der Jugendlichen *(Evaluationsfokus)* wurden alle 17 verwertbaren Interviews nach einem Verfahren ausgewertet, das sich an dem von Christiane Schmidt (1997; 2000) beschriebenen

inhaltsanalytischen Vorgehen zur Auswertung von Leitfadeninterviews orientiert. Das Ziel war dabei, die für die Fragestellung relevanten Aspekte zur Bewertung des Beratungsgeschehens durch die Klienten (insbesondere ihre expliziten Aussagen) aus dem Material herauszufiltern und verschiedenen Themenbereichen zuzuordnen, um inhaltliche Kategorien bilden zu können (ähnlich der Auswertungsprinzipien einer „strukturierenden Inhaltsanalyse"; Mayring, 2000). Im Einzelnen wurden dazu folgende Auswertungsschritte vollzogen (vgl. Kasten 4.3).

Kasten 4.3: Auswertungsschritte der Interviewanalysen zur Beratungsbewertung

1. Kodierung des Interviewmaterials
Alle im Interview auffindbaren Aussagen und Aspekte zu einem Themenkomplex (z. B. „Zugang zur Beratung") erhielten einheitliche Kodierungen und konnten so einer (oder mehreren) relevanten Auswertungsfragestellungen zugeordnet werden.

2. Identifizierung und Bildung von Sinneinheiten
In einem zweiten Schritt wurde analysiert und dokumentiert, welcher Sinngehalt sich mit den kodierten Aussagen verbinden lässt. Komplexere Äußerungen wurden vorher dahingehend überprüft, ob sie aus einer oder mehreren Sinneinheit(en) bestehen, die zerlegt und verschiedenen Themenbereichen zugeordnet werden müssen.

3. Entwicklung von Auswertungskategorien/Bildung eines Katagoriensystems
Die Entwicklung von Kategoriensystemen für die einzelnen bewertungsrelevanten Themenkomplexe stellt den zentralen Auswertungsschritt dar: Ausgehend von einem forschungsbegleitend gebildeten Vorverständnis, das auch in die Formulierung des Interviewleitfadens einfloss, wurden die Textpassagen in mehrmaliger Lektüre nach Ähnlichkeiten und sich wiederholenden Mustern durchforstet. Auf diese Weise konnten inhaltlich homogene Kategorien bzw. Typisierungen erarbeitet und zu einem Kategoriensystem zusammengestellt werden, in das sich idealerweise alle vorkommenden Sinneinheiten einordnen lassen (gemäß der Anforderungen an „ideale" Kategoriensysteme bei Kelle und Kluge, 1998).

4. Kategorienverdichtung und -beschreibung
Im letzten Auswertungsschritt wurden – auf der Grundlage vergleichender Analysen der Sinneinheiten einer Kategorie – zusammenfassende Kategorienbeschreibungen erstellt. Sie umfassen die zentralen Merkmale der Kategorie bzw. des Typs unter Abgrenzung zu anderen Kategorien. In der Ergebnisdarstellung werden die ermittelten Kategorien in Bezug zur jeweiligen Fragestellung gebracht und durch charakteristische Beispielaussagen illustriert.

Bei der praktischen Durchführung der skizzierten Analyse wurde auf ein einfaches Verfahren zur PC-gestützten qualitativen Datensammlung und -verwaltung („Text-Sortier-Technik", TST; Beywl & Schepp-Winter, 2000, S. 62ff.) zurückgegriffen. Die TST erleichtert die Kodierung und Kategorienzuordnung der in Sinneinheiten zerlegten Aussagen, da es ökonomische Möglichkeiten bietet, die Datenmenge auf übersichtliche Weise (Texttabellen) zu sortieren und zu vergleichen.

2) Für die Erforschung potentiell kohärenzsinnfördernder Effekte einer Erziehungsberatung und ihrer Bedeutung für den Beratungserfolg scheinen Einzelfallanalysen am besten geeignet. So empfiehlt beispielsweise McLeod (2000a): „Rather than using grounded theory or phenomenological methods which aggregate data across cases, or discourse/narrative analysis methods which look at fragments of cases, the 'logic' of qualitativ outcome research demands that patterns and conclusions are rooted in analysing each case separately" (p. 10). Mit zwei ausgewählten Interviewtranskripten sollten daher zusätzlich vertiefende Fallanalysen (vgl. Schmidt, 2000) durchgeführt werden, um am Einzelfall Erkenntnisse zu den explorativen Zusammenhangshypothesen zwischen Erziehungsberatung und Kohärenzsinn *(Hypothesengenerierender bzw. -prüfender Fokus* der Interviewauswertung) und zum impliziten Bedeutungsgehalt der Interviewaussagen zu gewinnen. Da aus ökonomischen Gründen nur wenige Fälle mit diesem zeitintensiven Verfahren bearbeitet werden konnten, sollten zwei heterogene Fallverläufe (bezüglich Erfolg und Veränderungen) mit unterschiedlichen Kontextbedingungen (Geschlecht und Alter der Jugendlichen zu Beratungsbeginn) in die Einzelfallanalyse einbezogen werden.

Die Auswertung der beiden Einzelfälle orientierte sich an dem bei Lüders und Meuser (1997) beschriebenen sequenzanalytischen Vorgehen für Fallanalysen. Das Ziel dabei war, bei der interpretativen Rekonstruktion der Fälle zu plausiblen „Lesarten" darüber zu gelangen, welche Rolle die Beratung bei der Gesamtentwicklung der Erlebenskomponenten spielt, die mit dem Kohärenzsinn in Verbindung gebracht werden können, und durch welche Prozesse es zu den jeweiligen Beratungsergebnissen kam. Die betreffenden Transkripte wurden auf diese Fragestellungen hin wiederholt gründlich gelesen und unter Einbezug aller verfügbaren Informationen in drei Arbeitsschritten, die über die Analyse der Grobstruktur (Handlungskontext der Dokumente) und der Interviewinteraktionen zu einer sequenziellen Feinanalyse des Interviews (Untersuchung der Äußerungen in ihrer sequentiellen Abfolge) führen, interpretiert. Für beide Fälle konnten auf dieser Basis Auswertungsprotokolle erstellt und zusammenfassende Fallbeschreibungen formuliert werden, die in Kapitel 7 vorgestellt werden.

4.5 Zusammenfassung und Integration

Die in diesem Kapitel vorgestellte Studie sollte mit ihrer methodischen Anlage und den verwendeten Erhebungsverfahren einen ersten Schritt aus der „methodischen Sackgasse" weisen, in der sich die primär auf katamnestischen Elternbefragungen ba-

4.5 Zusammenfassung und Integration

sierende Evaluationsforschung zur Erziehungsberatung derzeit befindet. Durch den Evaluationsauftrag war vorgegeben, dass die Untersuchung als *retrospektive Einpunkterhebung* angelegt werden musste, was die Analysemöglichkeiten einerseits schmälert: So erlauben die ermittelten Daten, anders als bei experimentellen bzw. prospektiven Studien, keine Aussagen über Veränderungen im Sinne von Prä-post-Vergleichen oder Analysen kausaler Einflussgrößen (Moderatorvariablen). Infolge des langen Katamnesezeitraums – zwei bis drei Jahre für die Elternbefragung, zweieinhalb bis vier Jahre für die Jugendlichen – lassen sich die bis zum Befragungszeitpunkt erlebten Veränderungseffekte zudem in den seltensten Fällen als reine Beratungsauswirkungen interpretieren (fragliche interne Validität). Bei den ermittelten Daten handelt es sich ausschließlich um die subjektiven Urteile der Beteiligten, bei denen – wie bei allen Selbstbeurteilungen – Antworttendenzen oder Urteilsfehler nicht auszuschließen sind.

Aus methodischer Sicht bietet das Studiendesign andererseits den Vorteil, auch langfristige Auswirkungen der erhaltenen Hilfe abfragen und in ihrem Stellenwert für langwierige Entwicklungsprozesse (wie die Kohärenzsinnentwicklung) interpretieren zu können. Da Klienten durchaus in der Lage scheinen, zwischen Beratungseffekten und beratungsunabhängigen Veränderungen zu differenzieren (McLeod, 2000a), wurde die Bedeutung potentieller externer Einflussgrößen – wie einschneidende Lebensereignisse oder Reifungsprozesse bei Kindern und Jugendlichen – aus Sicht der Klienten im FEF und in den Leitfadeninterviews miterhoben und analysiert. Als Langzeitkatamnese ist die Studie zudem so konzipiert, dass sie die spezifischen Bedingungen bei der Evaluation von Erziehungsberatung (vgl. Kasten 3.5) berücksichtigt und die methodischen Defizite der bisher durchgeführten Katamnesen hinsichtlich Stichprobenauswahl und Erhebungsverfahren zu vermeiden sucht:

Anders als bei den meisten vergleichbaren katamnestischen Studien erfolgte die Auswahl der hier zugrunde liegenden *Klientenstichproben* zufallsgesteuert. Da durch verschiedene Maßnahmen eine für diesen Bereich außergewöhnlich hohe Fragebogen-Rücklaufquote von 59 Prozent erreicht werden konnte, ist von einer guten Repräsentativität der Katamnesestichprobe für die Grundgesamtheit aller im Jahr 1996 beratenen EB-Klienten auszugehen. Dementsprechend ergaben die statistischen Analysen zur Stichprobenzusammensetzung nur zwei leichte Selektionseffekte: Fälle, die von den Beratern als „erfolgreich" eingestuft worden waren und bei denen die Eltern ein höheres Bildungsniveau aufwiesen, waren in der Gruppe der antwortenden Klientenfamilien geringfügig überrepräsentiert.

Mit der Stichprobe der jugendlichen Interviewpartner sollte das Untersuchungsfeld inhaltlich abgedeckt und das Fundament für die Erhebung eines möglichst breiten Spektrums an Sicht- und Erfahrungsweisen gelegt werden. Hinsichtlich wesentlicher soziodemographischer und beratungsbezogener Merkmale konnte dieser Anspruch auch tatsächlich eingelöst werden, obwohl ein Viertel der ursprünglich ausgewählten Klienten (n = 40) nicht zu einem Interview zu bewegen war (zwölf weitere konnten aus anderen Gründen nicht interviewt werden). Allerdings kann vermutet werden, dass gerade die Einschätzungen der „Interviewverweigerer" möglicherweise anders ausfallen könnten als die der Interviewpartner und sie möglicherweise aufgrund negativer Erfahrungen mit der Beratung bzw. mit dem Berater nicht zu einem Gespräch zu bewegen waren

Mit den verwendeten *Erhebungsverfahren* konnten die Vorzüge von sowohl quantitativen als auch qualitativen methodischen Zugängen genutzt und miteinander kombiniert werden:

Da für die Evaluation von Erziehungsberatung bisher keine adäquaten Erhebungsinstrumente vorlagen, bestand eine zentrale Herausforderung für die vorliegende Studie darin, verbesserte Fragebögen zur retrospektiven Erfassung des Beratungsgeschehens aus Eltern- und Beratersicht zu entwickeln und damit der Forderung nach „bewusster Auswahl und Standardisierung der Messinstrumente" (Heekerens, 1998, S. 601) in diesem Forschungsbereich nachzukommen. Im Hinblick auf die in diesem Kapitel vorgestellten Testgüteanalysen liegen mit dem FEF und den FB zwei Instrumente mit guten bis zufrieden stellenden psychometrischen Eigenschaften vor. Tabelle 4.12 gibt nochmals einen Überblick über alle in dieser Studie eingesetzten Skalen. Angegeben sind jeweils die Itemzahl sowie Werte zur internen Konsistenz nach Cronbachs Alpha:

Tabelle 4.12: Die eingesetzten Fragebogenverfahren mit Itemzahl und interner Konsistenz

Fragebogen	ggf. Unterskalen	Itemzahl	α^1	α^2
Fragebogen zur Erziehungs und Familienberatung (FEF):	1. Zugang zur Beratung 2. Beratungsprozess (BP) 3. Beratungszufriedenheit (BZ) 4. Beratungseffekte (BE)	8 17 11 15	– .91 .94 .95	– – – –
Fragen an den Berater:	1. Skala FB 2. Globale Zufriedenheit (GZ)*	10 4	.84 .85	– .86
Youth Client Satisfaction Questionnaire (YCSQ)**		14	–	.90
Fragebogen zum Familien-Kohärenzsinn (FFKS)**		12	.84	–
Fragebogen zum Kohärenzgefühl (SOC-13)*		13	–	.74–.91

Anmerkungen: *übernommene Skalen; **übersetzte Skalen; α: Interne Konsistenz in ^{1}eigener bzw. ^{2} fremder Studie

Für weitere Einsätze sollte die Validität der Fragebögen durch Vergleiche mit längsschnittlich erhobenen Veränderungsmaßen oder durch die Anwendung der Skalen bei unterschiedlichen Störungsbildern weiter abgesichert werden.

4.5 Zusammenfassung und Integration

Bei der Befragung der Jugendlichen haben sich im vorliegenden Kontext Leitfadeninterviews bewährt: Durch den offenen, qualitativen Zugang konnten die grundlegenden Erfahrungsmuster der Jugendlichen – z. B. zur Beratung im Familiensetting oder zu kohärenzsinnfördernden Beratungselementen – herausgearbeitet werden. Der in dieser Form bisher in keiner Untersuchung realisierte Perspektivenvergleich zwischen Jugendlichen, Eltern und Berater (vgl. Kapitel 5) wurde dadurch möglich, dass die Eltern- bzw. Beraterfragebögen und der Interviewleitfaden zudem inhaltlich aufeinander abgestimmt waren.

Bei der *Auswertung* der ermittelten Daten bot sich durch den Einbezug aller Beratungsbeteiligten mittels differenzierter Erhebungsverfahren die Chance, statistische Analysen vorzunehmen, die über die reinen Häufigkeitberechnungen der meisten bisher durchgeführten Untersuchungen hinausgehen. Das leitende Erkenntnisinteresse war dabei, erste Hinweise auf Variablen bzw. Merkmale entlang des Beratungsgeschehens zu erhalten, die mit einer positiven Beratungseinschätzung aus Elternsicht verknüpft sind. Die dazu ermittelten und in Kapitel 6 dargestellten Ergebnisse sind vor allem als Anregungspotential für zukünftige Forschungsbemühungen zu verstehen. Sie ermöglichen die Ableitung von Forschungshypothesen, die im Rahmen von verbesserten Evaluationsstudien mit prä-post-Messungen und quasi-experimentellen Versuchsplänen, wie sie zum Beispiel von Heekerens (1998) gefordert wurden, auf ihre Gültigkeit hin überprüft werden sollten. Weiterführende Erkenntnisse über moderierende Faktoren des Beratungserfolgs könnten aber auch durch die Untersuchung von ungünstigen Beratungsverläufen (Schmidt, 2000) und Einzelfallanalysen von Beratungsabbrechern (Kühnl, 2001) gewonnen werden.

5
Beratung aus unterschiedlichen Perspektiven

> Mit den in diesem Kapitel dargestellten Studienergebnissen soll nachgezeichnet werden, wie der Beratungsprozess und seine Auswirkungen aus unterschiedlichen Perspektiven erlebt und bewertet wird.
> Dazu werden alle Daten herangezogen, die mit den im vorangegangenen Kapitel vorgestellten Erhebungsmethoden von Jugendlichen, Eltern und Beratern gewonnen werden konnten. Die Ergebnisdarstellung ist am *chronologischen Ablauf* einer Beratung – vom (5.1) Zugang zur Beratung über den (5.2) Beratungsprozess und (5.3) die erlebten Veränderungseffekte bis zur (5.4) Beratungszufriedenheit – orientiert, um den Prozesscharakter des Beratungsgeschehens abzubilden.
> Innerhalb der vier Themenbereiche finden sich die Sichtweisen der Beteiligten in jeweils zwei getrennten Abschnitten a) und b) einander gegenübergestellt (Klientenzitate sind *kursiv* gesetzt):
>
> **a)** Zunächst werden jeweils die mittels Fragebogenverfahren (FEF bzw. FB) erhobenen Angaben von *Eltern* und – soweit ermittelt – von *Beratern* zu den 108 Beratungsfällen in der Katamnesestichprobe beschrieben. Die Antworten auf offene Fragen sind dabei jeweils in einen Textkasten gesetzt.
> **b)** Anschließend folgt die Darstellung der grundlegenden Aussagemuster sowie Zitate aus den 17 qualitativen Interviews mit den *Jugendlichen,* deren Alter zum Interviewzeitpunkt zwischen 13 und 22 Jahren lag. Die Altersangaben beziehen sich – wenn nicht anders angegeben – auf den Zeitpunkt des Interviews.
>
> In der abschließenden *Integration* der Ergebnisse werden die unterschiedlichen Perspektiven in verdichteter Form zusammengefasst und miteinander verglichen. Den angeführten Perspektivenunterschieden beim Vergleich der Fragebogeneinschätzungen von Jugendlichen, Eltern und Beratern liegt jeweils statistische Signifikanz zugrunde.

5.1 Der Zugang zur Beratung

Aus Elternsicht liegen zum Beratungszugang die Antworten zu den acht Einzelitems der Skala *FEF-1: Zugang zur Beratung* vor. Sie können zusammen mit Beraterangaben in den „Fragen an den/die Berater/in" und entsprechenden Aussagen der Jugendlichen folgenden Abschnitten zu Zugangs- bzw. Kontextvariablen, die sich in der Psychotherapieforschung als bedeutsam für den weiteren Therapie- bzw. Beratungsverlauf erwiesen haben (vgl. Kapitel 3), zugeordnet werden.

5.1.1 Anlass zur Beratung

a) Eltern und Berater

Sowohl die Eltern als auch die Berater wurden mit einer offenen Frage nach dem hauptsächlichen Anlass für die Beratung gefragt. Tabelle 5.1 zeigt die Häufigkeit der entsprechenden Antworten, die verschiedenen Anlasskategorien zugeordnet wurden.

Tabelle 5.1: Beratungsanlass aus Eltern- und Beratersicht

Anlass zur Beratung	Eltern		Berater		Interview*
	Häufigkeit	% von n = 108	Häufigkeit	% von n = 108	
1. Lern- und Leistungsprobleme des Kindes	26	24,1	28	25,9	3
2. Eltern-Kind-Beziehung/ Erziehungsprobleme	18	16,6	8	7,4	4
3. Emotionale Probleme des Kindes	15	13,9	24	22,2	6
4. Verhaltensauffälligkeit des Kindes	12	11,1	9	8,3	–
5. Sozialverhalten des Kindes	11	10,2	10	9,3	3
6. Trennungs- und Scheidungsprobleme	11	10,2	12	11,1	1
7. Sexueller Missbrauch	4	3,7	4	3,7	–
8. Psychosomatik des Kindes	3	2,8	2,8	3	–
9. Partnerschaftsprobleme	3	2,8	1	0,9	–
10. Enuresis	2	1,9	6	5,6	–
11. Geschwisterbeziehung	1	0,9	–	–	–
12. Posttraumatische Belastungsstörung	1	0,9	2	1,9	–
13. Enkopresis	1	0,9	1	0,9	–

Anmerkungen: *Beratungsanlass der interviewten Jugendlichen aus Beratersicht (absolute Häufigkeiten von n = 17), Angaben zur Anlassbeschreibung aus Sicht der Jugendlichen finden sich im Abschnitt b).

Die Anlasshäufigkeiten entsprechen in etwa den Größenordnungen in der weniger differenzierten Anlassstatistik des Statistischen Bundesamtes für alle 1996 beendeten Beratungen (vgl. Tabelle 1.1) und spiegeln die typischen, heterogenen Problemlagen in der Erziehungsberatung wider. Besonders häufig wurden Lern- und Leistungsprobleme des Kindes genannt, gefolgt von Erziehungsproblemen bzw. Problemen in der Beziehung zwischen Eltern und Kind sowie emotionalen Problemen des angemeldeten Kindes.

Darüber hinaus sind Unterschiede in den Anlassdefinitionen von Eltern und Beratern erkennbar. Aus Elternsicht ist der Beratungsanlass häufiger auf der Elternebene (Partnerschaftsprobleme, Erziehungsprobleme) oder in der Beziehung zu den Kindern angesiedelt. Die Berater gaben dagegen häufiger innerpsychische Probleme bzw. Symptome des Kindes (emotionale Probleme des Kindes, Enuresis) als Grund für das Aufsuchen der Beratungsstelle an, was vermutlich im Wesentlichen darauf zurückzuführen ist, dass sie in den FB – abweichend von den Eltern – nach „Beratungsanlass/Diagnose" befragt wurden.

b) Jugendliche

Anders als bei der Studie von Lenz (2001b), der Kinder zwischen 6 und 13 Jahren befragt hatte (vgl. 3.4.2), waren alle interviewten Jugendlichen (13 bis 22 Jahre) in der Lage, die Problemlagen zu definieren, die damals aus ihrer Sicht zum Aufsuchen der EBSt geführt hatten.

Bei rund der Hälfte der Jugendlichen (8 von 17 Fällen) fließt die – teilweise vermutlich in der Beratung erarbeitete – psychologische Erklärung für die Problemlagen zu Beratungsbeginn in die retrospektive Problemdefinition mit ein, wie folgende Zitate verdeutlichen:

Ich war halt ziemlich schwierig, sagen meine Eltern heute. Aber das hat auch einen Grund. Weil als ich neun Jahre alt war, hab ich meinen Bruder verloren. Und das kam in der Pubertät total raus. Ich war sowieso ziemlich rebellisch einfach. (Weiblich, 20 J.)

... weil irgendwie bin ich ziemlich zwischen den Fronten gestanden. Und habe meine Familie eigentlich, also meine Mutter und meine zwei Brüder, habe ich eigentlich immer beschützen müssen. (Männlich, 17.)

Die meisten Jugendlichen beschrieben die Probleme, die Anlass zur Beratung gaben, in ihrem jeweiligen familialen und biographischen Bedingungsgefüge. Im Vergleich zu den Elterndefinitionen zeigen sich bei rund einem Drittel (6 von 17) *abweichende Problembeschreibungen*, die auf getrennte Beratungsprozesse oder divergierende Problemattributionen zurückzuführen sind (vgl. Tabelle 5.2):

Tabelle 5.2: Unterschiede in der Problemdefinition zwischen Eltern und Jugendlichen

Abweichungsart	Beispielaussagen	Häufigkeit*
1. Getrennte Beratungsprozesse Mütter und Kinder bzw. Jugendliche durchliefen parallel zueinander beim gleichen Berater eigene Beratungsprozesse. Aus der Perspektive der Elternberatung ergibt sich daher ein anderer Beratungsfokus als aus Kindersicht.	**Beratungsanlass Mutter:** *Erziehungsschwierigkeiten* **Beratungsanlass Sohn:** *... weil ich eben sehr viel gestottert hab. (14 Jahre)*	2 (12 %)
2. Externalisierung vs. Individualisierung der Problemlagen Während für die Eltern die Leistungs- bzw. Disziplinprobleme der Jugendlichen in der Schule Anlass für eine Beratung waren, externalisieren die Jugendlichen diese Problemlagen und sehen bei sich keinen Grund für eine Beratung. Sie empfinden stattdessen die Konflikte mit den Eltern im Vorfeld der Beratung oder die elterlichen Sorgen um ihre Entwicklung als ausschlaggebend für die Beratung.	**Beratungsanlass Eltern:** **Fall 1:** *Lernunwilligkeit* **Fall 2:** *Schlechte Noten trotz elterlicher Bemühungen.* **Beratungsanlass Sohn:** **Fall 1:** *... da hatte ich halt Stress mit der Schule. Bei mir, also meinerseits waren keine Probleme da.* **Fall 2:** *... weil es in der Familie Spannungen gab. Die hatten Angst, dass ich irgendwann den kriminellen Abstieg mache.*	4 (24 %)

Anmerkungen: *Häufigkeiten werden aufgrund des geringen Stichprobenumfangs (n = 17) in Fallzahlen und gerundeten Prozentwerten in Klammern angegeben.

5.1.2 Beratungsmotivation

a) Eltern

Sowohl die Ergebnisse zu Item FEF-1.2 (Empfehlung zur Beratung) als auch zu Item FEF-1.6 („Leidensdruck" vor Beratungsbeginn) können indirekt Aufschluss über die Motivation der *Eltern* zur Beratung geben (Häufigkeitsangaben zu den FEF-1-Items im Anhang).

Rund ein Viertel der Klienten (27 %) gab an, die Beratung ohne bzw. weitgehend ohne *Empfehlung* von Dritten in Anspruch genommen zu haben, was für eine vergleichsweise hohe Eigenmotivation dieser Klienten spricht. Bei der Mehrheit der Klienten (73 %) spielte die Empfehlung verschiedener Stellen oder Personen (vgl.

Tab. 5.3) eine mehr oder weniger ausschlaggebende Rolle beim Aufsuchen der Beratungsstelle, sodass in diesen Fällen nicht von vorne herein von einer hohen eigenen Beratungsmotivation ausgegangen werden kann.

Tabelle 5.3: Angaben zur Empfehlung zur Beratung

Empfehlung von	Häufigkeit	% von n = 108
1. Lehrer/Schule	22	20,4
2. Bekannte/Verwandte	15	13,9
3. Kindergarten	11	10,2
4. Jugendamt	7	6,5
5. Haus- oder Kinderarzt	6	5,6
6. Psychologen/Therapeuten	5	4,6
7. Zeitung/Öffentlichkeitsarbeit	3	2,8
8. andere Beratungsstelle	3	2,8
9. Rechtsanwalt	2	1,9
10. ehemalige Klienten	1	0,9
11. Pfarrer/Kirche	1	0,9

Anmerkung: Fehlende Angaben von n = 3 Klienten

Am häufigsten wurden die Klienten von Institutionen, in deren Kontext sich vermutlich die Probleme zeigten oder als solche definiert wurden (Schule, Kindergarten), oder vom sozialen Unterstützungssystem (Bekannte, Verwandte, ehemalige Klienten) auf die Möglichkeit und den Bedarf für eine Beratung hingewiesen. Damit werden Ergebnisse aus der sozialen Netzwerkforschung bestätigt, wonach dem sozialen Umfeld eine wichtige Rolle bei der Inanspruchnahme therapeutischer Hilfen zukommt (vgl. 3.3.3).

Die geringe Häufigkeit von Empfehlungen und Vermittlungen durch das Jugendamt – nur jede 15. Klientenfamilie kam über diesen Weg zur Beratungsstelle – kann als Hinweis auf die noch immer mangelnde Verankerung der Erziehungsberatungsstellen in den Jugendhilfestrukturen gewertet werden, die in Kapitel 1.4 (These 2) konstatiert wurde.

Deutlich über die Hälfte der Klienten (63 %) erlebte die Problematik, die zur Beratung geführt hatte, als große familiäre Belastung. Dementsprechend kann angenommen werden, dass sich diese Klientenfamilien in einer Notlage befanden und sich mit großem *Leidensdruck* Hilfe suchend an die Beratungsstellen wandten. Tabelle 5.4 zeigt die Angaben der Eltern zur Frage, welche Familienmitglieder durch das Problem am stärksten belastet wurden. In rund 60 % der Fälle wurden die Mütter alleine oder zusammen mit dem betroffenen Kind als am stärksten belastet genannt. Dies kann auf die noch immer vorherrschende familiäre Rollenverteilung, nach der Mütter für die Kinder und innerfamiliäre Probleme zuständig sind, und den hohen Anteil allein erziehender Mütter in der Katamnesestichprobe (25 %) zurückgeführt werden.

Tabelle 5.4: Am stärksten belastete Familienmitglieder

Am stärksten belastete Familienmitglieder	Häufigkeit	% von n = 108
1. Mutter	38	35,2
2. Kind	17	15,7
3. Mutter und betroffenes Kind	17	15,7
4. ganze Familie	9	8,3
5. Eltern	7	6,5
6. Niemand in der Familie	5	4,6
7. Vater	3	2,8
8. Eltern und betroffenes Kind	3	2,8

Anmerkung: Fehlende Angaben bei n = 9 Klientenfamilien

Väter alleine waren nur sehr selten am meisten von der Problematik belastet. Aber auch, wenn alle anderen Konstellationen mit Eltern und betroffenem Kind zusammengenommen werden, sind sie nur in jedem fünften Fall unter den am stärksten belasteten Familienmitgliedern zu finden. Da die Mütter zudem in der Regel den Kontakt mit der Beratungsstelle aufnehmen und das Kind oder die Familie dort anmelden, war ihre Motivation zur Beratung vermutlich am größten.

Aus Sicht der *Berater* war die überwiegende Mehrheit der Klienten (77 %) sehr zur Beratung motiviert. Umgekehrt kamen sie nur in rund einem Fünftel der Fälle zur Einschätzung, die Beratungsmotivation der Eltern (23 %) sei gar nicht oder nur gering vorhanden gewesen.

b) Jugendliche

Über die Hälfte der interviewten Jugendlichen (8 von 17) stand der Beratung anfänglich ablehnend gegenüber. Dafür ist offensichtlich auch die Rolle mitverantwortlich, die ihnen im Rahmen des familialen Entscheidungsprozesses, der zum Aufsuchen der EBSt führt, zukommt. Es lassen sich insgesamt auf der Grundlage der Interviews drei „Entscheidungsmuster" mit jeweils spezifischen Kontextbedingungen differenzieren (vgl. Tabelle 5.5). Sie umfassen selbstbestimmte Entscheidungen der Jugendlichen, mit den Eltern ausgehandelte Vereinbarungen und Entscheidungsprozesse, die von Elternseite dominiert werden.

Der Gang zur Erziehungsberatungsstelle wurde mehrheitlich (9 von 17 Fällen) elternbestimmt entschieden. Da die davon betroffenen Jugendlichen den Beratungsanlass zudem häufig abweichend zu den Eltern definierten – in den vier Fällen des 2. Abweichungstyps (vgl. Tab. 5.2) wurde dem elternbestimmten Entscheidungstyp entsprechend verfahren – hatten sie oftmals das Gefühl, der Berater wird von den Eltern zur Stärkung der elterlichen Position gewissermaßen als „Verbündeter" hinzugezogen.

Tabelle 5.5: Entscheidungsmuster zum Aufsuchen der Beratungsstelle aus Sicht der Jugendlichen

Entscheidungsmuster	Beispielaussagen	Häufig.
1. Selbstbestimmte Entscheidung • Jugendliche „Selbstmelder" oder Anmeldung auf Initiative der Jugendlichen hin. • sind mit ihrer Situation unzufrieden („Leidensdruck"), suchen Hilfe und sind motiviert zur Beratung. Sie haben Vorerfahrung mit psychologischer Hilfe und sind älter (17 J.).	**Männlich, 17 Jahre*:** *Ich war mit meinem bisherigen Leben ziemlich unzufrieden und wollte daran vieles ändern.*	2 (12 %)
2. Aushandlungsprozesse • Vorschlag zur Beratung kommt von den Eltern, sie lassen den Jugendlichen aber die Wahlfreiheit. Es werden Vereinbarungen zum „Ausprobieren" der Beratung getroffen. • Vorschlag zur Beratung kommt von den Eltern, sie lassen den Jugendlichen aber die Wahlfreiheit. Es werden Vereinbarungen zum „Ausprobieren" der Beratung getroffen. • Jugendliche haben ein Problembewußtsein und erleben Vorschlag als Hilfsangebot.	**Weiblich, 13 Jahre*:** *Ja, und dann war ich dann schon damit einverstanden, weil ich ja wirklich wollte, dass es wieder besser wird.* **Männlich, 10 Jahre*:** *Sie hat gesagt, wir können das ja mal ausprobieren, eine Stunde, und dann, wenn du es halt nicht willst, wenn es dir keinen Spaß macht, dann machen wir es halt nicht.*	6 (35 %)
3. Elternbestimmte Entscheidung • Initiative und Entscheidung zur Beratung von den Eltern, keine wirkliche Wahlfreiheit für die Jugendlichen. Die Entscheidung wird den Jugendlichen nur mitgeteilt. • Häufig ablehnende Haltung der Jugendlichen, sehen für sich zum Teil keinen Beratungsbedarf. Haben oft keine Vorstellung davon, was in einer Beratung passiert und wie sie davon profitieren können.	**Männlich, 14 Jahre*:** *Meine Mutter hat gesagt, gut, jetzt gehen wir da hin. Da kann ich auch schlecht nein sagen. Termin haben wir gehabt. Dann bin ich halt hingegangen.* **Männlich, 10 Jahre*:** *Am Anfang hat's mich ziemlich genervt, ich mein', sie hat mir nicht Bescheid gesagt, sie hat nur gesagt, du bist da und da angemeldet, und da gehst du jetzt hin.*	9 (53 %)

Anmerkung: *Alter jeweils zu Beratungsbeginn

Der Aufbau einer tragfähigen Beratungsbeziehung wird durch Entscheidungsprozesse, die den Jugendlichen kaum Mitsprachemöglichkeiten einräumen und sie über Methoden und Ziele der Beratung im Unklaren lassen, sicherlich erschwert. Die negative Auswirkung mangelnder Partizipationsmöglichkeiten auf den Beratungsprozess wurde in den Interviews auch explizit zum Ausdruck gebracht:

> ... hängt auch von der Bereitschaft desjenigen ab, der da hingeht. Das ist ganz wichtig, denke ich mal. Wenn die nicht da ist, dann, also gezwungenermaßen ist es nicht gut. (Weiblich, 20 Jahre)

5.1.3 Vorerfahrung mit psychologischen Hilfen

a) Eltern
Die meisten *Eltern* hatten keinerlei Vorerfahrung mit Erziehungsberatung oder anderen psychologischen Hilfen (63 %). Sofern Vorerfahrung bestand, wurden frühere Beratungen oder Therapien meist positiv bewertet. Elf Klienten berichten von negativen oder ambivalenten Erfahrungen. Der im Vergleich zu anderen Studien (Kaisen, 1996: 43 %; Straus et al., 1988: 55 %) etwas geringere Prozentsatz der Befragten mit Beratungsvorerfahrung (37 %) lässt sich mit dem größtenteils ländlichen Einzugsgebiet der untersuchten EBSt erklären.

b) Jugendliche
Nur das Drittel der interviewten *Jugendlichen,* das über eigene Erfahrungen oder die Berichte ihrer Eltern *Vorwissen* sammeln konnte (n = 6), hatte realistische Vorstellungen darüber, was sie an den EBSt erwartet. Alle anderen konnten sich im Vorfeld wenig darunter vorstellen

> *Und so verstanden habe ich das dann auch nicht. Da habe ich mir eigentlich wenig drunter vorstellen können, was da passiert.* (Männlich, 17 J.)

Ihre häufig geringe Beratungsmotivation rührt vermutlich auch daher, dass sie nur unzureichend über Erziehungsberatung informiert sind und ihr Bild von Erziehungsberatung vor allem durch ihre diesbezüglichen Erwartungen und Bedenken geprägt (vgl. 5.1.4) ist.

5.1.4 Erwartungen und Bedenken gegenüber einer Beratung

a) Eltern
Die Mehrheit der erwachsenen Klienten kam mit konkreten *Erwartungen* zum ersten Beratungstermin (68 %). Auf die *offene Frage,* welche Erwartungen gegebenenfalls gehegt wurden, antworteten 63 Klienten (vgl. Tab. 5.6).

Tabelle 5.6: Erwartungen der Klienten zu Beratungsinhalten und -ergebnissen

Kategorie	Beispielaussagen	Häufigkeit*
1. Aufzeigen von Lösungsmöglichkeiten und Tipps	*Dass ich Tipps und Vorschläge bekomme, meine Probleme zu lösen.*	20 (32 %)
2. Unspezifische Hilfs- bzw. Unterstützungserwartung	*Dass meiner Tochter geholfen wird.*	15 (24 %)
3. Problembesserung	*Das Verhalten von A. sollte sich normalisieren.*	14 (22 %)
4. Entlastung durch Gesprächsmöglichkeit	*Sich aussprechen können. Probleme außerhalb mit einer Vertrauensperson besprechen können.*	9 (14 %)
5. Ursachenklärung/Diagnostik	*Kennenlernen der Gründe für die Lernblockade.*	6 (10 %)
6. Hilfe zur Selbsthilfe bzw. Denkanstöße	*Hilfe zur Selbsthilfe im Umgang mit meinen Kindern.*	4 (6 %)

Anmerkung: *Mehrfachnennungen möglich, gerundete Prozentzahlen bezogen auf n = 63 in Klammern

Die Angaben der Eltern bezogen sich auf mögliche Beratungsinhalte und -ergebnisse. Über unspezifische Unterstützungswünsche hinaus wurde am häufigsten die Erwartung geäußert, auf der Basis des Expertenwissens der Berater Ratschläge und Hinweise auf Lösungsmöglichkeiten zu erhalten. Damit verbunden wurde oft die Hoffnung auf eine Verbesserung der Anmeldeproblematik genannt. Eine aktivere Rolle der Klienten im Sinne einer „Hilfe zur Selbsthilfe" oder Auseinandersetzung mit Denkanstößen wurde dagegen selten als explizite Beratungserwartung benannt.

Aus den diesbezüglichen Klientenangaben lässt sich zum Teil auch ablesen, für wen die Hilfe gewünscht wurde und wer nach den Erwartungen der Klienten im Fokus der Beratung stehen sollte. Die Erwartung einer kindzentrierten Behandlung (z. B. *meiner Tochter psychologisch helfen*; 32 %) und einer Elternberatung (z. B. *Ich hoffte auf Vorschläge, wie ich meiner Tochter die Situation erleichtern könnte*, 29 %) hielten sich dabei in etwa die Waage. Eine Verbindung dieser beiden Vorgehensweisen oder ein Einbezug der ganzen Familie in das Beratungsgeschehen wurde dagegen nur selten als Beratungserwartung formuliert (5 %).

Die Klientenangaben spiegeln tendenziell passiv geprägte Erwartungshaltungen, die bereits in früheren Evaluationsstudien zur Erziehungsberatung zu Tage getreten waren (vgl. 3.3.3), wider. Für den weiteren Beratungsverlauf fallen sie insbesondere dann ins Gewicht, wenn sie nicht mit dem Vorgehen des Beraters kompatibel sind. Da die meisten Klienten im Vorfeld entweder eine Behandlung des Kindes oder eine Elternberatung wünschten, könnte dies vor allem bei einer Arbeitsweise der Fall sein, die die Familienbeziehungen thematisiert.

Der Mehrheit der Klienten (56 %) war es nicht schwer gefallen, die Beratungsstelle aufzusuchen. In einer Situation, in der sich die betroffenen Personen durch die Problematik stark belastet fühlen und auf Hilfe durch die Berater hoffen, treten *Bedenken* und Vorbehalte gegenüber einer Beratung vermutlich in den Hintergrund. Dieses Ergebnis könnte zudem Ausdruck einer in den letzten Jahren gestiegenen Akzeptanz gegenüber fachlichen Hilfen im psychosozialen Bereich sein. Dagegen gaben 44 % der Klienten an, dass es ihnen „ein wenig", „weitgehend" oder „vollkommen" schwer gefallen sei, die Beratungsstelle aufzusuchen.

Die *offene Frage,* welche Bedenken gegebenenfalls gegenüber einer Beratung vorhanden waren, wurde von 42 Klienten beantwortet. Sie nannten am häufigsten Zweifel, ob die Beratung überhaupt hilfreich sein kann. Daneben wurden mehrfach (je zwölfmal) „Veröffentlichungsbedenken" und die Angst, in der Beratung kein Verständnis zu finden oder stigmatisiert zu werden. geäußert (vgl. Tab. 5.7). Auch hier ist wieder zu berücksichtigen, dass im ländlichen Umfeld der untersuchten Beratungsstellen sozialer Kontrolldruck und Skepsis gegenüber psychologischen Hilfen noch weiter verbreitet sind als in städtischen Einzugsgebieten (Lenz, 1990).

Tabelle 5.7: Bedenken der Klienten gegenüber einer Beratung

Kategorie	Inhalt/Beispielaussagen	Häufigkeit*
1. Zweifel am Beratungserfolg bzw -nutzen	Bedenken, *ob die Beratung da helfen kann*; *Bin ich da an der richtigen Stelle? Nur schlaue Worte*	13 (31 %)
2. Veröffentlichungsbedenken	Angst vor Verletzung der Schweigepflicht; Angst vor Preisgabe der Privatsphäre; Schamgefühle	12 (29 %)
3. Mangelndes Verständnis	Angst, abgestempelt bzw. als *verrückt* etikettiert zu werden; Bedenken, *nicht verstanden zu werden*	12 (29 %)
4. Insuffizienzerleben	*Einzugestehen, dass wir mit den eigenen Problemen nicht fertig werden*; *Gefühl, selbst versagt zu haben*	7 (17 %)
5. Belastungen durch die Beratung	Angst vor emotionalen Belastungen bzw. Konflikten durch die Beratung; zeitlicher u. organisator. Aufwand	7 (17 %)

Anmerkungen: *Mehrfachnennungen möglich, gerundete Prozentzahlen bezogen auf n = 42 in Klammern

b) Jugendliche

Die Vorstellungen, welche die Mehrheit (11 von 17) der befragten Jugendlichen von Erziehungsberatung hatte, waren in Ermangelung realistischer Informationen von Klischees geprägt, die vermutlich über Medien (vgl. Rietz & Wahl, 2001) oder über die Peergruppe vermittelt wurden:

Ich bin froh, dass meine Eltern mich nicht zu so einem Doktor geschleppt haben, so einem richtigen, so mit hinlegen und so. Das dachte ich nämlich erst. (Weiblich, 20 J.)

Dass du halt ausgefragt wirst, oder irgend sowas, so richtig ausgefragt wirst. Dass halt auf die neireden, oder so richtig rausquetscht irgendwas wird. (Männlich, 17 J.)

In der *Erwartung* dieser Jugendlichen entspricht die Beratung einem klassisch-medizinischen Behandlungsmodell: In einer *steifen* Atmosphäre *(unfreundlich, eher so wie beim Arzt)* werden die Klienten entweder ausgefragt oder *zugetextet* und haben selbst wenig Gestaltungsmöglichkeiten. Sie müssen *dem da vorquasseln was da los ist* und langweilen sich, *wenn nur so einer mit dir redet oder sonst irgendwie sowas*. Die Berater werden in ihrem Verhalten und ihrer Erscheinung *(... so 'n alter Typ mit so Halbglatze, Brille und so 'nem Anzug; streng zurückgekämmte Haare, ein Pferdeschwanz und spitze Nase oder so)* als streng und autoritär imaginiert. Ihr erwartetes Vorgehen entspricht einem „Behandlungsschema" *(die werden irgendwie eine Vorgabe haben, schätz ich mal, wie sie's machen müssen)*, bei dem z. B. gesagt wird, *was wir besser machen können*, ohne dass die Jugendlichen große Hoffnung auf diese Hilfe setzen. *(Und was bringt's? Herzlich wenig!)*

Einige (n = 2) äußern vielmehr die *Befürchtung*, durch das Aufsuchen der Beratungsstelle als „psychisch krank" eingestuft *(da gehen nur die Geistesbescheuerten hin)* und von Gleichaltrigen deswegen geärgert und ausgegrenzt zu werden (drei Fälle; *Beim ersten Mal hab ich fest geglaubt, dass mich dann alle hänseln würden in der Schule und so was*). Ein Viertel der Jugendlichen berichtete vor diesem Hintergrund von Ängsten und Unsicherheiten vor dem ersten Beratungstermin. Sie beziehen sich einerseits auf die Ungewissheit, *was da jetzt gemacht wird und so*. Andererseits erscheint ihnen die erwartete Beratungssituation sehr fremdartig und ungewohnt *(Was da jetzt passieren würde, war mir fremd, ich hatte das noch nie vorher gemacht, und das war dann schon ein bissl komisch, das Gefühl)*.

5.1.5 Institutionelle Rahmenbedingungen

a) Eltern

Mit den *organisatorischen* und *räumlichen Zugangsbedingungen* zur Beratung zeigte sich die große Mehrheit der antwortenden Eltern (96 %) weitgehend oder vollkommen zufrieden. Dennoch gaben 19 Klienten auf eine offene Frage einzelne Bereiche an, mit denen sie unzufrieden waren. Am häufigsten wurden hier die langen Wartezeiten bis zum Erstgespräch genannt (zehn Klienten), gefolgt von der räumlichen Situation (sieben Klienten, *beengte* oder *wenig ansprechende Räume, Öffentlichkeit* des Warteraumes). Jeweils zweimal wurden die langen Anfahrtswege zur Beratungsstelle, der zeitliche Ablauf der Beratung (zu kurze Behandlungsdauer oder zu lange Gespräche) und die zu wenig kind- bzw. jugendlichengerechte Ausstattung der Stellen beklagt.

Die *kirchliche Trägerschaft* der Stellen war für die meisten Beantworter (68 %) ohne Bedeutung für die Beratung. Zwanzig Klienten beschrieben auf die offene Frage nach der Rolle des Stellenträgers positive Aspekte der kirchlichen Trägerschaft *(z. B. ausgewogenere bzw. ganzheitlichere Beratung)*. Nur zwei Antwortende gaben an, dass sie es als problematisch empfanden, dass es sich um eine kirchliche Stelle handelte. Ob der Caritasverband als Träger – wenn überhaupt – positiv oder negativ bedeutsam wird, hängt vermutlich stark von der jeweiligen Grundhaltung der Klienten der Kirche gegenüber ab *(z. B. Vertrauen aufgrund eigener religiöser Prägung)*.

b) Jugendliche
Von den interviewten Jugendlichen wurden die institutionellen Rahmenbedingungen an den Beratungsstellen abgesehen von zwei Ausnahmen nicht thematisiert. Diese beiden Klienten wünschten sich eine mehr an den Bedürfnissen von Jugendlichen orientierte Ausstattung der Stelle – z. B. mit Zeitschriften für Jugendliche im Wartezimmer und mit einer weniger nüchternen Gestaltung des Beratungszimmers.

5.2 Bewertung des Beratungsprozesses

Die Ergebnisse zu den verschiedenen Aspekten des Beratungsprozesses werden separat für die Beratungsbeziehung und für das methodische Vorgehen des Beraters im Verlauf der Beratung (Beratungstechnik) vorgestellt.

5.2.1 Beratungsbeziehung

a) Eltern und Berater
Wesentliche Elemente der Beziehung zwischen Berater und Klienten aus *Elternsicht* wurden mit den Unterskalen „Beratungsbeziehung" (BB) und „Beratungsbeziehung Kind" (BBK) der Skala *FEF-2: Beratungsprozess* erhoben. Tabelle 5.8 zeigt die Antworthäufigkeiten zur Unterskala *„Beratungsbeziehung"*.

Die hohen Zustimmungswerte bei allen sieben Items – die Klienten stimmen den Aussagen zu verschiedenen Beziehungsaspekten zu jeweils über 90 % „weitgehend" oder „vollkommen" zu – weist auf eine durchweg positive Beurteilung der Beratungsbeziehung hin. Insbesondere das Engagement des Beraters und die allgemeine Qualität der Beziehung werden von über 80 % der Klienten sehr positiv bewertet. Nur die Aussage zur Empathie des Beraters wird mit weniger als 50 % „vollkommener" Zustimmung etwas differenzierter eingeschätzt. Dass die meisten Klienten ihre Beziehung zum Berater sehr schätzen, ist nicht weiter überraschend. Die „außergewöhnliche" Erfahrung, in der Beratung auf Verständnis und Wertschätzung zu stoßen und emotional unterstützt zu werden, dürfte dafür ausschlaggebend sein, dass das Verhältnis zum Berater bei retrospektiven Fragebogenerhebungen am günstigsten beurteilt wird.

Tabelle 5.8: Beratungsbeziehung aus Elternsicht (FEF-2: Unterskala Beratungsbeziehung)

Item Nr.	Itembezeichnung	Zustimmung in %				MW	SD
		(1) gar nicht,	(2) ein wenig	(3) weitgehend	(4) vollkommen		
1.	Empathie	1,9	6,5	47,2	44,4	3,34	.69
2.	Vertrauen	2,8	5,6	34,3	57,3	3,47	.73
3.	Offenheit/Kommunikat.	2,8	5,6	33,3	58,3	3,48	.73
4.	Engagement*	80,5	13,0	1,9	4,6	3,69	.73
5.	Wertschätzung	3,8	4,6	29,6	62,0	3,49	.76
6.	Beziehungsqualität*	82,4	13,0	3,7	0,9	3,76	.56
7.	Sympathie	0	6,5	26,2	67,3	3,61	.61

Anmerkungen: n = 108, * = invertierte Items, MW = Mittelwert, SD = Standardabweichung; Itemwortlaut im Anhang

Bei den Items der Unterskala *„Beratungsbeziehung Kind"*, die von 98 Eltern beantwortet wurden, zeigt sich ein leicht verändertes Antwortmuster (vgl. Tab. 5.9).

Tabelle 5.9: Beziehung Berater-Kind aus Elternsicht (FEF-2: Unterskala Beratungsbeziehung Kind)

Item Nr.	Itembezeichnung	Zustimmung in %				MW	SD
		(1) gar nicht	(2) ein wenig	(3) weitgehend	(4) vollkommen		
8.	Vertrauen Kind	4,0	15,0	38,0	43,0	3,19	.84
9.	Beratungsmotivation Kind*	58,6	23,2	12,1	6,1	3,34	.92
10.	Eingehen auf kindl. Bedürfnisse	3,1	6,1	38,8	52,0	3,40	.74

Anmerkung: n = 98, * = invertiertes Item, MW = Mittelwert, SD = Standardabweichung, Itemwortlaut im Anhang

Aus Sicht der Eltern ging annähernd die Hälfte der angemeldeten Kinder (41 %) mit unterschiedlich starkem (von „ein wenig" bis „vollkommen") Widerwillen zu den Beratungsterminen. Sie schätzten das Vertrauen ihres Kindes zum Berater zudem signifikant niedriger ein als das eigene Beratervertrauen (t-Test FEF-2.2 vs. 2.8). Die meisten Eltern (81 %) hatten aber immer noch „weitgehend" oder „vollkommen" den Eindruck, dass ihr Kind dem Berater vertraute. Außerdem bescheinigten sie dem Berater in den allermeisten Fällen (91 %), in der Beratung auf die Bedürfnisse ihres Kindes eingegangen zu sein.

Das abweichende Elternurteil zur Beratungsbeziehung ihres Kindes (im Vergleich zur eigenen Beratungsbeziehung) kann als erster Hinweis dafür gewertet werden, dass die Beratungsbewertungen aus der Eltern- und Kinderperspektive – wie bei den unter 3.4.2 vorgestellten Studien – unterschiedlich ausfallen könnten.

In den Antworten von insgesamt 82 Eltern auf die zweiteilige *offene Frage* zum Beratungsprozess („In der Beratung hat mir besonders geholfen" bzw. „... fand ich weniger gut/hat mir gefehlt") tauchen die in den FEF-Items thematisierten Elemente der Beratungsbeziehung wieder auf (vgl. Kasten 5.1).

Kasten 5.1: Hilfreiche und hinderliche/fehlende Aspekte der Beratungsbeziehung aus Elternsicht (n = 82)

> **a)** In der Kategorie *„hilfreich"* wurde mit 16 Nennungen am häufigsten auf die besondere **1) Kommunikationsatmosphäre** in der Beratungssituation *(z. B. dass man sich äußern konnte; Berater hörte gut zu; Geduld)* verwiesen. Daneben kamen die **2) Empathie** des Beraters (zwölf Nennungen), die in der Beratung erfahrene **3) Wertschätzung** *(sechs Nennungen; z. B. zum ersten Mal hat jemand mein Problem akzeptiert und ernst genommen)*, das **4) Vertrauensverhältnis** zum Berater (vier) und dessen **5) Einsatz** für die Klienten *(vier; z. B. haben sich sehr um die Kinder gekümmert)* in den Antworten zur Sprache.
>
> **b)** Umgekehrt betreffen jeweils vier Angaben zur Kategorie *„weniger gut/fehlend"* mangelndes **1) Einfühlungsvermögen** des Beraters *(z. B. ... hätte vom Berater gemerkt werden müssen, wie dreckig es mir ging)* und die negativ beurteilte **2) Beziehung** zwischen Berater und angemeldetem *Kind (Berater konnte sein Vertrauen nicht gewinnen* bzw. *Kind fühlte sich von ihm nicht verstanden)*. In je einem Fall wurde die fehlende **3) Sympathie** bzw. fehlendes Vertrauen sowie das **4) Geschlecht** des Beraters *(hätte lieber Frau gehabt)* genannt.

Die *Berater* beantworteten im Rahmen der „Fragen an den/die Berater/in" (FB) drei Fragen zur Beratungsbeziehung (Item FB-4 bis FB-6). Auch hier zeigt sich bei allen Items eine durchgängig sehr positive Bewertung der verschiedenen Aspekte der Beratungsbeziehung. Die insgesamt niedrigeren Itemmittelwerte und geringeren Prozentsätze an vollkommener Zustimmung belegen jedoch, dass die Einschätzung der Berater etwas zurückhaltender ausfällt als die der Eltern (vgl. Tab. 5.10).

Tabelle 5.10: Beratungsbeziehung aus Beratersicht (FB-Items 4-6)

Item Nr.	Itembezeichnung	Zustimmung in %				MW	SD
		(1) gar nicht	(2) ein wenig	(3) weitgehend	(4) vollkommen		
4.	Gute Zusammenarbeit	0	20,6	59,8	19,6	2,99	.64
5.	Vertrauensvolles Verhältnis	0	13,9	66,3	19,8	3,06	.58
6.	Sympathie für Klient	0	20,8	59,4	19,8	2,99	.64

Anmerkungen: n = 101, MW = Mittelwert, SD = Standardabweichung; Itemwortlaut im Anhang

Ein weiteres FB-Item thematisiert die emotionale Beteiligung der Berater (Item FB-8). Ihre Antworten darauf zeigen, dass sie sich vom jeweiligen Beratungsfall mehrheitlich nur „ein wenig" oder „gar nicht" persönlich bewegt fühlten (61 %). Es muss offen bleiben, ob sich in diesem Antwortmuster die professionell-neutrale Arbeitshaltung erfahrener Berater oder eine Tendenz, sich im Fragebogen nach außen als abgeklärt und innerlich distanziert darzustellen, ausdrückt.

Die Berater gehen in den meisten Fällen (78 %) davon aus, dass die angemeldeten Kinder oder Jugendlichen „weitgehend" oder „vollkommen" gerne zu den Beratungssitzungen kamen (Item FB-10). Damit schätzen sie den Anteil der jungen Klienten, der nur widerstrebend am Beratungsprozess teilnahm (22 % „ein wenig" oder „gar nicht" gerne), geringer ein als die jeweiligen Eltern (Vergleichswert Item FEF-2.9: 41 %). Diese Abweichung ist möglicherweise darauf zurückzuführen, dass Kinder und Jugendliche ihre Ablehnung oder ihre skeptische Haltung gegenüber der Beratung zu Hause zwar zeigten, in den Beratungssitzungen jedoch nicht offenbarten.

b) Jugendliche
Von den 17 interviewten Jugendlichen bewerteten 15 (88 %) die Beziehung zu ihrem Berater insgesamt positiv und sprachen explizit oder implizit vom Vertrauen, das im Laufe der Beratung aufgebaut werden konnte. Der sehr hohe Anteil der Jugendlichen, die ihre Beziehung zum Berater positiv bewerten, könnte auch auf einen Selektionsprozess bei der Interviewauswahl zurückzuführen sein, auf den bereits in Kapitel 4.3.2 hingewiesen wurde: die zehn „Interviewverweigerer" (von insgesamt vierzig ausgewählten Jugendlichen) waren eventuell auch deshalb nicht zu einem Gespräch zu bewegen, weil sie die Beratung in schlechter Erinnerung haben und speziell die Beratungsbeziehung negativ bewerten.

Angesichts der großen Zahl der jugendlichen Klienten, die der Beratung anfangs ablehnend gegenüberstand (vgl. 5.1.2), interessiert die Frage, welche Faktoren im Beratungsprozess bei den Jugendlichen zur positiven Beurteilung der Beratungsbeziehung geführt haben. Die diesbezüglichen Interviewaussagen lassen sich zu vier beziehungsfördernden Haltungen und Verhaltensweisen der Berater verdichten, die sich in der Praxis zum Teil gegenseitig bedingen (vgl. Tab. 5.11). Dazu zählt die Förderung einer offenen Gesprächsatmosphäre durch den Berater, seine Authentizität, Neutralität und Unabhängigkeit sowie die Wertschätzung und Akzeptanz, die er den Jugendlichen entgegenbrachte.

Tabelle 5.11: Beziehungsfördernde Haltungen/Verhaltensweisen der Berater aus Jugendlichensicht (n = 17)

Beraterhaltung bzw. -verhalten*	Beispielaussagen
1. Förderung einer offenen Gesprächsatmosphäre • Offenheit des Gesprächs (8) • Verständnis/Empathie (8) • Lockerheit (4)/Spaß (5) • Interessiertes Zuhören (4)	– *Ja, er hat halt zugehört. Man hat sich halt so richtig ausreden können.* – *Ja, es war einfach offen und locker, und ich hatte nie das Gefühl, dass ich was nicht sagen kann.* – *Wenn er irgendwie so lockerer gewesen wäre. So richtig lustiger drauf, wäre gut gewesen.* – *War total einfühlsam, hat nachgefragt, warum und wieso.*
2. Wertschätzung und Akzeptanz • Ernst nehmen und akzeptieren des jugendlichen So-Seins (11) • Vorwurfsfreie und nicht wertende Haltung (5) • „Erwachsenwertige" (gleichwertige) Behandlung der Jugendlichen (4)	– *Ja, am Anfang (Familiensitzungen, A.V.) sollte ich nur da sein, um zu zeigen, ja, sagen wir mal so, der Gegenstand ist jetzt hier das Problem, und auf einmal ist der Gegenstand auch zum Menschen geworden, und (...), ja, er (Berater, A. V.) hat sich die Probleme angehört, und „jetzt will ich mal wissen, wie es der sieht".* – *Sie würde auch nie sagen, „das ist jetzt aber nicht gut. Wieso denkst Du so?" Nie.*
3. Authentizität • Glaubwürdigkeit und Echtheit (4) • Berater erzählt auch von sich und seinen eigenen Erfahrungen (3)	– *Weil so die Art, die er drauf gehabt hat, da habe ich mir gedacht, der ist sicher nicht falsch.* – *Weil es ging nicht nur um mich, es ging –, wir haben ein richtiges Gespräch geführt. Wir haben so von unseren Erfahrungen erzählt. Und des war eigentlich schön, weil man das Gefühl hatte (...), die hockt ja nicht nur da und hmm, schlage ich ein Buch auf. Sondern die wusste irgendwo genau, von was ich spreche.*
4. Neutralität und Unabhängigkeit • Verschwiegenheit gegenüber den Eltern und Dritten (7)	– *Also das habe ich von Anfang an gemerkt, dass sie jetzt nicht mehr zu meiner Mutter hält, sondern –, und auch nicht zu mir, sondern einfach, dass sie für beide Seiten da ist.*

5.2 Bewertung des Beratungsprozesses

Beraterhaltung bzw. -verhalten*	Beispielaussagen
• Neutrale Vermittlungsposition zwischen Eltern und Kindern (5) • Unabhängigkeit von den Eltern und sonstigem Lebensumfeld im Sinne eines Schutzraumes (4)	— *Ich meine, er kann 10000 mal sagen, ja, und das bleibt unter uns. Aber wenn dann Deine Eltern heimkommen und sagen, ja, der Berater hat gesagt, mehr Pflichten und hier und feste Regeln. Das macht Dich dann einfach stutzig.* — *Sie war für mich eine Person, mit der ich darüber reden konnte, weil ich sie im Alltag, also so, nicht sehe.*

Anmerkung: *In Klammern Anzahl der Interviews, in denen diese Punkte erwähnt wurden

Die *negativen Beurteilungen* der Beratungsbeziehung (2 von 17) beruhen vor allen Dingen darauf, dass die genannten Haltungen bzw. Verhaltensweisen in den Augen der beiden Jugendlichen zum Teil nicht realisiert wurden. In einem Fall ließ sich der Jugendliche vielmehr *mehr so pfarrermäßig zulabern* und kam sich dabei infolge mangelnder Klarheit über Ziele und Methoden der Beratung *halt verarscht* vor. Im anderen Fall beklagte der junge Klient die mangelnde Authentizität und Schuldzuweisungen des Beraters. Da der Berater zudem aus seiner Sicht in eine Koalition mit den Eltern getreten war *(Da kommt man sich irgendwie so vor, ja, als wären das zwei Parteien. Die eine ist der Berater und meine Eltern, die andere bin ich. So war es am Schluss.)*, konnte kein vertrauensvolles Verhältnis aufgebaut werden.

Einige Jugendliche schreiben der *ersten Begegnung* mit dem Berater eine richtungsweisende Funktion für den weiteren Beziehungsverlauf zu *(des machen die ersten paar Minuten aus, der war mir halt sofort sympathisch, so a ruhige, positive Ausstrahlung hat er. Wahrscheinlich hat es des ausg'macht*, weiblich, 17 J.). Durch ein ungezwungenes, freundliches Auftreten (neun Nennungen) und ein transparentes Vorgehen in der Anfangssequenz (vier Nennungen; *Aber der hat mir das halt auch gleich alles erklärt, was da auf mich zukommt*, männlich, 14 J.) konnte den Ängsten und Bedenken der Jugendlichen begegnet werden. Ältere Jugendliche (17 bis 21 Jahre; 5 Nennungen) sehen ferner darin eine wesentliche Hilfe für den Aufbau einer verständnisvollen Beratungsbeziehung, dass der Berater bezüglich seines *Alters* nicht zu weit von ihrer Lebenswelt entfernt ist *(Umso jünger, also umso mehr das Alter angepasst ist, umso mehr, finde ich, vertraut man automatisch dem Menschen;* weiblich, 18 J.).

Entsprechend der Heterogenität der Problemkonstellationen und involvierten Persönlichkeiten erleben sich die Jugendlichen in unterschiedlichen, positiv bewerteten *Beziehungsmustern* zum Berater: Neben Fällen, in denen der Berater vor allem eine neutrale Vermittlerfunktion zwischen Eltern und Kindern innehatte (zwei Fälle), verglichen die Jugendlichen ihre Beziehung zum Berater mit freundschaftsähnlichen Verhältnissen (drei Fälle) oder Mutter- bzw. Vater-Tochter-Beziehungen (drei Fälle). Für diese gelungenen Beratungsprozesse war das individuelle Passungsgefüge zwischen Berater- und Klientenpersönlichkeit offensichtlich besonders ausschlaggebend.

5.2.2 Beratungstechnik

a) Eltern

Die retrospektive Einschätzung zum methodischen Vorgehen in der Beratung aus Sicht der *Eltern* wurde mit der Unterskala „Beratungstechnik" (BT) der Skala *FEF-2: Beratungsprozess* erfasst (vgl. Tab. 5.12). Drei Aspekte zum Vorgehen des Beraters und zur Beratungstechnik wurden von den Klienten ähnlich positiv bewertet wie ihre Beratungsbeziehung: In den meisten Fällen (88 %) erlebten die Klienten eine weitgehende Übereinstimmung mit dem Berater bezüglich der Themen und Ziele der Beratung („goals"). Da sie außerdem das Vorgehen des Beraters in der Regel (86 %) als „weitgehend" oder „vollkommen" hilfreich empfanden („task"), kann im Sinne der „Working Alliance Theory" (Horvath & Greenberg, 1989; vgl. 3.3.4) in den meisten Fällen von einem funktionierenden Arbeitsbündnis zwischen Klienten und Beratern ausgegangen werden, was den erfolgreichen Einsatz spezifischer Beratungstechniken begünstigt. In diesem Kontext schrieb die große Mehrheit der Klienten (86 %) dem Berater die fachliche Kompetenz („expertness", Hoyt, 1996; vgl. 3.3.4) zu, den vorgestellten Problemlagen gewachsen zu sein.

Tabelle 5.12: Beratungstechnik aus Elternsicht (FEF-2: Unterskala Beratungstechnik)

Item Nr.	Itembezeichnung	Zustimmung in %				MW	SD
		(1) gar nicht	(2) ein wenig	(3) weitgehend	(4) vollkommen		
11.	Transparenz	3,8	15,1	43,4	37,7	3,15	.82
12.	Zielgerichteter Beratungsablauf	4,7	14,0	41,1	40,2	3,19	.84
13.	Hilfreiches Beratervorgehen	5,6	8,3	37,0	49,1	3,34	.82
14.	Zielübereinstimmung*	67,6	20,4	8,3	3,7	3,54	.80
15.	Erfolgserlebnisse	13,1	34,6	30,8	21,5	2,60	.96
16.	Konkrete Ratschläge*	45,8	29,0	10,2	15,0	3,09	1,05
17.	Fachliche Kompetenz	4,8	9,5	26,7	59,0	3,39	.85

Anmerkungen: n = 104, * = invertierte Items, MW = Mittelwert, SD = Standardabweichung, Itemwortlaut im Anhang

Augenfällig ist dagegen, dass andere Aspekte des Beratervorgehens, deren Bedeutung für das Therapie- bzw. Beratungsergebnis in der Psychotherapieforschung nachgewiesen werden konnte, etwas weniger positiv beurteilt wurden: So gab fast jeder fünfte

Klient an, dass der Berater nur wenig oder gar nicht verdeutlicht hat, was in der Beratung geschieht oder erreicht werden kann. Dies kann als ein Mangel an Tranzparenz im Beratungsprozess interpretiert werden. Kleinere Erfolgserlebnisse im Laufe der Beratung – im Sinne von „therapeutic realisations" zur Stärkung der Problembewältigungsperspektive (vgl. Kasten 3.6) – erlebten 13 Prozent der Klienten überhaupt nicht und weitere 35 Prozent nur vereinzelt. Analog hierzu gab mehr als die Hälfte der Klienten (54 Prozent) an, sich in unterschiedlichem Ausmaß („ein wenig" bis „vollkommen") mehr Tipps und Ratschläge vom Berater gewünscht zu haben.

Mit der Wahl des vorwiegenden *Beratungssettings* (vgl. Tab. 4.3) zeigte sich die Mehrheit der Eltern (85 Prozent) „zum größten Teil" oder „sehr zufrieden". Nur in einem Fall waren die Klienten mit der Beratungsform völlig unzufrieden (Item FEF-3.10, n = 106).

Klienten, die selbst oder deren Kinder vorwiegend im *Einzelsetting* beraten wurden (Sitzungen oder Test mit dem Kind oder Elternteil alleine; n = 71), sind damit zufriedener als die Eltern, die in anderen familiären Konstellationen (Sitzungen mit Elternteil und Kind zusammen, Eltern, Familie; n = 37) beraten wurden (t-Test: MW: 3,25 vs. 2,92).

Von welchen Vorgehensweisen oder Beratungstechniken profitierten die Klienten nun im Besonderen? Die Antworten der Eltern auf die *offene FEF-Frage* zum Beratungsprozess geben erste Hinweise darauf (insgesamt Antworten von 82 Klienten).

Kasten 5.2: Hilfreiche und hinderliche/fehlende Aspekte der Beratungstechnik aus Elternsicht (n = 82)

> **a)** Die in der Kategorie „In der Beratung hat mir besonders *geholfen*" am häufigsten angeführten Aspekte (14 Nennungen) betrafen in erster Linie die **1) Klärung der Problemlage** (z. B. diagnostische Verfahren, „objektive" Problembeschreibung, Ursachenklärung). Aber auch konkrete, problembezogene **2) Tipps** und **Ratschläge** des Beraters (12) und die Tatsache, dass und wie – auch unter Einbezug der Familie – über die **3) Schwierigkeiten gesprochen** wurde (11), tauchen vergleichsweise häufig auf. Als hilfreich im Sinne einer **4) veränderten Lesart** der Problematik wurden Entlastungs- und Bestätigungshinweise des Beraters (7, z. B. *Wir sind nicht die Einzigsten mit diesem Problem*) sowie seine Interpretationsangebote zum besseren Verständnis der Situation (7) erlebt. Das konkrekte **5) Einüben** von Verhaltensweisen (z. B. Rollenspiele, Konzentrationsübungen) und **6) Anregungen** zum *„selber nachdenken"* wurden je fünf mal angegeben.
>
> **b)** Auf der anderen Seite ist ein Hauptkritikpunkt der Kategorie „In der Beratung fand ich weniger gut/hat mir *gefehlt*", dass keine oder zu wenig **1) konkrete Lösungsmöglichkeiten** (Tipps und Ratschläge) aufgezeigt wurden (neun Nennungen). In die gleiche Richtung weist das Missfallen an der **2) „therapeutischen Zurückhaltung"** der Berater (acht, z. B. *Das nahezu völl-*

> *lige Fehlen einer konkreten Stellungnahme des Beraters)*. Ein weiterer Schwerpunkt der kritischen Äußerungen stellt der nicht mit den Klientenerwartungen übereinstimmende **3) Beratungsfokus** dar (neun). Dabei wurde meist bemängelt, dass statt der beim Kind angesiedelten Anmeldeproblematik Eltern- oder Paarthemen im Vordergrund standen *(z. B. Mehr auf meine Probleme als Ehefrau als auf die Probleme meines Kindes eingegangen)*. Ähnlich häufig wurde die **4) fehlende Nachsorge** und damit Umsetzung der Beratungsthematik in die Alltagsbezüge genannt *(sieben, z. B. Keine Konsequenz in der Weiterverfolgung. Kaum Umfeldanalyse)*. Fünf Klienten hätten sich eine **5) zeitlich intensivere Beratung** gewünscht.

Insgesamt deuten die Befunde zur Beratungstechnik aus Elternsicht darauf hin, dass mögliche Defizite in der Beratungsmethodik vor allem bei aktiven Hilfen zur Problembewältigung („Problembewältigungsperspektive") zu vermuten sind. Dagegen werden Vorgehensweisen in den Bereichen „Beziehungs-" und „Klärungsperspektive" (Grawe, 1999, vgl. Kasten 3.6) von den Klienten durchweg sehr positiv bewertet.

Die *Berater* beantworteten für jeden Klientenfall die Frage, nach welcher *Therapie- bzw. Beratungsschule* vorwiegend beraten worden war. Tabelle 5.13 zeigt die Häufigkeit, mit der die verschiedenen methodischen Orientierungen genannt wurden. Bei einem Viertel der Fälle berufen sich die Berater auf die Tiefenpsychologie als die Therapieschule, an der die Fallarbeit orientiert war. Sie rangiert damit knapp vor der „eklektischen Orientierung", die in Einklang mit der in Kapitel 1.2.1 skizzierten Tendenz zum „pragmatischen Eklektizismus" in der Erziehungsberatung fast ebenso häufig angegeben wurde. Obwohl die meisten Berater (rund ein Drittel) über eine systemisch-familientherapeutische Zusatzausbildung verfügen, war die praktische Arbeit nur in jedem fünften Fall an dieser Therapieschule orientiert.

Die relativ häufige Nennung einer tiefenpsychologischen Orientierung könnte damit zusammenhängen, dass zwei Drittel der Berater über 40 Jahre alt sind und ihre Berufsausbildung noch stärker von tiefenpsychologischen Konzepten geprägt war als die jüngerer Kollegen. Auch einige Berater, die selbst keine tiefenpsychologische Zusatzausbildung absolviert haben, scheinen in ihrer Arbeit auf Beziehungsverständnis, Erklärungsmodelle und Interpretationsfolien aus der Psychoanalyse – gewissermaßen als basales methodisches Instrumentarium – zurückzugreifen.

Tabelle 5.13: Therapieschulenorientierung in der Beratung

Therapie- bzw. Beratungsschule	Häufigkeit	% von n = 107
1. Tiefenpsychologie	27	25,2
2. Eklektizistische Orientierung	26	24,3
3. Klientenzentrierte Gesprächspsychotherapie	21	19,6
4. Systemische Therapie	19	17,8
5. Verhaltenstherapie	8	7,5
6. Sonstiges	6	5,6

Anmerkung: n = 107

Die überwiegende Mehrheit der Berater (74 %) erhielt „weitgehend" oder „vollkommen" Bestätigung für ihr Vorgehen in der Beratung (Item FB-2; „ein wenig": 25 %; „gar nicht": 1 %; n = 100). In noch stärkerem Ausmaß (zu 97%) sahen sie sich den Problemen der Familien bzw. Klienten „weitgehend" oder „vollkommen" gewachsen (Item FB-9, n = 102). Eine Antworttendenz, sich nach außen als fachlich kompetenter Berater darzustellen, könnte wiederum dafür verantwortlich sein, dass kein einziger Berater angab, sich von der Problematik des Falles überfordert gefühlt zu haben.

b) Jugendliche
Da das Vorgehen in der Beratung wesentlich mit dem Setting, in dem beraten wird, verknüpft ist, wird die Perspektive der *Jugendlichen* zur Beratungstechnik im Bezug zum jeweiligen *Beratungssetting* dargestellt. Nur zwei Jugendliche erlebten eine Beratung, die sich überwiegend im Familiensetting abspielte. Häufiger wurden Mischformen mit Einzelgesprächen mit dem Berater und zusätzlichen Gesprächen im Familienkreis genannt (sieben Fälle). In acht Fällen herrschte das kindzentrierte Einzelsetting (z. B. Spieltherapie) vor, bei dem begleitende Elterngespräche geführt wurden (die Jugendlichenaussagen weichen leicht von den in Tabelle 4.6 angeführten Beraterangaben zum vorwiegenden Beratungssetting ab).

1. Die Beratung im *Einzelsetting* bewerteten, mit einer Ausnahme, alle Jugendlichen uneingeschränkt positiv. Auf der Grundlage einer vertrauensvollen Beratungsbeziehung erleben sie sich mit ihren Bedürfnissen und Interessen im Mittelpunkt der Sitzungen und des Beraterinteresses *(Also ich find, bei Psychiatern sitzt du nur da, wirst zugetextet, und hier kannst du halt alles mögliche machen, auf was du Lust hast,* Männlich, 13 J.*)*. Sie fühlten sich alle in die Entscheidungen über Gestaltung und Themen der Beratungssitzungen eingebunden *(Und er hat dann eben nicht gesagt, „so, wir machen das und das jetzt", sondern hat mich gefragt, ja was wollen wir denn heute machen,* Männlich, 14 J.*)*. Ihrer anfänglichen Scheu und Unsicherheit begegneten die Berater mit einem Kontaktverhalten, das ein Interesse an der ganzen Person signalisierte und nicht direkt und ausschließlich die Problemlagen fokussierte *(Also sie hat das irgendwo so gemacht, dass es nicht so – nicht so trocken,* Weiblich, 13 J.;

Sie hat mich irgendwo so eingebunden in ein Gespräch, wir haben auch über ganz andere Dinge mal geredet, Weiblich, 20 J.).

Die Jugendlichen berichten zudem über eine Reihe verschiedener *Methoden,* die im Beratungsverlauf eingesetzt wurden. Die Klienten im Einzelsetting, die zu Beratungsbeginn noch *Kinder* waren (sieben bis zwölf Jahre; sechs Fälle), betonen in der Rückschau den spielerischen Charakter der Beratung, bei dem sich Spiel- bzw. Handlungselemente mit Gesprächssequenzen abwechselten und so für Vielfalt und Auflockerung sorgten *(Es war immer irgendwelche Abwechslung. Einmal war Action, dann wieder Kochen, dann wieder Action, ein bisschen reden,* Männlich, 13 J.). Sie bewerteten besonders das breit gefächerte Spielangebot in der Beratung (z. B. Tischtennis, Boxen, Kochen, Theaterspielen, Sandkasten, Brettspiele, Malen, Ton usw.) positiv und sahen darin Möglichkeiten, sich *abzureagieren* und Spaß zu haben *(Und, also man konnte immer wieder was Neues machen hier, mit Fenster bemalen, alles Mögliche,* Männlich, 13 J.). Bei den begleitenden Elterngesprächen waren die Kinder entweder ausgeschlossen *(So alleine draußen warten ist eigentlich immer langweilig,* Weiblich, 13 J.) oder sie zeigten kein größeres Interesse an den dort besprochenen Inhalten.

Bei *Jugendlichen* (13 bis 17 Jahre bei Beratungsbeginn) basierte das Vorgehen in der Beratung auf Gesprächen und – je nach Problematik – verhaltensorientierten oder kognitiven Elementen (z. B. Verhaltensplänen zur Selbststeuerung, Konzentrationsübungen, Diagrammen zur Visualisierung). Der Einsatz projektiver oder symbolisierender Methoden („Familie in Tieren", Bauklötzchen stellen, Puppenspiel) stößt in dieser Altersgruppe auf überwiegende Ablehnung (vier von fünf Jugendlichen). Die Jugendlichen halten sie offensichtlich für nicht mehr altersangemessen und nehmen die daraus abgeleiteten Interpretationen nicht ernst.

Mit 14, 15 bist du sowieso so, ha, du magst erwachsen wirken. Und mit der Puppe, da denkst du, hey, was geht denn jetzt ab. (...) Das passt halt irgendwie net. Du musst halt schon die Leut genau anschauen, was du machst mit denen. (Weiblich, 18 J.)

Dagegen gaben zwei Jugendliche an, von den Selbstveröffentlichungen bzw. dem Verhalten des Beraters im Sinne von Modellernen profitiert zu haben.

Richtig Lösungen vorgeschlagen hat er eigentlich nie. Er hat das einfach bloß praktiziert. Also so, wie er das gemeint hat, dann auch gemacht. (Männlich, 17 J.)

2. Die Beratung im *Familiensetting* erlebten die Jugendlichen sehr viel zwiespältiger. Vor allem von älteren Jugendlichen (acht Fälle) wurden zum Teil in ein und demselben Interview sowohl positive als auch negative Aspekte einer Beratung mit Familiengesprächen genannt. Sie lassen sich zu folgenden Bewertungsdimensionen verdichten:

Jugendliche empfanden es auf der einen Seite als *positiv* und entlastend, wenn es in den Familiensitzungen – als „außergewöhnlicher" Beratungssituation mit einem neutralen Berater – gelang, aus den eingefahrenen Interaktionsmustern und Rollenzuschreibungen des Familienalltags herauszutreten und die Kommunikation in der Familie nachhaltig zu verbessern:

5.2 Bewertung des Beratungsprozesses

> *Wir haben halt davor net drüber reden können, also was mir halt nicht passt und was ihr (der Mutter; A. V.) nicht passt, das ging einfach nicht. Und wenn eine andere Person dabei ist, dann geht des wieder. Der Anfang war halt, dass wir des des erste Mal hier geschafft haben, über andere Sachen zu reden. Und das war dann daheim auch viel besser.* (Weiblich, 16 J.)

Der Berater fungierte dabei häufig als Vermittler bzw. Schlichter zwischen den innerfamiliären Konfliktparteien. Aus seiner neutralen Position heraus war es ihm unter Einsatz von Interaktionsregeln und strukturierenden Maßnahmen möglich, den unterschiedlichen Standpunkten gleichermaßen Gehör zu verschaffen und zu einer Konfliktlösung beizutragen:

> *Hier wurden dann nacheinander immer die einzelnen Punkte erörtert, was ich wollte und was ich nicht machen durfte und was meine Eltern wollten. Und da wurde dann ein gleicher Weg gesucht.* (Männlich, 19 J.)

Die Gesprächsatmosphäre in den Familiensitzungen und der Austausch unterschiedlicher Problemdefinitionen und -sichtweisen durch die Familienmitglieder half den Jugendlichen, ein besseres Verständnis für die Situation zu entwickeln („Klärungsperspektive") und bis dahin unerklärliche Zusammenhänge einordnen zu können.

> *Und wie sie (die Mutter; A. V.) das damals beim Berater erzählt hat, das war wahrscheinlich, weil so eine neutrale Person im Raum war, hat sie das wahrscheinlich, ja, ganz anders rübergebracht, eben verständnisvoller für mich auch, dass ich's eher kapiert hab.* (Weiblich, 17 J.)

Ferner wurde darüber berichtet, dass die Gespräche im Familiensetting den familiären Zusammenhalt stärkten und die Beziehungen untereinander intensivierten:

> *Über Familienprobleme zu reden oder sowas, es gibt sicher so eine Wärme oder Nähe in der Familie, das ist sicher.* (Männlich, 21 J.)

Auf der anderen Seite machten Jugendliche mit der Beratung im Familiensetting auch verschiedene *negative* Erfahrungen: Sie fühlten sich in der fremden, erwachsenendominierten „Beratungskultur" anfangs fremd und waren mit den impliziten Interaktionsgebräuchen in diesem Kontext nicht vertraut. Verstärkt wurde dieses Unbehagen, wenn der Berater nicht für Transparenz bezüglich Vorgehen und Zielsetzung der Gespräche sorgte und die Jugendlichen nicht von Anfang an in die Sitzungen einbezog:

> *Tja, wenn ich herkomme, dass er mir irgendwie – dass er erstmal ganz ausführlich, also eine Stunde dafür geopfert hätte, ganz ausführlich zu erklären, warum ich überhaupt hier bin, was ich überhaupt machen soll, welche Meinung ich äußern oder so was in der Richtung. Aber – er hat sich am Anfang erst mal mit meinen Eltern unterhalten und nicht mit mir.* (Männlich, 19 J.)

Der Wechsel von den Einzelgesprächen mit dem Berater hin zu Familiengesprächen führte obendrein dazu, dass Jugendliche nicht mehr die ungeteilte Aufmerksamkeit ihres Beraters genossen. Der Gesprächsfokus verlagerte sich dadurch weg von den Fragestellungen, die für Jugendliche von zentraler Bedeutung waren:

> *Ja, dass man sagen kann, dass es vom Thema* (Probleme des Jgdl., A. V.) *abgekommen ist. Aber er ist natürlich in die Richtung dann gegangen, wie geht es jedem in der Familie und was läuft so allgemein nicht richtig.* (Männlich, 21 J.)

Das Familiensetting bot für manche Jugendliche darüber hinaus nicht denselben „Schutzraum", den sie sich zuvor in den Einzelgesprächen mit dem Berater im Rahmen einer vertrauensvollen Beratungsbeziehung aufgebaut hatten und der es ihnen dann ermöglichte, offen über ihre Gefühle und Problemlagen zu sprechen:

> *Ja, wenn ich alleine da bin, kann ich mich viel besser unterhalten, weil da kann ich viel mehr rauslassen. Und wenn meine Eltern da sind, dann weiß ich, die hören zu und kriegen die Wahrheit voll drauf.* (Männlich, 18 J.)

In den Familiengesprächen selbst fühlten Jugendliche sich und ihre Belange zum Teil zu wenig berücksichtigt. Sie beklagten ihre mangelnde Integration in die Interaktion zwischen Berater und Eltern und kamen sich in der Beratungssituation zeitweise überflüssig vor:

> *Ja, es kam mir auch so vor als ob er, meine Eltern reden ihn irgendwie an, er kommuniziert mit meinen Eltern, meine Eltern reden mit mir. Und da hab ich mir damals gedacht, ja, du kannst auch gleich zu Hause bleiben.* (Männlich, 19 J.)

Ferner wurde deutlich, dass Austausch und Annäherung im Familiensetting dem altersgemäßen Bestreben von Jugendlichen, sich von den Eltern zu lösen und ihnen weniger Zugang zu ihrer Gefühlswelt zu gewähren, zuwiderläuft:

> *Es war unangenehm, weil, ich weiß nicht, ob ich mich vom Alter her dagegen gesträubt habe, mich da offen mit meinen Eltern zu unterhalten und denen so entgegenzukommen. Weil ich habe da noch eher versucht, die abzustoßen, wegzustoßen, weg davon zu kommen.* (Männlich, 21 J.)

5.3 Wahrgenommene Veränderungseffekte

a) Eltern und Berater

Zur Erfassung möglicher Veränderungen während oder nach der Beratung beantworteten die *Eltern* die 15 Items der Skala *FEF-4: Beratungseffekte,* die sich auf erlebte Änderungen in sechs Veränderungsbereichen beziehen. Abbildung 5.1 gibt einen ersten, anschaulichen Überblick über die Antworthäufigkeiten zu den verschiedenen Veränderungsgebieten.

Dazu wurden jeweils die Antworten, die Verschlechterungen (Antworten von „–3" bis „–1"), Verbesserungen („+1" bis „+3") und „keine Änderung" („0") signalisieren, zusammengezählt und Mittelwerte über die Items eines Bereiches gebildet.

Ein Blick auf die einzelnen Veränderungsbereiche zeigt, dass die meisten Klienten bezüglich der *„Problemsituation"* (vgl. Tab. 5.14) einen deutlich verbesserten Umgang mit dem Problem beschrieben, obgleich sich die Problemhäufigkeit nicht in gleichem Maß verbessert bzw. bei rund 16 % verschlechtert hatte (t-Test).

5.3 Wahrgenommene Veränderungseffekte

Abbildung 5.1: Veränderungseffekte aus Elternsicht (FEF-4)

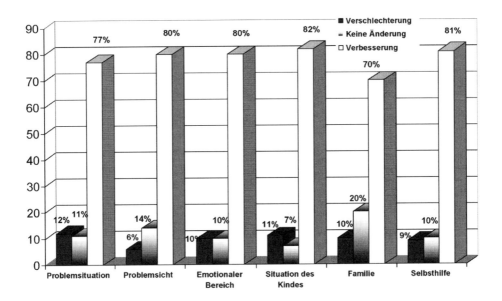

Anmerkungen: „Verschlechterung" fasst „stark" (-3), „mittel" (-2), „wenig" (-1) zusammen; „Verbesserung" fasst „wenig" (+1), „mittel" (+2), „stark" (+3) zusammen; gerundete Prozentangaben in der Abbildung; genaue Häufigkeitsangaben zu allen Antwortkategorien der Items der Skala „FEF-4: Beratungseffekte" im Anhang.

Tabelle 5.14: Veränderungseffekte im Bereich „Problemsituation" aus Elternsicht

FEF- Items zur Problemsituation	schlechter,	unverändert	besser
4.1 Problemhäufigkeit[1]	15,8 %	14,8 %	69,4 %
4.5 Belastung durch das Problem	11,3 %	6,5 %	82,2 %
4.15 Umgang mit dem Problem	9,4 %	10,4 %	80,2 %

Anmerkungen: n = 106; [1]n = 108; „schlechter" fasst Zustimmung zu „Nein, im Gegenteil" („stark" (−3), „mittel" (−2), „wenig" (−1)) zusammen; „unverändert: Zustimmung zu „keine Änderung" (0); „besser" fasst Zustimmung zu „Ja, ganz genau" („wenig" (+1), „mittel" (+2), „stark" (+3)) zusammen; jeweils gerundete Prozentangaben.

Analog hierzu ließ auch die subjektiv empfundene Belastung durch die Problemlagen in stärkerem Maße nach, als das Auftreten der Problematik selbst (t-Test).

Im Bereich „*Problemsicht*" gaben 85 % der antwortenden Eltern an, das Problem jetzt anders einzuschätzen. Für keinen anderen Veränderungsaspekt wurden mehr Verbesserungen berichtet. Ein etwas geringerer Anteil (79 %) verstand die Verhaltensweisen und Bedürfnisse ihrer Kinder besser und attestierte sich ein insgesamt verbessertes Problemverständnis (76 %, vgl. Tab. 5.15).

Tabelle 5.15: Veränderungseffekte im Bereich „Problemsicht" aus Elternsicht

FEF- Items zur Problemsicht	schlechter	unverändert	besser
4.3 Problembewertung	4,7 %	10,4 %	84,9 %
4.11 Problemverständnis	6,6 %	17 %	76,4 %
4.13 Verständnis für das Kind[1]	7,7 %	13,3 %	79 %

Anmerkungen: n = 106; [1]n = 105; andere Angaben wie bei Tab. 5.14

Im *emotionalen Bereich* (vgl. Tab. 5.16) empfanden sich vier von fünf ehemaligen Klienten zwei bis drei Jahre nach Beratungsende weniger verunsichert als zu Beratungsbeginn sowie gelassener im Umgang mit auftretenden Schwierigkeiten.

Tabelle 5.16: Veränderungseffekte im „Emotionalen Bereich" aus Elternsicht

FEF-Items „Emotionaler Bereich"	schlechter	unverändert	besser
4.6 Gelassenheit bei Schwierigkeiten	9,4 %	9,4 %	81,2 %
4.2 Geringere Verunsicherung[1]	11,1 %	9,3 %	79,6 %

Anmerkungen: n = 106; [1]n = 108; andere Angaben wie bei Tab. 5.14

Die *Situation des Kindes* war der Bereich, in dem insgesamt am meisten Verbesserungen (vgl. Abb. 5.1) – hinsichtlich des kindlichen Verhaltens und der Gesamtentwicklung des Kindes (vgl. Tab. 5.17) – erlebt wurden.

Tabelle 5.17: Veränderungseffekte im Bereich „Situation des Kindes" aus Elternsicht

FEF- Items zur kindlichen Situation	schlechter	unverändert	besser
4.4 Kindliches Verhalten	11,5 %	7,6 %	80,9 %
4.9 Gesamtentwicklung Kind	11,5 %	5,7 %	82,8 %

Anmerkungen: n = 105; andere Angaben wie bei Tab. 5.14

Die vergleichsweise schwächsten positiven Veränderungen zeigten sich dagegen im Bereich der *Familie:* Bei annähernd einem Drittel aller Fälle hat sich die familiale Konfliktlösung bzw. Kommunikation sowie das familiale Zusammenleben insgesamt verschlechtert oder nicht verändert (vgl. Tab. 5.18). Dieses Ergebnismuster korrespondiert in seiner Tendenz mit Befunden aus der katamnestischen Untersuchung der JES-Studie (vgl. 3.3.5), wonach die positiven Auswirkungen einer Erziehungsberatung auf das soziale Umfeld nach Beratungsende nicht stabil blieben.

Tabelle 5.18: Veränderungseffekte im Bereich „Familie" aus Elternsicht

FEF-Items zur Familie	schlechter	unverändert	besser
4.7 Familiale Kommunikation	12,3 %	17 %	70,7 %
4.2 Familiales Klima	6,6 %	25,5 %	67,9 %
4.10 Familiale Konfliktlösung	10,4 %	17 %	72,6 %

Anmerkungen: n = 106; andere Angaben wie bei Tab. 5.14

Kontrastierend zu den niedrigeren Ergebnissen anderer Evaluationsstudien fühlten sich rund vier Fünftel der Klienten im Bereich *Selbsthilfe* gestärkt (vgl. Tab. 5.19): Sie sahen sich besser im Stande, auftretende Schwierigkeiten zu überwinden und vertrauten mehr auf ihre Selbsthilfekräfte.

Tabelle 5.19: Veränderungseffekte im Bereich „Selbsthilfe" aus Elternsicht

FEF- Items zum Selbsthilfebereich	schlechter	unverändert	besser
4.8 Selbsthilfeoptimismus	5,6 %	9,5 %	84,9 %
4.14 Selbstwirksamkeitsüberzeugung	13,2 %	10,4 %	76,4 %

Anmerkungen: n = 106; andere Angaben wie bei Tab. 5.14

Aus den Angaben zu den wahrgenommenen Veränderungen während und nach der Beratung geht zunächst nicht hervor, welche Effekte die Eltern auf den Beratungsprozess und seine Auswirkungen zurückführen. Hinweise darauf ergeben sich aus den Antworten von 75 Klienten auf die *offene Frage,* welche der erlebten Veränderungen vor allem auf *die Beratung* und ihre Auswirkungen zurückzuführen sind (vgl. Kasten 5.3).

Kasten 5.3: Beratungsbedingte Veränderungseffekte aus Elternsicht (n = 75)

> Auch bei dieser Frage wurden am häufigsten Veränderungen genannt, die eine Änderung der **1) Problemsichtweise** implizieren – wie bspw. "*mehr Verständnis fürs Kind*" oder mehr Gelassenheit – und einen anderen Umgang mit der Problematik nach sich ziehen (27 Nennungen). An zweiter Stelle stehen Verbesserungen im **2) familialen Bereich** (insgesamt 18 Nennungen), insbesondere bei der Kommunikation (9) und Konfliktlösung (4). In einem allgemeineren Sinn wurde durch die Beratung eine **3) Förderung personaler Ressourcen** wie Selbstwertsteigerungen und *persönliche Veränderungen* angestoßen (17 Nennungen). Diese Änderungen, die auch als Stärkung des Kohärenzgefühls konzeptualisiert werden können, liefern indirekt die Basis für Verhaltensänderungen *(z. B. Gesteigertes Selbstbewusstsein, der Sinn zum Lernen erweckt)*. Explizit als Beratungsfolgen wurden **4) Syptomverbesserungen** bzw. Verhaltensänderungen des Kindes jedoch nur 13 mal aufgeführt *(z. B. Bettnässen wurde rasch besser)*. Sechs Klienten antworteten damit, dass der Beratung **5) keinerlei Einfluss** auf mögliche Veränderungen zugebilligt wurde. **6) Entscheidungen** und **Vereinbarungen**, die im Laufe der Beratung erarbeitet worden waren, nannten vier Klienten (z. B. *die Zurückstellung der Einschulung um ein Jahr* oder *Trennungsvereinbarung*).

Insgesamt wird deutlich, dass bei den geschlossenen Fragen zu Beratungseffekten sehr viele Eltern in fast allen Veränderungsbereichen über leichte bis starke Verbesserungen berichteten. Bei den Antworten auf die offene Frage nach beratungsbedingten Veränderungseffekten ergibt sich ein etwas differenzierteres Bild: Veränderte Bewertungen und Lesarten der Problemlagen wurden hier etwa doppelt so häufig angeführt wie manifeste Verbesserungen der Anmeldesymptomatik oder des problematischen Verhaltens beim Kind.

Die *Berater* beantworteten im Rahmen der „Fragen an den/die Berater/in" (FB) zwei Fragen zu den Ergebnissen der Beratung aus ihrer Sicht (vgl. Tab. 1.20).

Für die große Mehrheit der Fälle gehen die Berater davon aus, die Klienten positiv beeinflusst und die Beratungsziele weitgehend oder vollkommen erreicht zu haben. Beide FB-Items korrelieren jedoch nicht mit den Einschätzungen der Eltern zu den Veränderungseffekten in ihrem Fall (Gesamtwert *FEF-4: Beratungseffekte*, $r = -.02$ bzw. $.04$).

Auch die *„Abschlussbewertung zum Beratungsergebnis"*, welche die Berater – analog zur amtlichen Kinder- und Jugendhilfestatistik – in den FB für jeden Fall abgeben sollten, spiegelt die optimistischen Urteile zum Beratungserfolgs wider (n = 107, vgl. Tab. 4.4): 27 % der Fälle wurden als „vollständig" und 65 % als „teilweise gebessert" bezeichnet. Nur zwei Fälle (2 %) blieben aus Sicht der Berater „unverändert", in sechs Fällen (6 %) wurde eine Abschlussbewertung als „unzutreffend" eingeschätzt (z. B. bei reinen Diagnostikfällen).

5.3 Wahrgenommene Veränderungseffekte

Tabelle 5.20: Beratungsergebnisse aus Beratersicht (FB 1 und 3)

Item Nr.	Itembezeichnung	Zustimmung in %				MW	SD
		(1) gar nicht	(2) ein wenig	(3) weitgehend	(4) voll kommen		
1.	Positive Beeinflussung Klient	0	27,9	66,3	5,8	2,78	.54
3.	Beratungsziele erreicht	1,0	25,0	58,0	16,0	2,89	.67

Anmerkungen: n=104 (FB 1) und 100 (FB 3), MW = Mittelwert, SD = Standardabweichung; Itemwortlaut im Anhang

Die Frage, „zu welchem Prozentsatz die Veränderungen auf die Beratung und ihre Auswirkungen zurückzuführen sind" („*Attributionsfrage*") wurde sowohl *Eltern* (im FEF) als auch *Beratern* (im FB) gestellt. Abbildung 5.2 zeigt die Antworthäufigkeiten für Eltern und Berater.

Abbildung 5.2: Schätzung des prozentualen Anteils der Beratung an Veränderungseffekten

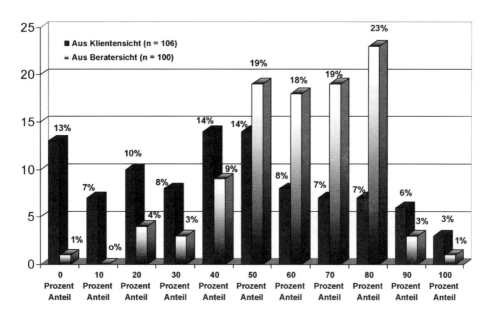

Die aus Klienten- und Beratersicht resultierenden Antworten zu jedem Fall (auf einer Skala von 0 bis 100 Prozent Anteil an Veränderungen) korrelieren nicht miteinander

(r = .02). In der Abbildung zeichnet sich die Neigung der Berater ab, dem Beratungseinfluss einen deutlich höheren Stellenwert für die Besserung der Problemlagen einzuräumen als die Klienten. Sie schätzten mit einem durchschnittlichen Anteil von 61 Prozent (SD: 18,4) den Einfluss der Beratung im Mittel signifikant höher ein als die Eltern mit einem Mittelwert von 42 Prozent (SD: 28,5; t-Test).

Vermutlich tragen verschiedene Aspekte dazu bei, dass die Berater den Beratungseinfluss im Vergleich zur Klientenwahrnehmung tendenziell überschätzen: Sie erleben die Klientenfamilie ausschließlich im Beratungskontext. Ein mangelnder Lebensweltbezug der Beratung, wie er in der Vergangenheit häufig konstatiert wurde, führt zudem dazu, dass sie kaum einschätzen können, wie stark welche beratungsunabhängigen Einflussfaktoren (wie das soziale Umfeld oder die Arbeitswelt der Eltern) die Situation der Eltern bzw. der Kinder moderieren. Im Katamnesezeitraum könnten sich ferner veränderungswirksame Ereignisse oder Konstellationen in der Familie ergeben haben, von denen der Berater keine Kenntnis erhalten hat. Das professionelle Selbstverständnis der Berater, das sie vermutlich von einer generell bedeutsamen Veränderungspotenz therapeutischer oder beraterischer Hilfe ausgehen lässt, könnte überdies zu ihrer stärkeren Betonung der Beratungsauswirkungen beitragen.

Zusätzlich hierzu dürfte eine vom eigenen Arbeitgeber veranlasste Evaluationsstudie die Berater trotz Anonymisierung unterschwellig dazu leiten, „sozial erwünscht" zu antworten und die Beratung in ihrer Wirksamkeit zu überschätzen. Damit – und mit der Tendenz, das eigene berufliche Handeln vor sich selbst zu legitimieren und in einem positiven Licht erscheinen zu lassen – könnte auch erklärt werden, dass nur 2 der 108 Fälle in der Katamnesestichprobe von den Beratern als „unverändert" eingestuft wurden.

Die unterschiedliche Veränderungswirksamkeit, die Berater und Eltern der Beratung und ihren Auswirkungen beimessen, kann jedoch auch mit der Förderung von Empowermentprozessen bei den Klienten erklärt werden: Berater beziehen ihre Einschätzung möglicherweise darauf, dass die Klienten im Beratungsprozess ermächtigt wurden, ihre Schwierigkeiten weitgehend eigenständig zu bewältigen. Eltern erleben sich in diesem Kontext als „selbstwirksamer" und begreifen Besserungen der Problemlagen nicht mehr als direkte Folge der Beratung.

Wie Abbildung 5.3 zeigt, ist die Größe der Diskrepanz zwischen Eltern- und Beratereinschätzung bezüglich des beratungsbedingten Veränderungsanteils jedoch auch vom vorwiegenden *Beratungssetting* abhängig: Im Gegensatz zu den Beratereinschätzungen zeigen sich in den Elternangaben über die sechs verschiedenen Settinggruppen statistisch signifikante Unterschiede (einfaktorielle Varianzanalyse):

Bei einer kindzentrierten Beratung (Test oder Sitzungen mit dem Kind alleine) stimmten die Eltern mit den Beratern überein und schätzten den Anteil an beratungsbedingten Veränderungen auf durchschnittlich rund 50 Prozent ein. Waren die Eltern dagegen selber stärker in die Beratungssitzungen einbezogen (Familien- und Elternsitzungen, Beratung eines Elternteils mit oder ohne Kind), schrieben sie der Beratung einen deutlich geringeren Anteil an den Veränderungen zu (im Durchschnitt mindestens 25 Prozentpunkte weniger) als die Berater.

5.3 Wahrgenommene Veränderungseffekte

Abbildung 5.3: Prozentualer Anteil der Beratung an Veränderungseffekten in verschiedenen Beratungssettings

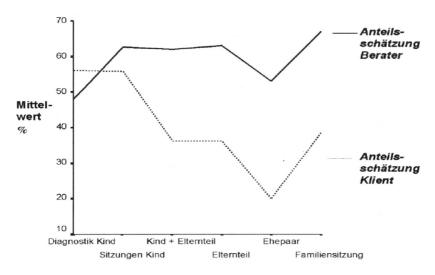

Offensichtlich relativiert sich die veränderungsrelevante Wirksamkeit einer Beratung aus Sicht des jeweils selbst Betroffenen (hier die Eltern), weil er die Rolle alternativer Einflussfaktoren stärker im Blick hat und in sein Urteil einbezieht. Da eine intensive Beratung ihres Kindes im Einzelsetting zudem in vielen Fällen eher den Ausgangserwartungen der Eltern entspricht (vgl. 5.1.4), führen sie als (in der Regel selbst nicht anwesender) „Auftraggeber" auftretende Veränderungseffekte stärker auf die gewünschte Intervention zurück.

Welche anderen, von der Beratung unabhängigen *„externen Faktoren"* sind es nun, die die befragten *Eltern* für die erlebten Veränderungen während und nach der Beratung verantwortlich machen? Aufschluss darüber liefern die von 93 Klienten auf die *offene Frage* im FEF („Welche anderen Ursachen und Einflüsse, die nichts mit der Beratung zu tun haben, sind Ihrer Meinung nach für die Veränderungen verantwortlich?") genannten beratungsunabhängigen Einflussfaktoren, die in Tabelle 5.21 nach der Häufigkeit ihrer Nennungen aufgelistet sind.

Soziale Unterstützungsleistungen – bzw. bei negativen Veränderungen entsprechende Belastungen aus sozialen Interaktionen – wurden von knapp der Hälfte aller antwortenden Eltern, und damit mit Abstand am häufigsten, als beratungsunabhängige Einflussfaktoren für Veränderungsprozesse gesehen. An zweiter Stelle rangiert der „Zeitfaktor" und die damit einhergehenden altersbedingten Reifungsprozesse der Kinder, gefolgt von den Änderungen der familiären Situation, die für knapp ein Fünftel der Eltern mitentscheidend für Veränderungseffekte waren.

Tabelle 5.21: Externe Einflussfaktoren für Veränderungseffekte aus Elternsicht

	Externe Einflussfaktoren	Häufigkeit	% von n = 93
1.	Unterstützung/Belastung aus dem sozialen Netzwerk	43	46,2
	a) Verwandte b) Freunde/Bekannte/Peers	12 28	12,9 30,1
2.	„Zeitfaktor": Reifungsprozesse/ altersbedingte Entwicklungen	29	31,2
3.	Familiäre Veränderungen	23	24,7
	davon Trennung/Scheidung der Eltern	9	9,7
4.	Änderung der schulischen Situation des Kindes/Lehrerwechsel	21	22,6
5.	Professionelle Hilfe nach der Beratung	20	21,5
	a) beim Kind b) bei den Eltern oder einem Elternteil	10 10	10,7 10,7
6.	Veränderungen im beruflichen Bereich	12	12,9
7.	Veränderte finanzielle Situation	6	6,4

Anmerkung: n = 93; Mehrfachnennungen möglich

b) Jugendliche

Rund ein Drittel der interviewten *Jugendlichen* (7 von 17) gab an, sich bereits während der Beratung durch die Gespräche entlastet und erleichtert gefühlt zu haben *(Das war irgendwie erleichternd, wenn man über so Themen geredet hat,* Männlich, 17 J.). Bezogen auf den jeweiligen *Beratungsanlass* können aus den Aussagen der Jugendlichen folgende drei Entwicklungsverläufe nachgezeichnet werden:

Über die Hälfte der Jugendlichen (9 von 17) berichtete über eine **(1) weitgehende Besserung** der Anmeldeproblematik, die sich entweder bereits während oder kurz nach der Beratung zeigte *(... und gleich nach dem ersten Gespräch ist es irgendwie besser geworden)* oder erst auf längere Sicht hin entwickelte *(Es hat mir auf die längere Zeit einfach sehr viel gebracht. (...) Aber direkt danach, würde ich jetzt nicht unbedingt sagen, dass ich total geheilt war, oder so.).* In den Beratungserfahrungen

5.3 Wahrgenommene Veränderungseffekte

wird dabei eine wesentliche Einflussgröße für die Verbesserungen gesehen, für die außerdem je nach Fall noch soziale Unterstützungsleistungen, familiäre Veränderungen, ein Schulwechsel oder der Zeitfaktor verantwortlich gemacht werden. In dieser Gruppe befinden sich vorwiegend Fälle mit einer beim jungen Klienten angesiedelten Anmeldeproblematik (z. B. Essstörung, Suizidalität, Sozialverhalten), die über einen längeren Zeitraum vorwiegend in Einzelsitzungen bearbeitet wurde (sieben). In zwei Fällen konnten familiäre Spannungen innerhalb weniger Sitzungen (drei bzw. sechs Termine) so beeinflusst werden, dass die Jugendlichen das verbesserte familiale Klima auf die Beratung zurückführten. Von den jeweiligen Beratern erhielten die neun Fälle dieser Gruppe die Abschlussbewertungen „teilweise gebessert" (fünf Fälle) oder „vollständig gebessert" (4 Fälle).

In sieben Fällen wurde durch die Beratung aus Sicht der Jugendlichen zwar eine **(2) kurzfristige Entspannung** oder Veränderung der Problemsituation ermöglicht. Die entsprechenden Effekte führten jedoch nicht in allen Bereichen zu einer nachhaltig positiven Entwicklung *(Also ich glaub, die erste Zeit hat es schon was gebracht. Da war ich ruhiger. Und danach war es wieder ganz normal.)*, die Anmeldeproblematik stellte sich im Laufe der Zeit ganz oder teilweise wieder ein *(Mittlerweile haben wir wieder ein bisschen Knatsch.)*. Bei fünf der sieben Fälle kam es zu einer Wiederaufnahme der Beratung oder Therapie nach 1996 an derselben Stelle (vier Fälle) oder bei einer anderen Einrichtung. Zum Teil zeigten sich in dieser Gruppe auch ambivalente Beratungseffekte (vgl. Fallschilderung „Manuel" in Kapitel 7). Mehrheitlich handelt es sich hier um Fälle, in denen ein Jugendlicher vor dem Hintergrund von Erziehungsschwierigkeiten und familiären Spannungen elternbestimmt (vgl. Tabelle 5.5) an der Beratungsstelle angemeldet (5 Fälle) und im Rahmen von 4 bis 31 Einzel- bzw. Familiensitzungen beraten wurde, sodass die mangelnde Partizipation der Jugendlichen beim Zugang zur Beratung für die wenig nachhaltigen Effekte mitverantwortlich sein könnte. Von Beraterseite erhielten sie die Abschlussbewertungen „teilweise gebessert" (sechs Fälle) und „vollständig gebessert" (ein Fall).

In einem Fall hatte die Beratung nach dem Urteil des betroffenen Jugendlichen **(3) keinerlei positive Auswirkungen.** Dies kann aus seiner Sicht auf die schwierige Beratungsbeziehung und das Vorgehen des Beraters in der Beratung *(Es war Themaverfehlung, find ich einfach.)* zurückgeführt werden. Der Berater selbst beurteilte den Fall als „vollständig gebessert". Auch die Eltern schreiben der Beratung entgegen dem Erleben des betroffenen Jugendlichen noch einen 30-prozentigen Anteil an seiner seither positiv verlaufenden Gesamtentwicklung zu.

Über die reine Veränderung der Anmeldeproblematik hinaus beschreiben die Jugendlichen *weitergehende Modifikationen,* die sie mit ihren Beratungserfahrungen in Verbindung bringen und die auf verschiedenen Ebenen angesiedelt sind (vgl. Tab. 5.22).

Fast alle interviewten Jugendlichen (15 von 17) konnten über Veränderungen im persönlichen Bereich berichten. Beratungsauswirkungen auf der familialen Ebene werden von insgesamt elf Jugendlichen beschrieben. Bei den sieben Fällen, die verbesserte soziale Kontakte auf der außerfamilialen Ebene angaben, war dieser Veränderungsbereich nicht Hauptziel der Beratungsbemühungen. Vielmehr handelt es sich hierbei um indirekte Auswirkungen *(so ein Multiplikatoreneffekt, könnte man sagen,*

M., 21 J.) des gesteigerten Selbstvertrauens und der verbesserten Kommunikationsfähigkeit der Jugendlichen (individuelle Ebene), die sich damit besser in Klassengemeinschaften und andere soziale Netzwerke integrieren konnten.

Tabelle 5.22: Weitergehende Beratungseffekte aus Sicht der Jugendlichen

Ebene	Beispielaussagen
1. Individuelle Ebene • Gestärktes Selbstvertrauen (8 Fälle, vgl. Beispiel 1)*	**Bsp. 1:** *Und mittlerweile ... wenn die irgendwie zum Beispiel jetzt Marihuana rauchen wollen, dann rauche ich eine Zigarette, dann geht es mir auch gut. Also da merk ich doch, ich kann auch meine eigene Meinung durchsetzen.*
• Veränderte Problemsicht bzw. Einstellungsänderungen (8, Bsp. 2)	**Bsp. 2:** *Und nach paar Monaten ist des dann halt scho besser worden. Mit meinem Vater und mir, und auch in der Schule, weil ich ein bissl lockerer worden bin, ich hab mich da nicht mehr reingesteigert.*
• Verbesserte Kommunikationsfähigkeit bei Problemen (4, Bsp. 3) • Bessere Schulleistungen (4) • Erweitertes Selbsthilfepotential und Bewältigungsvertrauen (4)	**Bsp. 3:** *Dass ich halt dadurch viel offener geworden bin, und nicht so in mich verkehrt, ich kann halt auch mit anderen drüber reden.*
2. Familiale Ebene • Mehr elterliches Verständnis für/Vertrauen zum Kind (6, Bsp. 4)	**Bsp. 4:** *Und insgesamt die Situation hat sich also sehr gebessert, weil der Berater hat auch mal mit meinem Vater geredet. (...) Weil unser Vater dann doch eingesehen hat, dass er doch anders reagieren muss, als er es vorher gemacht hat. Und dass er uns sonst damit weh tut.*
• Verbesserte Kommunikation in der Familie (5, Bsp. 5) • Weniger familiale Konflikte/verbessertes Familienklima (4)	**Bsp. 5:** *Da hab ich dann net zurückgeschrien oder Türen knallen oder so, sondern, ja, da haben wir irgendwann dann versucht, miteinander zu reden, warum ich des jetzt net kann. Ja, das ist dann daheim auch besse r'worden.*
3. Außerfamiliale Ebene • Verbesserte soziale Kontakte bzw. soziales Netzwerk (7)	**Bsp. 6:** *Aber auch durch die Beratung habe ich hier Anschluss gefunden, mir hier einen eigenen Freundeskreis aufgebaut.*

Anmerkungen: *In Klammern Anzahl der Fälle, in denen diese Punkte erwähnt wurden (n = 17, Mehrfachnennungen möglich)

5.4 Zufriedenheit mit der Beratung

a) Eltern und Berater

Zur Ermittlung der Beratungszufriedenheit aus *Elternsicht* wurden die elf Items der Skala *FEF-3: Beratungszufriedenheit* vorgelegt. Sie beinhaltet den „Client Satisfaction Questionnaire" (CSQ-8) in deutscher Übersetzung sowie die neu gebildete Unterskala „Organisationszufriedenheit" (OZ). Tabelle 5.23 zeigt zunächst die prozentualen Antworthäufigkeiten, Mittelwerte und Streuungen der acht Items der *CSQ-8*. Um die Darstellung übersichtlich zu halten, wurden die Antwortkategorien, die überwiegende und vollkommene Zufriedenheit ausdrücken (3 und 4), zu einer Kategorie zusammengefasst.

Tabelle 5.23: Beratungszufriedenheit aus Elternsicht (FEF-3: Unterskala CSQ-8)

Item Nr.	Itembezeichnung	Antworthäufigkeiten in %*			MW	SD
		1	2	3 + 4		
1.	Qualität der erhaltenen Beratung	0,9	11,1	88	3,10	.61
2.	Wunschgerechte Beratungsart	2,8	17,6	79,6	3,06	.76
3.	Bedürfniserfüllung durch die Beratung	4,6	27,8	67,6	2,93	.87
4.	Weiterempfehlen der Beratungsstelle	0	6,5	93,5	3,54	.62
5.	Umfang der Hilfe (genug Hilfe erhalten?)	4,6	19,4	76	3,14	.89
6.	Problembewältigung	0	9,3	90,7	3,46	.66
7.	Allgemeine Zufriedenheit mit der Beratung	1,9	14,7	83,4	3,23	.77
8.	Wiederaufsuchen der Beratungsstelle	2,8	10,1	87,1	3,30	.76

Anmerkungen: n = 108, Mittelwert, SD = Standardabweichung; *Antwortkategorien mit ansteigendem Zufriedenheitswert (z. B. Item 7: 1 = „völlig unzufrieden", 2 = „ein wenig unzufrieden", 3 = „zum größten Teil zufrieden", 4 = „sehr zufrieden"); Antwortkategorien 3 und 4 wurden zusammengefasst; Itemwortlaut im Anhang

Die Klienten zeigten sich in ihrer überwiegenden Mehrheit – je nach Item zwischen 68 und 91 Prozent – überwiegend oder vollkommen zufrieden mit der erhaltenen Beratung. Obwohl rund ein Viertel der antwortenden Eltern den Eindruck hatte, zu wenig Hilfe erhalten zu haben, gingen bis auf sieben Klienten alle davon aus, die Beratungsstelle im Bedarfsfall an einen Freund oder eine Freundin weiterzuempfehlen. Fast ebenso viele kämen selbst wieder auf die Beratungsstelle zurück. Mit wenigen Ausnahmen erlebten die meisten Eltern die Qualität der Beratung als gut oder ausgezeichnet und hatten nach der Beratung den Eindruck, zumindest ein wenig besser mit den Problemen umgehen zu können. Die hohen Zufriedenheitseinschätzungen der Eltern liegen im Bereich der Befunde der bisher durchgeführten Klientenbefragungen (vgl. 3.3.6), die einen durchschnittlichen Wert von 81 Prozent überwiegend oder vollständig zufriedener Klienten (über acht Studien) erbracht hatten: 83 Prozent der hier befragten Klienten zeigten sich ganz allgemein „zum größten Teil" oder „sehr" mit der erhaltenen Beratung zufrieden.

Die Zufriedenheit der Klienten mit den *organisatorischen Kontextbedingungen* der erhaltenen Hilfe (vgl. Tab. 5.24) liegt in einem ähnlich hohen Bereich. 87 % der Klienten zeigten sich mit dem zeitlichen Ablauf der Beratung (Häufigkeit und Abstand der Termine, Dauer der Beratung) „zum größten Teil zufrieden" oder „sehr zufrieden". In den 64 Fällen, in denen es eine Zusammenarbeit des Beraters mit anderen beteiligten Stellen bzw. Personen gab, waren drei Viertel der Klienten mit der Kooperation überwiegend oder sehr zufrieden.

Tabelle 5.24: Organisationszufriedenheit aus Elternsicht (FEF-3: Unterskala Organisationszufriedenheit)

Item Nr.	Itembezeichnung	Antworthäufigkeiten in %*			MW	SD
		1	2	3 + 4		
10.	Zufriedenheit mit Beratungssetting	0,9	14,1	85	3,10	.61
11.	Zufriedenheit mit zeitlichem Ablauf	1,9	11,3	86,8	3,06	.76
12.	Zufriedenheit mit Kooperation mit anderen[1]	6,3	17,2	76,5	2,93	.87

Anmerkungen: n = 106; [1]n = 64; Mittelwert; SD = Standardabweichung; *Antwortkategorien: 1 = „völlig zufrieden", 2 = „ein wenig zufrieden", 3 + 4 = „zum größten Teil" + „sehr zufrieden"; Itemwortlaut im Anhang

Trotz der allgemein hohen Zufriedenheit mit der Beratung wurde von genau einem Drittel (36) der Klienten auf die *offene Frage* zur Beratungszufriedenheit („Womit waren Sie gegebenenfalls unzufrieden?") kritische Aspekte benannt:

Kasten 5.4: Kritik an der Beratung aus Elternsicht (n = 36)

> Am häufigsten wurde hier die *fehlende Kooperation* des Beraters mit anderen Stellen oder beteiligten Personen angesprochen *(neun Nennungen, z. B. Die Kindergärtnerinnen wären sehr kooperativ gewesen und interessiert an der Teilnahme, wurden aber nicht integriert.).*

5.4 Zufriedenheit mit der Beratung

> Daneben tauchten Kritikpunkte auf, die bereits bei den offenen Fragen zu Beratungsprozess bzw. -effekten thematisiert wurden. Dazu gehört die Unzufriedenheit mit dem *elternorientierten Fokus* (5 Nennungen, z. B. *Das Kind kam sich an der Situation unschuldig vor, da die Mama immer zu der Beratung musste.*) und dem *zeitlichen Ablauf* der Beratung (7) genauso wie kritische Wertungen zu *Beratungsbeziehung* (7) und *Beratungstechnik* (9), deren Inhalt bereits beschrieben wurde (vgl. 5.2.1 und 5.2.2). Fünf Klienten drückten an dieser Stelle ihre Unzufriedenheit mit dem *Beratungsergebnis* aus (*Die Beraterin konnte nach ca. fünf Beratungen nichts mehr für mich tun.*).

Vier Items der „Fragen an den/die Berater/in" (FB-1 bis FB-4) bilden die Skala „Globale Zufriedenheit" (GZ). Damit liegt ein globaler Zufriedenheitsindex für jeden Fall aus Sicht der *Berater* vor (MW: 2,89; SD: .49; n = 105), der mit dem Skalenwert der Skala *FEF-3: Beratungszufriedenheit* aus Elternsicht (MW: 3,21; SD: .59; n = 108) verglichen werden kann. Zunächst fällt auf, dass die Zufriedenheit der Eltern mit der Beratung im Durchschnitt signifikant höher ist als die des Beraters (t-Test). Die Zufriedenheit aus der Eltern- und Beraterperspektive in den einzelnen Beratungsfällen kann mit einem Streudiagramm dargestellt werden, bei dem die GZ- und FEF-3-Werte für die einzelnen Beratungsfälle übereinander aufgetragen sind (Abbildung 5.4, Wertebereich jeweils 1 bis 4).

Ein erster Blick auf Abbildung 5.4 lässt keine systematische wechselseitige Beziehung zwischen den Zufriedenheitswerten von Eltern und Beratern – z. B. je höher die Eltern- desto höher auch die Beraterzufriedenheit – erkennen. Auch rechnerisch kann kein korrelativer Zusammenhang zwischen beiden Variablen festgestellt werden (r. = .03, p..76, n = 105).

Abbildung 5.4: Streudiagramm mit Eltern- gegen Beraterzufriedenheitsindizes (FEF-3 und GZ-Skalenwerte)

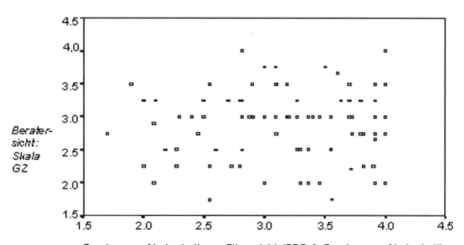

Damit zeigt sich – wie schon bei den Einschätzungen zum Beratungsergebnis bzw. zu Veränderungseffekten – das Ergebnis, dass die Urteile von Beratern und Eltern zu den gleichen Beratungsfällen in keinem systematischen Zusammenhang zueinander stehen.

b) Jugendliche
Die 17 interviewten Jugendlichen füllten die 14 Items des „Youth Client Satisfaction Questionnaire" (YCSQ) in eigener deutscher Übersetzung aus.

Tabelle 5.25: Beratungsbewertung aus Sicht der Jugendlichen (YSCQ)

Item Nr.	Itembezeichnung	Antworthäufigkeiten*			MW	SD
		1	2	3 + 4		
1.	Allgemeine Beurteilung der Beratung	1	0	16	3,35	.79
2.	Klarheit der Beratungsziele	1	3	13	2,88	.78
3.	Sympathie für den Berater	1	1	15	3,41	.87
4.	Interesse des Beraters am Jugendlichen	0	0	17	3,82	.39
5.	Verständnis des Beraters für den Jugendlichen	1	0	16	3,59	.80
6.	Verständnis Berater für die jugendl. Lebenswelt	0	1	16	3,65	.61
7.	Hilfreiche Ideen des Beraters	1	1	15	3,65	.61
8.	Lerneffekte in der Beratung	1	1	15	3,24	.83
9.	Gefühlsveränderungen durch die Beratung	0	2	15	3,29	.69
10.	Verhaltensänderung durch die Beratung	0	2	15	3,18	.81
11.	Selbstwertänderungen durch die Beratung	0	1	16	3,41	.62
12.	Änderungen der Familienbeziehungen	1	1	15	3,18	.81
13.	Problemverbesserung durch die Beratung	1	1	15	3,24	.83
14.	Allgemeine Bewertung der Beratung	1	2	14	3,24	.90

Anmerkungen: n = 17; *Antwortkategorien mit ansteigendem Zufriedenheitswert (z. B. Item 1: 1 = „sehr schlecht", 2 = „schlecht", 3 = „gut", 4 = „sehr gut"); Antwortkategorien 3 und 4 wurden in der Tabelle zusammengefasst; Wortlaut der Items und Antwortkategorien im Anhang

5.4 Zufriedenheit mit der Beratung

Tabelle 5.25 stellt Antworthäufigkeiten, Mittelwerte und Standardabweichungen für jedes Item dar. Wie schon bei der Bewertung von Beratungsprozess und Beratungseffekten werden die im YSCQ abgefragten Zufriedenheitsaspekte von fast allen Jugendlichen sehr positiv beurteilt.

Der Skalenmittelwert der 17 Fälle liegt mit 3,32 (SD: .59) bei einem Wertebereich von 1 bis 4 ähnlich hoch wie die durchschnittliche Elternzufriedenheit bei diesen Fälle (FEF-3: Beratungszufriedenheit: MW: 3,26; SD: .51). Die Beratungsbewertungen der Jugendlichen (YSCQ) und die Elternzufriedenheit (FEF-3) korrelieren zudem trotz der kleinen Stichprobengröße (n = 17) signifikant positiv miteinander (r = .56; p.<.05). Demzufolge schätzen Jugendliche und Eltern ihre Zufriedenheit mit der erhaltenen Beratung in den entsprechenden Fällen ähnlich ein.

Dagegen korreliert die „Globale Zufriedenheit" (GZ) der Berater in den Fällen der interviewten Jugendlichen weder mit den Beratungsbewertungen der Jugendlichen (YCSQ; r = -.06) noch mit der Beratungszufriedenheit ihrer Eltern (FEF-3; r = .01).

In den Interviews und einer offenen Frage des YCSQ wurden die Jugendlichen gebeten abschließend zusammenzufassen und allgemein zu bewerten, was für sie jeweils *das Beste in der Beratung* war. Aus ihren Antworten lässt sich nachzeichnen, welche Bedingungen dafür förderlich sind, dass die Beratung mit einer hohen Zufriedenheit der jugendlichen Klienten abgeschlossen werden kann (vgl. Kasten 5.5; Anzahl der Nennungen jeweils in Klammern, Mehrfachnennungen möglich).

Kasten 5.5: Besonders hilfreiche Beratungsaspekte aus Sicht der interviewten Jugendlichen

---

Für *jüngere Klienten* ist es wichtig, in den Beratungsstunden selbstbestimmt (1) und mit viel Abwechslung (1) spielen und reden (1) zu können, sich dabei abzureagieren (1) und Spaß zu haben (2). Der Berater ermutigt sie und hilft ihnen dabei, mit ihren Problemen umzugehen (2). Seine Verschwiegenheit (1) macht es ihnen leichter, offen über alles zu reden (3) und sich danach erleichtert zu fühlen (1).

Der offene Austausch (4) ist auch für *ältere Jugendliche* zentral für eine gelungene Beratung. In einer ruhigen (1), lockeren (2), warmen (1) Atmosphäre können sie ihr *Herz ausschütten* und *Sorgen bereden* (2), ohne dabei *Angst haben* zu müssen, stigmatisiert (2) oder nicht verstanden (3) zu werden. Neben der Ursachenerkennung (1) entwickelt der Berater hilfreiche Ideen (1) und zeigt Lösungswege auf (2). Er vermeidet dabei *ständige Fragen* und vermittelt bei Konflikten mit den Eltern von einer neutralen, wohlwollenden Position (3) aus.

Auffällig ist, dass das Beratungsergebnis oder die durch die Beratung angestoßenen Veränderungen für die interviewten Jugendlichen bei dieser Frage keine Rolle zu spielen scheinen.

Die meisten Jugendlichen (12 von 17) würden ihren Freunden und Freundinnen den Gang zur Beratungsstelle uneingeschränkt *empfehlen,* sollten diese in ähnliche Schwierigkeiten geraten, wie sie selbst. Abgesehen von den vier Jugendlichen, bei denen es tatsächlich zu einer Wiederaufnahme nach 1996 kam, würden sie jedoch selbst alle nur in außergewöhnlichen Situationen, in denen sie vorher andere, nichtprofessionelle Hilfen ausgeschöpft hätten, die Beratungsstelle *wieder aufsuchen* wollen (sechs Nennungen; z. B. *Vielleicht wenn es ein extremes Problem wäre (...), dann würde ich bestimmt auch versuchen, eine Beratungsstelle in Anspruch zu nehmen. Ich würde es bestimmt nicht schnell machen. Und am Anfang bestimmt auch ungern.* Männlich, 21 J.). Trotz der mehrheitlich positiven Erfahrungen scheint eine institutionelle Beratung keine alltägliche Hilfeform darzustellen und ihre Inanspruchnahme weiterhin nur „im Notfall" in Erwägung gezogen zu werden. Anders als bei Kindern (vgl. Lenz, 2001b) ist das Wiederaufsuchen der Stelle offensichtlich nicht zwingend an die Person des Beraters gebunden: Nur eine Jugendliche äußerte das Bedürfnis, in einem solchen Fall wieder zur *selben Beraterin* zu kommen. Ein anderer Jugendlicher sieht dagegen keine Unterschiede zwischen den Beratern *(Wen ich halt gerade kriege. (...) Ich glaube, die machen alle die gleiche Arbeit.* Männlich, 17 J.).

Zwei Jugendliche brachten dagegen explizit zum Ausdruck, die Beratungsstelle nicht mehr aufsuchen zu wollen.

5.5 Integration der Ergebnisse: Perspektiven zur Erziehungsberatung

Die in diesem Kapitel vorgestellten multiperspektivischen Befunde erlauben eine zusammenfassende Gegenüberstellung der Sichtweisen von Eltern, Jugendlichen und Beratern im Hinblick auf Beratungsprozess und -ergebnis.

5.5.1 Die Perspektive der Eltern

Der Mehrheit der Klienten war es nicht schwergefallen, eine Beratung in Anspruch zu nehmen, obwohl in den meisten Fällen keinerlei Vorerfahrung mit diesem Hilfsangebot vorhanden war. Viele Familien wandten sich in einer Situation an die Beratungsstelle, in der sie sich von den Problemen stark belastet fühlten (insbesondere die Mütter) und die Erwartung hegten, durch die Beratung entlastet zu werden und von den Beratern als „Experten" Lösungswege aufgezeigt zu bekommen, die dann zu einer Verbesserung der Anmeldeproblematik führen. Weitergehende Aktivitäten der Klienten im Beratungsgeschehen oder die Thematisierung der familiären Beziehungen im Zuge der Beratung wurden dagegen im Vorfeld nur selten antizipiert. Fast alle Eltern waren mit den organisatorischen und räumlichen Rahmenbedingungen, die sie beim *Zugang zur Beratung* vorfanden, zufrieden.

Die *Beziehung* zum Berater wurde von den Eltern durchgängig als sehr positiv erlebt. Sie schätzten insbesondere die offene und wertschätzende Kommunikationsatmosphäre in der Beratung sowie Empathie und Engagement auf Seiten des Beraters. Auf dieser Basis konnte in den meisten Fällen ein funktionierendes Arbeitsbündnis etabliert und den Eltern – vor allem im Sinne von Problemaktualisierung und Klärung der Problemlagen – geholfen werden. Kritik am *Vorgehen des Beraters* betraf insbesondere die Problembewältigungsperspektive: Ein Teil der Eltern vermisste konkrete Lösungsansätze bzw. Erfolgserlebnisse während des Beratungsprozesses. Ferner wurden vereinzelt bessere Kooperationen mit anderen Einrichtungen und nachsorgende Beratungsansätze gewünscht. Obwohl die Eltern auch die Beziehung ihres Kindes zum Berater in der Regel als positiv beurteilten, beobachteten sie zum Teil, dass ihre Kinder die Beratungstermine nur widerwillig wahrnahmen.

Die meisten Eltern (70 bis 82 %) berichteten zwei bis drei Jahre nach der Beratung über positive *Veränderungen* in allen relevanten Bereichen. Dabei haben sich die Problemlagen selbst (Auftretenshäufigkeit: 70 % Verbesserung) nicht im selben Maß verbessert wie der Umgang der Eltern mit den Schwierigkeiten oder ihre subjektive Bewertung der Situation. Der beratungsspezifische Anteil an den Veränderungen wird von den Eltern mit durchschnittlich 42 % geringer eingeschätzt als der „externer" Einflussfaktoren wie Unterstützungsleistungen aus dem sozialen Netzwerk oder altersbedingte „Reifungsprozesse". Trotz der positiven Veränderungseinschätzungen gibt es Hinweise dafür, dass die Beratung in vielen Fällen nicht zu einer nachhaltigen Lösung bzw. Verbesserung führte. So gaben 39 % der Klientenfamilien an, nach der abgeschlossenen Beratung im Jahr 1996 erneut psychologische Hilfen in Anspruch genommen zu haben.

Die Vermutung liegt nahe, dass sich die Eltern mit ihren Angaben zu Veränderungseffekten auch auf ihre allgemeine *Beratungszufriedenheit* stützen und das Ausmaß tatsächlicher Veränderungen zum Teil überschätzen. Insgesamt ist der größte Teil der befragten Eltern (83 %) mit der erhaltenen Hilfe und ihrem organisatorischen Kontext weitgehend oder vollkommen zufrieden. Damit zeigt sich auch hier das aus vielen Studien bekannte „Diskrepanzphänomen" (vgl. 4.2.1), wonach das Ausmaß der Beratungszufriedenheit der Eltern den von ihnen wahrgenommenen Umfang an Problemveränderungen übertrifft. Neben den bereits in Kapitel 3.3.6 aufgeführten Überlegungen kann zur Interpretation dieses Befundes ein Modell zur Erklärung hoher Zufriedenheitswerte von Williams et al. (1998) herangezogen werden: Demnach wären Klienten mit einer Beratung, bei der Veränderungseffekte ausbleiben, nur dann unzufrieden, wenn sie die a) Problembeseitigung als Pflichtleistung des Beraters verstehen und b) ihn persönlich für die unveränderte Situation verantwortlich machen. Obwohl die Klienten – gemäß der in dieser Studie ermittelten Befunde – häufig mit passiven Erwartungen im Sinne der „Verordnung eines psychologischen Rezepts" (Lenz, 2001b, S. 72) zur Beratung kommen, sind diese „Unzufriedenheitsbedingungen" wohl nur in den seltensten Fällen erfüllt.

Die extrem *hohen Zufriedenheitsraten,* die sich hier aus der Elternperspektive zeigen, sind jedoch nicht nur typisch für die Jugendhilfeleistung Erziehungsberatung. Sie ergeben sich stereotyp bei Nutzerbefragungen in allen Bereichen der gesundheitlichen Versorgung (Jacob & Bengel, 2000; Young, Nicolson & Davis, 1995), was sich auch durch einen direkten Vergleich der hier ermittelten Klientenzufriedenheit mit den Befunden aus anderen Untersuchungen (vgl. Tab. 5.26) illustrieren lässt.

Tabelle 5.26: Untersuchungen zur Klientenzufriedenheit mit dem CSQ-8

Institution/Klienten	Quelle/Jahr	CSQ-8 MW	CSQ-8 S
Erziehungsberatung-Caritas, 108 Klienten (Eltern)	(2002)	3,22	.63
Schulpsychologische Beratung, 57 Klienten (Eltern)	Häring & Hüssing (1992)	3,09	.73
Ambulante Psychotherapie, Neuseeland, 93 Klienten	Deane (1993)	3,32	.57
Mental Health Center, USA, 45 Klienten	Attkisson & Zwick (1982)	3,02	.62
Ambulante Psychotherapie, Kanada/253 Klienten	Perreault et al. (1993)	3,55	.51

Anmerkungen: MW = Mittelwert der Itemmittelwerte (8 Items, Spannweite 1-4); S = Mittelwert der Itemstandardabweichungen

Obwohl es sich um Studien aus unterschiedlichen Kulturen, Gesundheitssystemen und Arbeitsbereichen handelt, stimmen die jeweils mit dem CSQ-8 ermittelten Zufriedenheitsbefunde in ihrer rechtssteilen Verteilung überein. Allerdings scheinen derartige „Deckeneffekte" vor allem bei Klientenbefragungen mit standardisierten Fragebogenverfahren aufzutreten (McLeod, 2000a). In offenen, qualitativen Evaluationsinterviews fällt es Klienten dagegen offensichtlich leichter, sich kritisch gegenüber der erhaltenen Hilfe und der Person des Beraters bzw. Therapeuten zu äußern (vgl. Dale, Allen & Measor, 1998; Williams, Coyle & Healy, 1998). Dies könnte damit zusammenhängen, dass der qualitative Zugang ambivalentere und komplexere Bewertungen erlaubt. Auch in der vorliegenden Studie variiert die „Kritikbereitschaft" der Klienten mit den Erhebungsmethoden: Im Kontrast zu den in der Regel sehr positiven Werten in den geschlossenen FEF-Items wurden auf die offenen Fragen im FEF durchaus kritische Wertungen zu Beratungsbeziehung und -technik abgegeben.

Vor diesem Hintergrund sind Zweifel erlaubt, ob die hohen Zufriedenheitswerte im Fragebogen die tatsächliche Klientenmeinungen eins zu eins wiedergeben. Sie könnten vielmehr durch Tendenzen zur „sozial erwünschten" Beantwortung der Fragen oder zur Vermeidung kognitiver Dissonanzen – eigene Bemühungen in der Beratung sollten zu einem Erfolg führen – zum positiven Pol hin verzerrt worden sein.

Schließlich kann – trotz der vergleichsweise repräsentativen Katamnesestichprobe (vgl. 4.5) – auch nicht ganz ausgeschlossen werden, dass sich in der Gruppe der „Nicht-Antworter" vermehrt Klienten befinden, die sich aufgrund ihrer Unzufriedenheit mit der erhaltenen Beratung gar nicht erst an der Befragung beteiligt haben (vgl. Frank & Fiegenbaum, 1994). Derartige Selektionseffekte könnten letztlich nur durch aufwändige „100 %-Katamnesen" (Haid-Loh et al., 1995) mit Nachfragen bei „Antwortverweigerern" zweifelsfrei vermieden werden.

5.5.2 Die Perspektive der Jugendlichen

Die Mehrheit der interviewten Jugendlichen stand dem Hilfsangebot anfangs mehr oder weniger ablehnend gegenüber. Die geringe Beratungsmotivation der meisten Jugendlichen ist auch darauf zurückzuführen, dass sie im Rahmen von elternbestimmten Entscheidungsprozessen *zum Aufsuchen der Beratungsstelle* kaum Mitsprachemöglichkeiten sahen und über Methoden und Ziele der Beratung weitgehend im Unklaren gelassen wurden. Ihre Vorstellung von Erziehungsberatung war von einem klassisch-medizinischen Behandlungsmodell oder medial vermittelten „Psychiaterklischees" geprägt. Ein Viertel der jugendlichen Klienten berichtete von Ängsten und Unsicherheiten vor dem ersten Beratungstermin. Die vier Jugendlichen, deren Problemverständnis sich durch eine Tendenz zur Externalisierung von der elterlichen Sichtweise unterschied, sahen für sich zudem gar keinen Beratungsbedarf.

Damit ergeben sich aus der Jugendlichenperspektive – analog zu den Ergebnissen, die Lenz (2001b) für die Situation von Kindern in der Erziehungsberatung berichtete – deutliche Hinweise darauf, dass die minderjährigen Klienten in vielen Fällen nicht an den Entscheidungsprozessen beteiligt sind, die zur Aufnahme der Beratung und Formulierung des „Beratungsauftrags" führen. Mitverantwortlich für diese Partizipationsdefizite dürften die Rahmenbedingungen der institutionellen Erziehungsberatung sein: Der Auftrag zur Beratung kommt in den meisten Fällen von den Eltern, die Aufträge von Kindern und Jugendlichen sind oft weniger ausgesprochen und greifbar. Berater fühlen sich unterschwellig den Eltern als Auftraggeber verpflichtet, sehen sie als Hauptgesprächspartner und richten die Therapie oder Beratung elternorientiert aus. Kinder und Jugendliche sind zudem mit der spezifischen „Beratungskultur", in der sie sich gegenüber einer fremden Beraterperson offen über ihre Gefühle und Problemlagen äußern sollen, noch weniger vertraut als ihre Eltern. Werden sie zu Beratungsbeginn nicht ausreichend über die Ziele und Vorgehensweisen in diesem Kontext aufgeklärt, werden sie sich kaum zur Beteiligung an den Gesprächen ermutigt fühlen.

Die Ergebnisse zeigen weiter, dass im Laufe der Beratung dennoch in fast allen Fällen *Beratungsbeziehungen* aufgebaut werden konnten, die von den Jugendlichen sehr positiv beurteilt wurden. Neben den Faktoren, die bereits von den Eltern als besonders hilfreich hervorgehoben worden waren (offene Gesprächsatmosphäre, Wertschätzung und Akzeptanz), sind zwei weitere Beraterhaltungen für die Jugendlichen in spezifischer Weise bedeutsam: die Authentizität bzw. Erlebbarkeit des Beraters als Gegenüber und seine Neutralität in Mediationsprozessen mit Eltern oder Dritten. Ein Teil der Jugendlichen maß darüber hinaus der Lebensweltnähe des Beraters, die sich für sie in einem nicht zu großen Altersabstand ausdrückt, und einer positiv erlebten Anfangssequenz eine mitentscheidende Rolle für die Entwicklung einer positiven Beratungsbeziehung zu. Bei der Bewertung der *Beratungsmethode* durch die Jugendlichen zeigten sich wie bei den Eltern Settingunterschiede. Während die Beratung im Einzelsetting, mit einer Ausnahme, von allen Jugendlichen uneingeschränkt positiv bewertet wurde, erfuhren Sitzungen im Familiensetting ambivalente Bewertungen: Die Jugendlichen schätzen Familiensitzungen, an denen sie als gleichwertige Gesprächspartner teilhaben und die unter Vermittlung des Beraters „faire" Klärungs- und

Aushandlungsprozesse ermöglichen. Dagegen sahen sie ihre Bedürfnisse zu wenig berücksichtigt, wenn sie nicht ausreichend in die Gespräche integriert und über Vorgehen und Zielsetzung der Sitzungen informiert wurden.

Die *Zufriedenheit* der Jugendlichen mit ihrem Beratungsprozess orientiert sich augenscheinlich daran, welche Partizipationsmöglichkeiten sich für sie bieten und ob sie sich mit ihren Bedürfnissen und Belangen angesprochen fühlen. Berater laufen demnach bei Gesprächen im Familiensetting stärker Gefahr, die jungen Klienten und ihre inneren und äußeren Lebenswelten aus den „beraterischen Augen" zu verlieren.

In den Gesamtbewertungen der Jugendlichen zum *Beratungserfolg* und zu ihrer Zufriedenheit mit der Beratung konnten – entgegen der Ausgangserwartung zu möglichen Perspektivenunterschieden (vgl. 4.2.1) und möglicherweise bedingt durch Selektionseffekte bei der Interviewauswahl (vgl. 4.5) – keine wesentlichen Einschätzungsabweichungen zwischen Eltern und Jugendlichen nachgewiesen werden. Die Jugendlichen schätzen die Beratungsauswirkungen zwar etwas differenzierter und bezüglich ihrer Stabilität weniger optimistisch ein als ihre Eltern. Entsprechende Differenzen dürften aber vor allem durch den – bereits angesprochenen – unterschiedlichen „Aufforderungscharakter" der Erhebungsmethoden für kritische bzw. ambivalente Rückmeldungen bedingt worden sein: So liegt der durchschnittliche Wert der Jugendlichen im Fragebogen zur Beratungszufriedenheit (YCSQ) in einem ähnlich hohen Bereich wie der Elternmittelwert im CSQ-8.

5.5.3 Die Perspektive der Berater

Die Sicht der Berater kann nur bruchstückhaft mit den wenigen Informationen aus den FB nachgezeichnet werden: Sie gingen demnach davon aus, dass ihre Klienten in der Regel zur Beratung motiviert waren, und schätzten den Anteil der Kinder und Jugendlichen, die nicht gerne zur Beratung kamen, mit 28 % deutlich geringer ein als die Eltern. Die Beratungsbeziehung und ihre Zufriedenheit mit der Beratung bewerten sie ebenfalls positiv, wenn auch im Durchschnitt etwas zurückhaltender als ihre Klienten. Die überwiegende Mehrheit der Berater fühlte sich den Problemen, mit denen sie in der Beratung konfrontiert wurden, gewachsen und mit ihrem Vorgehen in der Beratung bestätigt. Analog hierzu beurteilten die meisten Berater den Erfolg der Beratung sehr optimistisch und bezeichneten über 90 % der Fälle als vollständig oder zumindest teilweise gebessert. Selbst in dem Fall, indem der interviewte Jugendliche keinerlei positive Beratungseffekte berichten konnte, ging der Berater von einer vollständigen Besserung der Problemlagen aus. Entsprechend der Vorannahmen (vgl. 4.2.1: Veränderungsattribution) führten die Berater die Veränderungen dabei im Schnitt viel stärker auf Beratungsauswirkungen zurück als die Eltern (61 % vs. 42 %, mögliche Hintergründe hierfür wurden unter 4.3 bereits erörtert).

Zwischen der Beraterperspektive zum *Beratungserfolg* (Beratungszufriedenheit, Veränderungseffekte, Veränderungsattribution) und den entsprechenden Einschätzungen aus Sicht der Klienten (Eltern und Jugendliche) konnten keinerlei Zusammenhänge ermittelt werden. Demnach bewerten Eltern und Jugendliche die untersuchten Beratungsfälle unsystematisch anders als die Berater, von den Werten aus einer Perspektive können keinerlei Rückschlüsse auf das Erleben aus der anderen Perspektive gezogen werden.

So überraschend dieses Ergebnismuster auf den ersten Blick erscheint – es handelt sich dabei keineswegs um einen Einzelbefund: Für den Bereich der Erziehungsberatung stellte bereits Kaisen (1996) fest, dass Berater und Klienten in ihren Erfolgseinschätzungen wenig übereinstimmen. In der Psychotherapieforschung ist dieses Phänomen ebenfalls nicht unbekannt: Erfolgseinschätzungen der Therapeuten weisen in vielen Bereichen der gesundheitlichen Versorgung keinen Zusammenhang mit Patientenzufriedenheit auf (Jacob & Bengel, 2000). Die Validität von Therapieerfolgsprognosen durch Therapeuten erweist sich zudem meist als gering (Orlinsky et al., 1994). Meyer und Schulte (2002) kommen beispielsweise zu dem Ergebnis, dass die Erfolgsurteile der Therapeuten nach Therapiesitzungen und ihre Prognose des weiteren Therapiefortschritts nicht mit der abschließenden Erfolgsbeurteilung durch die Patienten korrelieren.

Wodurch lassen sich die unterschiedlichen Wahrnehmungs- bzw. Bewertungsperspektiven von Klienten und Beratern zu ein und demselben Beratungsfall erklären? Hierbei könnte einerseits der unterschiedliche retrospektive Bewertungskontext eine Rolle spielen: Für die Berater handelt es sich, im Gegensatz zu den Klienten, um einen unter vielen Fällen, an den die Rückerinnerung nach einigen Jahren möglicherweise schwer fällt. Die oft wenig differenzierende Beantwortung der Items der Skala FB-10 könnte ein Indiz dafür sein, dass sich die Berater in ihrem Antwortverhalten weniger an fallspezifischen Eindrücken als an subjektiven Konzepten (ihre Beratungsbeziehungen und -erfolge betreffend) orientierten. Andererseits können den Urteilen von Hilfesuchenden und professionellen Helfern im Sinne der Multiperspektivität des Beratungserfolges unterschiedliche Bewertungskriterien (z. B. Erziehungs- oder Wertvorstellungen; Mattejat & Remschmidt, 1993) zugrunde liegen.

Der gänzlich fehlende Zusammenhang zwischen Eltern- und Beraterurteil lässt eine dritte Erklärung jedoch plausibler erscheinen: Berater und Therapeuten haben teilweise offenbar wenig oder irreführende Anhaltspunkte dafür, wie ihre Klienten das Beratungsgeschehen erleben und mit welchen Inhalten und Entwicklungen diese zufrieden oder unzufrieden sind, und kommen daher zu anderen Bewertungsschlüssen. Grawe und Braun (1994, S. 264) stellen zu diesem „Miss-Verstehen" aus der Therapeutenperspektive fest, „... dass man den Patienten in seinem ureigenen Erleben doch nur unvollkommen versteht und leicht etwas in die Therapie hineinsieht, was auf seiten des Patienten keine Entsprechung hat". Die Antwort einer Mutter auf eine offene Frage im Elternfragebogen lässt deutlich werden, wie gravierend die „Missverständnisse" im Einzelfall sein können:

Ich war damals nervlich fast am Boden, ließ es mir leider nicht anmerken, hätte aber vom Berater gemerkt werden müssen.

6
Analysen zum Beratungserfolg aus Elternsicht

Welche Aspekte des Beratungsgeschehens sind mit dem Beratungserfolg aus Elternsicht – definiert über die Beratungszufriedenheit und das Veränderungserleben der Eltern – verknüpft? Wodurch sind Beratungsverläufe charakterisiert, die von den Klienten retrospektiv als positiv eingeschätzt werden und mit einer Verbesserung der Problemlagen einher gehen?

Der Untersuchungsansatz dieser Studie machte es möglich, *statistische Analysen zum Beratungserfolg* aus Elternsicht durchzuführen, die zur Klärung dieser Fragen beitragen können und in diesem Kapitel vorgestellt werden.

Dazu wird zunächst kurz beschrieben, welche Merkmale und Variablen in die entsprechenden Berechnungen einflossen und welche Analysen im Einzelnen vorgenommen wurden.

Die resultierenden Ergebnisse werden anschließend – jeweils getrennt für Beratungszufriedenheit und Veränderungserleben – in zwei Schritten dargestellt: Zunächst wird über die *Zusammenhänge* der beiden Erfolgsmaße untereinander sowie mit soziodemographischen Merkmalen, Zugangsvariablen, Variablen des Beratungsprozesses und Beratervariablen berichtet. Anschließend kann mit den Befunden von zwei separat durchgeführten *Diskriminanzanalysen* bestimmt werden, welches Gewicht den mit den Erfolgseinschätzungen assoziierten Merkmalen bei der Differenzierung von zufriedenen und unzufriedenen Klienten beziehungsweise von Fällen mit starken und schwachen Veränderungseffekten beizumessen ist.

Die abschließende *Integration* der Ergebnisse bietet einen zusammenfassenden Überblick darüber, welche Faktoren bzw. Merkmale entlang des Beratungsgeschehens mit einer positiven Beratungseinschätzung aus Elternsicht verknüpft sind. Auch wenn ihr kausaler Einfluss im Rahmen dieser Studie nicht nachgewiesen werden kann, so deutet doch vieles darauf hin, dass sie für den Erfolg einer Beratung ausschlaggebend sind.

6.1 Statistische Analysen zum Beratungserfolg

Entsprechend der in Kapitel 4.2 formulierten Fragestellungen sollte möglichst umfassend untersucht werden, welche Aspekte im Kontext einer Beratung mit Beratungszufriedenheit und Veränderungseffekten aus Elternsicht assoziiert sind. In die statistischen Analysen zur Überprüfung dieser Zusammenhänge wurden daher alle Merkmale einbezogen, zu denen Operationalisierungen in quantitativer Form vorlagen. Tabelle 6.1 zeigt im Überblick, mit welchen Merkmalsvariablen und -abstufungen aus den unterschiedlichen Bereichen in den Analysen gerechnet wurde.

Tabelle 6.1: Merkmalsvariablen in den statistischen Analysen zum Beratungserfolg aus Elternsicht

Bereich	Operationalisierte Merkmalsvariablen
1. Soziodemographische Angaben	• Alter und Geschlecht des angemeldeten Kindes • Alter der Eltern • Soziales Milieu der Klientenfamilie aus Beratersicht: Unterschicht/untere Mittelschicht (n=46) vs. obere Mittelschicht/Oberschicht (n = 46) • Bildungsniveau Eltern: Hauptschulabschluss/mittlere Reife (n = 72) vs. Abitur/Studium (n = 36) • Familientyp: Ursprungsfamilie (n = 67) vs. allein Erziehende/Stieffamilie (n = 41)
2. Beratungszugang	• Items der Skala „FEF-1: Zugang zur Beratung" • Beratungsanlass: kindbezogener Anlass (n = 75) vs. systembezogener Anlass (z. B. Eltern-Kind-Beziehung; n = 33) • Hauptbetroffener: Kind (n = 17), Elternteil (n = 41), familiäre Subsysteme (n = 36), keiner/keine Angaben (n = 14) • Fragebogenbeantwortung durch: Mütter (n = 72), Vater (n = 10), Eltern (n = 17), Familie (n = 9)
3. Beratungsprozess	• FEF-2-Skalen „Beratungsbeziehung", „Beratungsbeziehung Kind", „Beratungstechnik" • Beratungssetting: Einzelsetting Kind oder Elternteil (n = 71) vs. Familiensetting/familiäre Subsysteme (n = 37) • Beratungsdauer (Monate, Terminanzahl) • Beraterangaben zur therapeutischen Orientierung im jeweiligen Beratungsfall (entsprechend Tabelle 5.13) • Beratungszufriedenheit Berater (Skala FB-10)
4. Beratermerkmale	• Alter und Geschlecht des Beraters • Beratungserfahrung in Jahren (Tätigkeit in der Erziehungsberatung) • Grundberuf (entsprechend Tabelle 4.7) • Therapeutische Zusatzqualifikation (entsprechend Tabelle 4.7)

Bereich	Operationalisierte Merkmalsvariablen
5. Veränderungen	• Skala FEF-4 „Beratungseffekte" • Attributionsfrage Klienten • Angaben zum weiteren Beratungsbedarf nach Beratungsende (ja/nein) • Abschlussbewertung der Berater: vollständig (n = 29) vs. nicht vollständig gebessert (n = 72) • Attributionsfrage Berater

Die angeführten operationalisierten Merkmalsvariablen gingen jeweils als *„unabhängige Variablen"* in die statistischen Prozeduren ein. Als *abhängige Variablen*, die für den Beratungserfolg aus Elternsicht standen, konnten zwei Merkmale herangezogen werden: Die „Beratungszufriedenheit der Eltern" wurde in den folgenden Analysen durch den Gesamtwert der Skala *FEF-3: Beratungszufriedenheit* (BZ) operationalisiert. Als Maß für die abhängige Variable „Veränderungseffekte aus Elternsicht" wurde der Gesamtwert der Skala *FEF-4: Beratungseffekte* (BE) verwendet.

In einem *ersten Auswertungsschritt* wurde zunächst ermittelt, ob die unabhängigen Variablen in einem systematischen Zusammenhang zu den abhängigen Variablen – zu den von den Eltern angegebenen Werte zu Beratungszufriedenheit oder zu erlebten Veränderungen – stehen. Dazu konnten – je nachdem, ob die Merkmalsvariablen in stetiger oder dichotomer bzw. mehrstufiger Form vorlagen – entweder statistische Verfahren zur Überprüfung von Zusammenhängen (bivariate Korrelationen, multiple Korrelation bzw. Regression) oder zur Überprüfung von Unterschieden (t-Test, Varianzanalyse) eingesetzt werden.

In einem *zweiten Schritt* wurde mit dem multivariaten Verfahren der Diskriminanzanalyse untersucht, anhand welcher Variablen sich Unterschiede in der Zufriedenheit und im Veränderungserleben zwischen den Klienten am besten erklären lassen. Dazu wurde die Elternstichprobe für beide abhängige Variablen jeweils am Medianwert geteilt: in eine Stichprobenhälfte mit hohen Zufriedenheitswerten gegenüber der anderen Hälfte mit vergleichsweise niedriger Zufriedenheit und in eine Gruppe mit starken Veränderungseffekten gegenüber einer Gruppe mit wenig erlebten Veränderungen oder Verschlechterungen. Anschließend konnte berechnet werden, in welchem Ausmaß die einzelnen unabhängigen Variablen (Prädiktorvariablen), für die zuvor ein bedeutsamer Zusammenhang mit den abhängigen Variablen ermittelt worden war, im multivariaten Kontext am Zustandekommen des Gesamtunterschieds zwischen den Stichprobenhälften beteiligt sind.

Weiterführende Informationen zu den Grundprinzipien und zur Interpretation von Regressions- und Diskriminanzanalyse finden sich im Anhang. Dort ist auch nachzulesen, welche Bedingungen die Daten erfüllen müssen, damit die Ergebnisse dieser statistischen Verfahren – wie in den vorliegenden Fällen – sinnvoll ausgewertet werden können.

Im Vorfeld der Analysen wurde die *Normalverteilung* der einbezogenen Variablen überprüft (Ergebnisse hierzu ebenfalls im Anhang), da diese Verteilungsform eine Voraussetzung für die Interpretation vieler statistischer Testverfahren ist. Da sich die verwendeten Testverfahren jedoch als relativ robust gegenüber einer Verletzung der Normalverteilungsannahme erwiesen haben – insbesondere bei größeren Stichproben (z. B. t-test für abhängige Stichproben: n > 30; Bortz, 1993, S. 136) und schiefen Populationsverteilungen (z. B. Varianzanalysen; Bortz, 1993, S. 263) –, wurden parametrische Testverfahren zum Teil auch bei nicht-normalverteilten Variablenwerten zugunsten einer größeren Teststärke eingesetzt.

6.2 Analysen zur Beratungszufriedenheit

Das zweistufige Vorgehen im Zuge der statistischen *Analysen zur Beratungszufriedenheit* kann im folgenden Auswertungsplan (Abbildung 6.1) grafisch nachvollzogen werden. Hier ist auch angegeben, mit welchen statistischen Verfahren die Beziehung zwischen der elterlichen Beratungszufriedenheit und den Merkmalsvariablen im Einzelnen untersucht wurde.

6.2.1 Zusammenhänge mit Beratungszufriedenheit

Vor dem Hintergrund der langjährigen Diskussion, ob die Erziehungsberatung mit ihrem klassischen Beratungs- und Therapieangebot auch benachteiligte bzw. weniger privilegierte Klienten zu erreichen vermag (vgl. Kapitel 1), interessiert die Frage, ob Familien mit unterschiedlichen sozialem Hintergrund nicht in gleicher Weise von der erhaltenen Beratung profitieren und daher zu unterschiedlichen Bewertungen kommen.

Derartige Ergebnismuster lassen sich für das Bewertungskriterium Beratungszufriedenheit in dieser Untersuchung nicht finden: Für keines der untersuchten *soziodemographischen Merkmale* – weder für Alter oder Geschlecht der Klienten noch für das soziale Milieu bzw. Bildungsniveau der Klientenfamilien oder den Familientyp – konnte ein systematischer Zusammenhang mit der Beratungszufriedenheit ermittelt werden. Alle entsprechenden Koeffizienten blieben statistisch unbedeutend.

Ähnlich verhält es sich mit den *Zugangsvariablen,* die sich im Kontext der Psychotherapie- oder Beratungsforschung als moderierend für das Therapieergebnis erwiesen hatten: Die Beratungszufriedenheit der Eltern variiert weder mit dem Anlass zur Beratung noch mit der Person des Hauptbetroffenen in der Familie noch mit dem Aspekt, wer in der Familie den Fragebogen zur Bewertung der Beratung ausgefüllt hatte.

Abbildung 6.1: Auswertungsplan für die statistischen Analysen zur Beratungszufriedenheit

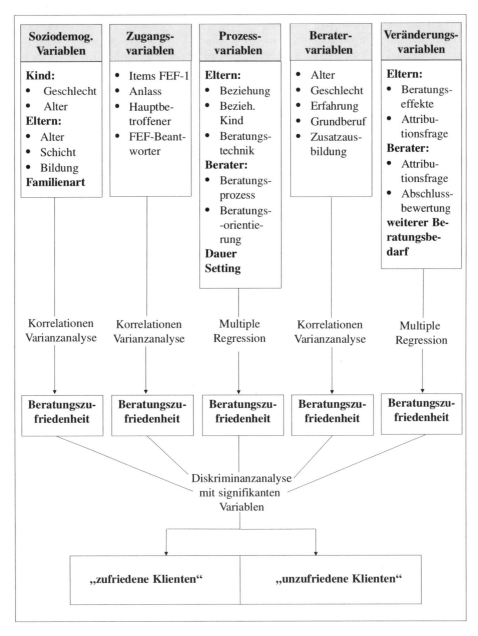

Auch die Zusammenhänge mit Zugangsbedingungen, die mit den Items der Skala *FEF-1: Zugang zur Beratung* operationalisiert wurden, blieben statistisch unbedeutend. Demzufolge haben die Motivation zur Beratung und Vorerfahrung mit psychologischen Hilfen, die Erwartungen und Bedenken gegenüber dieser Hilfeform, der familiäre Leidensdruck sowie die Bedeutung der kirchlichen Trägerschaft für die Klienten keinen Einfluss auf die retrospektive Zufriedenheit mit der Beratung.

Einzig die Zufriedenheit der Klienten mit den institutionellen Rahmenbedingungen (Item FEF-1.7: Wartezeit bis zum Erstgespräch, Räume) korreliert schwach positiv ($r = .20$) mit der Beratungszufriedenheit, was aufgrund der inhaltlichen Nähe dieser Frage zu den Items der Skala *FEF-3: Beratungszufriedenheit* (z.B. Item FEF-3.10: *„Wie zufrieden oder unzufrieden waren Sie mit dem zeitlichen Ablauf der Beratung?"*) zu erwarten war.

Für die Merkmale des *Beratungsprozesses* zeigt sich zunächst, dass die sechs verschiedenen Fallgruppen, die anhand der vom Berater angegebenen therapeutischen Orientierung im jeweiligen Beratungsfall gebildet wurden, keine Unterschiede in den Elternangaben zur Beratungszufriedenheit aufweisen (einfaktorielle Varianzanalyse). Damit konnte keine Überlegenheit einer Therapie- bzw. Beratungsschule gegenüber einer anderen bezüglich der Erfolgsmaßes Klientenzufriedenheit nachgewiesen werden.

Alle anderen Merkmalsvariablen zum Beratungsprozess (vgl. Tab. 6.1) konnten in eine multiple Regressionsanalyse eingegeben werden. Leitfrage war dabei, mit welchen Merkmalen bzw. Merkmalskombinationen sich die Zufriedenheit der Klienten mit der erhaltenen Beratung am besten vorhersagen lassen bzw. welche inkrementellen Zusammenhänge aufgedeckt werden können (Informationen zu Eingabemodus und Voraussetzungen der Modellberechnung finden sich im Anhang). Dabei konnte ein statistisch hochsignifikanter ($p < .001$) multipler Zusammenhang zwischen den Beratungsprozessmerkmalen und der Beratungszufriedenheit ermittelt werden, mit dem ein Großteil der Zufriedenheitsvarianz ($R^2 = .78$, d. h. 78 % Varianzaufklärung) aufgeklärt werden kann.

Die in Tabelle 6.2 angeführten standardisierten Regressionskoeffizienten Beta geben Auskunft darüber, welchen relativen Erklärungswert die einzelnen Merkmale des Beratungsprozesses für die Zufriedenheitswerte haben.

Tabelle 6.2: BZ: Regressionskoeffizienten der Prädiktorvariablen zum Beratungsprozess

Prädiktorvariable Beratungsprozess	Beta	T	p
Unterskala Beratungstechnik	.70*	9,13	.00
Unterskala Beratungsbeziehung	.26*	3,60	.00
Beratungssetting**	.14*	2,59	.01
Unterskala Beratungsbeziehung Kind	–.12	–1,63	.11
Beratungsdauer in Monaten	.03	.49	.62
Fragen an die Berater – FB-10	.06	1,10	.27
Anzahl der Beratungstermine	.02	.27	.78

Anmerkungen: $R^2 = .78$; n = 97; Beta: standardisierter Regressionskoeffizient; *: signifikante Koeffizienten ($p < .05$); **Referenzkategorie: „Familiensetting" (geht mit 0 in die Gleichung ein)

Es zeigt sich, dass die Werte zum zeitlichen Umfang der Beratung sowie zur Zufriedenheit der Berater mit dem Beratungsprozess bei einem Signifikanzniveau von p > .05 keinen eigenständigen Beitrag zur Erklärung bzw. Vorhersage der Beratungszufriedenheit der Eltern leisten. Beide Merkmale scheinen daher für die Zufriedenheit der Klienten mit der erhaltenen Hilfe keine tragende Rolle zu spielen. Anders dagegen die Bewertung der „Beratungstechnik" durch die Eltern, die sich als relativ gesehen wichtigste Einflussgröße auf die Beratungszufriedenheit erwies (Beta-Koeffizienten .70). Die Einschätzung zu „Beratungsbeziehung" (.26) und „Beratungssetting" (.14) trägt mit einem weit kleineren, aber dennoch signifikanten eigenständigen Beitrag ebenfalls zum multiplen Zusammenhang bei.

Besonders interessant ist dabei, dass eine Beratung im *Einzelsetting* (Kind oder Elternteil wurden alleine bzw. vorwiegend alleine beraten) gegenüber einer Familienberatung oder Beratung mit familiären Subsystemen mit einer durchschnittlich um 18 % höheren Beratungszufriedenheit (Regressionskoeffizient B: .18) verbunden war. Damit bestätigen sich die settingabhängigen Zufriedenheitsunterschiede auch im multivariaten Kontext. Um hierauf einen genaueren Blick werfen zu können, zeigt Tabelle 6.3 Mittelwert und Streuung der Beratungszufriedenheit für die einzelnen Hauptsettings (vorwiegendes Beratungssetting in über 50 % der Sitzungen).

Tabelle 6.3: Beratungszufriedenheit in Abhängigkeit vom Beratungssetting

Beratungssetting*	MW	SD	n
1. Diagnostiksitzung mit dem Kind	3,40	.48	9
2. Einzelsitzung mit dem Kind	3,53	.44	28
3. Sitzung mit Kind und Elternteil	3,06	.59	19
4. Einzelsitzung mit Elternteil	3,12	.57	34
5. Paarsitzung mit den Eltern	2,70	.77	10
6. Familiensitzung	3,09	.34	8

Anmerkungen: *Setting aus Beratersicht in über 50 % der Sitzungen; BZ = Beratungszufriedenheit

Bei Fällen mit dem vorwiegenden Setting „Diagnostiksitzung mit dem Kind" bzw. „Einzelsitzung mit dem Kind" zeigten sich die Eltern durchschnittlich am zufriedensten, während sich die Klienten bei Sitzungen mit dem Elternpaar alleine oder in Familiensitzungen vergleichsweise am wenigsten zufrieden zeigten.

Dass Klienten mit einer Beratung im Eltern- oder Familiensetting weniger zufrieden sind und ihr – wie im vorangegangenen Kapitel (5.3) gezeigt – weniger Veränderungspotential zuschreiben, könnte darauf zurückgeführt werden, dass die Beratungsbeziehung in diesem Kontext weniger wirksam wird, da der Berater seine Aufmerksamkeit und empathische Zuwendung auf mehrere Personen zu verteilen hat (vgl. Straus et al., 1988). Ein alternativer Erklärungsansatz bezieht sich auf die elterlichen Beratungserwartungen: Ihre Bewertung der Gespräche im Familien- und Elternsetting fällt möglicherweise deshalb negativer aus, weil dort entgegen ihrer Erwartungen nach kindzentrierten Beratungsthemen oder Hilfen in Erziehungsfragen für sie unangenehme Paar- bzw. Familienprobleme thematisiert wurden.

Anders als bei den Merkmalen des Beratungsprozesses zeigen sich bei den *Beratervariablen* keinerlei Zusammenhänge mit der elterlichen Beratungszufriedenheit. Unterschiede in der Beratungstechnik, deren Wahrnehmung durch die Klienten, wie gezeigt, in einem engen Zusammenhang mit der Beratungszufriedenheit stehen (r = .83), lassen sich dementsprechend nicht auf die Grundberufe oder Zusatzausbildungen der Berater zurückführen. Indirekt könnte sich damit auch in dieser Untersuchung die „Pluralisierung der Beratung" (vgl. Kapitel 1.3.2) bemerkbar machen, in deren Zuge „orthodoxe", therapieschulenorientierte Vorgehensweisen von einem „pragmatischen Eklektizismus" abgelöst werden.

Wie das Geschlecht scheint auch das Alter des Beraters – im Gegensatz zu den älteren interviewten Jugendlichen – für die elterliche Zufriedenheit mit der Beratung keine Rolle zu spielen. Das individuelle Passungsgefüge zwischen Berater und Klient ist bei Erwachsenen vermutlich ausschlaggebender für die Beurteilung der Beratungsbeziehung und der erhaltenen Hilfe als einzelne, isolierbare Beratervariablen.

Um die von anderen Einflüssen bereinigte Bedeutung der *Variablen zu Veränderungseffekten* für die Beratungszufriedenheit zu ermitteln, wurde wiederum eine multiple Regressionsanalyse berechnet (weitere Angaben zum Regressionsmodell im Anhang).

Obwohl sich der hierzu ermittelte multiple Zusammenhang als hochsignifikant erweist, bleibt seine Erklärungsgüte 20 Prozentpunkte unter der Varianzaufklärung der Zufriedenheitswerte durch Beratungsprozessvariablen zurück (R^2 = .59, d. h. 59 % Varianzaufklärung). Damit bestätigt sich erneut das aus der Beratungsforschung bekannte Ergebnismuster, wonach Klienten ihre Zufriedenheit stärker am erlebten Beratungsprozess und der Beziehung zum Berater ausrichten als an wahrgenommenen Problemveränderungen. Die in Tabelle 6.4 enthaltenen standardisierten Regressionskoeffizienten zeigen wieder, wie stark die einzelnen Merkmale zu Veränderungseffekten am Gesamtzusammenhang beteiligt sind.

Tabelle 6.4: BZ: Regressionskoeffizienten der Prädiktorvariablen zu Veränderungseffekten

Prädiktorvariable Veränderungseffekte	Beta	T	p
Attributionsfrage Klient	.62*	7,00	.00
Gesamtskala Beratungseffekte	.18*	2,08	.04
Weiterer Beratungsbedarf nach 1996**	–.11	–1,47	.14
Abschlussbewertung Berater**	.03	.45	.65
Attributionsfrage Berater	.01	.20	.84

Anmerkungen: R^2 = .59; n = 95; Beta: standardisierter Regressionskoeffizient; Kriterium: Beratungszufriedenheit; * signifikante Koeffizienten (p .05*); **Referenzkategorie 0 für „keine weitere Beratung"; ***Referenzkategorie 0 für „nicht vollständig gebessert"

Die von den Klienten beantwortete Frage nach dem Ausmaß beratungsbedingter Veränderungen (Attributionsfrage) leistet den höchsten signifikanten Beitrag zur Klärung der Zufriedenheitswerte (Beta = .62). Der Anteil, den die von den Klienten wahrgenommenen Veränderungen seit Beratungsende (Skala „Beratungseffekte") am multiplen Zusammenhang haben, erreicht dagegen nur knapp eine statistische Signifikanz. Ein Zusammenhang der Klientenzufriedenheit mit den Beraterangaben zur „Attributionsfrage" oder zum Erfolg der Beratung (Abschlussbewertung) lässt sich im Kontext der multiplen Regression bzw. Korrelation nicht belegen.

Das ermittelte Zusammenhangsmuster lässt darauf schließen, dass die Klienten zwischen den wahrgenommenen Veränderungen und dem beratungsspezifischen Beitrag dazu differenzieren und sich bei ihrer Beratungszufriedenheit mehr auf Letzteren stützen: Die Klienten sind umso zufriedener, je wirksamer im Sinne von veränderungsrelevant sie die Beratung erleben (bivariate Korrelation r = .75). Mit den erlebten Veränderungseffekten korreliert die Beratungszufriedenheit zwar auch, aber nicht in derselben Höhe (r = .58).

6.2.2 Diskriminanzanalyse: Was kennzeichnet zufriedene Klienten?

Im zweiten Auswertungsschritt wurden alle Merkmalsvariablen, die einen signifikanten Zusammenhang mit der elterlichen Beratungszufriedenheit aufgewiesen hatten, in eine Diskriminanzanalyse zur Klärung von Zufriedenheitsunterschieden zwischen den Klienten eingegeben (Informationen zur Diskriminanzfunktion und den Voraussetzungen für ihre Berechnung im Anhang). Die dazu vorgenommene Teilung der Stichprobe am Median der Werte zur Beratungszufriedenheit erbrachte zwei gleich große Gruppen mit jeweils 53 Fällen (2 Fälle konnten aufgrund fehlender Werte nicht in die Analyse einbezogen werden).

Rechnerisch wurde mit der Diskriminanzanalyse ermittelt, welche Merkmalsvariablen bzw. Kombination von Merkmalsvariablen für die Gruppenunterschiede maßgebend sind. Oder anders formuliert: durch welche Merkmale sich zufriedene Klienten – gegenüber weniger zufriedenen – charakterisieren lassen. Tabelle 6.5 zeigt, welche drei unabhängigen Variablen in diesem Sinne signifikant zur Gruppentrennung beitrugen und in die Diskriminanzfunktion einflossen.

Tabelle 6.5: Diskriminanzanalyse Beratungszufriedenheit: schrittweise Variablenselektion

Aufgenommene Variable/Schrittfolge	Veränderung Wilks Lambda	p	Struktur-Koeffizient*
1. Attributionsfrage Klient	.58	< .001	.76
2. Beratungsbeziehung	.46	< .001	.66
3. Beratungstechnik	.44	< .001	.72

Anmerkungen: *Strukturkoeffizient = Korrelation der Variablen mit der Diskriminanzfunktion; es wurde jeweils die Variable aufgenommen, die das gesamte Wilks Lambda minimiert.

Die Ausprägung der Werte bezüglich der „Attributionsfrage" (Prozentueller Anteil, den die Klienten der Beratung an den Veränderungen zuschreiben) sowie ihr Urteil zu Beratungsbeziehung und zur Beratungstechnik „verrät" demnach am meisten über das Ausmaß der Klientenzufriedenheit. Zufriedene Klienten sind durch hohe Werte auf diesen Merkmalsvariablen gekennzeichnet. Mit einem kanonischen Korrelationskoeffizienten von .74 kann mit der aus diesen Merkmalsvariablen berechneten Funktion 55 % der Zufriedenheitsvarianz aufgeklärt werden.[1]

Die Klassifikationsgüte, die mit der ermittelten Diskriminanzfunktion erreicht wird (richtige Gruppenzuordnung der Klienten mittels ihrer Werte in den Prädiktorvariablen), kann bei einer Quote von rund 88 Prozent richtiger Zuordnungen als gut bezeichnet werden. Sie ermöglicht eine zufrieden stellende Differenzierung und Prognose von zufriedenen und unzufriedenen Klienten.

Folgt man diesen Befunden, unterscheiden sich zufriedene Klienten von weniger zufriedenen oder unzufriedenen in erster Linie dadurch, dass sie sowohl die Beratungsbeziehung als auch das Vorgehen des Beraters sehr positiv einschätzen und einen großen Teil der erlebten Veränderungen auf die Beratung zurückführen.

6.3 Analysen zu wahrgenommenen Veränderungseffekten

Abbildung 6. 2 zeigt den Auswertungsplan, der den *statistischen Analysen zu* den von den Eltern angegebenen *Veränderungseffekten* zugrunde liegt. Für die abhängige Variable „Veränderungseffekte" wurden Zufriedenheitsmaße der Klienten nicht in den Auswertungsplan aufgenommen, da der Zusammenhang zwischen beiden Variablen bereits in den Zusammenhangsanalysen zur Beratungszufriedenheit zur Überprüfung stand. Zudem erscheint die umgekehrte Einflussrichtung – die erlebten Veränderungseffekte bestimmen als Prädiktoren die Zufriedenheit mit der erhaltenen Hilfe (Kriterium) – inhaltlich plausibler, ohne einen kausalen Einfluss mit der vorliegenden Studien tatsächlich überprüfen zu können.

---

1 Dass dieser Wert deutlich unter dem Prozentwert liegt, der durch die Beratungsprozessvariablen alleine an der Streuung der Zufriedenheitswerte aufgeklärt werden konnte (78 %), ist durch die Bildung gleich großer Gruppen zu erklären. Infolge der rechtsschiefen Verteilung der Zufriedenheitswerte („Deckeneffekte") kann mit einer Gruppentrennung am Median nicht die volle „Aufklärungspotenz" der unabhängigen Variablen ausgeschöpft werden. Dies wird auch deutlich, wenn die gleichen Variablen in eine Regressionsanalyse eingegeben werden: Mit einem Bestimmtheitsmaß von $R^2 = .84$ (korrigiert .83) liegt die Varianzaufklärung noch sechs Prozentpunkte höher als beim nur auf Prozessvariablen beruhenden Regressionsmodell.

Abbildung 6.2: Auswertungsplan für die statistischen Analysen zu Veränderungseffekten

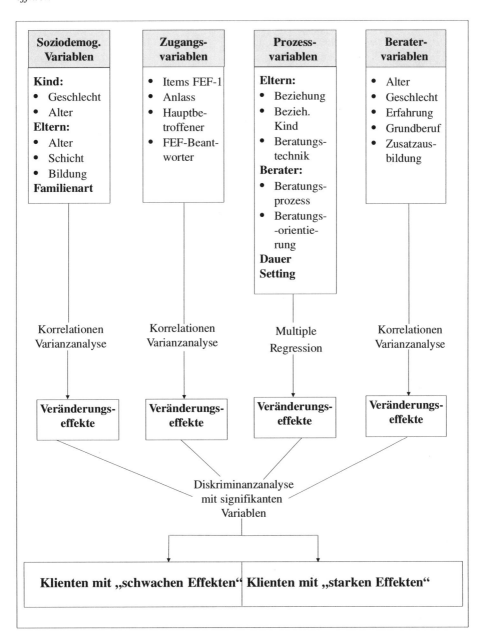

6.3.1 Zusammenhänge mit Veränderungseffekten

Anders als bei den Analysen zur Beratungszufriedenheit findet sich bei den von den Eltern erlebten Veränderungseffekten ein Zusammenhang mit einem *soziodemographischen Merkmal:* Je höher das Lebensalter der Mutter in der Klientenfamilie, desto weniger positive Veränderungseffekte werden berichtet (r. = -.28). Die wahrgenommenen Veränderungseffekte korrelieren dagegen nicht mit dem Alter des angemeldeten Kindes und dem Alter des Vaters.

Dieser Alterseffekt auf Seiten der Mütter kann mit den in Tabelle 6.6 angegebenen mittleren Veränderungswerten für vier Untergruppen, die entlang der Quartilwerte des Alters der Mütter gebildet wurden, näher beleuchtet werden:

Tabelle 6.6: Mittelwert und Streuung der Veränderungswerte in Abhängigkeit vom Alter der Mutter

Alter der Mutter	MW	SD	n
33 Jahre und jünger	5,93	.86	34
34 bis 36 Jahre	5,06	1,22	25
36 bis 39 Jahre	5,62	1,02	23
40 Jahre und älter	4,98	1,34	23

Zwischen den vier Altersgruppen zeigen sich signifikante Unterschiede bezüglich der angegebenen Veränderungseffekte (Anova): Fälle mit „jungen" Müttern (33 Jahre und jünger) weisen im Durchschnitt die meisten positiven Veränderungen nach Beratungsende auf, während in der Gruppe mit den ältesten Müttern (40 Jahre und älter) die wenigsten Verbesserungen und meisten Verschlechterungen berichtet wurden.

Wie lässt sich dieses Ergebnismuster interpretieren? Ein möglicher Erklärungsansatz bezieht sich auf die unterschiedlichen Lebenssituationen von jüngeren und älteren Müttern und die damit verbundenen Wahrnehmungstendenzen: Während jüngere Mütter in „jüngeren" Familien das Gefühl haben, auftauchende Problemlagen noch leichter bewältigen zu können, oder auf eine Entspannung mit der Zeit hoffen, erleben ältere Mütter ihre zur Beratung führenden Probleme als langwieriger und tiefer in die familiale Kommunikation bzw. familiären Beziehung, verstrickt. Vor diesem Hintergrund nehmen ältere Mütter möglicherweise weniger positive Veränderungen wahr oder bewerten ihre Situation insgesamt resignativer.

Für alle anderen untersuchten soziodemographischen Variablen zeigen sich keine Zusammenhänge mit Veränderungseinschätzungen.

Die Veränderungsangaben der Eltern hängen dagegen – wie schon die Zufriedenheitswerte – nicht mit den Merkmalen im Kontext des *Beratungszugangs* zusammen. Der retrospektive Beratungserfolg aus Elternsicht erweist sich in diesem Sinne als unspezifisch: Er scheint nicht davon abzuhängen, mit welchen Ausgangshaltungen bzw. -einstellungen und Problemlagen die Klienten an die Beratungsstelle kamen, welches Familienmitglied am stärksten davon betroffen war oder wer den Fragebogen zur Bewertung der Beratung ausfüllte.

6.3 Analysen zu wahrgenommenen Veränderungseffekten

Die therapeutische Orientierung des Beraters als Merkmal des *Beratungsprozesses* im jeweiligen Fall erweist sich auch im Hinblick auf das Erfolgskriterium Veränderungseffekte als unbedeutend. Die anhand dieses Merkmals (vgl. Tab. 5.13) gebildeten Fallgruppen unterscheiden sich nämlich nicht im Ausmaß der durchschnittlich erlebten Veränderungen (Anova).

Um die anderen Merkmale des Beratungsprozesse auf ihren eigenständigen Anteil an einem Zusammenhang mit den erlebten Veränderungseffekten hin zu untersuchen, wurde – wie schon beim Erfolgsmaß Beratungszufriedenheit – eine multiple Regressionsanalyse berechnet (weitere Informationen dazu im Anhang). Mit dem dabei ermittelten statistisch signifikanten multiplen Zusammenhang können 25 % Prozent der Varianz der „Veränderungseffekte" ($R^2 = .25$) aufgeklärt werden. Die Erklärungsgüte des Regressionsmodells, das mit Hilfe der Beratungsprozessvariablen die von den Klienten angegebenen Veränderungseffekte schätzt, ist damit deutlich schlechter als die Güte des Regressionsmodells für die Schätzung der Zufriedenheitswerte. Die von den Klienten angegebenen Veränderungswerte hängen demnach in viel stärkerem Maß von Einflussgrößen, die außerhalb des Beratungsgeschehens angesiedelt sind, ab.

Die in Tabelle 6.7 aufgeführten standardisierten Regressionskoeffizienten der verschiedenen Variablen des Beratungsprozesses zeigen, dass – wie schon bei der Beratungszufriedenheit – die Variable „Beratungstechnik" die wichtigste Einflussgröße im Kontext des Beratungsprozesses für die Effekte während und nach der Beratung darstellt (Beta-Koeffizient .37). Auch die Elterneinschätzungen zur eigenen „Beratungsbeziehung" (.30) und zur Beziehung ihres Kindes zum Berater (-.32; negatives Vorzeichen wegen eines Interaktionseffektes) stehen in einem eigenständigen Zusammenhang mit den Veränderungseffekten: Je höher die Werte auf diesen Merkmalsvariablen, desto mehr Verbesserungen und weniger Verschlechterungen der Situation berichten die Klienten.

Tabelle 6.7: Veränderungseffekte: Regressionsanalyse mit Beratungsprozessvariablen

Prädiktorvariable Beratungsprozess	Beta	T	p
Unterskala Beratungstechnik	.37*	2,65	.01
Unterskala Beratungsbeziehung Kind	–.32*	–2,40	.02
Unterskala Beratungsbeziehung	.30*	2,29	.02
Beratungssetting**	.14	1,35	.18
Anzahl der Beratungstermine	–.09	–.70	.48
Fragen an die Berater – FB-10	.07	.76	.45
Beratungsdauer in Monaten	.05	.41	.68

Anmerkungen: $R^2 = .25$; n = 97; Beta: standardisierter Regressionskoeffizient; *signifikante Koeffizienten ($p < .05$); **Referenzkategorie: „Familiensetting" (geht mit 0 in die Gleichung ein)

Die Regressionskoeffizienten aller anderen unabhängigen Variablen werden nicht signifikant. Dies kann unter anderem dahingehend interpretiert werden, dass es für das Ausmaß der angegebenen Veränderungseffekte – im Gegensatz zur Beratungszufriedenheit – keine Rolle spielt, in welchem Setting die Beratung vorwiegend ablief. Vermutlich sind die settingbedingten Unterschiede im Veränderungserleben zu gering, als dass sie sich drei Jahre nach Beratungsende in einem statistisch nachweisbaren Zusammenhang niederschlagen würden.

Bezüglich der Bedeutung von *Beratermerkmalen* stimmen die Ergebnisse zu Beratungszufriedenheit und erlebten Veränderungseffekten wieder überein: Keines dieser Merkmale – weder Alter bzw. Geschlecht des Beraters noch seine Berufserfahrung in der Erziehungsberatung oder sein Grundberuf bzw. seine therapeutische Weiterbildung – steht in einer statistisch nachweisbaren Beziehung zu den Veränderungswerten. Es muss daher bezweifelt werden, dass sie sich maßgeblich und in kausaler Weise auf den Beratungserfolg auswirken.

6.3.2 Diskriminanzanalyse: Was kennzeichnet Klienten mit vielen Veränderungseffekten?

Der zweite Auswertungsschritt bestand wiederum aus der Berechnung einer Diskriminanzanalyse, in die alle Merkmalsvariablen einigen, für die in den vorangegangenen Analysen ein signifikanter Zusammenhang mit den Veränderungsangaben ermittelt werden konnte. Analog zur Diskriminanzanalyse zur Beratungszufriedenheit sollte damit ermittelt werden, durch welche Merkmale bzw. Merkmalskombination Klienten gekennzeichnet sind, die während bzw. nach der Beratung eine starke Verbesserung ihrer Situation erlebt haben. Die Teilung am Median der Werte zu Veränderungseffekten ergibt eine Gruppe mit hohen Verbesserungswerten (n = 50) gegenüber einer Gruppe mit weniger Verbesserungen oder Verschlechterungen (n = 47; elf Fälle konnten aufgrund fehlender Werte nicht in die Analyse einbezogen werden).

Die Diskriminanzfunktion zur Optimierung der Gruppentrennung, zu der alle eingegebenen Merkmalsvariablen beitragen konnten, vermag mit 26 % (kanonischer Korrelationskoeffizient .51) nur einen geringen Teil der gesamten Streuung der Veränderungswerte zu erklären[2] (weitere Informationen zur Diskriminanzfunktion im Anhang).

Gemäß der in Tabelle 6.8 angegebenen Strukturkoeffizienten wird die Diskriminanzfunktion und damit die Kennzeichnung von Klienten mit vielen bzw. wenigen Veränderungseffekten – in erster Linie durch die Variablen zum Beratungsprozess (Beratungsbeziehung der Eltern und Beratungstechnik) bestimmt. Die Vorzeichen der Koeffizienten zeigen, dass darüber hinaus eine positive Einschätzung der Beziehung des Kindes zum Berater und ein niedriges Alter der Mutter mit hohen Verbesserungswerten verbunden ist.

---

2 Eine analog zur Diskriminanzanalyse durchgeführte Regressionsanalyse (abhängige Variable Veränderungseffekte, Aufnahmekriterium F 1) erzielt mit einem Bestimmtheitsmaß von R^2 = .31 (korrigiert .28) – aus den gleichen Gründen wie bei der Beratungszufriedenheit – wiederum eine etwas höhere Varianzaufklärungsquote.

Tabelle 6.8: Diskriminanzanalyse Veränderungseffekte: schrittweise Variablenselektion

Aufgenommene Variable/ Schrittfolge	Veränderung Wilks Lambda	p	Struktur-Koeffizient*
1. Beratungsbeziehung	.84	< .001	.73
2. Alter der Mutter	.77	< .001	−.45
3. Beratungstechnik	.76	< .001	.69
4. Beratungsbeziehung Kind	.74	< .001	.35

Anmerkungen: *Strukturkoeffizient = Korrelation der Variablen mit der Diskriminanzfunktion; es wurde jeweils die Variable aufgenommen, die das gesamte Wilks' Lambda minimiert.

Anhand der Werte der Klienten in diesen vier Merkmalsvariablen lässt sich am besten bestimmen, ob es sich um Fälle handelt, in denen viele oder wenige Veränderungen erlebt wurden.

Die Klassifikationsgüte – also die „Trefferquote" bei der „Vorhersage" der Gruppenzugehörigkeit von Klienten mit Hilfe der ermittelten Diskriminanzfunktion – ist mit 72 Prozent jedoch deutlich schlechter als bei der Beratungszufriedenheit. Ob Klienten während und nach der Beratung Verbesserungen ihrer Problemlagen erleben, kann entsprechend dieser Zahlen durch die eingegebenen Prädiktoren aus dem Beratungskontext deutlich schlechter aufgeklärt und prognostiziert werden als die Zufriedenheit der Klienten mit der Beratung.

6.4 Integration der Ergebnisse: Faktoren für eine erfolgreiche Beratung

Im Zentrum dieses Kapitels steht die Überprüfung von Faktoren, die mit der Zufriedenheit der Eltern mit der erhaltenen Beratung und den von ihnen wahrgenommenen Veränderungen zusammenhängen. Die über Regressions- und Diskriminanzanalysen gewonnenen Ergebnisse verdeutlichen, dass die Zufriedenheitseinschätzungen der Klienten in einem engeren Zusammenhang mit den untersuchten Beratungsvariablen stehen als die Veränderungswahrnehmung: Mit den Klientenurteilen zum Beratungsprozess lassen sich 78 % der Varianz der Zufriedenheitswerte erklären, dagegen nur 25 % der Streuung der Veränderungsangaben. Eine Prognose der Klientenzufriedenheit über die Beratungsfaktoren ist zudem deutlich besser (88 % richtiger Zuordnungen) als die Vorhersage der Stärke der Veränderungseffekte (72 % richtige Zuordnungen).

Dieses Ergebnismuster legt die Schlussfolgerung nahe, dass Klienten ihre Zufriedenheit mit der erhaltenen Hilfe zu großen Teilen danach bemessen, wie sie die Beziehung zum Berater und dessen fachliches Vorgehen erlebt haben. Dagegen werden die erlebten Veränderungen während und nach der Beratung vermutlich stärker durch

Faktoren bestimmt, die nicht in die durchgeführten Analysen eingegeben werden konnten, da sie außerhalb des Beratungsgeschehens zu suchen sind oder nur mittelbar mit der Beratung in Verbindung stehen (z. B. Veränderungen durch Selbsthilfebemühungen). Analog dazu hatten die Klienten selbst den prozentualen Anteil der Beratung an Veränderungseffekten in der „Attributionsfrage" auf durchschnittlich nur 42 Prozent geschätzt (vgl. Kapitel 5.3). Ihre Antworten auf die offenen Fragen im FEF nach beratungsunabhängigen „externen Faktoren" (vgl. Tab. 5.21) geben Aufschluss darüber, dass sie die Unterstützung aus dem sozialen Umfeld und altersbedingte Reifungsprozesse („Zeitfaktor") für die erlebten Veränderungen verantwortlich machen.

Zudem schätzen Klienten den erlebten Beratungsprozess – wie bei der Skizzierung des „Diskrepanzphänomens" (vgl. 3.3.6) beschrieben – generell relativ unabhängig von Problem- oder Symptomveränderungen ein (z. B. Klann & Hahlweg, 1994; Lenz, 1994a).

Entgegen der in der Psychotherapieforschung ermittelten Befundmuster zeigen sich weder für die Beratungszufriedenheit der Eltern noch für die von ihnen angegebenen Veränderungseffekte Zusammenhänge mit Variablen im Kontext des Beratungszugangs oder mit Beratervariablen. Das völlige Fehlen dieser Beziehungen sollte jedoch nicht zu voreiligen Schlussfolgerungen verleiten. Es könnte auch durch Antworttendenzen bei der Beantwortung der Fragebögen oder durch den vergleichsweise langen Katamnesezeitraum, der eine differenzierte Erinnerung an erfolgsfördernde Faktoren erschwert, bedingt sein.

In Anbetracht der im vorangegangenen Kapitel aufgezeigten Perspektivenunterschiede zwischen Beratern und Klienten kann es nicht weiter überraschen, dass die Einschätzungen der Berater – bezüglich des Beratungsprozesses und der Veränderungswirksamkeit der Beratung (Attributionsfrage) – in keinem Zusammenhang mit der Zufriedenheit und den Veränderungseffekten aus Sicht der Eltern stehen.

Nicht alle Faktoren bzw. Merkmalsvariablen, die mit dem Ausmaß der Beratungszufriedenheit in Verbindung stehen, sind in gleicher Weise für die erlebten Veränderungseffekte bedeutsam. Hier zeigen sich für jeden Bereich jeweils spezifische Zusammenhangsmuster, die in den Abbildungen 6.3 und 6.4 separat für jede abhängige Variable dargestellt werden.

6.4.1 Faktoren für Beratungszufriedenheit

Abbildung 6.3 illustriert, dass die Zufriedenheit der Eltern mit der Beratung – legt man eine kausale Interpretation der ermittelten Zusammenhänge zugrunde – vor allem von der erlebten Qualität der Beziehung zum Berater und seinem Vorgehen im Beratungsprozess bestimmt wird.

Abbildung 6.3: Zusammenhänge mit Beratungszufriedenheit (signifikante Assoziationen)

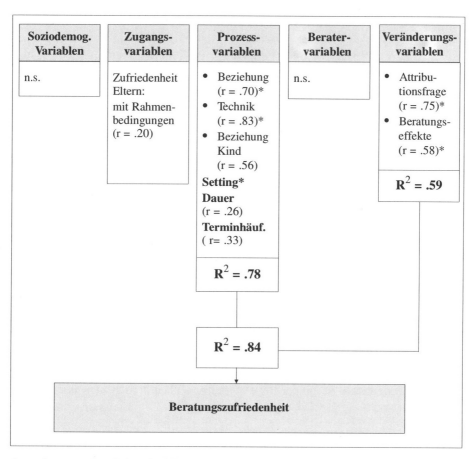

Anmerkungen: n.s. = keine signifikanten Zusammenhänge; r = signifikante bivariate Korrelation mit Beratungszufriedenheit; *signifikante Prädiktorvariable in der Multiplen Regression (Kriterium: Beratungszufriedenheit)

Bezüglich der Bedeutung der Beratungsbeziehung kann damit auch für den Bereich der Erziehungsberatung ein Ergebnismuster repliziert werden, das „als einer der stabilsten Befunde der psychotherapeutischen Prozess-Outcome Forschung gilt..." (Smith & Grawe, 2000, S. 422). Es muss jedoch offen bleiben, ob die erlebte Qualiät der Beratungsbeziehung als Voraussetzung oder als Folge von Beratungserfolgen anzusehen ist, da die Ergebnisse rein korrelativer Natur sind.

Letztlich muss ohnehin von schwer trennbaren Rückkopplungsprozessen ausgegangen werden: Entlastungserlebnisse und Fortschritte in den Beratungssitzungen stärken Vertrauen und Offenheit im Verhältnis zum Berater, was sich wiederum veränderungsfördernd auf den Beratungsprozess auswirken kann. Theoretische Vorstellungen darüber, wie sich eine gute Beratungsbeziehung auf den Erfolg einer Beratung auswirken könnte, wurden in Kapitel 3.3.4 vorgestellt („social influence theory", Hoyt, 1996; „working alliance", Horvath & Greenberg, 1989). Mit Smith und Grawe (2000), die von unterschiedlichen Funktionen der Therapiebeziehung je nach Störungsbild des Patienten ausgehen, kann auch für die Erziehungsberatung angenommen werden, dass eine positiv gestaltete Beratungsbeziehung in Abhängigkeit vom Beratungsanlass sowohl ressourcenaktivierende und motivierende Funktionen haben als auch die modellhafte Unterbrechung dysfunktionaler Beziehungsmuster ermöglichen kann.

Nicht die wahrgenommenen Veränderungen insgesamt, sondern der aus Sicht der Eltern beratungsspezifische Anteil daran („Attributionsfrage") leistet den größten Beitrag zur Charakterisierung von zufriedenen und unzufriedenen Klienten im Rahmen der Diskriminanzanalyse. Dieses Befundmuster erlaubt die Formulierung einer Hypothese, die in der Lage ist, das häufig anzutreffende Ergebnismuster, wonach sich Klienten bei ihrem Zufriedenheitsurteil nicht vorrangig an tatsächlichen Symptombesserungen orientieren, zu differenzieren: Das Empfinden der Klienten, eine wirksame, weil veränderungsrelevante Beratung erhalten zu haben, scheint neben dem positiv erlebten Beratungsprozess maßgebend für die Beratungszufriedenheit zu sein. Oder anders formuliert: Eine positive Gesprächsatmosphäre oder gelungene Beratungsbeziehung alleine wird die Klienten nicht zufrieden stellen, wenn damit nicht der Eindruck einhergeht, dass die Beratung auch etwas an den Problemlagen zu ändern vermag.

Der Befund, wonach sich Klienten, die selbst oder deren Kinder vorwiegend im Einzelsetting beraten wurden, zufriedener zeigen als Klienten in familiären Settingkonstellationen, bestätigt sich auch im multivariaten Kontext. Dagegen können die schwachen bivariaten Hinweise für eine mit einer längeren Beratungsdauer einhergehenden höheren Zufriedenheit der Klienten (r. = .26 bzw. .33; vgl. Abb. 6.3) im multivariaten Zusammenhang nicht erhärtet werden. Keines der untersuchten soziodemographischen Merkmale ist mit der Beratungszufriedenheit der Klienten assoziiert.

6.4.2 Faktoren für Veränderungseffekte

Anders als bei der Beratungszufriedenheit spielt für das Ausmaß der berichteten Veränderungseffekte das Alter der Mutter der angemeldeten Kinder eine Rolle (vgl. Abb. 6.4). Mütter geben mit zunehmendem Alter weniger Verbesserungen und mehr Verschlechterungen der Problemsituation an. Möglicherweise können jüngere Mütter die familiäre Problemsituation im Vergleich zu älteren Müttern als weniger verhärtet wahrnehmen und sich bei Veränderungsbefragungen daher optimistischer äußern. In jüngster Zeit wurde im Rahmen des Modellprojekts „Jugendhilfeplanung für Erziehungs- und Familienberatung" der bke (Menne, 2001) ein Ergebnis berichtet, das in eine ähnliche Richtung weist: Demnach gaben die (tendenziell jüngeren) Eltern bei einer Beratung mit Kleinkindern im Alter unter drei Jahren überdurchschnittlich hohe Verbesserungsraten an.

6.4 Integration der Ergebnisse: Faktoren für eine erfolgreiche Beratung

Abbildung 6.4: Zusammenhänge mit Veränderungseffekten (signifikante Assoziationen)

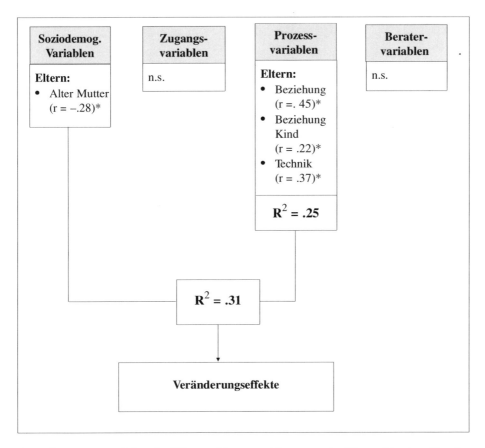

Anmerkungen: n.s. = keine signifikanten Zusammenhänge; r = signifikante bivariate Korrelation mit Beratungszufriedenheit; *signifikante Prädiktorvariable in Multipler Regression (Kriterium: Beratungszufriedenheit, R^2 *im Kasten darunter*)

Variablen des Beratungsprozesses sind auch mit erlebten Veränderungseffekten assoziiert: Je positiver die Beratungsbeziehungen zum Berater und sein Vorgehen in der Beratung eingeschätzt werden, desto mehr Verbesserungen werden berichtet. Die Stärke des Zusammenhangs ist jedoch deutlich geringer ausgeprägt als bei der Beratungszufriedenheit.

Dagegen ergeben sich für die von den Eltern angegebenen Veränderungseffekte – anders als bei der Beratungszufriedenheit – keine Zusammenhänge mit Settingformen.

7
Erziehungsberatung und Kohärenzsinnförderung

> Die in diesem Kapitel vorgestellten Auswertungsergebnisse thematisieren direkt oder indirekt die Frage, wie die Klienten bei der Entwicklung der im Kohärenzsinn konzeptualisierten individuellen und familialen Kompetenzen unterstützt werden können.
>
> Zunächst werden dazu die *Zusammenhänge* zwischen den verschiedenen Variablen zu Beratungsprozess bzw. -ergebnis auf der einen und dem Kohärenzsinn auf familialer und individueller Ebene auf der anderen Seite analysiert.
>
> Mit einigen Beispielen aus den Interviews mit Jugendlichen lässt sich anschließend illustrieren, auf welchen Wegen in der Beratung Veränderungseffekte erzielt wurden, die als *Stärkung der Kohärenzsinnkomponenten* bei den betroffenen Jugendlichen interpretiert werden können.
>
> Im Zentrum des Kapitels stehen zwei *Einzelfallanalysen,* die einander kontrastierend gegenübergestellt werden. Damit können die Möglichkeiten und Grenzen, im Rahmen einer Erziehungsberatung kohärenzsinnfördernde Prozesse anzustoßen, vertiefend veranschaulicht und analysiert werden (Klientenzitate sind jeweils *kursiv* gesetzt).
>
> Die abschließende *Integration* der Ergebnisse skizziert nochmals zusammenfassend die Voraussetzungen und Bedingungen für eine Kohärenzsinnförderung im Rahmen einer Erziehungsberatung.

7.1 Zusammenhang zwischen Beratungsvariablen und Familien-Kohärenzsinn

Der Kohärenzsinn auf familialer Ebene (FSOC) wurde in der vorliegenden Untersuchung mit dem „Fragebogen zum Familien-Kohärenzsinn" (FFKS) operationalisiert, den die Eltern der Katamnesestichprobe zusammen mit den Skalen des FEF ausfüllten (in 67 % der Fälle füllten die Mütter die Bögen alleine aus).

Um die Ergebnisse mit den beiden einzigen anderen Studien, in denen die FSOC-Skala (26 Items) meines Wissens eingesetzt wurde (vgl. Tabelle 2.3), vergleichen zu können, wurden für jeden Fall der Katamnesestichprobe mittlere Werte als Quotienten aus dem Skalensummenwert und der Itemzahl des FFKS berechnet. Tabelle 7.1 zeigt die FSOC-Mittelwerte der untersuchten Stichproben. Die in der vorliegenden Studie untersuchten Klientenfamilien verfügen im Mittel über einen leicht höheren Familien-Kohärenzsinn als die Ehepaare bei Antonovsky und Sourani (1988) und die 78 Familien von stationären Patienten bei Anderson (1994).

Tabelle 7.1: Vergleich der FSOC-Mittelwerte aus verschiedenen Untersuchungen

Studie	Stichprobe	N	FSOC-Mittelwert*	SD
Antonovsky & Sourani (1988)	Ehepaare/ein Partner behindert	60	4,99[1]	1,3
Anderson (1994)	Patientenfamilien/ stationär	78	4,79[1]	.9
Erziehungsberatung-Caritas	EB-Klientenfamilien	107	5,03[2]	1,0

Anmerkungen: *Wertebereich: 1 bis 7; SD: Standardabweichung; [1]FSOC-Scale; [2]FFKS

Die vergleichsweise optimistische Einschätzung der im FSOC konzeptualisierten familialen Ressourcen und Grundhaltungen durch die befragten Eltern könnte daher rühren, dass sich die Belastungssituation der Familien zwei bis drei Jahre nach der Beratung weitgehend entspannt hat. Dagegen wurden die Patientenfamilien bei Anderson (1994) zu einem Zeitpunkt befragt, als ein Elternteil schwer erkrankt war und stationär behandelt wurde.

Erste Anhaltspunkte dafür, ob die hohen FSOC-Werte in der Katamnesestichprobe zumindest teilweise auf die Beratung zurückgeführt werden können, liefern die in Tabelle 7.2 aufgeführten bivariaten Korrelationskoeffizienten. Diese geben Auskunft über mögliche Zusammenhänge zwischen dem Ausmaß des Familien-Kohärenzsinns und den retrospektiven Bewertungen der erhaltenen Beratung, wie sie sich in den Werten der FEF-Skalen zu Beratungsprozess, Beratungszufriedenheit und -ergebnissen ausdrücken.

Tabelle 7.2: Korrelationen zwischen FEF-Skalen und Familien-Kohärenzsinn (FFKS)

Beratungsvariablen	N	Familien-Kohärenzsinn	
		r	p
FEF-2: Beratungsprozess	107	.34**	.00
FEF-3: Beratungszufriedenheit	107	.25**	.01
FEF-4: Beratungseffekte	107	.30**	.00
Attributionsfrage Klient	105	.23*	.02

Anmerkungen: r = Spearman-Korrelationskoeffizienten; p = Signifikanz (2-seitig), *: $p < .05$; **: $p = < .01$, n = 107

Der Familien-Kohärenzsinn korreliert – entsprechend den ausgangs vermuteten Zusammenhängen (vgl. 4.2.3) – schwach positiv mit allen FEF-Hauptskalen und der „Attributionsfrage" aus Klientensicht: Je kohärenter im Sinne der drei SOC-Komponenten das Familienleben von den Eltern eingeschätzt wurde, desto zufriedener zeigten sie sich mit der erhaltenen Beratung und desto mehr Veränderungseffekte berichteten sie. Die rein korrelative Natur dieser Befunde erlaubt es jedoch nicht, eine Einflussrichtung zwischen den Variablen zu bestimmen. Es müssen vielmehr verschiedene, miteinander konkurrierende Interpretationsansätze in Betracht gezogen werden:

Zum einen könnte eine erfolgreiche Beratung, mit der die Klienten zufrieden sind und der sie eine hohe Veränderungswirksamkeit („Attributionsfrage") zuschreiben, dazu beigetragen haben, dass sich das familiale Zusammenleben und die Bewältigungskompetenzen in der Familie nachhaltig verbessert haben. Hinweise für diese Erklärungshypothese, wonach der Familien-Kohärenzsinn durch die erhaltene Erziehungsberatung gestärkt wird, lassen sich in den in Kapitel 5 vorgestellten Klientenangaben finden: Eltern nannten auf die offene FEF-Frage nach beratungsbedingten Veränderungen am zweithäufigsten Verbesserungen im familiären Bereich, die insbesondere die familiale Kommunikation und Konfliktlösungsfähigkeiten betreffen (insgesamt 18 Nennungen). Auch die von einigen interviewten Jugendlichen berichteten positiven Effekte der Beratungssitzungen im Familiensetting – wie die Stärkung der familialen Kohäsion und ein besseres wechselseitiges Verständnis zwischen den Familienmitgliedern – deuten auf diese Einflussrichtung hin. Die nur geringe Stärke des Zusammenhangs zwischen Beratungsvariablen und Familien-Kohärenzsinn mag daher rühren, dass zwischen Beratungsende und Befragungszeitpunkt mindestens zwei bis drei Jahre liegen, in denen sich familiäre Beratungseffekte möglicherweise wieder abgeschwächt haben.

Die umgekehrte Wirkhypothese scheint als Erklärungsansatz jedoch ebenfalls plausibel: Klientenfamilien, die mit negativ geprägten, kollektiven Orientierungen bezüglich des familialen Zusammenlebens und der gemeinsamen Ressourcen zur Beratung kommen (niedriger FSOC), profitieren vermutlich weniger von der erhaltenen Hilfe und bewerten sie dementsprechend weniger günstig als Familien mit einer positiven familialen Weltsicht.

Da der „Fragebogen zum Familien-Kohärenzsinn" (FFKS) zusammen mit den FEF-Skalen ausgefüllt wurde, könnten auch generelle Antworttendenzen für die positive Korrelation zwischen Beratungsbewertungen und Familien-Kohärenzsinn verantwortlich sein: Klienten, die ihre Beratung retrospektiv als erfolgreich einschätzen, sind möglicherweise versucht, ihr familiales Zusammenleben (FFKS) ebenfalls positiv darzustellen, um insgesamt konsistente Ergebnisse zu liefern.

Weitgehend zweifelsfrei kann der positive Einfluss einer Erziehungsberatung auf die globale familiale Orientierung im Sinne des Familien-Kohärenzsinns letzten Endes nur durch Untersuchungen im Längsschnitt oder vertiefende Einzelfallanalysen belegt werden.

Trotz der beschränkten Aussagekraft der Ergebnisse konnte mit dem Einbezug des Familien-Kohärenzsinns in die Studie in zweifacher Hinsicht Forschungsneuland erschlossen werden: Zum einen erweitern die in Kapitel 2.4 entwickelten Überlegungen zu Konzept und Operationalisierungsmöglichkeiten des Kohärenzsinns auf familialer Ebene Antonovskys salutogenetisches Modell erstmals im deutschsprachigen Raum um eine familien-systemische Dimension. Zum anderen wurde mit den Einschätzungen der Eltern zum familialen Kohärenzsinn eine Zielgröße in die Beratungsforschung eingeführt, die über reine Zufriedenheitsurteile und Veränderungsangaben der Klienten hinausgeht: Im Hinblick auf die neuen Anforderungen an Erziehungsberatung im Kontext gesellschaftlicher Umbruchprozesse ist die Stärkung der im Kohärenzsinn konzeptualisierten salutogenen Ressourcen bei den Klienten – auch unter gesundheitsökonomischen Aspekten (Fäh, 2000) – als Kriterium für die Bestimmung der Ergebnisqualität (Lenz, 1998b) besonders relevant. Um den FSOC zukünftig auf breiterer Basis in der Psychotherapie- und Beratungsforschung als Erfolgsmaß für Interventionen auf familialer Ebene nutzen zu können, bedarf es sicherlich einiger Anstrengungen, um den noch in Kinderschuhen steckenden Forschungsstand zu verbessern: Dazu zählen – wie bereits skizziert – insbesondere die kreative Entwicklung von Operationalisierungsalternativen sowie eine konzeptionelle Klärung und Schärfung des FSOC-Konzeptes durch Untersuchungen zur Konstruktvalidierung mit inhaltlich vergleichbaren Konzepten zur familialen Stressbewältigung.

7.2 Kohärenzsinnförderung bei Jugendlichen in der Erziehungsberatung

Auch für die SOC-Skala (SOC-13), die von den 17 interviewten Jugendlichen ausgefüllt wurde, liegen mittlere Werte als Quotienten aus dem Skalensummenwert und der Itemzahl vor. Die für die sechs Mädchen und elf Jungen berechneten mittleren Ausprägungen des individuellen Kohärenzsinns entsprechen in etwa den ebenfalls mit der SOC-13-Skala erhobenen Werten von 385 Jugendlichen aus ambulanten Jugendhilfeangeboten (von Erziehungsberatung bis Jugendgerichtshilfe), die von Höfer (2000) berichtet werden (vgl. Tabelle 7.3). Für die SOC-Werte können zudem Prozentränge im Bezug zu einer bevölkerungsrepräsentativen Normstichprobe (Schumacher et al., 2000) ermittelt werden. Dabei zeigt sich, dass sowohl für die Jugendhilfestichprobe als auch für die in der vorliegenden Studie befragten Jugendlichen mit mittleren Prozenträngen zwischen 20 und 35 von einem unterdurchschnittlich niedrigen SOC gesprochen werden kann.

Tabelle 7.3: Geschlechtsspezifischer Vergleich der SOC-Mittelwerte mit der Studie von Höfer (2000)

Studie/Geschlecht	Alter	N	SOC-Mittelwert	Prozentrang*
Jugendhilfe weiblich (Höfer, 2000)	16–24	145	4,09	20
EB-Caritas weiblich	13–22	6	4,54	35
Jugendhilfe männlich (Höfer, 2000)	16–24	240	4,33	21
EB-Caritas männlich	13–21	11	4,39	22

Anmerkungen: *Prozentrang-Normen für die SOC-13 (Schumacher et al., 2000; Normstichprobe: n = 1944, 18-92 Jahre)

Das niedrige SOC-Niveau in beiden Untersuchungen kann als Folge des erhöhten Belastungspotentials und der oftmals schwierigen Entwicklungsbedingungen, denen die befragten Jugendlichen in ihrem familialen und sozialen Umfeld ausgesetzt waren und die zum Teil zur Inanspruchnahme der Hilfsangebote geführt haben, verstanden werden.

In Tabelle 7.4 sind die individuellen SOC-Werte der interviewten Jugendlichen den Elternangaben zum Familien-Kohärenzsinn gegenübergestellt.

Tabelle 7.4: Kohärenzsinn (SOC-13) und Familien-Kohärenzsinn (FFKS) der Jugendlichen

Fall	Alter*/Geschlecht	Kohärenzsinn (SOC-13)**	Familien-SOC (FFKS)***
1	13/m	5,46	5,92
2	13/m	5,15	4,17
3	14/m	5,38	4,75
4	14/m	4,46	4,17
5	22/w	5,31	5,42
6	19/m	3,69	4,50
7	14/w	3,92	5,50
8	16/w	4,62	4,17
9	17/m	4,92	5,67
10	20/w	3,77	4,42
11	17/m	3,92	6,00
12	13/w	5,00	4,58
13	18/m	2,92	6,08
14	18/w	4,62	5,67
15	18/m	3,23	5,08
16	21/m	5,69	4,17
17	17/m	4,69	5,65
MW		**4,44**	**5,03**

Anmerkungen: *Alter zum Interviewzeitpunkt; Ausgefüllt von: **Jugendliche *** Eltern

Im Vergleich zum Familien-Kohärenzsinn fällt das individuelle Kohärenzgefühl der Jugendlichen mit einem Durchschnittswert von 4,44 (Streuung: .78) deutlich niedriger aus (Wertebereich jeweils 1 bis 7). Ein Vergleich der Mittelwerte ist angesichts der unterschiedlichen Messinstrumente jedoch nur bedingt möglich.

Die individuellen SOC-Werte der Jugendlichen weisen eine große interindividuelle Spannweite auf (Werte zwischen 2,92 und 5,69) und stellen Momentaufnahmen zum Interviewzeitpunkt dar. Obwohl die SOC-Werte der jungen Klienten positiv mit der Beratungszufriedenheit ihrer Eltern korrelieren ($r = .51$, $p < .01$; Korrelationen mit anderen FEF-Skalen werden nicht signifikant), lässt sich anhand dieses Querschnittsbefundes auf der quantitativ schmalen Grundlage der Interviewstichprobe nicht bestimmen, ob und inwieweit die Beratung zur Bildung des individuellen Kohärenzsinns drei bis vier Jahre nach Ende der Hilfeleistung beigetragen hat.

Hinweise hierauf ergeben sich dagegen aus der Analyse von Interviewaussagen der Jugendlichen, in denen über *beraterische Vorgehensweisen* berichtet wird, die möglicherweise im Sinne einer *Förderung des Kohärenzsinns* der Jugendlichen wirksam werden konnten. So trug die Erarbeitung sinnvoller Interpretationsansätze für Geschehnisse, die für die Jugendlichen nicht einzuordnen sind und bedrohlich erscheinen (z. B. „Bullying" durch Mitschüler, Trennung der Eltern, starke Gefühlsschwankungen; insgesamt sieben Nennungen), vermutlich zum Verständnis der Situation. Die betroffenen Jugendlichen konnten dadurch im Umgang mit ambivalenten Situationen unterstützt werden (Verstehbarkeits-Komponente):

Also er hat mir das halt ein bisschen erklärt, warum meine Eltern auseinander gegangen sind, – wieso man auseinander –, also, wieso sich Eltern trennen. (Männlich, 13 J.)

Acht Jugendliche nannten Beispiele dafür, wie in der Beratung Bewältigungsstrategien entwickelt wurden, die dazu führen können, ihr Vertrauen in die eigene Handlungsfähigkeit zu verbessern (Handhabbarkeits-Komponente):

Ja, wir haben uns halt oft und intensiv über das Thema unterhalten, und dadurch kam das mir halt dann eigentlich, dass ich mich mit meinem Stiefvater (mit dem er Probleme hatte, A.V.) *auch mal unterhalten könnte.* (Männlich, 14 J.)

Wie in Kapitel 7 bereits berichtet wurde, konnten fast alle Jugendlichen in den Beratungssitzungen partizipative Erfahrungen sammeln, da sie sich in der Regel in die Entscheidungen über die Gestaltung der Sitzungen und die Gesprächsthemen eingebunden fühlten. In zwei Fällen wurde in der Beratung direkt daran gearbeitet, belastende Lebensereignisse (Todesfälle) in einen sinnhaften Kontext zu stellen. Beides kann zur Stärkung der *Sinnhaftigkeits-Komponente* des Kohärenzgefühls beitragen:

Da haben wir auch in der Bibel nachgeschaut und so. Weil ich halt wissen wollt wie –, im Christentum meine Mutter gstorben wär, und wie in anderen Religionen. Weil da hat ja –, jede Religion hat ja eine andere Vorstellung vom Tod. (Weiblich, 14 J.)

Aber auch die Angaben der Jugendlichen zu erlebten *Beratungseffekten* deuten auf eine grundlegende Stabilisierung und Stärkung des individuellen Kohärenzsinnes hin.

Zwei Jugendliche, die einen Beratungsprozess von 15 bzw. 16 Terminen vorwiegend im Einzelsetting durchliefen, sprechen von einer *Grundsaat* (männlich, 21 J.) bzw. einem *Grundstein* (weiblich, 20. J.), die bzw. der in der Beratung erarbeitet wurde. Die Veränderungen, auf die sich die Jugendlichen bei ihrer Einschätzung vorrangig beziehen, berühren dabei unterschiedliche Komponenten des Kohärenzsinns. In einem Fall standen Klärungsprozesse zur Sinnhaftigkeit menschlichen Lebens (Sinnhaftigkeits-Komponente) im Vordergrund:

Ich denke heute über Religion, Tod und alles ganz anders. Das ist mit einer der ausschlaggebenden Punkte, dass ich heute so denke. (...) Das habe ich da eben auch mitbekommen. Und dass man sich nicht ständig fragen soll. Und eben dass man nach dem Tod, ich glaube, dass man immer wieder lebt. (...) Und damit kann ich sehr gut damit umgehen. Ja, durch das, was sie (die Beraterin, A.V.) *so gesagt hat.* (Weiblich, 20 J.)

Im anderen Fall konnte allem Anschein nach eine Stärkung der *Handhabbarkeits-Komponente* erreicht werden:

Das ergibt sich dadurch, wenn man dann Erfolgserlebnisse hat, wenn man mehr kämpft und auch was praktisch macht. Das gibt dann direkt Selbstbewusstsein. Dann weiß man, man ist diesem Problem gewachsen, man kann sie lösen, und damit ist die Sache gegessen. (Männlich, 21 J.)

Aber auch die von fast allen Jugendlichen genannten Beratungseffekte auf der individuellen Ebene (vgl. Tab. 5.22) können im Einzelnen kohärenzsinnfördernde Erfahrungen beinhalten: Eine veränderte Problemsicht eröffnet für die Klienten die Möglichkeit, belastende Erlebnisse oder Entwicklungen einzuordnen und sinnvoll zu interpretieren (Verstehbarkeit). Ein gesteigertes Vertrauen in die eigenen Bewältigungsmöglichkeiten entspricht der Stärkung der Handhabbarkeits-Komponente.

Beispielhafte Aufschlüsse zu einer möglichen Förderung des Kohärenzgefühls durch eine Erziehungsberatung können die folgenden Einzelfallanalysen liefern.

7.3 Fallanalysen zum Zusammenhang von Erziehungsberatung und Kohärenzsinn

Für die vertiefenden Interviewanalysen wurden zwei Beratungsfälle ausgewählt, die hinsichtlich der Beratungsdauer (16 bzw. 8 Beratungstermine) und anderer Merkmale des Beratungsprozesses als charakteristisch für Erziehungsberatung gelten können und sich von einem längerfristig angelegten therapeutischen Vorgehen abgrenzen lassen. Ziel bei der Auswertung der Interviewfälle war es zu rekonstruieren bzw. zu illustrieren, unter welchen Bedingungen und durch welches Vorgehen die Jugendlichen bei der Entwicklung ihres Kohärenzgefühles unterstützt werden konnten. Dazu soll ein in diesem Sinne erfolgreicher Beratungsfall (Fallbeispiel Nina) mit einem Beratungsprozess verglichen werden, mit dem sich zwar alle Beteiligten – Jugendlicher, Eltern und Berater – weitgehend zufrieden zeigten, bei dessen Analyse jedoch keine erkennbare SOC-Förderung sichtbar wird (Fallbeispiel Manuel).

7.3.1 Fallbeispiel Nina (20 J.):
„Alles hat seinen Sinn, auch wenn ich den nicht weiß"

a) Ninas Vorgeschichte:
Aus Ninas Sicht war der Ausgangspunkt der Schwierigkeiten, die später zum Aufsuchen der Beratungsstelle führten, ein kritisches familiäres Ereignis, das sich abspielte, als sie neun Jahre alt war: Ihr jüngster Bruder, der damals im Säuglingsalter war, starb völlig unerwartet und auf ungeklärte Weise am so genannten „Plötzlichen Kindstod".

Der Todesfall traf die Familie – Nina hat neben ihren Eltern noch zwei Brüder (vier und sieben Jahre älter) und eine jüngere Schwester, die zwei Jahre nach dem Tod des Bruders zur Welt kam – wie ein Schock und führte sie in eine tiefe Krise. Als damals jüngstes Familienmitglied konnte Nina das Geschehene und die dadurch ausgelösten Gefühle nicht begreifen und einordnen:

Und ich weiß noch genau, ich habe das genau mitgekriegt. Und alle um mich herum haben geweint und haben getrauert, und ich selber stand nur da als Kind und habe es überhaupt nicht verstanden.

In dieser „posttraumatischen" familialen Krisensituation konnte sie mit ihren Fragen nach dem „Warum" und ihrem Bedürfnis, den Tod ihres kleinen Bruders verstehen und einen Sinn zuschreiben zu wollen, keine Antworten von ihren Eltern erhalten. Zu sehr waren beide Elternteile mit der Verarbeitung des Unfassbaren beschäftigt und zum Teil wohl auch überfordert. Ihre Mutter war aus Ninas Sicht

... sehr mit sich selber beschäftigt, mit der Trauer und mit allem Möglichen. (...) Meine Mutter, die hat einfach, wenn ich mit ihr darüber gesprochen habe, warum ist das passiert mit meinem Bruder, ich kann das nicht verstehen, dann hat sie nur geweint selbst und konnte mir eigentlich da nicht helfen in dem Sinn. Ja, in der Zeit, das war ganz schlimm irgendwie.

Später erfuhr Nina noch, dass ihre Mutter in dieser Zeit mit dem Gedanken spielte, sich das Leben zu nehmen. In den Wochen nach dem Tod des Bruders kam es zudem zu einem – jahrelang anhaltenden – Kontaktabbruch *(Wahnsinnsbruch)* zwischen Ninas Mutter und deren Eltern, weil diese die tief gehende und lang anhaltende Trauer der Mutter nicht nachvollziehen konnten und ihr Unverständnis darüber zum Ausdruck brachten.

Ihren Vater schildert Nina als einen Menschen, der *nicht mal über seine Gefühle reden kann* und mit dem sie sich noch nie sehr gut verstanden hat. Den Tod seines Sohnes hat er in ihren Augen *nie wirklich verarbeitet*, sondern mehr oder weniger verdrängt. Sie nimmt bei ihm gleichzeitig eine große Angst vor dem Älterwerden und dem eigenen Tod war. Ninas Vorstellungen von einem Leben nach dem Tod, mit denen sie versuchte, den Verlust des Bruders erträglicher zu machen und damit umzugehen, wurden von ihm rationalisiert und abgewertet:

Der sagt immer, wenn ich sage, wer weiß, wo Dein Sohn ist, dann sagt er, so ein Schmarrn. Dann sagt er so ganz banal und makaber, der ist in seiner Grube drin, und das war's. Und das finde ich einfach ... Gut, jeder soll denken, was er denken will. Aber nein, ich denke, der ist da nie damit umgegangen.

Nina fühlte sich in den ersten Jahren nach dem Tod des Bruders in der Familie mit ihren Empfindungen und ihren Fragen wenig verstanden und nicht genügend beachtet. Bezeichnenderweise kann sie sich an weitere Einzelheiten dieser schwierigen, krisenhaften Phase *nicht mehr so genau erinnern*. Erst als zwei Jahre später ein weiteres Geschwisterkind auf die Welt kam, schien sich die familiale Situation wieder zu entspannen:

Ich weiß halt dann nur, als meine Schwester dann geboren war, zwei Jahre später, das war ein absolutes Wunschkind, war auch mehr eine Heilung für uns alle. Und das war irgendwo auch klar, ich meine, meine Mutter wollte das Kind unbedingt. Und für uns alle, das hat uns wirklich viel geholfen. Da reden wir auch heute noch drüber.

Die traumatische Erfahrung des „Plötzlichen Kindstodes" zwei Jahre zuvor sowie die Annahme in der Familie, es liege eine familiären Disposition vor, führten allerdings dazu, dass die Mutter im Umgang mit dem Neugeborenen eine große Ängstlichkeit entwickelte. (Die Beraterin gab später in den FB auf die Frage nach besonderen Eindrücken zum Beratungsfall „Tod eines Kindes – daraus resultierende Ängste der Mutter" an.) Da postnatale Untersuchungen zudem auf eine unregelmäßige Herzfunktion des Babys hinwiesen, wurden seine Körperfunktionen über Jahre hinweg per Monitor überwacht, was mit erheblichen Belastungen für die ganze Familie verbunden war:

Und das war dann auch eine Wahnsinnbelastung für alle. Weil dieses Gerät da, ... sie wurde auch ein paar mal, zwei-, dreimal, oder ein-, zweimal durch den Notarzt wieder reingebracht in die Stadt. Also es war schrecklich. Also das Ding hatten wir dann auch im Ganzen vier Jahre lang, bis die Kleine vier war, in der Nacht.

Nina selbst glaubt, auch nach der Geburt ihrer Schwester und den damit verbundenen *heilsamen* Veränderungen den plötzlichen Verlust des Bruders *einfach nicht aufgearbeitet* zu haben. Die mit dem traumatischen Ereignis verbundenen Erinnerungen und Gefühle bleiben vielmehr in ihr verschlossen, solange die Familie mit der Trauerarbeit und der Sorge um die jüngere Schwester beschäftigt ist. Erst im Zusammenhang mit der pubertären Entwicklung und in der Auseinandersetzung mit ihren Eltern kommen die aufgestauten intrapsychischen Konflikte und unbewältigten Gefühle massiv zum Ausdruck:

Das habe ich eben lange, lange war das auch in mir. Ich meine, ich bin 10, bis 14, 15 war das in mir alles. Und mehr so runtergeschluckt. (...) Das war in mir, das habe ich verdrängt immer, und irgendwann hat es mich total überwuchert einfach.

In ihrer – in dieser Phase besonders stark ausgeprägten – rebellischen und provozierenden Art machte sie ihre Mutter für den Tod des Bruders verantwortlich und warf ihr vor, die kleine Schwester als Ersatz und Bewältigungshilfe für den Verlust des Verstorbenen zu missbrauchen. Sie fing damit an, sich immer mehr von ihrer Umwelt zurückzuziehen und einen wirklichkeitsfremden *Starkult* mit Michael Jackson als Idol zu entwickeln. Sie hatte in dieser Zeit kaum noch Kontakte nach außen und drohte ihren Eltern gegenüber damit, sich das Leben nehmen zu wollen. Die familiären Beziehungen waren zu dieser Zeit zudem sehr spannungsgeladen, da die Beziehung zwischen ihren Eltern sehr problematisch war und Nina als *Sprachrohr* für ihre Mutter schwere Konflikte mit ihrem Vater austrug.

b) Ninas Beratungsprozess:
Im Kontext der krisenhaften Zuspitzung in der Pubertät war Nina von ihrer Mutter vorgeschlagen worden, eine Beratung in Anspruch zu nehmen. Sie hatte sich zuvor über Beratungsmöglichkeiten informiert und bei der Beratungsstelle angerufen. Im FEF gab sie als hauptsächlichen Beratungsanlass *Meine Tochter sah keinen Sinn in ihrem Leben, häufig Todessehnsucht* an. Aus Sicht der Beraterin war der Beratungsanlass bzw. die Eingangsdiagnose eine „depressive Verstimmung" bei Nina. Die damals 17-jährige war trotz anfänglicher Bedenken *(Und ich will zu keiner, ich glaube, Psychotante, oder was ich immer gesagt habe.)* bereit, sich auf eine Beratung einzulassen.

Der Großteil der insgesamt 16 Beratungssitzungen waren Einzeltermine für Nina bei der Beraterin. Bereits ihre erste Begegnung verlief für Nina positiv. Sie empfand die Beratungsatmosphäre als *total beruhigend* und hatte bei der Beraterin das Gefühl, *die ist irgendwie so, wie soll man das sagen, wie so eine Mama irgendwie"* Im weiteren Verlauf konnte sie *relativ schnell* Vertrauen zu ihr aufbauen und in der Beratung über ihre Probleme sprechen. Begünstigt wurde dies aus ihrer Sicht durch verschiedene Haltungen und Verhaltensweisen der Beraterin: Zum einen akzeptierte sie Ninas damalige Bedürfnisse und Eigenarten, die von anderen belächelt oder missachtet wurden, ohne sie ihr ausreden zu wollen oder sie in irgendeiner Form zu bewerten. So stand sie Nina beispielsweise in der Faszination gegenüber Michael Jackson zur Seite:

Die hat damals zu mir gesagt, das ist meins, und wenn das gut für mich ist, dann soll ich mir das auch nicht ausreden lassen. Das habe ich auch nicht getan.

Zum anderen gestaltete sie die Gespräche so, dass Nina das Gefühl hatte, als gleichwertige Gesprächspartnerin ernst genommen und gehört zu werden. Dazu trug auch bei, dass die Beraterin eigene Erfahrungen (z. B. eigene Therapieerfahrungen) in die Gespräche einbrachte und Nina daran teilhaben ließ *(wie so ein gutes Gespräch unter Freunden oder teilweise so)*. Ein Aspekt dieser für Nina authentischen Beratungsbeziehung war von zentraler Bedeutung dafür, dass sie *ihr* (der Beraterin; A. V.) *immer viel geglaubt* hat: Die Beraterin erzählte ihr davon, wie sie selbst mit dem Verlust eines geliebten Menschen umgegangen war und ihn letztlich verarbeiten konnte:

Und dann habe ich mir immer gedacht, dass, so, wie sie damit umgegangen ist, das ist schön und gut und das ist toll, dass sie sich jetzt so fühlen kann, warum kann ich das nicht. Und ich hab damit eigentlich auch, das hat mir sehr viel gebracht.

Die Beraterin hatte diesbezüglich eine Modellfunktion für Nina. Deren positives Beispiel vermittelte ihr die Bewältigungsperspektive, dass man

dann so dastehen kann und so sagen kann, mein Bruder ist gestorben, aber ich lebe trotzdem, und mir geht es trotzdem gut, und ich bin trotzdem glücklich. Und vielleicht hat es ja doch einen Sinn gehabt irgendwo. Und das habe ich eigentlich auch mitgenommen aus der Beratung.

Zugleich fühlte sie sich von der Beraterin aufgrund des gemeinsamen Erfahrungshintergrundes in ihrem Empfinden und in ihrer Situation innerhalb der Familie verstanden.

Die von Vertrauen und Offenheit geprägte Beziehung zur unabhängigen Fachkraft war die Grundlage dafür, dass Nina die im Laufe des Beratungsprozesses erarbeiteten Erkenntnisse annehmen und sukzessive in ihr Selbstbild bzw. ihre Identitätskonstruktionen integrieren konnte. Sie realisierte beispielsweise, dass ihre Suiziddrohungen in erster Linie die Funktion hatten, *Aufmerksamkeit in der Zeit* zu erhalten. Sie konnte ihre Fragen und ihre Gefühle zum Tod ihres Bruders thematisieren *(Und ich habe immer gesagt, ich möchte wissen, wieso. Und ich kann das nicht verstehen. Und ich habe geweint und gesagt, warum ist das so, ich kann das nicht verstehen, ich will ihn zurück haben.)* und erhielt gleichzeitig erste Anstöße auf dem Weg, das Geschehene zu akzeptieren, auch ohne es letztlich sinnvoll einordnen zu können. *(Wenn sie mir dann gesagt hat, zum Beispiel, man muss gar nicht immer fragen, warum, warum was passiert ist. Da hatte ich oft dann das Gefühl eben, ja, eigentlich hat sie ja recht.)* Die Beraterin konnte ihr zudem dabei helfen, mehr Verständnis für pubertätstypische Stimmungsschwankungen und Ambivalenzen zu entwickeln:

Das hat sie auch mal zu mir gesagt. Weil ich gesagt habe, warum ist denn das so, in einem Moment, da weine ich, und im nächsten Moment ist alles weg und alles eitel Sonnenschein. Und sie hat dann eben auch gesagt, mein Leben ist eben nicht, verläuft nicht geradelinig, und wird nie.

Für Nina wurde es durch die Beratungserfahrung möglich, aus der destruktiven Spirale aus Selbstzweifeln und depressivem Rückzug auszusteigen. *(Und ja, das war halt dann hier so wie so ein, so ein, wie so eine Trennung, ein Strich durch das ganze. Und danach habe ich, war ich zwar nicht völlig geheilt, aber habe alles anders angefangen.)* Die Gedanken und Äußerungen, nicht mehr Leben zu wollen, traten nach Beratungsende nicht mehr auf. Die Beschäftigung mit dem Tod des Bruders wurde für Nina weit weniger schmerzvoll, was sie zum Teil auf die Aufarbeitung ihrer Gefühle in der Beratung zurückführt. Auch die Beziehung zu ihrer Mutter, die selbst einige Gespräche bei der Beraterin in Anspruch genommen hatte, verbesserte sich deutlich.

Insgesamt hatte Nina zwar nicht den Eindruck, dass sie durch die Beratung aus ihrer Identitäts- und Sinnkrise völlig befreit wurde und anschließend *total geheilt war, oder so*. Sie schreibt den Gesprächen mit der Beraterin aber langfristige Auswirkungen auf ihre Sichtweisen und Überzeugungen zu existenziellen Themen (Tod, Religion) und Sinnfragen zu:

Ich denke mal, dass diese Sache hier einfach einen wahnsinnigen Grundstein in mir gelegt hat. Dass ich den zwar erst später mitbekommen habe selbst, aber dass das doch diesen Grundstein gelegt hat, dass ich heute so denken kann. Und ich fühle mich auch in meinen Gedanken stark. Ich fühle mich gut. Und also, ich lasse mir das von niemandem ausreden. Und ich bin da auch stolz drauf, dass ich so denken kann.

Im „*Youth Client Satisfaction Questionnaire*" (YCSQ) zeigt sich Nina mit einem Skalenwert von 3,29 durchschnittlich zufrieden mit der erhaltenen Beratung. Ihre Mutter erreicht dagegen auf der Skala *FEF-3: Beratungszufriedenheit* mit 2,90 nur einen unterdurchschnittlichen Wert (MW: 3,21). Sie war mit dem zeitlichen Ablauf der Beratung „ein wenig unzufrieden" und konnte nach der Beratung nur „ein wenig besser" mit den Problemen umgehen. Als Hauptursachen für die positiven Veränderungen bei Nina nennt sie deren „zunehmende Reife" und ihren „Freund und Lebenspartner". Den Anteil der Veränderungen, der auf die Beratung zurückzuführen ist (FEF-Attributionsfrage), schätzt sie mit 20 Prozent deutlich geringer ein als die Beraterin (70 Prozent). Diese sieht die Beratungsziele als „vollkommen erreicht" und bewertet Ninas Fall abschließend als „vollständig gebessert".

c) Ninas Kohärenzsinnentwicklung

Im Interview wird deutlich, dass der für sie traumatische Tod des Bruders Ninas Vertrauen in die Vorhersehbarkeit und sinnhafte Erklärbarkeit von Ereignissen (SOC-Komponenten Verstehbarkeit und Sinnhaftigkeit) massiv erschütterte und in Frage stellte *(Dass du dann wirklich Wochen, Monate, Jahre einfach wirklich nur dastehst in der Welt und einfach überhaupt nicht weißt, wo du hin sollst.)*. An anderer Stelle bezeichnet sie es als *Wahnsinnsloch*, in das sie in der Folge des Verlustes des Bruders gefallen sei. Ihr *Fallen* konnte offenbar nicht durch familiale Ressourcen im Sinne eines starken Familien-Kohärenzgefühls aufgefangen werden. Es hat vielmehr den Anschein, als ob durch das kritische Ereignis jedes Familienmitglied auf sich selbst zurückgeworfen wurde und sich einen eigenen Bewältigungsweg suchen musste. Nina beschreibt sinnbildlich hierfür die Situation in der Familie an dem Abend, als der „Plötzliche Kindstod" eintrat:

> *Und an dem Abend, wo mein Bruder gestorben ist, sind alle in ihre Zimmer gegangen. Weil meine Mama hat gesagt, wir sollen in unsere Zimmer gehen. Und ich habe das gehört. Und ich bin in meinem Zimmer gewesen und bin dagesessen und habe mir gedacht, so, jetzt musst du weinen, jetzt musst du weinen. Das weiß ich noch genau.*

Die „Vereinzelung" im Umgang mit dem Todesfall führte dazu, dass die Familienmitglieder ihre emotionalen Erlebnisinhalte wenig miteinander teilten und gewissermaßen in getrennten Erfahrungswelten lebten. Haour-Knipe (1999) hatte zeigen können, dass eine solche familiale Reaktion in Stresssituationen als Indikator für einen schwachen Familien-Kohärenzsinn gewertet werden kann. Nina empfand die familiäre Einbettung bzw. die intrafamiliären Beziehungen in der Zeit nach dem Tod des Bruders vermutlich nicht als stabile, tragfähige Unterstützungsquellen, die ihr das Gefühl vermittelten, dass die Familie die Krise gemeinsam übersteht wird (FSOC-Komponente *Handhabbarkeit*). Beim Beziehungsabbruch zu den Großeltern mütterlicherseits erlebte sie vielmehr die Fragilität und Unsicherheit der Familienbande. Die Eltern waren nicht in der Lage, ihr nach einer Zeit der Trauer einen positiven Umgang mit dem tragischen Verlust vorzuleben, der es erlauben würde, neue familiäre Ziele und Sinnbezüge zu finden (FSOC-Komponente *Sinnhaftigkeit*).

Erst die Geburt der Schwester veränderte die familiäre Situation und eröffnet neue Perspektiven und Motivationsquellen. Allerdings lebte die Familie in den folgenden vier Jahren mit dem „Damoklesschwert" der Gefahr eines erneuten „Plötzlichen Kindstodes". Das dadurch vermittelte grundlegende Lebensgefühl, jederzeit und völlig unvorbereitet mit einer Katastrophe rechnen zu müssen, steht der Entwicklung

7.3 Fallanalysen zum Zusammenhang von Erziehungsberatung und Kohärenzsinn

eines kollektiven Vertrauens in die Vorhersagbarkeit und Kontrollierbarkeit der Geschehnisse (FSOC-Komponente *Verstehbarkeit*) entgegen. Die Qualität der familiären Beziehungen – der nach den in Kapitel 2.3.3 vorgestellten Befunden eine zentrale Rolle für die SOC-Entwicklung zukommt – wird von Nina in der Jugendphase als schlecht erlebt. Zwischen den Eltern herrschten in dieser Zeit starke Spannungen. Nina erfuhr wenig Anerkennung vom Vater und trug massive Konflikte mit ihm aus.

Vor diesem Hintergrund spricht vieles dafür, dass Ninas individuelle Kohärenzsinnentwicklung *vor der Beratung* durch einen schwach ausgeprägten Familien-Kohärenzsinn belastet bzw. in eine negativ Richtung beeinflusst wurde. In ihrer pubertären Krise zeigten sich dementsprechend deutliche Anzeichen für ein niedriges Kohärenzgefühl: Nina fühlte sich ihren unbewältigten Gefühlen und Stimmungsschwankungen hilflos ausgeliefert und zweifelte grundsätzlich an der Sinnhaftigkeit ihrer Lebenszusammenhänge:

Also ich habe damals in nichts eigentlich einen Sinn gesehen. Ich habe an meinem eigenen Dasein immer gezweifelt. An allem eigentlich.

Sie suchte zudem wieder und wieder nach Erklärungen für das für sie nicht einzuordnende, sinnlose Sterben ihres Bruders als Baby.

In dieser Situation gelang es *im Rahmen der Beratung* – und insbesondere vermittelt durch die beraterisch wirksame Beratungsbeziehung – Nina im Sinne einer Förderung ihres individuellen Kohärenzgefühles Einsichten und Erfahrungen nahe zu bringen, die sie später als „Grundstein" für ihre Welt- und Lebenssicht bezeichnet:

Und ich sage heute, ich glaube, das ist meine persönliche Meinung, dass alles einen Sinn hat. Das sowieso. Das habe ich da eben auch mitbekommen. Und dass man sich nicht ständig fragen soll. (...) Und damit kann ich sehr gut damit umgehen. Ja, durch das, was sie so gesagt hat.

Auf dieser Grundlage wurde es für sie möglich, den Tod des Bruders in einen – wenn auch nicht immer benennbaren – sinnhaften Kontext einzuordnen und den damaligen Ereignissen damit etwas von ihrem Droh- und Belastungspotential zu nehmen. Im Kontext der Beratung verbesserte sich die Beziehung zwischen Mutter und Tochter. Sie konnten in einen Dialog über ihren jeweiligen Umgang mit dem traumatischen Verlust treten und Erklärungskonstruktionen entwickeln, die Nina bei der Bewältigung des Ereignisses unterstützten:

Wenn ich sage, mein Bruder, der ist gestorben, aber Mama, das ist nicht das Schlimmste. Verstehst du, das ist nicht nur schlimm. Es hat auch einen Sinn gehabt. Auch wenn wir beide den nicht verstehen, vielleicht nie verstehen werden, aber es hat einen Sinn gehabt. Da bin ich mir ganz sicher. Und so kann man dann irgendwie besser umgehen damit, finde ich.

Daneben scheint Nina – vermutlich ebenfalls durch die in der Beratung gewonnenen Erkenntnisse angestoßen – generell eine größere Toleranz entwickelt zu haben, Widersprüchlichkeiten und Uneindeutigkeiten in den alltäglichen Zusammenhängen ertragen zu können:

Den ganzen Tag müsste man sich fragen, warum Dinge passieren. Und das macht einen fertig. Das macht einen wahnsinnig. Und das tue ich auch nicht mehr. Weil das bringt mir gar nichts.

Da eine erweiterte Ambiguitätstoleranz auch die Fähigkeit beinhaltet, Unveränderliches hinzunehmen und Situationen ertragen zu können, in denen Gefühle der Ohnmacht oder Hilflosigkeit vorherrschen, fiel es Nina leichter, die unverändert schwierige Beziehung zu ihrem Vater besser zu akzeptieren. *(Das kam dann schon so, dass halt auch ich ihn verstehen muss irgendwo, weil er das irgendwo ist.)* Sandell, Blomberg und Lazar (1998) sehen in diesem Zusammenhang die Hauptfunktion der SOC-Komponente *Verstehbarkeit* darin, Ambiguitäten ohne Angst und Unsicherheitsgefühle erleben zu können.

Zum Interviewzeitpunkt drei Jahre *nach der Beratung* befindet sich Nina in einer Lebenssituation, in der sie das Gefühl hat, dass einige *Dinge in meinem Leben wenig Sinn haben*. Sie ist mit ihrer beruflichen und privaten Situation unzufrieden. Obwohl sie in ihrem kaufmännischen Beruf *recht gut verdient* und mit ihrem Freund zusammen in einer eigenen Wohnung lebt, wächst der Eindruck bei ihr, dass *das nicht das ist, was ich eigentlich machen will*. Sie überlegt manchmal, ob sie *alles hinschmeißen soll* und stattdessen *ein actionreicheres Leben, studieren, jobben* anfangen soll. Sie steht damit im Sinne des in Kapitel 2.3.2 skizzierten aktiven Herstellungsprozesses von Identität vor der Aufgabe, ein stimmiges Balanceverhältnis zwischen den derzeitigen äußeren Lebensrealitäten und ihren inneren Entwürfen bzw. Ansprüchen herzustellen. Solange dies noch nicht gelungen ist, sieht sich Nina den typischen Ungewissheiten und Zweifeln eigenverantwortlicher Entscheidungssituation in der Postmoderne (vgl. 1.3.1) ausgesetzt. *(Sicher, es liegt nur an mir. Und deswegen weiß ich oft nicht, was ich tun soll.)* Dies könnte die vergleichsweise niedrige Ausprägung ihres individuellen SOC zum Interviewzeitpunkt (3,77; FSOC: 4,42) erklären, da mit Straus und Höfer (1997) eine enge Verbindung zwischen den dynamischen Kohärenzgefühls- und Identitätsentwicklungen angenommen werden kann.

Von den Zweifeln und Unsicherheiten in der momentanen Lebenssituation fühlt sich Nina in ihrer psychischen Stabilität indes nicht grundsätzlich in Frage gestellt. *(Das ist mehr so meine Lebenssituation. Aber nicht, dass ich mir denke, was soll ich tun mit meinem Leben. So nicht.)* Angesichts zukünftiger Krisensituationen scheint sie vielmehr auf verfügbare Bewältigungsressourcen und die Gestaltbarkeit von Entwicklungen zu vertrauen. *(Aber dass ich wirklich sage, oder dass ich wirklich sage, oder dass ich nochmal in so ein Wahnsinnsloch falle, das glaube ich nicht.)* Kohärenz erlebt sie daher – über ihre derzeit wenig kohärente Lebenssituation hinweg – „als prozessuales Ergebnis (in dem Gefühl eines trotz unterschiedlicher Entwicklungen zu mir passenden Prozesses)" (Keupp, Ahbe, Gmür, Höfer, Mitzscherlich, Kraus & Straus, 1999, S. 246).

7.3.2 Fallbeispiel Manuel (18 J.):
„Es ist halt so ein bisschen Vernachlässigung"

a) Manuels Vorgeschichte

Für Manuel nahmen die Schwierigkeiten, die zum Aufsuchen der Beratungsstelle führten, mit der Entscheidung für seine weiterführende Schullaufbahn nach der Grundschule ihren Anfang. Er selbst *wollte einfach ganz normal den Weg machen, Hauptschule und so weiter, wie meine ganzen anderen Freunde von der Grundschule halt auch*, seine Eltern schickten ihn jedoch gegen seine Willen auf das 15 Kilometer entfernte Gymnasium. Nachdem er dort gleich die fünfte Klasse wiederholen musste, wurde beschlossen, ihn nachmittags nach der Schule im angeschlossenen Tagesheim (Mittagessen und Hausaufgabenhilfe) betreuen zu lassen. Manuel fühlte sich durch Ganztagesbetreuung und Fahrzeiten in seinem Bedürfnis nach Freizeit sehr beschnitten. Er hatte den Eindruck, *irgendwie eingesperrt* zu sein, konnte wenig unternehmen und hatte wenige Freunde. Neben den Leistungsproblemen in der Schule hatte er auch *Stress daheim:* Seine Eltern haben ihn *da voll gestresst*, nach dem Sitzenbleiben hatte er von dieser Seite *extrem nur noch Druck*. Nach seinem Empfinden herrscht in der Familie – sein ein Jahr älterer Bruder besuchte das Gymnasium, sein acht Jahre jüngerer Bruder damals noch den Kindergarten – generell ein *„ungeheurer"* Leistungsdruck. Besonders bei seinem Vater erlebte Manuel zwei Gesichter *(außen hui, innen pfui sozusagen)*: Nach außen sei er *immer so der Glückliche und Freundliche*, während er innerhalb der Familie ein autoritäres und hierarchiegeprägtes Klima aufrechterhalte:

Das ist halt wie in der Armee, wenn der General den Major anschnauzt, dann schnauzt der Major den Kapitän, der Kapitän den Gefreiten, der Gefreite den Soldaten an. Das geht immer runter.

Innerhalb dieser familiären „Hackordnung" befindet sich Manuel nach seinem Empfinden auf der untersten Position. Seine Eltern *haben mir alles vorgeschrieben*, ohne dass er für sich eigene Gestaltungsmöglichkeiten wahrnahm. *(War halt wie eine Diktatur. Ich habe immer gemacht, was er sagt. Und das war's dann.)*

Auch sein Wechsel auf die Realschule nach der sechsten Klasse brachte keine grundlegende Änderung der Situation, die für Manuel implizierte, *dass ich fast keine Freunde und wenig Abwechslung hatte. Es war alles auf die Schule und Lernen bezogen. Andere Möglichkeiten gab es da nicht.* Da er weiterhin Leistungsprobleme in der Schule hatte und die Klassenziele zwischen siebter und neunter Klasse jeweils nur mühsam erreichen konnte, organisierten die Eltern Nachhilfeunterricht am Nachmittag für ihn.

In seiner Freizeit begann Manuel ab der siebten Klasse damit, abends länger wegzubleiben und mehr *Schmarrn* zu machen. Er wertet dies im Nachhinein als Versuch, *auszubrechen sozusagen* und seine Eltern zu provozieren. So interessierte er sich für die Musik und Texte der rechtsradikalen Gruppe „Böhse Onkelz", *weil die singen Lieder, die mir damals so vorgekommen sind, wie es mir damals ging. (...) Also mir ging es saumäßig schlecht, und die haben das verkörpert ungefähr.* Phasenweise hatte er Kontakt zu anderen Jugendlichen mit rechtsradikalem Gedankengut und war faszieniert davon, *"was die Deutschen im zweiten Weltkrieg alles zusammengebracht haben"*. Manuels Beschäftigung mit rechtsradikalen Inhalten war für die Familie von besonderer Brisanz, weil seine Mutter selbst Südamerikanerin ist und Manuel damit *auch ein bisschen einen Hass* gegen seine Mutter bzw. seine Eltern zum Ausdruck brachte.

Als weitere Ausbruchsversuche nennt Manuel kleinere Diebstähle, bei denen er sich jedoch *jahrelang nicht erwischen* ließ und von denen seine Eltern nur selten etwas mitbekommen haben. Manuel vermutet jedoch, dass die Eltern vor dem Hintergrund der schulischen Probleme und familiären Konflikte irgendwann den Eindruck gewannen, *dass es mit mir nicht so weiter läuft* und daraufhin Hilfe bei der Beratungsstelle gesucht haben.

b) Manuels Beratungsprozess
Die Eltern meldeten sich auf Anraten von Manuels Klassenlehrerin an der Beratungsstelle an. Als Hauptanlass zur Beratung nannten sie im FEF „schlechte Noten in der Schule trotz elterlicher Bemühungen". Analog hierzu drehten sich auch ihre Beratungserwartung („Kennenlernen der Gründe für die Lernblockade") um die schulischen Leistungen ihres Sohnes.

Manuel, der zu Beratungsbeginn 14 Jahre alt war, gehört zu dem Drittel der interviewten Jugendlichen, die von den Eltern abweichende Problembeschreibungen angegeben hatten (vgl. 1.1.1). Aus seiner Sicht führten die Auseinandersetzungen mit seinen Eltern und deren Sorge um seine „Ausbruchsversuche" dazu, dass die Eltern sich an die Beratungsstelle wandten, um mit Hilfe des Beraters „gegenzusteuern" *(... dass ich halt im Gymi war und dann versucht habe auszubrechen sozusagen. Das haben meine Eltern mitgekriegt und wollten halt was dagegen tun. Und haben mich hierher gebracht.)*. Dementsprechend handelte es sich – gemäß der in Kapitel 1.1.2 vorgestellten Einteilung – um eine vorrangig elternbestimmte Entscheidung zur Beratung, der Manuel nur widerwillig Folge leistete.

In den Angaben des Beraters zu „Beratungsanlass/Diagnose" spiegeln sich beide Problembeschreibungen wider: Auf den Jugendlichen bezogen sprach er von „Schulverweigerung", auf familiärer Ebene sah er eine „erzieherische Fehleinstellung" und „Geschwisterrivalität". Das vorwiegende Beratungssetting bei den insgesamt acht Beratungsterminen innerhalb eines Zeitraumes von acht Monaten lässt sich aus den verschiedenen Angaben nicht genau bestimmen: Für die Eltern standen die „Sitzungen mit dem Elternpaar" im Vordergrund, während der Berater in den FB mit „Sitzungen mit der ganzen Familie" angab. Manuel erinnerte sich im Interview dagegen hauptsächlich an getrennte Gespräche. *(Ich mal alleine, meine Eltern mal alleine ohne mich und so.)*

In den Gesprächen, die mit Eltern und Berater *gemeinsam* geführt wurden, ging es aus Manuels Sicht darum, wie die Situation in der Familie und in seiner Freizeit so gestaltet werden könnte, *damit es mir besser geht*. Dabei war er angenehm überrascht, dass seine Interessen und Meinungen beachtet und respektiert sowie dahingehend überprüft wurden, *was vielleicht auch mit den Interessen der Eltern zampassen könnte*. Seine gleichwertige Partizipation an den Familiengesprächen wurde dadurch er-

7.3 Fallanalysen zum Zusammenhang von Erziehungsberatung und Kohärenzsinn 241

leichtert und unterstützt, dass er – entgegen seiner Eingangserwartungen – den Berater nicht als Verbündeten der Eltern, sondern als Anwalt seiner Bedürfnisse erlebte, der bei den Eltern aufgrund seiner fachlichen Autorität Gehör findet und ihm helfen kann, seine Situation zu verbessern:

Und dass es bei meinen Eltern auch was bewirkt. Wenn sie von einem Psychologen, „ja, ein Psychologe, der weiß, von was er spricht", wenn sie von dem Rat kriegen. Also da haben sie schon gesehen, das ist ein Ausweg.

Offensichtlich führten die Gespräche dazu, dass die Eltern weniger Druck auf Manuel ausübten und ihm mehr Freiheiten einräumten, da – zumindest nach Manuels Empfinden – die Beratung zunächst eine Art „Befreiung" aus den von den Eltern und schulischen Pflichten auferlegten Zwängen mit sich brachte.

Abbildung 7.1: Die Zeichnung Manuels zu seinen Beratungserfahrungen

In der Zeichnung zu seinen Beratungserfahrungen (vgl. Abbildung 7.1) stellte er den Berater dementsprechend symbolisch überhöht als „Befreier" dar, der ihn aus einem Käfig mit Gitterstäben auf der dunklen rechten Seite des Bildes herausholt und den Weg zur blühenden, sonnigen Szenerie in der linken Bildhälfte eröffnet. *(Und ja, die Beratung, du siehst hier die aufgebrochenen Gitterstäbe. Das ist halt, dass der mir hier rausgeholfen hat.)*

An den *Einzelgesprächen* mit dem Berater schätzte Manuel insbesondere die lockere Atmosphäre, in der sich der Berater ihm gegenüber *wie ein guter Freund* verhielt, *der einen halt aufmuntert* und *der versucht zu helfen und dir Wege zu zeigen*. Dabei war es für Manuel wichtig, dass er das Gefühl hatte, sein Gegenüber interessiert sich für ihn und widmet sich in einer vertrauensvollen Weise und mit fachlicher Kompetenz seinen Problemen.*(Dass er mir zuhört, und dass er auch irgendwie sagt, wie es weiter geht und so.)* Um das Vorgehen des Beraters zu beschreiben, benutzt Manuel im Interview an mehreren Stellen ein Sprachbild, dass die Öffnung eines Möglichkeitsraumes bei gleichzeitiger Eigenverantwortung für die Wahl einer Option illustriert:

> *Weil sonst ist es halt so, du siehst nur einen Weg. Und das ist halt wie zum Beispiel ein Gang mit vielen Türen. Und alle Türen sind verschlossen. Dann kommt er* (der Berater; A. V.) *dazu und macht die Türen auf sozusagen. Also du kannst überall hingehen. Und es liegt halt an dir, ob du gehst oder nicht.*

In seiner Charakterisierung des Beraters und seiner Arbeitsweise tauchen jedoch auch direktivere Seiten auf, die dem deutlich werdenden Bedürfnis Manuels nach Orientierung und Führung entgegenkommen. So zeigt der Berater Manuels Empfinden nach *eine gescheite Linie auf*, wobei *er auch irgendwie sagt, wie es weiter geht und so*. Allerdings wird im Interview nicht deutlich, welche Anstöße Manuel in der Beratung im Einzelnen erhalten hat und ob er sie bezogen auf seine Schwierigkeiten im Alltag umsetzen konnte.

Nachdem die Beratung im Jahr 1996 abgeschlossen wurde und einige Zeit lang *alles gut ging*, kam es im Jahr 1998 zu einer *Wiederaufnahme* des Falles beim gleichen Berater, die auch noch zum Interviewzeitpunkt (Dezember 1999) andauerte. Die Initiative dazu war wieder von den Eltern ausgegangen, da Manuel erneut Schwierigkeiten in der Schule – er besuchte auf Drängen der Eltern mittlerweile nach der Realschule die Fachoberschule – hatte. Zudem war es zu regelmäßigen Alkoholexzessen am Wochenende gekommen, in deren Kontext Manuel durch Einbruch und Diebstahl in einer Firma straffällig geworden war. Da die diesbezügliche Gerichtsverhandlung zum Interviewzeitpunkt noch ausstand, ging es in der Beratung für Manuel jetzt auch darum, *was jetzt mit mir weitergeht so*. Er hoffte auf ein mildes Urteil nach dem Jugendstrafgesetz. *(Wenn ich weniger als drei Monate bekomme, dann kommt es nicht ins Führungszeugnis, dann ist noch alles offen.)* und wollte mit dem Berater nach *Auswegen* suchen *(Ja, der kennt sich halt aus in dem Bereich, was man halt machen kann, wenn man von den Eltern ausziehen will.)*. Sein Hauptmotiv, dem Vorschlag seiner Eltern nachzukommen und die Beratung wieder aufzunehmen, lag jedoch darin, die Eltern zu beruhigen und aus ihrer „Schusslinie" zu kommen *(... und dann habe ich mir gedacht, ja, bevor jetzt der Familienstreit wieder ausbricht, mache ich das wieder.)*.

Die *Auswirkungen* der Beratung waren für Manuel insgesamt zwiespältig: Er empfand die im Zuge der Beratung gewonnenen Freiheit von elterlicher Kontrolle einerseits als positiv. *(Das hat schon viel gebracht, dass ich jetzt freier bin, dass ich jetzt Hobbys habe (...) und mit der Schule packe ich es auch noch.)* Andererseits klingen bei ihm Zweifel ob der nachlassenden Fürsorge der Eltern an („Es ist halt so ein bisschen Vernachlässigung"; „Ja, ja, die sind halt, wenn ich irgendwas mache, dann finden sie sich halt damit ab. Ist vielleicht nicht gut so, aber es hilft mir ungemein weiter."). Im YCSQ zeigt er sich trotz dieser ambivalenten Auswirkungen mit dem gleichen Skalenwert wie Nina (3,29) durchschnittlich zufrieden mit der erhaltenen Beratung.

Auch seine Eltern äußern im FEF ihre Unsicherheit bezüglich des Vorgehens des Beraters: Einerseits habe „der Berater dem Kind Sicherheit" vermittelt und sein

Selbstwertgefühl gestärkt. Auf der anderen Seite sind sie sich im Hinblick auf die eingeräumten Freiräume „bisher nicht sicher, ob die Einsichtsfähigkeit des Kindes richtig eingeschätzt wurde". Erstaunlicherweise zeigten sie sich mit der erhaltenen Hilfe mit einem Wert von 3,09 auf der Skala *FEF-3: Beratungszufriedenheit* vergleichsweise zufrieden (MW der Katamnesestichprobe: 3,21), obgleich aus ihrer Sicht bei allen in der Skala *FEF-4: Beratungseffekte* aufgeführten Veränderungsbereichen Verschlechterungen eingetreten waren. So haben sich beispielsweise Kommunikation und Konfliktverhalten in der Familie genauso verschlechtert wie das problematische Verhalten des Sohnes und das elterliche Verständnis für seine Handlungen und Bedürfnisse.

Der Berater bewertete den Fall dagegen in den FB als „teilweise gebessert" und geht davon aus, Manuel und seine Eltern weitgehend positiv beeinflusst und die Beratungsziele erreicht zu haben, obwohl Manuel aus seiner Sicht nur „ein wenig" gerne zur Beratung kam.

c) Manuels Kohärenzsinnentwicklung
Mit einem Skalenwert von 2,92 wurde bei Manuel zum Interviewzeitpunkt der schwächste individuelle Kohärenzsinn aller interviewten Jugendlichen (MW: 4,44) gemessen. Bezogen auf die Normstichprobe 18 bis 40-jähriger Männer (n = 275) bei Schumacher et al. (2000) erreicht er damit den niedrigsten Prozentrang (1). Im Gegensatz dazu ist der Familien-Kohärenzsinn aus Sicht der Eltern mit einem Skalenwert von 6,08 überdurchschnittlich stark ausgeprägt (Mittelwert in der Katamnesestichprobe: 5,03; vgl. Tab. 7.1).

Im Hinblick auf die in Kapitel 2 diskutierten Einflussgrößen auf die Kohärenzsinnentwicklung lassen sich bei der Interviewauswertung verschiedene *familiale Bedingungsfaktoren* rekonstruieren, die für Manuels niedriges Kohärenzgefühl verantwortlich sein könnten: Die aus seiner Sicht autoritär geprägten Verhaltensmuster in der Familie eröffneten ihm kaum die Möglichkeit, an den ihn betreffenden Entscheidungsprozessen zu partizipieren und die daraus resultierenden Handlungsergebnisse mitzugestalten (Basis für *Sinnhaftigkeitserleben*). Maßgebende Entscheidungen bezüglich seiner Schullaufbahn und zur Aufnahme der Beratung wurden vielmehr „über seinen Kopf hinweg" getroffen. Die Voraussetzungen für das Erleben von *Handhabbarkeit* (Belastungsbalance) waren angesichts der Überforderungserfahrungen, die Manuel im schulischen Bereich immer wieder sammeln musste, ebenfalls nicht gegeben. Die aus beiden zentralen Erlebensbereichen – Familie und Schule – resultierenden Ohnmachts- und Versagensgefühle versuchte Manuel bei seinen Freizeitbeschäftigungen zu kompensieren: So versuchte er sich beim Messerwerfen *irgendwie Abreaktion* zu verschaffen *(Das hat mir irgendwie gut getan. Das ist wie Sport, bloß, dass ich gesehen habe, ich richte was aus.)* und über die Identifizierung mit „Kriegshelden", die er im Kontext rechtsradikaler Einstellungen undifferenziert glorifizierte, innerlich aufzurichten:

Von wegen Blitzkrieg nach Polen, in einer Nacht Polen erobert sozusagen. (...) Und da wollte ich mich irgendwie reindenken, dass ich auch so ein Starker bin, der alles schafft, sozusagen. Also dass ich es meinen Eltern irgendwie beweisen wollte oder dass ich es mir selber beweisen konnte. Dass ich halt nicht so ein Schwächling bin, dass ich halt zu den Starken gehöre oder so. Das war's so ziemlich.

Besonders ungünstig dürfte sich der Mangel an Anerkennung durch die Eltern, den Manuel insbesondere im Vergleich zu seinem schulisch erfolgreichen, älteren Bruder erlebte, auf seine Kohärenzsinnentwicklung ausgewirkt haben. Als „Sorgenkind" in der leistungsorientierten Familie, dass nach Meinung der Eltern „den bequemeren Weg" (Eltern im FEF) geht, wurde er verstärkt mit Kritik und Vorhaltungen konfrontiert. Sein Bruder hat dagegen *halt einen Weg gefunden, das zu verarbeiten, was in unserer Kindheit halt so alles passiert ist* und konnte seine kreativen Ressourcen (Malen, Geige spielen) zur Freude der Eltern entfalten. Da Manuel vor Beratungsbeginn zudem *fast keine Freunde hatte,* fehlte ihm generell eine wichtige Grundlage für die Entwicklung eines höheren SOC, da Anerkennung, Integration und Zugehörigkeit im Kontext von sozialen Beziehungen als die wichtigsten Ressourcen für die Kohärenzsinnentwicklung bei Jugendlichen gelten können (vgl. Höfer, 2000, und Kapitel 2.3.3).

Die *Bedeutung der Anerkennung* von signifikanten anderen für die Identitätsentwicklung wurde unter anderem von Keupp et al. (1999) betont: Sie ist neben sozialen (Zugehörigkeitsgefühl), kognitiven (z.B. das Erleben von Autonomie und Klarheit bei Identitätsprojekten) und emotionalen Identitätszielen (Gefühl der Selbstwirksamkeit und -achtung) sowie Einzigartigkeitsansprüchen eine zentrale Zielgröße für Identitätsentwürfe. Im Hinblick auf die von den gleichen Autoren unterschiedenen „Gefährdungsvarianten" (S. 256) bei Anerkennungsmangel erfährt Manuel für seine Identitätsrealisationen insgesamt zwar Aufmerksamkeit von Eltern und Lehrern, dabei aber nur wenige positive Bewertungen. Manuels verminderte Selbstachtung und seine Versuche, sich durch seine „Ausbruchsprojekte" den von den Eltern vorgegebenen Werten und Normen zu widersetzen, können als Reaktionen auf diese Konstellation verstanden werden. In diesem Sinne lässt sich seine Neigung zu „Verbotenem" – wie rechtsradikale Einstellungen, das „Klauen" oder das Hören von Liedern, die auf dem Verbotsindex stehen – als Ausdruck eines „Widerstands-Identitätskonzeptes" werten *(Und von dem her sehe ich das so, dass die meisten Gruppen, alle Gruppen, die es zu irgendwas gebracht haben, die haben irgendwie verbotene Sachen.).* Manuel scheint in seiner Identitätsausrichtung ansonsten jedoch in keiner Weise festgelegt zu sein: So scheinbar zufällig, wie er die Objekte seines Sammlerhobbys austauschte – zuerst (wie Vater und Bruder) Briefmarken, dann nacheinander Feuerzeuge, Messer, Kinderüberraschungseier und schließlich Comic-Hefte –, nahm er auch wieder von rechtsradikalen Einstellungen Abstand. Dies erinnert an die Beschreibung des Identitätsstatus der „Diffusion" von Marcia (1966), bei der weder ein fester Identitätskern bzw. Selbstdefinitionen noch eindeutige Orientierungswerte ausgebildet sind.

In und nach der *Beratung* war Manuel – anders als die zum Beratungszeitpunkt drei Jahre ältere Nina – jedoch offensichtlich nicht in der Lage, die Beratungsinhalte unabhängig von der Elternbeziehung als grundlegende Unterstützung zur Entwicklung eines eigenständigen Identitäts- und damit verbundenen Kohärenzgefühls zu nutzen. Symptomatisch hierfür ist, dass Manuel im Interview bei seinen Schilderungen nach dem Erzählimpuls vergaß, neben den Problemlagen auch von der erhaltenen Beratung zu berichten. Er thematisiert die Beratungsinhalte erst auf gezielte Nachfrage, weiß aber aus seiner Erinnerung nicht mehr viel darüber zu berichten und verliert schnell die Lust an diesem Thema.

Die Beratung brachte für Manuel zwar die gewünschte „Befreiung", die er mit dem Sprachbild der Tür- bzw. Gitteröffnung durch den Berater beschrieb. Bisher konnte er allerdings keine neuen Zusammenhänge bzw. Beziehungen (Cliquen, Freundschaften) aufbauen, die für ihn Anerkennung, Geborgenheit und Nähe vermitteln. Die „Freisetzung" und der verstärkte „Rückzug" der Eltern aus der (erziehenden) Beziehung zu Manuel führten zudem zu einem „Orientierungs- und Begrenzungsvakuum". Manuel ließ sich in dieser Situation beispielsweise gezielt beim Klauen erwischen, um sich durch die damit provozierte Grenzziehung *schocktherapiemäßig* von seiner – möglicherweise seine weitere Zukunft verbauende – Neigung zu kleineren Diebstählen abzubringen:

Und von alleine konnte ich nicht aufhören. Da war kein Drang da von den Eltern. (...) Dann habe ich gedacht, ok., dann gehen wir gleich in den Markt und lassen uns erwischen. Ich habe das dann voll auffällig gemacht, dass es sogar die Verkäuferin mitkriegen musste.

Eine grundlegende Veränderung der familialen Beziehungsmuster, die Manuels Anerkennungs- und Selbstwertdefizit vermutlich begründen, konnte durch die Beratung nicht angestoßen werden. Es hat vielmehr den Anschein, als ob seine isolierte Position in der Familie (die gewissermaßen sinnbildlich in der auffällig großen Differenz zwischen seinem individuellen SOC und dem FSOC aus Elternsicht zum Ausdruck kommt) durch die Beratungsintervention eher noch verstärkt wurde: Die Eltern delegierten einen Teil ihrer Sorge und Verantwortung um Manuels Entwicklung an den Berater und seine *professionelle Kompetenz* (Eltern im FEF) und entfernten sich damit weiter aus der Beziehung und dem Kontakt zu ihrem Sohn. So spricht Manuel davon, dass er durch die Wiederaufnahme der Beratung *halt ein bisschen Abstand von den Eltern hat.*

Damit fehlt Manuel trotz der Wiederaufnahme der Beratung weiterhin der ausreichend anerkennende und wertschätzende Kontext in der Familie oder Peergruppe, der als zentrale Voraussetzung für eine positive Kohärenzsinnentwicklung gelten kann.

7.4 Integration der Ergebnisse

Wie kann Erziehungsberatung den Kohärenzsinn fördern?

Welche generellen Aussagen lassen sich abschließend – auf der Grundlage der in diesem Kapitel vorgestellten Befunde – zu den Möglichkeiten machen, im Rahmen einer Erziehungsberatung zur Förderung des Kohärenzsinns auf individueller und familialer Ebene beizutragen?

Die schwach positiven Korrelationen zwischen den Werten zum *Familien-Kohärenzsinn* und den Einschätzungen zu Beratungsprozess und -ergebnis (7.1) können hierzu kaum einen Beitrag leisten: Die Elternurteile zum Kohärenzsinn auf familialer Ebene stellen gewissermaßen subjektive „Momentaufnahmen" der familialen Wirklichkeit zwei bis drei Jahre nach Beratungsende dar. Ob die weit zurückliegenden, in ihrer Intensität von Fall zu Fall unterschiedlich intensiven Beratungserfahrungen für das Ausmaß des familialen Kohärenzerlebens (mit)verantwortlich sind, lässt sich angesichts des korrelativen Charakters der Ergebnisse, der kausale Schlussfolgerungen verbietet, nicht beurteilen. Die gebotene Vorsicht bei der Interpretation der Querschnittsbefunde erlaubt jedoch zumindest die Feststellung, dass die Befunde nicht zur Widerlegung der Hypothese, wonach erfolgreiche Beratungsprozesse eine Stärkung des Familien-Kohärenzsinns bewirken, dienen können.

Mehr Aufschluss über kohärenzsinnfördernde Beratungseffekte liefern die aus den Interviews mit den Jugendlichen herausgefilterten Ergebnisse und Aussagemuster (7.2). Sie liefern erste Hinweise darauf, dass sich der *individuelle Kohärenzsinn* bei Jugendlichen bzw. jungen Erwachsenen nicht nur im Rahmen psychoanalytischer Langzeitbehandlungen (Kolip, Wydler und Abel, 2000), sondern auch im Rahmen einer Erziehungsberatung positiv beeinflussen lässt. Hypothesen darüber, unter welchen Bedingungen dies möglich wird, können von den beiden dargestellten Beratungsfällen – Nina (7.3.1) und Manuel (7.3.2) – abgeleitet werden. Die interpretative Rekonstruktion und der Vergleich beider Fälle deutet darauf hin, dass für einen – im Sinne einer Kohärenzsinnförderung – gelungenen Beratungsprozess auf beiden Seiten (Klienten und Berater) folgende Voraussetzungen gegeben sein müssen:

a) Insbesondere *Ninas Fallbeispiel* zeigt, wie wichtig die Glaubwürdigkeit und Authentizität des Beraters ist, wenn es darum geht, den Jugendlichen in der *Beratungsbeziehung* zu „erreichen" und sinnstiftende Perspektiven zur Integration widersprüchlicher oder unvereinbar scheinender Erlebnisaspekte (Ambiguitätstoleranz) zu vermitteln. Kreativität und Innovationsbereitschaft bei den Fachkräften in der Erziehungsberatung können helfen, die gewohnten „therapeutischen" Haltungen und Kommunikationsmuster zu verlassen und sich auf eine Auseinandersetzung mit der inneren und äußeren Lebenswelt der jungen Klienten einzulassen. Deutlich wird allerdings auch, dass es Zeit braucht, eine offene und vertrauensvolle Beratungsbeziehung aufzubauen: Kohärenzsinnfördernde Effekte bei einzelnen Klienten oder in der Familie als Kollektiv sind daher eher in längerfristig angelegten Beratungsprozessen zu erwarten. Die Bereitschaft, in der Beratung kohärenzsinnrelevante Erlebens- und Verhaltensbereiche zu thematisieren und in Frage stellen zu lassen, ist neben persönlichen Faktoren (Offenheit, Selbstkonzept, Identitätsentwicklung) von der Beratungsmotivation der Jugendlichen abhängig. Sie ließe sich, wie in Kapitel 6 aufgezeigt werden konnte, in vielen Fällen durch ein stärker partizipativ ausgerichtetes professionelles Handeln in der Erziehungsberatung verbessern. Für die Annahme von Lenz (2001b, S. 50), wonach der SOC schon alleine durch Partizipationserfahrungen im Beratungskontext gestärkt werden könnte, finden sich dagegen im Lichte der Einzelfallanalysen keine Belege. Manuel fühlte sich zwar sehr gut in die Beratung integriert und an den Entscheidungen, worüber in den Sitzungen gesprochen werden sollte, beteiligt. In seiner Fallanalyse lässt sich jedoch nicht rekonstruieren, dass er dadurch in seiner Kohärenzentwicklung gestärkt werden konnte.

7.4 Integration der Ergebnisse

b) Die Analyse von *Manuels Fallbeispiel* macht deutlich, dass eine vertrauensvolle Beratungsbeziehung im Rahmen vereinzelter Beratungsgespräche nicht ausreicht, grundlegende Veränderungen der SOC-Entwicklung anzustoßen. Die Intervention greift augenscheinlich vor allem bei jüngeren Jugendlichen, die noch stärker von familialen Bezügen abhängig sind, zu kurz, wenn sie das „soziale Kapital" (Leu, 1997) der Familien weitgehend unberücksichtigt lässt. Eine Beeinflussung der Kohärenzsinnentwicklung der Jugendlichen scheint hier nur möglich, wenn in der Beratung Impulse gegeben werden können, die in den alltäglichen Lebenszusammenhängen der Familie wirksam werden und die im Familien-Kohärenzsinn konzeptualisierten familialen Kompetenzen verbessern helfen. Auf den engen Zusammenhang zwischen familialer Lebenswelt (im Sinne des FSOC) und kindlichen Entwicklungschancen weisen auch Georg und Lange (1999, S. 290) hin: „Eltern, die auf die Erziehung ihrer Kinder mit Zuneigung und emotionaler Wärme, mit klaren und erkennbaren Regeln *(Konsistenzerleben;* A. V.*)* mit der Bereitstellung entwicklungsangemessener Anregungsbedingungen *(Belastungsbalance;* A. V.*)* und mit der Gewährung sich erweiternder Handlungsspielräume *(Partizipation;* A. V.*)* Einfluss nehmen, können im Schnitt damit rechnen, dass ihre Kinder sich zu selbstbewussten, emotional stabilen, sozial kompetenten, selbstverantwortlichen und leistungsfähigen Personen entwickeln."

Gerade in Manuels Beratungsfall eröffnet sich zudem eine interessante Evaluationsperspektive, wenn die Entwicklung und Ausprägung des Kohärenzsinns beim Jugendlichen als Kriterium zur Bewertung des Beratungserfolges herangezogen wird: Trotz der durchschnittlichen Beratungszufriedenheit bei den Klienten (Manuel und seine Eltern) weist der sehr niedrige Kohärenzsinn des Jugendlichen – im Zusammenhang mit der skizzierten Kohärenzsinnentwicklung – darauf hin, dass in der Beratung keine wesentlichen Impulse zur Verbesserung der Selbststeuerung und Ressourcenaktivierung bei Manuel vermittelt werden konnten. Dafür spricht auch die weitere, insgesamt negativ zu beurteilende Entwicklung des Falles nach dem Beratungsende im Jahr 1996, die eine Habitualisierung negativer Handlungsmuster bei Manuel widerspiegelt (vgl. Wiederaufnahme der Beratung zwei Jahre später, Alkoholexzesse, Straffälligkeit) und im deutlichen Kontrast zur optimistischeren Beratereinschätzung („teilweise gebessert") steht.

Es hat vielmehr den Anschein, dass sich die Eltern mit der Aufnahme der Beratung zu großen Teilen von ihrer Erziehungsverantwortung für ihren Sohn verabschiedet und die entsprechende Funktion unterschwellig an den Berater delegiert haben. Die Beratung war gleichzeitig offensichtlich nicht genügend darauf ausgerichtet, die familiären Beziehungen zu stärken und die Eltern zu befähigen, ihrer Verantwortung gerecht zu werden. Beides zusammen führte dann in diesem Fall augenscheinlich zu einer Konstellation, in der die institutionelle Erziehungsberatung Gefahr läuft, die von Hoops, Permien und Rieker (2001) in einer Studie zum Umgang mit Kinderdelinquenz u. a. beschriebene „Depowerment-Funktion" der Jugendhilfe auszufüllen: „Die Institutionen übernehmen zu viel Verantwortlichkeit und vergrößern unseres Erachtens die ‚Autoritätslücke' der Eltern und die Abweichungstendenzen der Kinder" (S. 244).

Um es zum Abschluss dieses Kapitels nochmals auf einen kurzen Nenner zu bringen: Grundlegend für eine Kohärenzsinnförderung im Rahmen eines Beratungsprozesses scheint eine für den Jugendlichen durch Glaubwürdigkeit und Authentizität gekennzeichnete Beziehung zum Berater zu sein, die im Zuge eines längerfristig angelegten Beratungsprozesses aufgebaut werden muss und deren Qualität vom individuellen Passungsgefüge zwischen den Beteiligten abhängt. Kohärenzsinnfördernde Impulse sind auf dieser Basis jedoch nur von Beratungsinterventionen zu erwarten, die auf die subjektiven Deutungen und inneren Lebenswelten der Jugendlichen (bzw. auf ihren individuellen Identitätsentwicklungsprozess) abgestimmt sind. Parallel dazu sollten sie die äußeren Lebensumstände der jungen Klienten (Familie, Peergruppe) mit einbeziehen und gegebenenfalls verbessern helfen.

Die Frage, ob und wieweit sich diese auf der Basis von Fallanalysen formulierten Annahmen generalisieren lassen, muss im Rahmen zukünftiger Forschungsbemühungen weiter geklärt werden. Die theoretischen und empirischen Probleme, unter denen die Kohärenzsinnforschung bis heute leidet (vgl. Kapitel 2.2.4), würden jedoch auch die (bisher fehlende) Längsschnittuntersuchung zur Kohärenzsinnentwicklung betreffen. So bleiben die „kritische Weiterentwicklung" (Faltermaier, 2000; S. 186) des Modells der Salutogenese und die darauf basierende Entwicklung verbesserter Erhebungsmethoden zentrale Forschungsaufgaben für die Zukunft.

Gewarnt werden muss bei der Diskussion der beraterischen Möglichkeiten zur Kohärenzsinnförderung jedoch davor, einer individualisierenden Sichtweise zu erliegen: Antonovsky hat im Hinblick auf die SOC-Entwicklung immer die bestimmende Rolle der sozialen oder kulturellen Rahmenbedingungen betont. Diese kontextuelle Bedingtheit des SOC wird jedoch ignoriert, wenn sich die institutionelle Erziehungsberatung – geleitet durch ihre bisher therapeutisch dominiertes Profil – und die darauf bezogene Forschung ausschließlich auf die individuelle Stärkung des Kohärenzsinns beim einzelnen Klienten konzentriert. Die Forderung nach einem stärkeren Ausbau lebenswelt- und gemeinwesenorientierter Ansätze in der Beratung ist in diesem Kontext von besonderer, salutogener Relevanz: Am nachhaltigsten lassen sich die Ressourcen jugendlicher Klienten sicherlich über den in § 1 des KJHG (vgl. Kasten 1.3) geforderten Beitrag zur Schaffung bzw. Erhaltung positiver Lebensbedingungen, unter denen sich die Lebensentwürfe der Klienten realisieren lassen, fördern.

8
Perspektiven für die Beratungspraxis

*„The very act of asking the person's opinion
about their apy is empowering."*
John McLeod

> „The current relationship between counselling and research can be characterised as one of ambivalence, hostility and grudging acceptance" – mit diesen Worten beschreibt McLeod (2000b, p.1) das Verhältnis zwischen Beratungspraxis und Forschung in Großbritannien. Sie lassen sich ohne weiteres auf das Spannungsverhältnis übertragen, das hierzulande häufig entsteht, wenn Beratungspraktiker in Forschungs- und Evaluationsprojekte oder Qualitätssicherungsmaßnahmen eingebunden und mit Forschungsbefunden konfrontiert werden. Als zu reduktionistisch und damit ungeeignet, der komplexen Beratungsrealität gerecht zu werden, erleben viele Praktiker die verwendeten Forschungs- und Evaluationsansätze. Die produzierten Befunde schätzen sie dem entsprechend häufig als wenig relevant und inspirierend für ihre praktische Arbeit ein (Weisz et al., 1995). Der „Forschungsmainstream", der durch das Streben nach Rationalität und Objektivität geprägt ist, steht offensichtlich im Widerspruch zur „Beratungskultur", deren wertschätzende Offenheit und Subjektbezogenheit – wie auch die Befunde dieser Studie zeigen – maßgeblich zur Akzeptanz des Hilfsangebots durch die Klienten beiträgt.
>
> Die Studie, über die hier berichtet wurde, sollte sich durch die verwendete Methoden- und Perspektivenkombination von einem „beratungskulturfremden" Forschungsansatz abheben und zu praxisrelevanten Ergebnissen führen. Das letzte Kapitel steht daher ganz im Zeichen der *zentralen Perspektiven*, die sich aus den Untersuchungsergebnissen für die Beratungspraxis eröffnen. Sie werden hier mit ihrem Anregungspotential für eine kritische Reflexion des Beratungsalltags ausgebreitet.

8.1 Partizipationshindernisse für Kinder und Jugendliche in Beratungsprozessen

Die in Kapitel 5 vorgestellten Ergebnisse zur Jugendlichenperspektive und die in der Untersuchung von Lenz (2001b) ermittelten Erfahrungen von Kindern in Beratungsprozessen deuten darauf hin, dass institutionelle Abläufe in der Erziehungsberatung kritisch reflektiert und Beratungsmethoden modifiziert werden müssen, um eine angemessene Teilhabe von Kindern und Jugendlichen an Beratungsprozessen zu ermöglichen. Die jungen Klienten werden den Forschungsergebnissen zufolge in vielen Fällen nicht oder nur unzureichend an den Entscheidungprozessen beteiligt, die zur Aufnahme der Beratung führen. Ihre Mitwirkung bei der Formulierung eines „Beratungsauftrages" zu Beratungsbeginn ist keineswegs die Regel, die Beratungssitzungen im Familiensetting bieten für Kinder und Jugendliche weniger Partizipationsmöglichkeiten als eine Beratung im Einzelsetting. Sie fühlen sich durch erwachsenenorientierte Gespräche und Methoden häufig ausgegrenzt (vgl. Vossler, 2002).

Im Lichte dieser Befunde muss die Frage gestellt werden, welche institutionellen Bedingungen und methodischen Vorgehensweisen dafür verantwortlich sind, dass die Beteiligung der eigentlichen Adressaten an der Hilfeleistung in der Praxis häufig zu kurz kommt. Mögliche Antworten hierauf lassen sich auf zwei unterschiedlichen Ebenen finden:

a) Auftragssituation und fremde „Beratungskultur"
Der Auftrag zur Beratung kommt in den meisten Fällen von den Eltern, die Aufträge der Kinder bzw. Jugendlichen sind oft weniger ausgesprochen und greifbar. Berater bzw. Therapeuten fühlen sich unterschwellig den Eltern als Hauptauftraggeber verpflichtet, sehen sie als Hauptgesprächspartner und richten die Therapie oder Beratung erwachsenenorientiert aus.

Jüngere Kinder tendieren entwicklungsbedingt dazu, sich in der sozialpsychologischen Gruppensituation des Familiengespräches der Übermacht der Erwachsenenautoritäten unterzuordnen und ihre Bedürfnisse und Anliegen zurückzunehmen. Wenn die Berater diesen „Autoritätsdruck" aus unbewusster Loyalität zum Auftraggeber aufrechterhalten, werden kindgerechtere Interaktionsformen, die bei Eltern möglicherweise auf Ablehnung stoßen würden, vermieden. Besonders bei jüngeren Kindern besteht zudem immer die Gefahr, dass ihre Kompetenzen als Interaktionspartner mit ihren spezifischen Ausdrucksmöglichkeiten in der Beratungssituation unterschätzt werden. Als Folge daraus könnten professionelle Helfer wenig darum bemüht sein, eine Sprache und Methoden zu verwenden, die Kindern eine stärkere Beteiligung am therapeutischen Prozess ermöglichen würden.

Jugendliche Klienten sind mit der spezifischen „Beratungskultur", in der sie sich gegenüber einer fremden Beraterperson offen über ihre Gefühle und Problemlagen äußern sollen, noch weniger vertraut als ihre Eltern.

b) Ausbildungs- und Methodendefizite
Retzlaff (2002) weist in seinem Beitrag zur Diskussion um „Kinder in der systemischen Familientherapie" völlig zurecht darauf hin, dass Familientherapeuten, die mit Kindern arbeiten wollen, „auf ein bemerkenswert reiches Repertoire an praktischen Empfehlungen und Interventionsstrategien für die Arbeit mit Kindern zurückgreifen" (S. 806) können. Kinder werden im Rahmen des – bei Erziehungsberatern weit verbreiteten – systemischen Ansatzes entpathologisiert und als gleichwertiges Element des Familiensystems mit ihren Ressourcen und Fähigkeiten wahrgenommen. Gerade die „systemische Haltung" ist durch Neugier und Flexibilität gekennzeichnet, typische systemische Behandlungsmethoden – wie bspw. Familienskulpturen, Metaphern und Rituale – sind eher handlungs- als sprachorientiert und damit kindgerecht. Systemi-

sche Therapie- und Beratungsansätze sind daher theoretisch ohne Zweifel gut dafür geeignet, Kinder und Jugendliche in Beratungsprozesse zu integrieren, die sich im Familiensetting abspielen.

Allerdings wird der „reiche Fundus an systemischen Techniken, Empfehlungen für die Gesprächsführung und Interventionsstrategien für die Arbeit mit Kindern in der Familientherapie" (Retzlaff, 2002, S. 793) in der Beratungspraxis offensichtlich nicht ausgeschöpft.

Dies mag damit zusammenhängen, dass es vielen Beratern in der Arbeit im Familiensetting ausbildungsbedingt an einem eigenen Repertoire an kindgerechten Methoden, die einem Einbezug aller Gesprächsbeteiligten Vorschub leisten würden, und an einem selbstverständlichen Umgang mit Kindern mangelt: Die systemisch-familientherapeutischen Fortbildungsgänge, die sie in vielen Fällen absolviert haben, sparen entsprechende Inhalte häufig immer noch aus (Scott, 1999). Wenn es vor diesem Hintergrund zu chaotischen Therapiesitzungen oder vergeblichen Kontaktaufnahmeversuchen mit den jungen Kindern kommt, sind Berater und Therapeuten möglicherweise versucht, derartigen Situationen – und den damit verbundenen Insuffizienzgefühlen – durch einen Settingwechsel (z. B. getrennte Elterngespräche und kindzentrierte Einzelsitzungen) oder eine inhaltliche Konzentration auf das Gespräch mit den Eltern im Familiensetting aus dem Weg zu gehen.

Darüber hinaus eignen sich nicht alle verwendeten Techniken und Interventionen aus der systemischen Familientherapie für die Beratung von Familien mit Kindern. So können etwa Rückmeldungen eines „reflecting teams" (Andersen, 1991) oder zirkuläre Fragetechniken (vgl. Boscolo et al., 1987) jüngere Kinder in ihrem kognitiven Entwicklungsniveau überfordern, da für ihr Verständnis entwicklungspsychologisch implizit „konkret-operatives" (ab ca. sieben Jahren) oder sogar „formal-operatives" Denken (ab ca. elf Jahren) nach Piaget (1975) vorauszusetzen ist.

Benson, Schindler-Zimmermann und Martin (1991) haben verschiedene Arten zirkulärer Fragen auf ihre entwicklungspsychologische Eignung für Kinder hin überprüft. Auf der Grundlage ihrer Analysen lässt sich für die in Tabelle 8.1 aufgeführten fünf Fragetypen (jeweils mit einem Beispielsatz) spezifizieren, welche kognitiven Fähigkeiten zu ihrem Verständnis notwendig sind.

Die meisten aufgeführten kognitiven Fähigkeiten entwickeln sich erst im Grundschulalter, jüngere Kinder wären demnach überfordert, die Fragen in dieser Form zu verstehen und darauf zu antworten. Ein Gespräch auf dem kognitiven Niveau, das diese zirkulären Fragen voraussetzt, langweilt jüngere Kinder schnell, sie fühlen sich möglicherweise nicht genügend integriert und reagieren mit (innerem) Rückzug.

Generell ist die Situation von Kindern und Jugendlichen im Kontext der institutionellen Erziehungsberatung durch eine „doppelte Asymmetrie" gekennzeichnet: Sie stehen wie Klienten im Allgemeinen als Hilfsbedürftige in einer Notlage Beratern gegenüber, auf deren fachliche Kompetenz und verantwortungsvollen Umgang mit der „Expertenmacht" sie sich – wohl oder übel – verlassen müssen. Während erwachsene Klienten jedoch im Zweifelsfall zumindest die Möglichkeit haben, ihre Unzufriedenheit zum Ausdruck zu bringen oder sich gegebenenfalls an anderer Stelle Hilfe zu suchen, erleben Jugendliche und vor allem Kinder eine zusätzliche Abhängigkeit gegenüber erwachsenen Autoritätspersonen. Sie sind darauf angewiesen, dass sowohl Eltern als auch Fachkräfte ihre Bedürfnisse wahrnehmen und fürsorglich berücksichtigen. Damit besteht für Kinder und Jugendliche in der Beratung die Gefahr, in doppelter Hinsicht – als Klienten und als von Erwachsenen Abhängige – manipuliert und kontrolliert zu werden. Beide Asymmetrien können nicht ignoriert oder gar aufgelöst werden, sie sind den jeweiligen Beziehungen bzw. Rollenverhältnissen immanent.

Tabelle 8.1: Zirkuläre Fragen und ihre kognitiven Voraussetzungen

Fragetypen	Beispielsatz	Kognitive Fähigkeit
1. Fragen nach Beziehungsunterschieden	„Wer steht deinem Vater näher, deine Schwester oder deine Mutter?"	Perspektivenübernahme
2. Fragen nach Ausmaßunterschieden	„Wie schwer war auf einer Skala von 1–10 der Kampf ums Schlafengehen?"	Abstrakter Zahlenbegriff
3. Fragen nach Verhaltenssequenzen	„Was tat deine Schwester, nachdem du deinen Bruder geschlagen hast?"	Perspektivenübernahme Kausale Abläufe
4. Hypothetische Fragen/Zukunftsfragen	„Wie wird sich dein Vater verändern, wenn du von Zuhause ausgezogen sein wirst?"	Formal-operatives Denken
5. Jetzt-Dann-Unterschiede	„Hat dein Vater mehr gearbeitet bevor oder nachdem deine Schwester geboren wurde?"	Flexibler Zeitbezug bzw. -vergleich

Partizipationsförderung kann für die professionellen Helfer vor diesem Hintergrund nicht heißen, Kinder und Jugendliche in allen Situationen und bei jedem Thema wie ihre Eltern zu behandeln. Im Beratungsverlauf kann es beispielsweise immer wieder zu Situationen und Konstellationen kommen, in denen ein Settingwechsel (z. B. vom Familien- zum Paarsetting) und der damit verbundene Ausschluss der Kinder bzw. Jugendlichen aus den Gesprächen fachlich sinnvoll oder notwendig ist. Dazu gehören etwa Beratungsphasen, in denen die jungen Klienten in den gemeinsamen Gesprächen großen emotionalen Belastungen ausgesetzt sind – etwa bei einem stark abwertenden Interaktionsstil der Eltern (vgl. Lindner, 1995) oder einem eskalierenden Paarkonflikt – und davor geschützt werden sollten. Themen, die auf der Paarebene angesiedelt sind (z. B. Sexualität, Partnerschaftskonflikte), lassen einen Verzicht auf den Einbezug der Kinder in die Sitzungen ebenfalls geboten erscheinen. In diesen Fällen kann ein Settingwechsel zum Elternsetting sogar therapeutische Impulse vermitteln, etwa durch eine klare Grenzziehung zwischen Eltern- und Kindersubsystem bei „grenzenlosen" Familien oder durch die Stärkung der Verantwortlichkeit der Eltern bei diffusen Hierarchieebenen in der Familie.

Partizipationsförderung beinhaltet vielmehr die Schaffung von Möglichkeitsräumen, die Kinder und Jugendliche nutzen können, um aktiv am Beratungsgeschehen mitzuwirken und ihre Anliegen bzw. Interessen zu artikulieren. Die im Folgenden vorgestellten Ansätze und Maßnahmen können in diesem Sinne dazu beitragen, für junge Klienten adäquate Zugänge zur institutionellen Erziehungsberatung zu öffnen und ihre Partizipationsmöglichkeiten im Beratungsprozess zu verbessern.

8.2 Partizipationsförderung in der Beratung mit Kindern

Entsprechend der skizzierten Partizipationshindernisse können die Beteiligungsmöglichkeiten von Kindern in Beratungsprozessen auf zwei Wegen gefördert und verbessert werden: durch Veränderungen bezüglich der institutionellen Abläufe und der Beratungssituation (Beratungskontext) sowie durch den Einsatz von Beratungsmethoden, die auf Kinder abgestimmt sind. Mit Michael Grabbe (2001) muss allerdings darauf hingewiesen werden, dass dies für eine Erziehungs- und Familienberatungsstelle nicht heißen kann, den Beratungskontext (z. B. Räume, Materialien) ausschließlich „kindlich" zu gestalten oder in Sprache und Haltung gar auf „kindische" Interaktionsformen zurückzugreifen. Der institutionelle Kontext und die verwendeten Beratungsverfahren sollten vielmehr so ausgerichtet werden, dass sie auch Kindern mit ihren spezifischen Bedürfnissen und Anliegen gerecht werden.

a) Kindgerechter Beratungskontext
Die Interessen und Wünsche von Kindern sollten bereits beim Zugang zur Beratung in kindgerechter Art und Weise berücksichtigt werden.

In diesem Sinne beschreiben Reiter-Theil, Eich und Reiter (1993) mit dem Konzept der „informierten Zustimmung" ein Verfahren, mit dem Minderjährige – entsprechend ihrer Kompetenzen – verstärkt in Entscheidungen über die Teilnahme an der Beratung und die Aushandlung der Beratungsziele einbezogen werden können. Dabei handelt es sich um das im Rahmen des Ethikdiskurses in der Medizin entwickelte Prinzip, Patienten über Art, Ziele, Risiken der Behandlung und über Behandlungsalternativen aufzuklären, um auf dieser Informationsbasis deren explizites Einverständnis zu den geplanten Maßnahmen einzuholen.

Übertragen auf die Beratungsarbeit mit Kindern sind jedoch besondere Schritte nötig, um den Adressaten eine Zustimmungsentscheidung zu ermöglichen: Kinder sollten über die Ziele und Methoden der Beratung und ihre Rolle in diesem Kontext im Bilde sein. Die dafür relevanten Informationen müssen so aufbereitet werden, dass sie von Kindern mit ihrem jeweiligen kognitiven Entwicklungsstand aufgenommen und verstanden werden können (z. B. mittels Comics über den Verlauf und die Inhalte einer Beratung, vgl. Nemiroff & Annunzaita, 1990). Ferner muss von Seiten der Berater darauf geachtet werden, dass die Entscheidung des Kindes in der Beratungssituation gehört und respektiert wird. Der betroffene junge Klient kann dabei durch das gezielte Ansprechen seiner Ängste und Beratungsmotivation sowie durch das Eingehen auf seine nonverbalen Signale unterstützt werden.

Das räumliche Setting und das „emotionale Klima" an den Beratungsstellen (vgl. McLeod & Machin, 1998) sollten Kindern das Gefühl vermitteln, wahrgenommen zu werden und in gleichem Maße im Aufmerksamkeitsfokus zu stehen wie Erwachsene. Die Auflockerung eines nüchternen Wartezimmers durch spielerische Materialien oder eine warme, farbenfrohe Ausstattung kann dazu genauso beitragen wie die kindgerechte Einrichtung der Räume, in denen die Beratung stattfindet. Beratungszimmer, die so eingerichtet sind, dass sie neben Gesprächsgruppen auch Spielzonen mit einladenden Spiel- und Gestaltungsmaterialien aufweisen, signalisieren den Klienten auf subtile Weise, dass die kindlichen Bedürfnisse vom Berater ernst genommen werden (Retzlaff, 2002). Bei Familienberatungen bietet eine solche Raumausstattung Beratern und den Kindern zudem die Möglichkeit, das Gesprächssetting flexibel zu gestalten. Kinder können sich bei Bedarf in die Spielecke zurückziehen. Mit ihrem Spielverhalten im Beratungsraum, parallel zu den „Erwachsenengesprächen", bringen sie häufig beratungsrelevante Hinweise und Themen zum Ausdruck, die vom Berater aufgegriffen und an die Klienten rückgemeldet werden können.

b) Kindgerechte Beratungsmethoden
In Beiträgen zur Therapie mit Kindern im Einzelsetting (vgl. Rotthaus, 2001; Trenkle, 2000) lassen sich viele Ideen und methodische Anregungen dafür finden, wie ein Beratungsprozess im Familiensetting kindgerecht gestaltet werden kann. Erfreulicherweise wurden zudem in jüngster Zeit von verschiedenen Autoren vielfältige Techniken und Ansätze vorgestellt, mit denen die Partizipation von Kindern in Therapie und Beratung gefördert werden kann (vgl. Cierpka et al., 2002; Grabbe, 2001; Retzlaff, 2002).

Generell sind vor allem aktive, handlungsorientierte und spielerische Methoden dazu geeignet, Kinder besser an Beratungsprozessen im Familiensetting zu beteiligen (z. B. durch Puppenspiele, Rollenspiele, Malen, Ton). Eine Rhythmisierung der Sitzungen im Sinne eines Wechsels von Gesprächs- und Spielphasen hilft dabei, sie nicht mit einem gesprächslastigen Beratungsstil zu überfordern und zu langweilen. Gesprächssequenzen sollten möglichst kurz gehalten werden. Mit direkten Fragen oder Äußerungen (z. B. „Hast du das gewusst, was dein Vater da gerade erzählt?") ist es möglich, immer wieder alle Familienmitglieder anzusprechen und zu vernetzen.

Beispielhaft werden im Folgenden in Anlehnung an Grabbe (2001) einige Methoden und Hilfsmittel beschrieben, die sich zur Integration kindlicher Ausdrucksformen und Kooperationsangebote eignen (siehe Kasten 8.1).

Darüber hinaus können Interventionen und Techniken aus der systemischen Familientherapie und -beratung, die jüngere Kinder in ihrem kognitiven Entwicklungsniveau überfordern, so modifiziert werden, dass sie auch für diese Zielgruppe verständlich und nachvollziehbar werden. Langseth Johannesen et al. (2000) haben beispielsweise eine Variante des „reflecting teams" entwickelt, bei der die aus reflektierenden Prozessen entwickelten Ideen und Anregungen über metaphorische Geschichten, die mit Handpuppen gespielt werden, an die Klientenfamilien rückgemeldet werden.

Kasten 8.1: Kindgerechte Methoden für die Familienberatung

Begleiter: Kinder dürfen sich zu Beginn der Beratungssitzung ein Stofftier, eine Puppe oder etwas Ähnliches als ihren „ständigen Begleiter" für die Beratung aussuchen. Dem Kind wird vermittelt, dass der Begleiter zwei Aufgaben hat: dafür zu sorgen, dass sich die Kinder nicht so alleine fühlen unter den Erwachsenen (Schutzfunktion) und zu helfen, dass ihre Anliegen und Wünsche Gehör finden. Der Berater hat die zusätzliche Möglichkeit, während der Sitzung über den Begleiter mit dem Kind in Kontakt zu treten bzw. den Begleiter zirkulär in die Interaktion einzubeziehen. Die anwesenden Erwachsenen können ebenfalls dazu angeregt werden, sich einen Begleiter für die Beratung auszusuchen. Dann könnte zum Beispiel ein „Begleitergespräch" unter den Begleitern über die Familie angeregt werden. Die Begleiterfiguren können zudem als Stellvertreter des Kindes oder zur Externalisierung von Problemen genutzt werden.

Visualisierungsmethoden: Alle Techniken, mit denen die in Gesprächen thematisierten Beziehungen und Gefühle für die Kinder sicht- und erlebbar gemacht werden, können partizipationsfördernd wirken.
Die familientherapeutische Methode der *Familienskulptur,* bei der die Familienmitglieder entsprechend ihrer Beziehungen untereinander symbolisch als „lebendes Denkmal" im Raum aufgestellt werden, spricht Kinder mit ihren spontanen und spielerischen Elementen an. Zum Stellen der Familie können auch Repräsentanten – z. B. Stühle, Bauklötze, Steine – verwendet werden. Abwesende Familienmitglieder können in den Beratungssitzungen mit Stühlen präsent gemacht werden.
Bei der Methode der *Familienlebenslinien* werden farblich verschiedene Seile von den Klienten als symbolische Repräsentation der Lebenslinien von Eltern und Kindern im Raum ausgelegt. Dazu können Ereignisse, Krisen, Ressourcen (visualisiert durch Karten oder Gegenstände) an den Lebenslinien in Position gebracht werden. Diese Methode eröffnet vielfältige Fragemöglichkeiten zu Vergangenheit, Gegenwart und Zukunft und kommt Kindern entgegen, da damit z. B. hypothetische Fragestellungen (z. B. zu der Situation nach der Überwindung der Krise) durch praktisches Handeln und Bewegungen im Raum versinnbildlicht werden können.

Symbolische Hilfsmittel: Zu Beginn der Sitzung kann bspw. ein Sheriffstern an ein Familienmitglied vergeben werden. Der Träger hat die Aufgabe, während der Sitzung auf die Regeln zu achten und für deren Einhaltung zu sorgen. Die Diskussion darüber, wer den Sheriffstern erhalten soll, kann vom Berater bereits zur Beobachtung der Interaktionsmuster in der Familie genutzt werden. Mit der Vergabe des Sternes an ein bestimmtes Familienmitglied kann auch gezielt interveniert werden.

> Mit Hilfe einer Signalkelle, bei der die Bedeutung der roten und grünen Seiten zu Beginn der Sitzung definiert wird, kann der Berater im Sitzungsverlauf nonverbal auf Grenzüberschreitungen und Musterwiederholungen aufmerksam machen.
>
> **Metaphern und Rituale:** Therapeutische Geschichten bzw. Metaphern sind für die Arbeit mit Familien geeignet, weil sich damit in bildhafter Sprache therapeutische Anregungen, Lösungsbeispiele und Identifikationsangebote kindgerecht vermitteln lassen. Die Geschichten sollten entlang einer elementaren Grundstruktur (metaphorischer Konflikt, metaphorische Krise, neue Identifikation, Feier) aufgebaut sein (vgl. Mills & Crowley, 1996), lassen sich ansonsten aber von den Beratern frei gestalten bzw. auf die jeweilige Familiensituation abstimmen. Sie können der Familie in der Beratungssitzung vorgelesen oder nach Hause mitgegeben werden.
> Gemeinsame familiale Rituale und ritualisierte Verschreibungen in der Beratung sprechen das magisch symbolhafte Denken jüngerer Kinder an (vgl. Retzlaff, 2002).

Ein anderes Beispiel hierfür sind die kindgerechten Variationen, die von Benson et al. (1991) für verschiedene Arten von zirkulären Fragen vorgeschlagen wurden. Entsprechend der Übersicht in Tabelle 8.1 beziehen sich die in Tabelle 8.2 beschriebenen Modifikationsbeispiele auf fünf unterschiedliche Fragetypen.

Tabelle 8.2: Modifikation zirkulärer Fragen

Fragetypen	Beispiele für Modifikationen/Hilfsmittel
1. Fragen nach Beziehungsunterschieden	Hilfen zur Perspektivenübernahme durch Verwendung von z. B. Stühlen, Rollenspiele mit vertauschten Rollen (Kind spielt Vater)
2. Fragen nach Ausmaßunterschieden	Bildliche Darstellung der Unterschiede (z. B. durch „Smilie-Gesichter", Thermometer--Skala)
3. Fragen nach Verhaltenssequenzen	Videoaufnahmen von Rollenspiel-Sequenzen, Vor- und Zurückspulen, leere Bildergeschichten-Rahmen mit aktuellem Problem in der Mitte
4. Hypothetische Fragen/Zukunftsfragen	Sandkastenspiel, gestalterische Darstellung
5. Jetzt-Dann-Unterschiede	Puppenspiel mit Vorhang und zwei Aufzügen: „Damals" und „Jetzt"

Letztlich lässt sich aber eine verbesserte Partizipation an Beratungsprozessen kaum erreichen, wenn die „Stimmen" der Kinder selbst nicht gehört werden. Sie müssen in Forschung und Beratungspraxis nach ihrer Wahrnehmung und ihren Bedürfnislagen gefragt werden, um sie bei der Gestaltung der Hilfeleistung berücksichtigen zu können.

8.3 Zugänge zu Jugendlichen in der Erziehungsberatung

Die beiden in Kapitel 7 vorgestellten Fallanalysen zur Kohärenzsinnförderung in der Erziehungsberatung hatten deutlich werden lassen, dass unter Umständen gewohnte Beratungswege verlassen werden müssen, um mit den gemeinsam erarbeiteten Handlungs- und Entscheidungsoptionen die subjektiv geprägten, lebensweltlichen Sinnhorizonte der jungen Klienten (Bettmer, 2001) zu erreichen und Entwicklungsprozesse anzustoßen.

Bei einer Einzelberatung der Jugendlichen kommt es daher – neben dem Einbezug der familiären Lebenswelten in die Beratung – im besonderen Maße darauf an, wie gut es dem Berater gelingt, sich den alltäglichen inneren und äußeren Wirklichkeiten der jungen Klienten anzunähern. Die Bedingungen hierfür scheinen zunächst nicht besonders günstig: Erziehungsberatung findet meist in einem erwachsenenorientierten Kontext statt, der Kindern und Jugendlichen fremd ist. Die ungewohnte „Beratungskultur" mit ihren impliziten Kommunikations- und Verhaltensregeln bietet ihnen noch weniger Bezugspunkte als ihren Eltern.

Umso wichtiger ist es daher, durch eine stärkere lebensweltliche Öffnung der Jugendhilfeleistung Erziehungsberatung – sowohl im institutionellen als auch im konkretpraktischen Sinn an jeder einzelnen Beratungsstelle – Brücken zu den jugendlichen Erlebniswelten zu schlagen. Damit könnten die Beteiligungsmöglichkeiten für Kinder und Jugendliche in zweifacher Hinsicht verbessert werden: Einerseits erleichtert eine Beratung, die sich zum Beispiel durch offene Beratungsansätze im Rahmen eines Jugendcafés räumlich und regional den Lebenswelten von Kindern und Jugendlichen annähert und in deren Sozialräumen präsent zeigt, den Adressaten den Zugang und die Inanspruchnahme der Hilfe. Um mit den jungen Klienten in ein *richtiges Gespräch* (Zitat aus dem Interview mit Nina) zu kommen, kann es andererseits entscheidend sein, den alltäglichen Lebenskontext von Jugendlichen in ihrem jeweiligen sozialen und räumlichen Umfeld zu kennen. Berater sind eher in der Lage, die Belange der Jugendlichen wahrzunehmen und zu berücksichtigen, wenn sie sich beispielsweise im Sinne des Konzepts des „Sozialen Sinnverstehens in der Beratungsarbeit" (Metzmacher & Zaepfel, 1998) mit jugendlichen Alltagserfahrungen und Lebensbedingungen vertraut gemacht haben. Sie sollten über informelle Gruppen, Cliquen und Freizeitmöglichkeiten im Stadtteil genauso informiert sein, wie sie über die Drogen- und Gewaltpotentiale an den örtlichen Schulen oder die Ausbildungschancen ihrer jugendlichen Klienten auf dem regionalen Arbeitsmarkt Bescheid wissen sollten.

Eine derart an Sozialraum und Lebenswirklichkeit der Jugendlichen orientierte Beratungsarbeit ist jedoch in der Praxis trotz langjähriger Diskussionen und verschiener Ansätze zu offenen und flexibleren Institutionalisierungsformen (z. B. Seus-Seberich, 2000) noch immer nicht zur Regel geworden (vgl. Abel, 1996).

Es scheint vielmehr ein grundlegender konzeptioneller Perspektivenwandel und ein fachliches Umdenken an den Beratungsstellen von Nöten, damit lebensweltbezogene Ansätze in der institutionellen Erziehungsberatung zukünftig von der Ausnahme zur Regel werden können. Dabei gilt es, die bisher gängigen Bewertungs- und Finanzierungskriterien, die in erster Linie an der therapeutisch ausgerichteten Einzelfallarbeit orientiert sind, kritisch zu hinterfragen bzw. zu modifizieren. Denn nur „... wenn die inoffizielle Hierarchie in Beratungsstellen nicht alleine durch die psychotherapeutische Kompetenz begründet wird, wenn der Fleiß der Berater nicht alleine an den Fallzahlen festgemacht wird, können sich Mitarbeiter darauf einlassen, einen solchen Ansatz als Erweiterung der Kompetenzen und Hilfsmöglichkeiten und nicht als Entfachlichung der Arbeit wahrzunehmen" (Kaisen, 2001, S. 302).

Zur Lebenswelt der meisten Jugendlichen, die im 21. Jahrhundert in westlichen Industriegesellschaften aufwachsen, gehört auch der selbstverständliche Umgang mit dem Medium Internet und elektronisch gestützten Kommunikationsformen. Wie andere neue Informations- und Kommunikationsmedien sind E-Mail, Chats, Newsgroups und andere Nutzungsmöglichkeiten des Internets längst nicht mehr aus dem Alltag der meisten Jugendlichen wegzudenken. Sie nutzen über die Internetzugänge, die sie zu Hause, in der Schule oder über Internetcafes haben, die Möglichkeiten, per E-Mail oder in Chaträumen miteinander zu kommunizieren. Diese rein textgestützten und damit leichter zu kontrollierenden Kommunikationsformen eröffnen neue Spiel- und Selbsterprobungsräume: Vielen Jugendlichen fällt es auf diesem Wege augenscheinlich leichter, sich über sehr persönliche oder schambesetzte Themen auszutauschen (Yager, 2002). Die virtuellen Kontakte und Beziehungen erlauben es ihnen, anonym und unverbindlich zu bleiben, in schnellem Wechsel unterschiedliche Rollen einzunehmen und Seiten der eigenen Persönlichkeit zu offenbaren, die sie in Kontakten zu realen Personen gewöhnlich nicht zeigen.

Online-Kommunikation birgt in diesem Sinne ein begrenztes kuratives Potential, das therapeutisch – z. B. im Rahmen einer reinen „E-Mail-Therapie" (Murphy & Mitchell, 1998), als unterstützendes Element einer ambulanten Therapie (Yager, 2002) oder zur Suizidprävention (Wilson & Lester, 1998) – genutzt werden kann. Längst haben die neuen Medien und Kommunikationsformen auch in Therapie (vgl. Döring, 2000; Hsiung, 2002) und Beratung (vgl. Engel, 2002) Einzug gehalten. In ihrer „Frankfurter Erklärung zur Beratung" (Nestmann & Engel, 2002a) prognostiziert das „Forum Beratung in der DGVT" denn auch, dass die Internetberatung „die Beratungslandschaft verändern, neue Angebotsformen hervorbringen, aber auch herkömmlichen Beratungs-Settings eine neue Bedeutung verleihen" wird (S. 338).

Für die institutionelle Erziehungsberatung bietet sich angesichts des jugendspezifischen Nutzerprofils des Mediums Internet die Chance, mit Angeboten zur Online-Beratung im Internet Jugendliche zu erreichen, die von sich aus keinen Zugang zur psychosozialen Versorgungslandschaft finden würden (vgl. Janssen, 1998). Als spezifische Vorteile der Beratung im Internet lassen sich nämlich vor allem die Niedrigschwelligkeit des Angebots (Anonymität, zeitliche und räumliche Flexibilität, geringer Aufwand) und seine besondere Attraktivität für Kinder und Jugendliche benennen. Vor diesem Hintergrund wurden Online-Beratungsangebote für Jugendliche in den letzten Jahren von verschiedenen Trägern und mit unterschiedlichen Zielsetzungen modellhaft erprobt (z.B. Stumpp, 2001, oder www.das-beratungsnetz.de als Plattform unterschiedlicher Beratungsanbieter). Als Ansätze zur Erziehungsberatung im Internet im Sinne des Kinder- und Jugendhilfegesetz (KJHG) können insbesondere zwei Ansätze verstanden werden, die im Jahr 2003 zu einem zentralen Internetportal der Erziehungs- und Familienberatung zusammengeführt werden sollen:

Der Verein „Beratung & Lebenshilfe e. V." bietet seit Juli 2000 im Rahmen des Modellprojekts „Psychologische und sozialpädagogische Beratung nach dem Kinder- und Jugendhilfegesetz im Internet" Online-Beratung für Kinder, Jugendliche und Eltern an. Die Bundeskonferenz für Erziehungsberatung (bke) führt seit September 2000 das Modellprojekt „Sorgenchat" und „Online-Beratung" im Internet durch, das in ein Angebot speziell für Jugendliche und in eine Beratungsmöglichkeit für Eltern unterteilt ist. Bei den Projekten beider Träger werden sowohl synchrone Beratung per Chat als auch asynchrone Beratung via E-Mail angeboten. Beide Träger berichten übereinstimmend über eine hohe Akzeptanz der Angebote bei Jugendlichen bzw. Eltern (z. B. bke: monatlich mehr als 10000 „Besucher") und prognostizieren einen weiter steigenden Online-Beratungsbedarf.[1]

Die von den Angebotsbetreibern berichteten ersten Erfahrungen mit der Online-Beratung sprechen dafür, dass damit tatsächlich Jugendliche erreicht werden konnten, die eine Beratungsstelle oder andere Hilfeeinrichtungen ansonsten nicht aufgesucht hätten. So gehörten bspw. auffällig viele Jugendliche mit Selbstmordgedanken oder selbstverletzendem Verhalten, die in den Klientenstatistiken der Beratungsstellen sonst weniger häufig zu finden sind, zu den Nutzern der Angebote (vgl. Hinsch & Schneider, 2002). Zum Teil gelang es, über den Internetkontakt Schwellenängste abzubauen und Klienten zu einer face-to-face Beratung zu ermutigen. Zudem bestätigte sich die Erwartung, dass gerade Jugendliche die anonymisierte und schriftbasierte Kommunikation gerne in Anspruch nehmen.

Allerdings mangelt es bislang noch an längerfristig angelegten, systematischen Untersuchungen zum Nutzerprofil und zu den Möglichkeiten und Grenzen einer Online-Beratung. Erst damit kann zuverlässig beurteilt werden, inwieweit eine Online-Erziehungsberatung tatsächlich auf die spezifischen Bedürfnisse von Jugendlichen zugeschnitten ist und damit neue Zugänge zu dieser Zielgruppe eröffnet werden können. Darüber hinaus wurden in Deutschland bisher keine Richtlinien oder Qualitätskriterien entwickelt, die für die Professionalität und Qualität der Beratungsleistung im Internet maßgebend sein könnten.

---

1 Wie gefährlich es sein kann, gerade labile bzw. suizidgefährdete Jugendliche im Internet ohne fachliche Betreuung sich selbst zu überlassen, zeigen die Berichte über „Selbstmordforen" im Netz (z. B. ZDF-Sendung „Frontal21", 21.01.2003): Immer wieder kommt es vor, dass sich Jugendliche hier in ihren Suizidneigungen gegenseitig bestärken, den Selbstmord über Wochen gemeinsam planen und schließlich durchführen, ohne in dieser Zeit mit professionellen Hilfsangeboten von außen in Berührung gekommen zu sein.

8.4 Nutzerbefragung und Perspektivenvergleich im Beratungsalltag

Der in den Kapiteln 5 und 6 präsentierte Vergleich von Klienten- und Beraterperspektiven lässt den Schluss zu, dass Beratungssitzungen und -verläufe von beiden Seiten sehr unterschiedlich erlebt und beurteilt werden können (vgl. auch Vossler, 2003). Berater, die sich bei der Gestaltung des Beratungsprozesses nur auf ihre eigenen, subjektiven Eindrücke und Prognosen verlassen, laufen Gefahr, die unausgesprochenen Bedürfnisse und Einschätzungen ihrer Klienten zu übersehen und ungünstige Beratungsverläufe zu spät oder gar nicht zu erkennen (vgl. Meyer & Schulte, 2002).

Vor diesem Hintergrund scheint es ratsam, die Perspektiven von sowohl Eltern als auch Kindern und Jugendlichen schon während der Beratung immer wieder abzufragen, mit der eigenen Wahrnehmung zu vergleichen und eventuelle Unstimmigkeiten mit den Klienten zu thematisieren. Regelmäßige Bilanzierungsgespräche mit allen Beteiligten bieten die Chance, den bisherigen Beratungsverlauf multiperspektivisch zu reflektieren und die Wünsche und Bedürfnisse für den weiteren Beratungsverlauf aufeinander abzustimmen.

Ein derart ausgerichtetes allgemeines „Reflexions- und Navigationsinstrument" für Berater hat beispielsweise Wolfgang Loth (2002) mit dem „Entwickeln Klinischer Kontrakte" beschrieben. Es kann in der Beratungsarbeit mit Einzelklienten und Familiensystemen systematisch dafür eingesetzt werden, „sich im laufenden Prozess zu orientieren und nächste Schritte zu sortieren" (S. 206). In der daraus abgeleiteten „Kontraktorientierten Leistungsbeschreibung" ist ein kontinuierlicher Austauschprozess über die verschiedenen Beratungsphasen hinweg vorgesehen, in dem die professionellen Helfer immer wieder darum bemüht sind, die Klientensichtweisen und -erwartungen abzufragen und ihr Vorgehen daran zu orientieren. In der Anfangsphase einer Beratung („Basisarbeit") geht es dabei darum, den Überweisungskontext präzise zu klären (Wer definiert das Problem als Problem? Wer gab den Anstoß zur Beratung? Wer verbindet welche Erwartungen damit?) und zwischen den Anlässen zur Beratung und dem eigenen Anliegen der Klienten zu unterscheiden. Gleichzeitig muss gleich zu Beginn gemeinsam geklärt werden, ob sich das Klientenanliegen mit dem Beratungsangebot, das der Berater dazu machen kann, vereinbaren lässt. In der darauf aufbauenden Beratungsphase („Entwickeln von Aufträgen") werden als Basis des Arbeitsbündnisses zwischen Hilfesuchenden und Helfern handhabbare Aufträge miteinander ausgehandelt. Es gilt dabei zu klären, welche (möglichst spezifischen und handlungsrelevanten) Zielvorstellungen die Klienten mit der Beratung verbinden und in welchem Setting (z. B. Paar- oder Familiensetting) sich die Beratung abspielen soll. In der daran anschließenden Phase des „auftragsorientierten Arbeitens" wird der Beratungsverlauf immer wieder gemeinsam mit den Klienten im Hinblick auf die zuvor miteinander erarbeiteten Zielvorstellungen und -kriterien reflektiert. Diese „kommunikative Validierung" des Beratungsgeschehens kann (und soll gegebenenfalls) dazu führen, dass Zielvorstellungen und Beratungsaufträge – sowie darauf abgestimmt das Vorgehen des Beraters und das Beratungssetting – modifiziert werden müssen. Damit kann auch verhindert werden, dass der Beratungskontrakt aufrechterhalten wird, obwohl dies von den Klienten nicht mehr gewünscht oder nicht mehr benötigt wird. Nach Abschluss der Beratung plant Loth (2002) in der „Kontraktorientierten Leistungsbeschreibung" qualitative und quantitative Auswertungen des Beratungsprozesses durch den Berater ein.

Eine weitere Möglichkeit, das eigene Vorgehen in den Beratungsfällen kritisch zu reflektieren und damit Beratungsverläufe zu vermeiden, die an den Klienten und ihren Bedürfnissen vorbeigehen, bietet sich den Beratern durch die interdisziplinären Teamintervisionen an den Beratungsstellen. Anders als bei niedergelassenen Therapeuten sind sie hier nicht auf den fallbezogenen Austausch mit Kollegen in externen Arbeitsgruppen zur Qualitätssicherung (vgl. Laireiter, 2003) angewiesen. Im einleitenden Prolog wurde bereits darauf hingewiesen, dass sie stattdessen von einem qualitätssichernden „Essential" der institutionellen Erziehungsberatung – der multidisziplinären Teamarbeit – profitieren und ihre Beratungsfälle in regelmäßige Fallbesprechungen einbringen können.

Auf der institutionellen Ebene helfen Nutzerbefragungen im Rahmen von Evaluations- und Qualitätssicherungsprozessen dabei, eine klientenorientierte „Partizipationskultur" an den Beratungsstellen zu etablieren und die Klienten an den Definitions- und Aushandlungsprozessen teilhaben zu lassen, in denen festgelegt wird, was unter „guter" und „schlechter" Beratung zu verstehen ist. Dabei können sowohl qualitative als auch quantitative Befragungsmethoden zum Einsatz kommen: Zum qualitativen Ansatz empfinden Berater oft eine größere Affinität (Schrödter, 2000), seine zentralen Merkmale – Offenheit, Kommunikation, Interpretation des Bedeutungsgehalts – sind ihnen aus dem Beratungsalltag vertraut (McLeod, 2000b). Gleichzeitig lässt sich zum Beispiel am Interesse, mit dem Beratungsstellen auf die Veröffentlichung des in Kapitel 4 vorgestellten Erhebungsinstruments („Fragebogen zur Erziehungs- und Familienberatung", FEF; Vossler, 2001a) reagierten, das Bestreben erkennen, größer angelegte Klientenbefragungen mit standardisierten Instrumenten zur Selbstevaluation durchzuführen.

Unabhängig davon, welcher methodische Zugang zur Klientenperspektive gesucht wird, können Evaluationsinstrumente (Fragebögen, Interviews) in diesem Kontext – und insbesondere für Kinder und Jugendliche, die bisher viel zu oft ungefragt und damit unbeteiligt blieben – zu „Partizipationsinstrumenten" (Müller-Kohlenberg, 2001) werden.

Die Beratung „von unten" unter die Lupe zu nehmen, die „Frage nach Beratung aus der Perspektive derer, die Rat suchen" (Thiersch, 2002, S. 155), zu stellen – dies sollte zukünftig noch stärker maßgebend dafür sein, wie eine praxisorientierte Forschung den Forschungsgegenstand der institutionellen Erziehungsberatung behandelt (vgl. Nestmann & Engel, 2002b). Nur auf diesem Wege lässt sich mehr darüber erfahren, wie es um Qualität und Leistungsfähigkeit dieses Jugendhilfeangebots bestellt ist.

Literatur

A

Abel, A. H. (1996). Beratung in der Jugendhilfe. *Verhaltenstherapie und psychosoziale Praxis, 28,* 49–69.

Abel, A. H. (1998a). Geschichte der Erziehungsberatung: Bedingungen, Zwecke, Kontinuitäten. In W. Körner & G. Hörmann (Hrsg.), *Handbuch der Erziehungsberatung. Band 1* (S. 19–51). Göttingen: Hogrefe.

Abel, A. H. (1998b). Rahmenbedingungen der Erziehungsberatung. In W. Körner & G. Hörmann (Hrsg.), *Handbuch der Erziehungsberatung. Band 1* (S. 87–112). Göttingen: Hogrefe.

Andersen, T. (1991). *Das Reflektierende Team. Dialoge und Dialoge über die Dialoge.* Dortmund: verlag modernes lernen.

Anderson, K. H. (1994). The relationship between family sense of coherence and family quality of life after illness diagnosis. In H. I. McCubbin, E. A. Thompson, A. I. Thompson & J. E. Fromer (Eds.), *Sense of coherence and resiliency. Stress, coping and health* (pp. 169–188). Madison: University of Wisconsin-Madison.

Anson, O., Paran, E., Neumann, L. & Chernichovsky, D. (1993). Gender differences in health perceptions and their predictors. *Social Science & Medicine, 36,* 419–427.

Antonovsky, A. (1979). *Health, stress and coping.* San Francisco: Jossey-Bass.

Antonovsky, A. (1983). The sense of coherence: Development of a research instrument. W. S. Schwartz Research Center for Behavioral Medicine, Tel Aviv University, *Newsletter and Research Reports, 1,* 1–11.

Antonovsky, A. (1987). *Unraveling the mystery of health: How people manage stress and stay well.* San Francisco: Jossey-Bass.

Antonovsky, A. (1990). Personality and health: Testing the sense of coherence model. In H. S. Friedmann (Ed.), *Personality and disease* (pp. 155–177). New York: Wiley.

Antonovsky, A. (1991). The structural resources of salutogenic strengths. In C. L. Cooper & R. Payne (Eds.), *Personality and stress: Individual differences in the stress process* (pp. 67–104). New York: Wiley & Sons.

Antonovsky, A. (1993a). Gesundheitsforschung versus Krankheitsforschung. In A. Franke & M. Broda (Hrsg.), *Psychosomatische Gesundheit. Versuch einer Abkehr vom Pathogenese-Konzept* (S. 3–14). Tübingen: dgvt-Verlag.

Antonovsky, A. (1993b). Complexity, conflict, chaos, coherence, coercion and civility. *Social Science & Medicine, 37,* 969–981.

Antonovsky, A. (1993c). The structure and properties of the sense of coherence scale. *Social Science & Medicine, 36,* 725–733.

Antonovsky, A. (1996). The sense of coherence. An historical and future perspektive. *Israel Journal of Medical Sciences, 32,* 170–178.

Antonovsky, A. (1997). *Salutogenese. Zur Entmystifizierung der Gesundheit*. Dt. erw. Ausg. Hrsg. von Alexa Franke. Tübingen: dgvt-Verlag.

Antonovsky, A., Maoz, B., Dowty, N. & Wijsenbeek, H. (1971). Twenty-five years later. A limited study of the sequelae of the concentration camp experience. *Social Psychiatry, 6,* 186–193.

Antonovsky, A. & Sourani, T. (1988). Family Sense of Coherence and Family Adaption. *Journal of Marriage and the Family, 50,* 79–92.

Atabay, I. (1997). Sie san a anderer Türke – Erfahrungsbericht eines türkischen Mitarbeiters. *Informationen für Erziehungsberatungsstellen, 1,* 20–23.

Attkisson, C. C. & Zwick, R. (1982). The Client Satisfaction Questionnaire. Psychometric properties and correlations with service utilization and psychotherapy outcome. *Evaluation and Program Planing, 5,* 233–237.

B

Bandura, A. (1977). Self-efficacy: Towards a unifying theory of behavioral change. *Psychological Review, 84,* 191–215.

Bandura, A. (1982). Self-efficacy mechanism in human agency. *American Psychologist, 37,* 122–147.

Bandura, A. (1997). *Self-efficacy: The exercise of control*. New York: Freeman.

Bartsch, H. H. & Bengel, J. (Hrsg.) (1997). *Salutogenese in der Onkologie*. Basel: Karger.

Barz, H. (2001). Wertewandel und Religion im Spiegel der Jugendforschung: *Deutsche Jugend, 49,* 307–313.

Bastine, R., Fiedler, P. & Kommer, D. (1989). Was ist therapeutisch an der Psychotherapie? Versuch einer Bestandsaufnahme und Systematisierung der psychotherapeutischen Prozessforschung. *Zeitschrift für Klinische Psychologie, 18,* 3–22.

Bayerisches Staatsministerium für Arbeit und Sozialordnung (2000). Vorläufige Richtlinien zur Förderung von Erziehungs-, Jugend- und Familienberatungsstellen. In K. Menne & A. Hundsalz (Hrsg.), *Grundlagen der Beratung. Fachliche Empfehlungen, Stellungnahmen und Hinweise für die Praxis* (S. 324–332). Fürth: bke

Beck, U. (1986). *Die Risikogesellschaft. Auf dem Weg in eine andere Moderne*. Frankfurt: Suhrkamp.

Becker, P. (1998). Die Salutogenesetheorie von Antonovsky: Eine wirklich neue, empirisch abgesicherte, zukunftsweisende Perspektive? In J. Margraf, J. Siegrist & S. Neumer (Hrsg.), *Gesundheits- oder Krankheitstheorie?* (S. 13–25). Berlin: Springer.

Becker, P., Bös. K., Opper, E., Woll, A. & Wustmann, A. (1996). Vergleich von Hochgesunden, Normal- und Mindergesunden in gesundheitsrelevanten Variablen (GVR). *Zeitschrift für Gesundheitspsychologie, 4,* 55–76.

Bender, D. & Lösel, F. (1998). Protektive Faktoren der psychisch gesunden Entwicklung junger Menschen: Ein Beitrag zur Kontroverse um saluto- versus pathogenetische Ansätze. In J. Margraf, J. Siegrist & S. Neumer (Hrsg.), *Gesundheits- oder Krankheitstheorie?* (S. 117–145). Berlin: Springer.

Bengel, J., Strittmatter, R. & Willmann, H. (1998). *Was erhält Menschen gesund? Antonovskys Modell der Salutogenese – Diskussionsstand und Stellenwert. (For-*

schung und Praxis der Gesundheitsaufklärung, Bd. 6). Köln: Bundeszentrale für gesundheitliche Aufklärung (Hrsg.).

Benson, M. J., Schindler-Zimmerman, T. & Martin, D. (1991). Accessing children's perceptions of their family. Circular questioning revisited. *Journal of Martial and Family Therapy, 17,* 363–372.

Bergin, A. E. & Garfield, S. L. (Eds.) (1994). *Handbook of Psychotherapy and Behavior Change* (4th Ed.). New York: Wiley.

Bettmer, F. (2001). Jugendberatung in der offenen Jugendarbeit? Die Perspektive von Jugendlichen. *Deutsche Jugend, 49,* 108–116.

Beutler, L. E., Machado, P. P. P. & Allstetter Neufeldt, S. (1994). Therapist variables. In A. E. Bergin & S. L. Garfield (Eds.), *Handbook of Psychotherapy and Behavior Change* (4th ed.; pp. 229–269). New York: Wiley.

Beywl, W. (1994). Aktuelle Bücher zum Qualitätsmanagement. *Sozialwissenschaften und Berufspraxis, 17,* 323–340.

Beywl, W. (1996). Anerkannte Standards und Leitprinzipien der amerikanischen Evaluation. In M. Heiner (Hrsg.), *Qualitätsentwicklung durch Evaluation* (S. 85–107). Freiburg: Lambertus.

Beywl, W. & Schepp-Winter, E. (2000). *Zielgerichtete Evaluation von Programmen – ein Leitfaden.* Reihe „Materialien zur Qualitätssicherung in der Kinder und Jugendhilfe (QS 29) des BMFSFJ. Bonn: Bundesministerium für Familie, Senioren, Frauen und Jugend (BMFSFJ).

Bobzien. M., Stark, W. & Straus, F. (1996). *Qualitätsmanagement.* Alling: Sandmann-Verlag.

Bodenmann, G. (1997). Dyadisches Coping – theoretischer und empirischer Stand. *Zeitschrift für Familienforschung, 9,* 7–25.

Bodenmann-Kehl, C. (1999). *Eine Analyse spezifischer Ansatzpunkte zur Förderung der familiären Kompetenz.* Forschungsbericht 144, Psychologisches Institut Fribourg.

Boeckhorst, F. (1994). Narrative Systemtherapie. *Systhema, 7,* 2–17.

Bohlen, G. (1991): Hindernisse in der Praxis systemisch orientierter Beratung an Erziehungsberatungsstellen. *Praxis der Kinderpsychologie und Kinderpsychiatrie, 40,* 222–227.

Böhnisch, L. & Münchmeier, R. (1992). *Wozu Jugendarbeit? Orientierungen für Ausbildung, Fortbildung und Praxis.* 3. Auflage. Weinheim: Juventa.

Bommert, H. & Plessen, U. (1982). Erziehungsberatung. In R. Bastine, P. Fiedler, K. Grawe, S. Schmidtchen & G. Sommer (Hrsg.), *Grundbegriffe der Psychotherapie* (S. 72–75). Weinheim: Edition Psychologie.

Borg-Laufs, M. (1998). Therapie in der Erziehungsberatung. *Verhaltenstherapie und psychosoziale Praxis, 30,* 235–249.

Bortz, J. (1993). *Statistik für Sozialwissenschaftler.* 4. Auflage. Berlin: Springer.

Bortz, J. & Döring, N. (1995). *Forschungsmethoden und Evaluation.* 2. Auflage. Berlin: Springer.

Bortz, J. & Döring, N. (2002). *Forschungsmethoden und Evaluation.* 3. Auflage. Berlin: Springer.

Boscolo, L., Cecchin, G., Hoffman, L. & Penn, P. (1987). *Milan systemic family therapy: Conversations in theory and practice.* New York: Basic Books.

Boyce, W. T. (1985). Social support, family relations, and children. In S. Cohen & S. L. Syme (Eds.), *Social support and health* (S. 151–173). Orlando: Academic Press.

Bradburn, N. (1967). *The structure of psychological well-being.* Aldine: Chicago.

Broda, M., Bürger, W. & Dinger-Broda, A. (1995). Therapieerfolg und Kohärenzgefühl – Zusammenhänge zwei bis fünf Jahre nach stationär verhaltensmedizinischer Behandlung. In R. Lutz & N. Mark (Hrsg.), *Wie gesund sind Kranke?* (S. 113–122). Göttingen: VAP.

Broda, M., Bürger, W., Dinger-Broda, A. & Massing, H. (1996). *Die Berus-Studie. Zur Ergebnisevaluation der Therapie psychosomatischer Störungen bei gewerblichen Arbeitnehmern.* Berlin/Bonn: Westkreuz Verlag.

Brosius, G. & Brosius, F. (1995). *SPSS. Base Systems und Professional Statistics.* Bonn: Thompson Publishing.

Buchholz, M. B. & Streeck, U. (1999). Qualitative Strategien – ihr Nutzen für den professionellen Psychotherapeuten. *Kontext, 30,* 111–120.

Buddeberg-Fischer, B. (1998): Die Entwicklung familientherapeutischer Konzepte – Wechselwirkung zwischen Patienten- und Therapeutenfamilie. *Praxis der Kinderpsychologie und Kinderpsychiatrie, 47,* 174–185.

Bundeskonferenz für Erziehungsberatung (bke) (1994). Stellungnahme zum Gutachten „Familie und Beratung". *Informationen für Erziehungsberatungsstellen,* Heft 1+2, 3–7.

Bundeskonferenz für Erziehungsberatung (bke) (1998a). *Erziehungs- und Familienberatung in Zahlen. Einrichtungen in den alten und in den neuen Bundesländern.* Fürth: bke.

Bundeskonferenz für Erziehungsberatung (bke) (1998b). Qualitätsprodukt Erziehungsberatung. Empfehlungen zu Leistungen, Qualitätsmerkmalen und Kennziffern. *Informationen für Erziehungsberatungsstellen,* Heft 1, 6–10.

Bundeskonferenz für Erziehungsberatung (bke) (1999a). *Qualitätsprodukt Erziehungsberatung. Empfehlungen zu Leistungen, Qualitätsmerkmalen und Kennziffern.* Reihe „Materialien zur Qualitätssicherung in der Kinder und Jugendhilfe (QS 22) des BMFSFJ. Bonn: Bundesministerium für Familie, Senioren, Frauen und Jugend (BMFSFJ).

Bundeskonferenz für Erziehungsberatung (bke) (1999b). Gütesiegel kommt. Geprüfte Qualität: bke stellt Weichen für Auszeichnung von Erziehungsberatungsstellen. *Informationen für Erziehungsberatungsstellen,* Heft 2, 7–8.

Bundesminister für Familie, Senioren, Frauen und Jugend (BMFSFJ; Hrsg.) (1998). *Zehnter Kinder- und Jugendbericht. Bericht über Bestrebungen und Leistungen der Jugendhilfe.* Bonn: Bundestagsdrucksache 13/11368.

Bundesminister für Familie, Senioren, Frauen und Jugend (BMFSFJ; Hrsg.) (2002). *Elfter Kinder und Jugendbericht. Bericht über die Lebenssituation junger Menschen und die Leistungen der Kinder- und Jugendhilfe in Deutschschland.* Berlin: Bundestagsdrucksache 14/8181.

Bundesminister für Jugend, Familie, Frauen und Gesundheit. (BMJFFG; Hrsg.) (1990). *Achter Kinder- und Jugendbericht. Bericht über Bestrebungen und Leistungen der Jugendhilfe.* Bonn: Bundestagsdrucksache 11/6576.

Byalin, K. (1993). Assesing parental satisfaction with children's mental health services. *Evaluation and Program Planning, 5*, 233–237.

C

Caplan, G. (1964). *Principles of preventive psychiatry.* London: Basic Books.

Caritasverband der Erzdiözese München und Freising e.V. (2001). *Rahmenkonzeption. Beratungsstellen für Eltern, Kinder und Jugendliche.* Unveröffentlichte Konzeption.

Cederborg, A.-C. (1997). Young children's participation in family therapy talk. *American Journal of Family Therapy, 25*, 28–38.

Christiansen, G. (1999). *Evaluation – Ein Instrument zur Qualitätssicherung in der Gesundheitsförderung.* (Forschung und Praxis der Gesundheitsaufklärung, Bd. 8). Köln: Bundeszentrale für gesundheitliche Aufklärung (Hrsg.).

Cierpka, M. & Frevert, G. (1995). *Die Familienbögen (FB).* Göttingen: Hogrefe.

Cierpka, M., Loetz, S. & Cierpka, A. (2002). Beratung für Familien mit Säuglingen und Kleinkindern. In M. Wirsching & P. Scheib (Hrsg.), *Paar- und Familientherapie* (S. 553–563). Berlin: Springer.

Claus, G. & Ebner, H. (1985). *Grundlagen der Statistik.* Thun: Verlag Harri Deutsch.

Coughlan, J. G. (2001). Zur Verbesserung der Prozeßqualität in einer Erziehungsberatungsstelle. *Report Psychologie, 26*, 226–232.

Cremer, H. (1996). Zur Situation der Erziehungsberatung. In K. Menne, H. Cremer & A. Hundsalz (Hrsg.), *Jahrbuch für Erziehungsberatung. Band 2* (S. 143–162). Weinheim: Juventa.

Czogalik, D. (1999). Methoden der Psychotherapieforschung – Möglichkeiten und Grenzen. In H. Petzold & M. Märtens (Hrsg.), *Wege zu effektiven Psychotherapien. Psychotherapieforschung und Praxis. Band 1* (S. 151–174). Opladen: Leske & Budrich.

D

Dale, P., Allen, J. & Measor, L. (1998). Counselling adults who were abused as children: clients' perceptions of efficacy, client-counsellor communication, and dissatisfaction. *British Journal of Guidance and Counselling, 26*, 141–158.

Deane, F. P. (1993). Client Satisfaction with Psychotherapie in two Outpatient Clinics in New Zealand. *Evaluation and Program Planning, 16*, 87–94.

Deutsche Gesellschaft für Evaluation (DeGEval) (Hrsg.) (2002). *Standards für Evaluation.* Köln: Eigenverlag DeGEval.

Deutscher Caritasverband e. V. (2000). Anforderungen an die Erziehungsberatung – Entwicklung und Perspektiven. In K. Menne & A. Hundsalz (Hrsg.), *Grundlagen der Beratung. Fachliche Empfehlungen, Stellungnahmen und Hinweise für die Praxis* (S. 404–422). Fürth: bke.

Deutscher Verein für öffentliche und private Fürsorge (1994). Empfehlungen des deutschen Vereins zur Hilfeplanung nach §36 KJHG. *Nachrichten des Deutschen Vereins, 9,* 317–326.

Deutsches Institut für Normierung DIN (Ausschuss Qualitätssicherung und angewandte Statistik AQS) (1992). *Qualitätsmanagement und Elemente eines Qualitätssicherungssystems. Leitfaden für Dienstleistungen* (identisch mit ISO 9004–2). Berlin: Beuth Verlag.

Dietrich, G. (1991). *Allgemeine Beratungspsychologie. Eine Einführung in die psychologische Theorie und Praxis der Beratung.* Göttingen: Hogrefe.

Döring, N. (2000). Psychotherapie und Netzkommunikation: Bestandsaufnahme und Zukunftsperspektiven. In M. Hermer (Hrsg.), *Psychotherapeutische Perspektiven am Beginn des 21. Jahrhunderts* (S. 421–485). Tübingen: dgvt-Verlag.

Donabedian, A. (1966). Evaluating the quality of medical care. *Milbank Memorial Funds Quarterly, 44,* 166–203.

Dowling, E. (1993): Are family therapists listening to the young? A psychological perspective. *Journal of Family Therapy, 15,* 403–411.

E

Eggemann-Dann, H.-W. (1999). Was zählt, kann man (er)zählen. Die Bedeutung der institutionellen Erziehungsberatung für die Kinder- und Jugendhilfe. *Wege zum Menschen, 51,* 345–360.

Engel, F. (2002). Beratung in Zeiten ihrer technischen Reproduzierbarkeit. In F. Nestmann & F. Engel (Hrsg.), *Die Zukunft der Beratung* (S. 135–154). Tübingen: dgvt-Verlag.

Engel, G. L. (1979). Die Notwendigkeit eines neuen medizinischen Modells: Eine Herausforderung der Biomedizin. In H. Keupp (Hrsg.), *Normalität und Abweichung, Fortsetzung einer notwendigen Kontroverse* (S. 63–86). München: Urban & Schwarzenberg.

Engler, S. (1997). Zur Kombination von qualitativen und quantitativen Methoden. In B. Friebertshäuser & A. Prengel (Hrsg.), *Handbuch Qualitative Forschungsmethoden in der Erziehungswissenschaft* (S. 118–130). Weinheim, München: Juventa.

Erikson, E. H: (1959). Growth and crises of the healthy personality. *Psychological Issues, 1,* 50–100.

Erikson, E. H. (1981). *Jugend und Krise. Die Psychodynamik im sozialen Wandel.* Stuttgart: Klett-Cotta.

Eysenck, H. (1952). The effects of psychotherapy: An evaluation. *Journal of Consulting and Clinical Psychology, 16,* 319–324.

F

Fäh, M. (2000). Verbessert Psychotherapie die Moral? Inwiefern können grundlegende gesundheitsrelevante Lebensbewältigungseinstellungen durch psychologische Interventionen erworben bzw. verbessert werden? In H. Wydler, P. Kolip & T. Abel (Hrsg.), *Salutogenese und Kohärenzgefühl. Grundlagen, Empirie und Praxis eines gesundheitswissenschaftlichen Konzepts* (S. 149–160). Weinheim: Juventa.

Faltermaier, T. (1994). *Gesundheitsbewußtsein und Gesundheitshandeln*. Weinheim: Beltz.
Faltermaier, T. (2000). Die Salutogenese als Forschungsprogramm und Praxisperspektive. Anmerkungen zu Stand, Problemen und Entwicklungschancen. In H. Wydler, P. Kolip & T. Abel (Hrsg.), *Salutogenese und Kohärenzgefühl. Grundlagen, Empirie und Praxis eines gesundheitswissenschaftlichen Konzepts* (S. 185–196). Weinheim: Juventa.
Fend, H. (1988). *Sozialgeschichte des Aufwachsens. Bedingungen des Aufwachsens von Jugendgestalten im zwanzigsten Jahrhundert*. Frankfurt: Suhrkamp.
Fiegenbaum, W., Tuschen, B. & Florin, I. (1997). Qualitätssicherung in der Psychotherapie. *Zeitschrift für Klinische Psychologie, 26*, 138–149.
Fisher, S. G. (1980). The use of time limits in brief psychotherapy. *Family Process, 19*, 377–392.
Fisher, S. G. (1984). Time-limited brief therapy with families: A one-year follow-up study. *Family Process, 23*, 102–106.
Flosdorf, P., Hohm, E. & Macsenaere, M. (2000). Jugendhilfe unter der Lupe. *Neue Caritas, 2*, 27–30.
Fraczek, A. & Zwolinski, M. (1999). Some childhood predictors of the sense of coherence (SOC) in young adults. A follow-up study. *Polish Psychological Bulletin, 30* (4), 263–270.
Franck, R. (1984). Eine Ein-Jahres-Katamnese an einer psychologsichen Erziehungsberatungsstelle: Zwei Einzelfallstudien. *Psychologie in Erziehung und Unterricht, 31*, 205–241.
Frank, M. & Fiegenbaum, W. (1994). Therapieerfolgsmessung in der psychotherapeutsichen Praxis. *Zeitschrift für Klinische Psychologie, 23*, 268–275.
Franke, A. (1997). Zum Stand der konzeptionellen und empirischen Entwicklung des Salutogenesekonzepts. In A. Antonovsky, *Salutogenese. Zur Entmystifizierung der Gesundheit*. Dt. erw. Ausg. von Alexa Franke (S. 169–190). Tübingen: dgvt-Verlag.
Frankl, V. (1987). *Logotherapie und Existenzanalyse*. München: Piper.
Frey, V. (1991). Befürchtungen und Erwartungen von Klienten einer Erziehungsberatungsstelle vor und nach dem Erstgespräch. *Kontext, 20*, 62–82.
Friebertshäuser, B. (1997). Interviewtechniken – ein Überblick. In B. Friebertshäuser & A. Prengel (Hrsg.), *Handbuch Qualitative Forschungsmethoden in der Erziehungswissenschaft* (S. 371–395). Weinheim, München: Juventa.
Friese, P. (2000). Die Notwendigkeit interkultureller Kompetenzen in Erziehungsberatungsstellen. In BAG JAW (Hrsg.), *Partizipation und Chancengleichheit zugewanderter Jugendlicher. Gestaltung der Integrationspolitik als Herausforderung an die Jugendpolitik* (S. 103–119). Bonn: BAG JAW.
Froschauer, U. & Lueger, M. (1996). Qualitative Evaluation psychotherapeutischer Gespräche. *Zeitschrift für systemische Therapie, 14*, 98–109.
Fuchs-Heinritz, W. (1993). Methoden und Ergebnisse der qualitativ orientierten Jugendforschung. In H.-H. Krüger (Hrsg.), *Handbuch der Jugendforschung* (S. 249–275). Opladen: Leske & Budrich.

Furth-Riedesser, R. (1998). Die Entwicklung der Evaluation von der Utopie zur Wissenschaft, oder: warum Herr Sisyphos nicht den Aufzug nahm. *Verhaltenstherapie und psychosoziale Praxis, 30,* 141–154.

Fydrich, T., Laireiter, A.-R., Saile, H. & Engberding, M. (1996). Diagnostik und Evaluation in der Psychotherapie: Empfehlungen zur Standardisierung. *Zeitschrift für Klinische Psychologie, 25,* 161–168.

G

Garfield, S. L. & Bergin, A. E. (1994). Introduction and historical overview. In A. E. Bergin & S. L. Garfield (Eds.), *Handbook of psychotherapy and behavior change* (4th ed.; pp. 3–18). New York: Wiley.

Gehring, T. (1993). *Familiensystemtest FAST.* Weinheim: Beltz.

Georg, W. & Lange, A. (1999). „Soziales Kapital" in Familien: Einflüsse auf Delinquenz und Schulleistungen. In R. Silbereisen & J. Zinnecker (Hrsg.), *Entwicklung im sozialen Wandel* (S. 289–297). Weinheim: PVU.

Gergen, K. J. (1990). Die Konstruktion des Selbst im Zeitalter der Postmoderne. *Psychologische Rundschau, 41,* 191–199.

Gerstenmaier, J. & Nestmann, F. (1984). *Alltagstheorien von Beratung.* Opladen: Leske & Budrich.

Gesellschaft für Gemeindepsychologische Forschung und Praxis e. V (GGFP) (1999). Fachtagung „Qualität durch Partizipation und Empowerment". Münchner Erklärung aus Anlaß der Fachtagung vom 8.–10. Oktober 1998 in München. *Psychologie & Gesellschaftskritik, 22,* 125–128.

Geyer, S. (1997). Some conceptual considerations on the sense of coherence scale. *Social Science & Medicine, 33,* 1771–1779.

Gmür, W. & Lenz, A. (1998). Erfolgreiche Beratung durch Qualitätsmanagement? In T. Giernalczyk & R. Freytag (Hrsg.), *Qualitätsmanagement von Krisenintervention und Suizidprävention* (S. 61–83). Göttingen: Vandenhoeck & Ruprecht.

Gmür, W. & Straus, F. (1998). Partizipatives Qualitätsmanagement in psychosozialen Beratungsstellen: Hintergründe, Anforderungen und Möglichkeiten von Qualitätssicherung nach dem „Münchner Modell". In A.-R. Laireiter & H. Vogel (Hrsg.), *Qualitätssicherung in der Psychotherapie und psychosozialen Versorgung* (S. 77–99). Tübingen: dgvt-Verlag.

Grabbe, M. (2001). Kooperation mit Kindern in Therapie und Beratung. In A. v. Schlippe, G. Lösche & Ch. Hawellek (Hrsg.), *Frühkindliche Lebenswelten und Erziehungsberatung. Die Chancen des Anfangs* (S. 220–242). Münster: Votum.

Grawe, K. (1988). Zurück zur psychotherapeutischen Einzelfallforschung. *Zeitschrift für Klinische Psychologie, 17,* 1–7.

Grawe, K. (1995). Grundriß einer Allgemeinen Psychotherapie. *Psychotherapeut, 40,* 130–145.

Grawe, K. (1999). *Psychologische Therapie.* 2. korrigierte Auflage. Göttingen: Hogrefe.

Grawe, K. & Baltensperger, C. (1998). Figurationsanalyse – Ein Konzept und Computerprogramm für die Prozess- und Ergebnisevaluation in der Therapiepraxis. In A.-R. Laireiter & H. Vogel (Hrsg.), *Qualitätssicherung in der Psychotherapie und*

psychosozialen Versorgung. Ein Werkstattbuch (S. 179–208). Tübingen: dgvt-Verlag.
Grawe, K. & Baltensperger, C. (2001). Psychotherapie unter gesundheitsökonomischem Aspekt. *Zeitschrift für Klinische Psychologie und Psychotherapie, 30,* 10–21.
Grawe, K. & Braun, U. (1994). Qualitätskontrolle in der Psychotherapiepraxis. *Zeitschrift für Klinische Psychologie, 23,* 242–267.
Grawe, K., Donati, R. & Bernauer, F. (1994). *Psychotherapie im Wandel. Von der Konfession zur Profession.* Göttingen: Hogrefe.
Gross, P. (1994). *Die Multioptionsgesellschaft.* Frankfurt: Suhrkamp.

H

Häring, H.-G. & Hüssing, A. (1992). Sind Eltern mit der Schulpsychologischen Beratung zufrieden? – Erprobung eines Elternfragebogens. *Praxis der Kinderpsychologie und Kinderpsychiatrie, 41,* 52–57.
Haid-Loh, A. (1996). Wozu Eulen nach Athen tragen? Qualitätssicherung in der Erziehungsberatung. *Informationen für Erziehungsberatungsstellen,* Heft 3, 10–13.
Haid-Loh, A. (1998). Leistungsbeschreibung und Qualitätsmerkmale der Erziehungs- und Familienberatung. In M. Dietzfelbinger & A. Haid-Loh (Hrsg.), *Qualitätsentwicklung – Eine Option für Güte. Qualitätsmanagement in Psychologischen Beratungsstellen evangelischer Träger. Band 1* (S. 202-215). Berlin: EZI-Eigenverlag.
Haid-Loh, A., Lindemann, F.-W. & Märtens, M. (1995). *Familienberatung im Spiegel der Forschung. Untersuchungen aus dem Evangelischen Zentralinstitut für Familienberatung, Nr. 17.* Berlin: EZI-Eigenverlag.
Haltenhof, H. & Schmoll, D. (1997). Frühe Sozialisation und unspezifische Wirkfaktoren der Psychotherapie aus Sicht des Salutogenese-Konzepts. In F. Lamprecht & R. Johnen (Hrsg.), *Salutogenese. Ein neues Konzept in der Psychosomatik?* (S. 242–252) Frankfurt: VAS.
Haltenhof, H. & Vossler, A. (1994). Coping der Depression: Wie begegnen depressive Patienten ihrer Erkrankung? Eine Literaturanalyse. *Zeitschrift für klinische Psychologie, Psychopathologie und Psychotherapie, 42,* 201–229.
Haour-Knipe, M. (1998). *Migration, Families and Stress.* London: University London Press.
Haour-Knipe, M. (1999). Family sense of coherence (SOC) and adapting to a new culture. A case study. *Polish Psychological Bulletin, 30,* 311–321.
Haubrich, K. & Vossler, A. (2001). Das Modellprogramm „Interkulturelles Netzwerk der Jugendsozialarbeit im Sozialraum" – Erste Ergebnisse und Erkenntnisse. *Jugend, Beruf, Gesellschaft. Arbeitsdruck der 39. Sozialanalyse der Bundesarbeitsgemeinschaft Jugendsozialarbeit* (BAG JAW).
Heekerens, H.-P. (1998). Evaluation von Erziehungsberatung: Forschungsstand und Hinweise zu künftiger Forschung. *Praxis der Kinderpsychologie und Kinderpsychiatrie, 47,* 589–606.
Heiner, M. (1996). Evaluation zwischen Qualifizierung, Qualitätsentwicklung und Qualitätssicherung. In M. Heiner (Hrsg.), *Qualitätsentwicklung durch Evaluation* (S. 20–47). Freiburg: Lambertus.

Heinzel, F. (1997). Qualitative Interviews mit Kindern. In B. Friebertshäuser & A. Prengel (Hrsg.), *Handbuch Qualitative Forschungsmethoden in der Erziehungswissenschaft* (S. 396–413). Weinheim: Juventa.

Heppner, P. P. & Claiborn, C. D. (1989). Social influence research in counseling: A review and critique. *Journal of Counseling Psychology, 36,* 365–387.

Herriger, N. (1997). *Empowerment in der sozialen Arbeit. Eine Einführung.* Stuttgart: Kohlhammer.

Herrle, J. (1998). Soziale Unterstützungsnetzwerke im psychotherapeutischen Kontext. In B. Röhrle, G. Sommer & F. Nestmann (Hrsg.), *Netzwerkinterventionen* (S. 51–75). Tübingen: dgvt-Verlag.

Herrle, J. & Angermeyer, M. C. (1997). Psychotherapie anstelle sozialer Unterstützung? Die Rolle des individuellen Unterstützungsnetzwerks bei der Inanspruchnahme therapeutischer Angebote. *Zeitschrift für Klinische Psychologie, 26,* 58–67.

Hildenbrand, B. (1998). Qualitative Forschung in der systemischen Therapie. *System Familie, 11,* 112–119.

Hinsch, R. & Schneider, C. (2002). *Evaluationsstudie zum Modellprojekt „Psychologische und Sozialpädagogische Beratung nach dem KJHG im Internet" – Onlineberatung.* Unveröffentlichter Arbeitsbericht des Instituts für angewandte Familien-, Kindheits- und Jugendforschung an der Universität Potsdam.

Höfer, R. (2000). *Jugend, Gesundheit und Identität. Studien zum Kohärenzgefühl.* Opladen: Leske & Budrich.

Höfer, R. & Straus, F. (1991). Familienberatung – aus der Sicht ihrer Klienten. Zur Perspektivität der Erfolgsmessung. In G. Presting (Hrsg.), *Erziehungs- und Familienberatung* (S. 157–214). Weinheim: Juventa.

Höger, D. & Eckert, J. (1997). Der Bielefelder Klienten-Erfahrungsbogen (BIKEB). Ein Verfahren zur Erfassung des „Post-Session- Outcome" bei Psychotherapien. *Zeitschrift für Klinische Psychologie, 26,* 129–137.

Hohl, J. (2001). Interview. In H. Keupp & K. Weber (2001). *Psychologie. Ein Grundkurs* (S. 248–256). Reinbek: Rowohlt.

Hohm, E. & Petermann, F. (2000). Sind Effekte erzieherischer Hilfen stabil? Ergebnisse einer 1–Jahreskatamnese. *Kindheit und Entwicklung, 9,* 212–221.

Hollander, H. & McLeod, J. (1999). Theoretical orientation and reported practice: a survey of eclecticism among counsellors in Britain. *British Journal of Guidance and Counselling, 27,* 405–414.

Holz, G. & Hock, B. (1999). Armutslagen von Kindern und Jugendlichen in Deutschland am Ende des 20. Jahrhunderts. *SOS-Dialog. Fachmagazin des SOS-Kinderdorf e.V.: Kinderarmut in Deutschland* (S. 10–15).

Hoops, S., Permien, H. & Rieker, P. (2001). *Zwischen null Toleranz und null Autorität. Strategien von Familie und Jugendhilfe im Umgang mit Kinderdelinquenz.* München: Verlag Deutsches Jugendinstitut.

Hopf, C. (1995). Qualitative Interviews in der Sozialforschung. Ein Überblick. In U. Flick, E. v. Kardorff, H. Keupp, L. v. Rosenstiel & S. Wolff (Hrsg.), *Handbuch Qualitative Sozialforschung* (S. 177–182). Weinheim: Juventa.

Horn, A. (1994). Interview. In G. L. Huber & H. Mandl (Hrsg.), *Verbale Daten. Eine Einführung in die Grundlagen und Methoden der Erhebung und Auswertung* (S. 119–140). 2. Auflage. Weinheim: PVU.

Horvath, A. O. & Greenberg, L. S. (1989). Development and Validation of the Working Alliance Inventory. *Journal of Counseling Psychology, 36,* 223–233.

Hoyt, W. T. (1996). Antecedents and effects of perceived therapist credibility: A Meta-Analysis. *Journal of Counseling Psychology, 43,* 430–447.

Hsiung, R. C. (Ed.) (2002). *e-Therapy. Case Studies, guiding principles, and the clinical potential of the internet.* New York: Norton & Company.

Hundsalz, A. (1991). Methoden und Konzeptentwicklung in den psychologischen Beratungsstellen. *Praxis der Kinderpsychologie und Kinderpsychiatrie, 40,* 55–61.

Hundsalz, A. (1995). *Die Erziehungsberatung. Grundlagen, Organisation, Konzepte und Methoden.* Weinheim: Juventa.

Hundsalz, A. (1998). Beratung, Psychotherapie oder psychologische Beratung. Zum Profil therapeutischer Arbeit in der Erziehungsberatung. *Praxis der Kinderpsychologie und Kinderpsychiatrie, 47,* 157–173.

Hundsalz, A. (2000). Qualität in der Erziehungsberatung – Aktuelle Entwicklungen zu Beginn des 21. Jahrhunderts. *Praxis der Kinderpsychologie und Kinderpsychiatrie, 49,* 747–764.

Hurrelmann, K. (1995). Lebensphase Jugend. Chancen und Risiken für eine gesunde Persönlichkeitsentwicklung. In A. Hundsalz, H.-P. Klug & H. Schilling (Hrsg.), *Beratung für Jugendliche. Lebenswelten, Problemfelder, Beratungskonzepte* (S. 42–54). Weinheim: Juventa.

J

Jacob, A. (1999). Dimensionen der Erziehungsberatung. In L. Marschner (Hrsg.), *Beratung im Wandel* (S. 90–103). Eine Veröffentlichung der bke. Mainz: Matthias Grünewald-Verlag.

Jacob, B. (1996). Katamnestische Untersuchungen zur Wirksamkeit von Erziehungsberatung. In K. Menne, H. Cremer & A. Hundsalz (Hrsg.), *Jahrbuch für Erziehungsberatung, Band 2* (S. 261–273). Weinheim: Juventa.

Jacob, G. & Bengel, J. (2000). Das Konstrukt Patientenzufriedenheit: Eine kritische Bestandsaufnahme. *Zeitschrift für Klinische Psychologie, Psychiatrie und Psychotherapie, 48,* 280–301.

Jaeggi, E. & Faas, A. (1993). Denkverbote gibt es nicht! *Psychologie und Gesellschaftskritik, 17,* 141–162.

Janssen, J. & Laatz (1999). *Statistische Datenanalyse mit SPSS für Windows.* 3. Auflage. Berlin: Springer.

Janssen, L. (Hrsg.) (1998). *Auf der virtuellen Couch. Selbsthilfe, Beratung und Therapie im Internet.* Bonn: Psychiatrie Verlag.

Jonas, K. & Ziegler, R. (1999). Regressionsanalyse. In K. Schweizer (Hrsg.), *Methoden für die Analyse von Fragebogendaten* (S. 9–42). Göttingen: Hogrefe.

Jugendwerk der Deutschen Shell (Hrsg.) (1997). *„Jugend '97", 12. Shell Jugendstudie.* Opladen: Leske & Budrich.

Jugendwerk der Deutschen Shell (Hrsg.) (2000). *„Jugend 2000", 13. Shell Jugendstudie*. Opladen: Leske & Budrich.

K

Kadauke-List, A. M. (1989). Erziehungsberatungsstellen im Nationalsozialismus. In R. Cogoy, I. Kluge & B. Heckler (Hrsg.), *Erinnerungen einer Profession. Erziehungsberatung, Jugendhilfe und Nationalsozialismus* (S. 182–192). Münster: Votum.

Kadauke-List, A. M. (1996). Erziehungsberatungsstellen im Nationalsozialismus. In K. Menne, H. Cremer & A. Hundsalz (Hrsg.), *Jahrbuch für Erziehungsberatung. Band 2* (S. 275–286). Weinheim: Juventa.

Kaisen, R. (1992). *Erwartungen an die Erziehungsberatung: Inhalte und Auswirkungen der Wünsche und Vermutungen von Klienten und Beratern*. Münster: Waxmann.

Kaisen, R. (1996). Erwartungen an die Erziehungsberatung. In K. Menne, H. Cremer & A. Hundsalz (Hrsg.), *Jahrbuch für Erziehungsberatung. Band 2* (S. 241–273). Weinheim: Juventa.

Kaisen, R. (2001). Der Sozialraum: ein hilfreicher Fokus für Fall- und Feldarbeit in der Erziehungsberatung. In A. v. Schlippe, G. Lösche & Ch. Hawellek (Hrsg.), *Frühkindliche Lebenswelten und Erziehungsberatung. Die Chancen des Anfangs* (S. 292–312). Münster: Votum.

Kardorff, E. von (2000). Qualitative Evaluationsforschung. In U. Flick, E. v. Kardorff & I. Steike (Hrsg.), *Qualitative Forschung. Ein Handbuch* (S. 238–259). Reinbek: Rowohlt.

Kelle, U. & Kluge, S. (1998). *Vom Einzelfall zum Typus. Fallvergleich und Fallkontrastierung in der qualitativen Sozialforschung*. Opladen: Leske und Budrich.

Kersten, O. (1941). *Praxis der Erziehungsberatung*. Stuttgart: Enke.

Keupp, H. (1982). Einleitende Thesen zu einer radikalen gemeindepsychologischen Perspektive sozialer Arbeit. In H. Keupp & D. Rerrich (Hrsg.), *Psychosoziale Praxis. Ein Handbuch in Schlüsselbegriffen* (S. 11–20). München: Urban & Schwarzenberg.

Keupp, H. (1987). *Psychosoziale Praxis im gesellschaftlichen Umbruch*. Bonn: Psychiatrie-Verlag.

Keupp, H. (1989). Auf der Suche nach der verlorenen Identität. In H. Keupp & H. Bilden (Hrsg.), *Verunsicherungen. Das Subjekt im gesellschaftlichen Wandel* (S. 47–70). Göttingen: Hogrefe.

Keupp, H. (1990). Lebensbewältigung im Jugendalter aus der Perspektive der Gemeindepsychologie. Förderung präventiver Netzwerkressourcen und Empowermentstrategien. In Sachverständigenkommission 8. Jugendbericht (Hrsg.), *Risiken des Heranwachsens. Probleme der Lebensbewältigung im Jugendalter. Materialien zum 8. Jugendbericht. Band 3* (S. 3–51). München: Verlag Deutsches Jugendinstitut.

Keupp, H. (1995). Gemeindepsychologische Identitäten: Vergangenheit und mögliche Zukünfte. In B. Röhrle & G. Sommer (Hrsg.), *Gemeindepsychologie: Bestandsaufnahme und Perspektiven* (S. 5–24). Tübingen: dgvt-Verlag.

Keupp, H. (1996). Produktive Lebensbewältigung in den Zeiten der allgemeinen Verunsicherung. *SOS-Dialog. Fachmagazin des SOS-Kinderdorf e. V.: Perspektiven von Beratung* (S. 4–11).

Keupp, H. (1997a). Von der (Un-)Möglichkeit erwachsen zu werden – Jugend zwischen Multioptionalität und Identitätsdiffusion. In H. Keupp (Hrsg.), *Ermutigung zum aufrechten Gang* (S. 49–68). Tübingen: dgvt-Verlag.

Keupp, H. (1997b). Diskursarena Identität: Lernprozesse in der Identitätsforschung. In H. Keupp & R. Höfer (Hrsg.), *Identitätsarbeit heute: Klassische und aktuelle Perspektiven der Identitätsforschung* (S. 11–39). Frankfurt a. M.: Suhrkamp.

Keupp, H. (1997c). Identitätsbildung heute – Auf dem Weg zur Multiphrenie?. In H. Keupp (Hrsg.), *Ermutigung zum aufrechten Gang* (S. 69–79). Tübingen: dgvt-Verlag.

Keupp, H. (1998). Quo Vadis Erziehungsberatung? Ein Blick in das Diskursarchiv. In W. Körner & G. Hörmann (Hrsg.), *Handbuch der Erziehungsberatung, Band 1* (S. 11–18). Göttingen: Verlag für Psychologie.

Keupp, H. (1999). Subjektsein heute. Zwischen postmoderner Diffusion und der Suche nach neuen Fundamenten. *Wege zum Menschen, 51*, 136–152.

Keupp, H. (2000). Die Suche nach Qualität Sozialer Arbeit im Spannungsfeld von Markt, Staat und Bürgergesellschaft. In J. König, C. Oerthel & H.-J. Puch (Hrsg.), *Qualitätsmanagement und Informationstechnologien im Sozialmarkt* (S. 27–49). Starnberg: Verlag R. S. Schulz.

Keupp, H., Ahbe, T., Gmür, W., Höfer, R., Mitzscherlich, B., Kraus, W. & Straus, F. (1999). *Identitätskonstruktionen. Das Patchwork der Identitäten in der Spätmoderne*. Reinbek: Rowohlt.

Klammer, G. (2000). Sozialer Konstruktionismus: (m)ein Überblick. *Zeitschrift für systemische Therapie, 18*, 249–258.

Klann, N. & Hahlweg, K. (1994). Beratungsbegleitende Forschung – Evaluation von Vorgehensweisen in der Ehe-, Familien- und Lebensberatung und ihre spezifischen Auswirkungen. *Schriftenreihe des Bundesministeriums für Familie, Senioren, Frauen und Jugend. Band 48.1*. Stuttgart: Kohlhammer.

Klatetzki, T. (1998). Qualitäten der Organisation. In J. Merchel (Hrsg.), *Qualität in der Jugendhilfe* (S. 61–75). Münster: Votum.

Kobasa, S. C. (1979). Stressful life events, personality and health: An inquiry in hardiness. *Journal of Personality and Social Psychology, 34*, 839–850.

Kolip, P., Wydler, H. & Abel, T. (2000). Gesundheit: Salutogenese und Kohärenzgefühl. Einleitung und Überblick. In H. Wydler, P. Kolip & T. Abel (Hrsg.), *Salutogenese und Kohärenzgefühl. Grundlagen, Empirie und Praxis eines gesundheitswissenschaftlichen Konzepts* (S. 11–19). Weinheim: Juventa.

Kommunale Gemeinschaftsstelle (KGSt) (1994). *Outputorientierte Steuerung der Jugendhilfe. Bericht 9/1994*. Köln: KGSt.

Korner, S. & Brown, G. (1990): Exclusion of children from family psychotherapy: family therapists' beliefs and practices. *Journal of Family Psychology, 3*, 420–430.

Korotkov, D. L. (1993). An assessment of the (short-form) sense of coherence personality measure: Issues of validity and well-being. *Personality and Individual Differences, 14*, 575–583.

Koschorke, M. (1973). Unterschicht und Beratung. *Wege zum Menschen, 25*, 129–163.

Krampen, G. & Wald, B. (2001). Kurzinstrumente für die Prozessevaluation und adaptive Indikation in der Allgemeinen und Differentiellen Psychotherapie und Beratung. *Diagnostica, 47,* 43–50.

Kraus, W. (1996). *Das erzählte Selbst. Die narrative Konstruktion von Identität in der Spätmoderne.* Pfaffenweiler: Centaurus.

Kriz, J. (1999). Fragen und Probleme der Wirksamkeitsbeurteilung von Psychotherapie. In H. Petzold & M. Märtens (Hrsg.), *Wege zu effektiven Psychotherapien. Psychotherapieforschung und Praxis. Band 1* (S. 273–281). Opladen: Leske & Budrich.

Kröger, F. & Altmeyer, S. (2000). Von der Familiensomatik zur systemischen Familienmedizin. *Familiendynamik, 25,* 268–292.

Krowatschek, D. (1995). *Marburger Konzentrationstraining.* Dortmund: Borgmann.

Kühnl, B. (2000). *Subjektive Theorien der Erziehungsberatung. Eine qualitative Studie über Angebote und Effekte der Erziehungsberatung aus der Sicht von Praktikern.* München: Utz.

Kühnl, B. (2001). Der Qualitätsdiskurs in der Sozialen Arbeit: Chancen und Gefahren. *Neue Praxis, 31,* 405–410.

Kurz-Adam, M. (1995a). Zwischen Dogmatik, Normalität und Vielfalt. Konzeptdiskussionen in der Erziehungsberatung in Westdeutschland. In M. Kurz-Adam & I. Post (Hrsg.), *Erziehungsberatung und Wandel der Familie* (S. 32–39). Opladen: Leske & Budrich.

Kurz-Adam, M. (1995b). Modernisierung von innen? Wie der gesellschaftliche Wandel die Beratungsarbeit erreicht. Erziehungsberatung zwischen Vielfalt und Integration. In M. Kurz-Adam & I. Post (Hrsg.), *Erziehungsberatung und Wandel der Familie* (S. 175–195). Opladen: Leske & Budrich.

Kurz-Adam, M. (1997). *Professionalität und Alltag in der Erziehungsberatung. Entwicklungslinien und empirische Befunde.* Opladen: Leske & Budrich.

Kurz-Adam, M. (1999). Selbstbewusste Unordnung. Vom Umgang mit der Vielfalt in der Beratungsarbeit. In L. Marschner (Hrsg.), *Beratung im Wandel* (S. 77–89). Mainz: Matthias Grünewald-Verlag.

L

Laireiter, A.-R. (1997). Qualitätssicherung von Psychotherapie: Struktur-, Prozeß- und Ergebnisqualität in der ambulanten Praxis. *Psychotherapie Forum, 22,* 203–218.

Laireiter, A.-R. (2003). Diagnostik in der Psychotherapie. Aus der Praxis für die Praxis. *Report Psychologie, 28,* 27–42.

Laireiter, A.-R., Lettner, K. & Baumann, U. (1998). PSYCHO-DOK. Allgemeines Dokumentationssystem für Psychotherapie: Beschreibung und Funktionen im Rahmen des Qualitätsmanagements von Psychotherapie. In A.-R. Laireiter & H. Vogel (Hrsg.), *Qualitätssicherung in der Psychotherapie und psychosozialen Versorgung. Ein Werkstattbuch* (S. 209–224). Tübingen: dgvt-Verlag.

Laireiter, A.-R. & Vogel, H. (1998). Qualitätssicherung in der Psychotherapie und psychosozialen Versorgung – Einblicke in die Werkstatt. In A.-R. Laireiter & H. Vogel (Hrsg.), *Qualitätssicherung in der Psychotherapie und psychosozialen Versorgung. Ein Werkstattbuch* (S. 17–46). Tübingen: dgvt-Verlag.

Lamprecht, F. & Johnen, R. (Hrsg.) (1997). *Salutogenese. Ein neues Konzept in der Psychosomatik?* 3. überarbeitete Auflage. Frankfurt: VAS.

Lamprecht, F. & Sack, M. (1997). Kohärenzgefühl und Salutogenese – Eine Einführung. In F. Lamprecht & R. Johnen (Hrsg.), *Salutogenese. Ein neues Konzept in der Psychosomatik?* 3. überarbeitete Auflage (S. 22–36). Frankfurt: VAS.

Lang, G., Herath-Schugsties, I. & Kilius, H. (1997). Erwartungen werden erfüllt. Erziehungsberatung in München: Ergebnisse einer Erhebung des Verbundes Münchner Erziehungsberatungsstellen. *Informationen für Erziehungsberatungsstellen, Heft 4,* 18–20.

Langenmayr, A. & Kosfelder, J. (1998). Evaluation in der Psychotherapie. In K. Menne (Hrsg.), *Qualität in Beratung und Therapie. Evaluation und Qualitätssicherung für Erziehungs- und Familienberatung* (S. 95–114). Weinheim: Juventa.

Langer, R. (2001). Interviews durchführen und auswerten. Leitfadeninterviews als Evaluationsinstrument. *Pädagogik, 53,* 25–27.

Langseth Johannesen, T., Rieber, H. & Trana, H. (2000). Die reflektierenden Handpuppen. Ein neuer Weg der Kommunikation mit Kindern in der Familientherapie. *Zeitschrift für systemische Therapie, 18,* 68–80.

Larsen, D. L., Attkisson, C. C., Hargreaves, W. A. & Nguyen, T. D. (1979). Assessment of Client/Patient Satisfaction: Development of a General Scale. *Evaluation and Program Planning, 2,* 197–207.

Larsson, G. & Kallenberg, K. (1996). Sense of coherence, socioeconomic conditions and health. *European Journal of Public Health, 6,* 175–180.

Larsson, G. & Kallenberg, K. (1999). Dimensional analysis of sense of coherence using structural equation modelling. *European Journal of Personality, 13,* 51–61.

Lavee, Y., McCubbin, H. I. & Patterson, J. M. (1985). The double ABCX model of stress and adaption: An empirical test by analyses of structural equation with latent variables. *Journal of Marriage and the Family, 47* (4), 811–825.

Lazarus, R. S. & Folkman, S. (1984). *Stress, Appraisel and Coping.* New York: Springer.

Lebow, J. (1983). Research assessing consumer satisfaction with mental health treatment: A review of findings. *Evaluation and Program Planning, 6,* 211–236.

Leinhofer, G. (1995). Teamvisionen. In M. Kurz-Adam & I. Post (Hrsg.), *Erziehungsberatung und Wandel der Familie* (S. 235–242). Opladen: Leske & Budrich.

Lenders, C. (1999). Vor Ort – Erziehungsberatung in der Familie. *Humanistische Psychologie, 22,* 250–259.

Lenz, A. (1990). Ländlicher Alltag und familiäre Probleme: eine qualitative Studie über Bewältigungsstrategien bei Erziehungs- und Familienproblemen auf dem Land. München: Profil.

Lenz, A. (1994a). Die Wirksamkeit von Erziehungsberatung aus der Sicht der Eltern. *Jugendwohl, 75,* 303–312.

Lenz, A. (1994b). Gemeindepsychologische Erziehungsberatung. In H. Cremer, A. Hundsalz & K. Menne (Hrsg.), *Jahrbuch für Erziehungsberatung. Band 1* (S. 83–92). Weinheim: Juventa.

Lenz, A. (1995). Gemeindepsychologisches Handeln an einer Beratungsstelle. In B. Röhrle & G. Sommer (Hrsg.), *Gemeindepsychologie: Bestandsaufnahme und Perspektiven* (S. 111–123). Tübingen: dgvt-Verlag.

Lenz, A. (1996). Prävention kontra Prävention. *SOS-Dialog. Fachmagazin des SOS-Kinderdorf e. V.: Perspektiven von Beratung* (S. 15–18).

Lenz, A. (1998a). Output oder Outcome? Erfahrungen mit verschiedenen Methoden der Ergebnisevaluation. In M. Dietzfelbinger & A. Haid-Loh (Hrsg.), *Qualitätsentwicklung – Eine Option für Güte. Qualitätsmanagement in Psychologischen Beratungsstellen evangelischer Träger. Band 2* (S. 16–37). Berlin: EZI-Eigenverlag.

Lenz, A. (1998b). Qualität in der psychosozialen Beratung. Dimensionen der Qualität und Methoden der Evaluation. *Verhaltenstherapie und psychosoziale Praxis, 30*, 155–178.

Lenz, A. (1998c). Die Erfassung der Wirksamkeit von Beratung. Methoden einer subjektorientierten Ergebnisevaluation. *Gemeindepsychologie – Rundbrief, 4*, 53–66.

Lenz, A. (2001a). Editoral. *Praxis der Kinderpsychologie und Kinderpsychiatrie, 50*, 249–251.

Lenz, A. (2001b). *Partizipation von Kindern in Beratung und Therapie. Entwicklungen, Befunde und Handlungsperspektiven*. Weinheim: Juventa.

Lenz, A. & Straus, F. (1998). Gemeindepsychologische Perspektiven in der Erziehungsberatung. In W. Körner & G. Hörmann (Hrsg.), *Handbuch der Erziehungsberatung, Band 1* (S. 435–454). Göttingen: Hogrefe.

Leu, H. R. (1997). Anerkennungsmuster als „soziales Kapital" von Familien. *Diskurs, 7*, 32–39.

Liebald, C. (1998). *Leitfaden für Selbstevaluation und Qualitätssicherung. Reihe „Materialien zur Qualitätssicherung in der Kinder- und Jugendhilfe" (QS 19) des BMFSFJ*. Bonn: Bundesministerium für Familie, Senioren, Frauen und Jugend (BMFSFJ).

Lienert, G. A. (1989). *Testaufbau und Testanalyse*. München: Psychologie Verlags Union.

Lindner, T. (1995). Systemische Erziehungsberatung in Familien mit kleinen Kindern. In K. Hahn & F.-W. Müller (Hrsg.), *Systemische Erziehungs- und Familienberatung* (S. 57–67). Mainz: Matthias Grünewald-Verlag.

Lohl, W. & Detering, J. (1991). Auswirkungen des KJHG (SGB VIII) auf die Tätigkeit von Diplom-Psychologen. *Report Psychologie, 1*, 16–21.

Loth, W. (2001). „Wo soll das noch hinführen?" Kontraktorientiertes Arbeiten in Familien mit kleinen Kindern. In A. v. Schlippe, G. Lösche & Ch. Hawellek (Hrsg.), *Frühkindliche Lebenswelten und Erziehungsberatung. Die Chancen des Anfangs* (S. 200–219). Münster: Votum.

Lücke, H. (1998). Qualitätsmanagement in Beratungsstellen. Grundlagen, Konzepte und Risiken. In M. Dietzfelbinger & A. Haid-Loh (Hrsg.), *Qualitätsentwicklung – Eine Option für Güte. Qualitätsmanagement in Psychologischen Beratungsstellen evangelischer Träger. Band 1* (S. 62–95). Berlin: EZI-Eigenverlag.

Lüders, C. & Haubrich, K. (2002). Qualitative Evaluationsforschung: In C. Schweppe (Hrsg.), *Qualitative Sozialforschung in der Sozialpädagogik*. Opladen: Leske & Budrich (im Druck).

Lüders, C. & Meuser, M. (1997). Deutungsmusteranalyse. In R. Hitzler & A. Honer (Hrsg.), *Sozialwissenschaftliche Hermeneutik. Eine Einführung* (S. 57–79). Opladen: Leske & Budrich.

Lundberg, O. (1997). Childhood conditions, sense of coherence, social class and adult ill health: Exploring their theoretical and empirical relations. *Social Science & Medicine, 44*, 821–831.

Lutz, R., Herbst, M., Iffland, P. & Schneider, J. (1998). Möglichkeiten der Operationalisierung des Kohärenzgefühls von Antonovsky und deren theoretische Implikationen. In J. Margraf, J. Siegrist & S. Neumer (Hrsg.), *Gesundheits- oder Krankheitstheorie?* (S. 171–185). Berlin: Springer.

Lutz, R. & Mark, M. (Hrsg.) (1995). *Wie gesund sind Kranke?* Göttingen: VAP.

Lutz, W., Stammer, H., Leeb, B., Dötsch, M., Bölle, M. & Kordy, H. (1996). Das Heidelberger Modell der Aktiven Internen Qualitätssicherung stationärer Psychotherapie. *Psychotherapeut, 41*, 25–35.

M

Maercker, A. (1998). Kohärenzsinn und persönliche Reifung als salutogenetische Variable. In J. Margraf, J. Siegrist & S. Neumer (Hrsg.), *Gesundheits- oder Krankheitstheorie?* (S.187–199) Berlin: Springer.

Märtens, M. & Petzold, H. (1995). Psychotherapieforschung und kinderpsychotherapeutische Praxis. *Praxis der Kinderpsychologie und Kinderpsychiatrie, 44*, 302–321.

Marcia, J. E. (1966). Development and validation of ego identity status. *Journal of Personality and Social Psychology, 3*, 551–558.

Margalit, M. & Efrati, M. (1996). Loneliness, coherence and companionship among children with learning disorders. *Educational Psychology, 16*, 69–79.

Margalit, M. & Eysenck, S. (1990). Prediction of coherence in adolescence: Gender differences in social skills, personality, and family climate. *Journal of Research in Personality, 24*, 510–521.

Margraf, J., Siegrist, J. & Neumer, S. (Hrsg.) (1998). *Gesundheits- oder Krankheitstheorie?* Berlin: Springer.

Mattejat, F. & Remschmidt, H. (1993). Evaluation von Therapien mit psychisch kranken Kindern und Jugendlichen. Entwicklung und Überprüfung eines Fragebogens zur Beurteilung der Behandlung. *Zeitschrift für Klinische Psychologie, 22*, 192–233.

Mayring, P. (2000). Qualitative Inhaltsanalyse. In U. Flick, E. v. Kardorff & I. Steike (Hrsg.), *Qualitative Forschung. Ein Handbuch* (S. 447–456). Reinbek: Rowohlt.

McConnell, R. A. & Sim, A. J. (2000). Evaluating an innovative counselling service for children of divorce. *British Journal of Guidance and Counselling, 28*, 75–86.

McCubbin, H. I. & Patterson, J. M. (1983). The family stress process: The double ABCX model of family adjustment and adaption. *Mariage and Family Review, 6*, 7–37.

McLeod, J. (2000a). *Qualitative outcome research in psychotherapy: issues and methods.* Paper presented at the Annual Conference of the Society for Psychotherapy Research, Chicago, 23rd June 2000.

McLeod, J. (2000b). *Assimilating research and inquiry into the culture of counselling.* Paper presented at the 8th Annual International Counselling Conference, Centre for Studies in Counselling, School of Education, University of Durham, 25th March 2000.

McLeod, J. & Machin, L. (1998). The context of counselling: a neglected dimension of training, research and practice. *British Journal of Guidance and Counselling, 26,* 325–336.

Mecheril, P. (1996). Auch das noch ... Ein handlungsbezogenes Rahmenkonzept interkultureller Beratung. *Verhaltenstherapie und psychosoziale Praxis, 28,* 17–35.

Menne. K. (1989). Allgemeine Erziehungsberatung. In J. Blandow & J. Faltermeier (Hrsg.), *Erziehungshilfen in der BRD. Stand und Entwicklungen* (S. 171–202). Deutscher Verein, Arbeitshilfen, Heft 36. Frankfurt/M.

Menne, K. (1992). Neuere Daten zur Erziehungs- und Familienberatung – Anmerkungen zum 8. Kinder- und Jugendbericht. *Zentralblatt für das Jugendrecht, 6,* 311–323.

Menne, K. (1995). Erziehungsberatungsstellen: Fakten und Trends. In K. Hahn & F.-W. Müller (Hrsg.), *Systemische Erziehungs- und Familienberatung* (S. 272–281). Mainz: Matthias Grünewald-Verlag.

Menne, K. (1996): Erziehungsberatung 1993. Ratsuchende und Einrichtungen. In K. Menne, H. Cremer & A. Hundsalz (Hrsg.): *Jahrbuch für Erziehungsberatung. Band 2* (S. 223–240). Weinheim: Juventa.

Menne, K. (1998). Qualitätsmerkmale und Kennziffern in der Erziehungs- und Familienberatung. In K. Menne (Hrsg.), *Qualität in Beratung und Therapie. Evaluation und Qualitätssicherung für die Erziehungs- und Familienberatung* (S. 147–166). Weinheim: Juventa.

Menne, K. (2001). *Jugendhilfeplanung für Erziehungs- und Familienberatung. Ergebnisse aus dem Modellprojekt im Landkreis Offenbach. Materialien zur Beratung, Band 9.* Fürth: Bundeskonferenz für Erziehungsberatung (Hrsg.).

Menne, K. & Hundsalz, A. (Hrsg.) (2000). *Grundlagen der Beratung. Fachliche Empfehlungen, Stellungnahmen und Hinweise für die Praxis.* Fürth: bke.

Menninger, K. (1968). *Das Leben als Balance.* München: Piper.

Merchel, J. (Hrsg.) (1998). *Qualität in der Jugendhilfe.* Münster: Votum.

Merkens, H. (1997). Stichproben bei qualitativen Studien. In B. Friebertshäuser & P. Prengel (Hrsg.), *Handbuch Qualitative Forschungsmethoden in der Erziehungswissenschaft* (S. 97–106). Weinheim: Juventa.

Metzger, J. A. (2001). Arbeit und Familie – Individualisierung im Quadrat. Grenzverschiebungen zwischen Arbeits- und Familienleben. *Familiendynamik, 26,* 213–225.

Metzmacher, B. & Zaepfel, H. (1998). Gesellschaft im Umbruch – Beratung im Aufbruch. *Schriftenreihe des Diözesan-Caritasverbandes für das Erzbistum Köln e. V., Heft 48.* Köln: Caritasverband.

Meyer, A. E. (1990). Eine Taxonomie der bisherigen Psychotherapieforschung. *Zeitschrift für Klinische Psychologie, 19,* 287–291.

Meyer, F. & Schulte, D. (2002). Zur Validität der Beurteilung des Therapieerfolgs durch Therapeuten. *Zeitschrift für Klinische Psychologie und Psychotherapie, 31,* 53–61.

Meyle, S. (1998). Erziehungsberatung auf dem „Prüfstand" – Die Effektivität der Beratungsarbeit aus der Perspektive der Klienten. In W. Körner & G. Hörmann (Hrsg.), *Handbuch der Erziehungsberatung, Band 1* (S. 389–399). Götingen: Verlag für Psychologie.

Mills, J. & Crowley, J. R. (1996). *Therapeutische Metaphern für Kinder und das Kind in uns.* Heidelberg: Carl-Auer-Systeme Verlag.

Moosbrugger, H. & Richter, T. (1999). Diskriminanzanalyse. In K. Schweizer (Hrsg.), *Methoden für die Analyse von Fragebogendaten* (S. 93–151). Göttingen: Hogrefe.

Moosbrugger, H. & Schweitzer, K. (2002). Evaluationsforschung in der Psychologie. *Zeitschrift für Evaluation, 1,* 19–37.

Mroziak, B., Wojtowicz, F. & Zwolinsky, M. (1999). Sociodemographic concomitants of the sense of coherence in senior adolescents. *Polish Psychological Bulletin, 30,* 271–279.

Müller, B. (1998). *Qualitätsprodukt Jugendhilfe. Kritische Thesen und praktische Vorschläge.* 2. Auflage. Freiburg: Lambertus.

Müller-Kohlenberg, H. (2001). Partizipation von Kindern und Jugendlichen als Ressource in Evaluation und Qualitätsentwicklung. In BMFSFJ (Hrsg.), *Perspektiven der Evaluation in der Kinder- und Jugendhilfe. Reihe „Materialien zur Qualitätssicherung in der Kinder- und Jugendhilfe" (QS 35) des BMFSFJ* (S. 74–79). Bonn: Bundesministerium für Familie, Senioren, Frauen und Jugend (BMFSFJ).

Münchmeier, R. (2001). Aufwachsen unter veränderten Bedingungen – Zum Strukturwandel von Kindheit und Jugend. *Praxis der Kinderpsychologie und Kinderpsychiatrie, 50,* 119–134.

Münder, J., Greese, D., Jordan, E., Kreft, D., Lakies, Th., Lauer, H., Proksch, R. & Schäfer, K. (1993). *Frankfurter Lehr- und Praxiskommentar zum Kinder- und Jugendhilfegesetz.* Münster: Votum.

Münstermann, K. (1999). Qualität in der Jugendhilfe. Die zentrale Herausforderung – besonders für Leitungskräfte. In Sozialpädagogisches Institut im SOS-Kinderdorf e. V. (SPI) (Hrsg.), *Qualitätsmanagement in der Jugendhilfe. Erfahrungen und Positionen zur Qualitätsdebatte* (S. 22–33). SPI: München.

Murphy, L. J. & Mitchell, D. L. (1998). When writing helps to heal: e-mail as therapy. *British Journal of Guidance and Counselling, 26,* 21–32.

N

Naumann, K. & Beck, M. (1994). Effekte von Erziehungsberatung: Eine katamnestische Studie. In H. Cremer, A. Hundsalz & K. Menne (1994), *Jahrbuch für Erziehungsberatung, Band 1* (S. 253–270). Weinheim: Juventa.

Nemiroff, M. A. & Annunziata, J. (1990). *A child's first book about play therapy.* Washington: APA.

Nestmann, F. (1990). Psychosoziale Interventionen oder Nichtinterventionen: Die falsche Alternative. *Neue Praxis, 20,* 323–345.

Nestmann, F. (1996). Die gesellschaftliche Funktion psychosozialer Beratung in Zeiten von Verarmung und sozialem Abstieg. *Verhaltenstherapie und psychosoziale Praxis, 28,* 5–16.

Nestmann, F. & Engel, F. (Hrsg.) (2002a). *Die Zukunft der Beratung.* Tübingen: dgvt-Verlag.
Nestmann, F. & Engel, F. (2002b). Beratung – Markierungspunkte für eine Weiterentwicklung. In F. Nestmann & F. Engel (Hrsg.), *Die Zukunft der Beratung* (S. 11–50). Tübingen: dgvt-Verlag.
Nestmann, F. & Sickendick, U. (2002). Macht und Beratung – Fragen an eine Empowermentorientierung. In F. Nestmann & F. Engel (Hrsg.), *Die Zukunft der Beratung* (S. 165–186). Tübingen: dgvt-Verlag.
Neuhaus, C. (1996). *Das hyperaktive Kind und seine Probleme.* Ravensburg: Ravensburger Buchverlag.
Nitsch, R. (1997). Beratung im Urteil der Klienten – Ergebnisse katamnestischer Befragungen. *Jugendwohl, 78,* 356–371.
Nitsch, R. (2001). Armut und Erziehungsberatung. In K. Menne & A. Hundsalz (Hrsg.), *Jahrbuch für Erziehungsberatung, Band 4* (S. 155–174). Weinheim: Juventa.
Noack, R. H. (1997). Salutogenese: Ein neues Paradigma in der Medizin? In H. H. Bartsch & J. Bengel (Hrsg.), *Salutogenese in der Onkologie* (S. 88–105). Basel: Karger.
Noack, R. H., Bachmann, N., Oliveri, M., Kopp, H. & Udris, I. (1991). *Fragebogen zum Kohärenzgefühl (SOC-Fragebogen).* Autorisierte Übersetzung des „sense of coherence questionnaire" auf der Grundlage der Übersetzungen von B. Strub, W. Fischer-Rosenthal, W. Weiss & J. Siegrist. Bern: Unveröffentlichtes Manuskript.
Nübling, R. & Schmidt, J. (1998). Qualitätssicherung in der Psychotherapie: Grundlagen, Realisierungsansätze, künftige Aufgaben. In A.-R. Laireiter & H. Vogel (Hrsg.), *Qualitätssicherung in der Psychotherapie und psychosozialen Versorgung. Ein Werkstattbuch* (S. 49–74). Tübingen: dgvt-Verlag.
Nüßle, W., Müller-Hohagen, J. & Hübner, W. (1998). Mit Qualität neuen Herausforderungen begegnen. Das Münchner Modell: Partizipatives Qualitätsmanagement in sozialen Diensten – Zwischenbericht aus dem Modellprojekt Qualitätssicherung in der Erziehungs-, Jugend- und Familienberatungsstelle München-Hasenbergl. In M. Dietzfelbinger & A. Haid-Loh (Hrsg.), *Qualitätsentwicklung – Eine Option für Güte. Qualitätsmanagement in Psychologischen Beratungsstellen evangelischer Träger. Band 2* (S. 196–238). Berlin: EZI-Eigenverlag.

O

Oetker-Funk, R. (1998). Nachbefragungen von KlientInnen Psychologischer Beratungsstellen. Eine Materialsammlung. In M. Dietzfelbinger & A. Haid-Loh (Hrsg.), *Qualitätsentwicklung – Eine Option für Güte. Qualitätsmanagement in Psychologischen Beratungsstellen evangelischer Träger. Band 2* (S. 90–125). Berlin: EZI-Eigenverlag.
Orlinsky, D. E. (1999). „Learning from many masters". In H. Petzold & M. Märtens (Hrsg.), *Wege zu effektiven Psychotherapien. Psychotherapieforschung und Praxis. Band 1* (S. 31–44). Opladen: Leske & Budrich.
Orlinsky, D. E., Grawe, K. & Parks, B. K. (1994). Process and outcome in psychotherapy – noch einmal. In A. E. Bergin & S. L. Garfield (Eds.), *Handbook of psychotherapy and behavior change* (4th ed.; pp. 270–378). New York: Wiley.

Orlinsky, D. E. & Russel, R. L. (1994). Tradition and change in psychotherapy research: notes on the fourth generation. In R. L. Russel (Ed.), *Reassessing psychotherapy research* (pp. 185–214). New York: Guilford Press.

Ostner, I. (1994). Gesellschaftliche Veränderungen und deren Auswirkungen auf die Situation von Familien aus familiensoziologischer Sicht. In Sozialpädagogisches Institut im SOS-Kinderdorf e. V. (Hrsg.), *Erziehungsberatung zwischen innovativem Anspruch und finanziellem Engpass* (S. 55–66). München: SOS-Kinderdorf e. V.

P

Patterson, J. M. & Garwick, A. W. (1994). Theoretical Linkages: Family meanings and sense of coherence. In H. I. McCubbin, E. A. Thompson, A. I. Thompson & J. E. Fromer (Eds.), *Sense of coherence and resiliency. Stress, coping and health* (pp. 71–90). Madison: University of Wisconsin.

Patton, M. Q. (1990). *Qualitative evaluation and research methods.* Thousand Oaks: Sage.

Patton, M. Q. (1997). *Utilization-Focused Evaluation: The New Century Text* (3th ed.). Thousand Oaks: Sage.

Patton, M. Q. (2002). *Qualitative research and evaluation Methods* (3th ed.). Thousand Oaks: Sage.

Pavkovic, G. (2001). Erziehungsberatung mit Migrantenfamilien. *Praxis der Kinderpsychologie und Kinderpsychiatrie, 50,* 252–264.

Perreault, M. & Leichner, P. (1993). Patient Satisfaction with Outpatient Psychiatric Services. Qualitative and Quantitative Assessments. *Evaluation and Program Planning, 16,* 109–118.

Petermann, F. & Petermann, U. (1993). *Training mit aggressiven Kindern.* Weinheim: Beltz.

Petermann, F., Sauer, B. & Becker, P. N. (1997). Methoden der Effektivitätsforschung in der Jugendhilfe. *Kindheit und Entwicklung, 6,* 10–17.

Petermann, F. & Schmidt, M. H. (2000). Jugendhilfe-Effekte – Einführung in den Themenschwerpunkt. Editorial. *Kindheit und Entwicklung, 9,* 197–201.

Petermann, U. & Petermann, F. (1992). Training mit sozial unsicheren Kindern. Weinheim: Beltz.

Pfeifer, W.-K. (2000). Vorgehensweisen der institutionellen Erziehungsberatung im Spiegel der Zentralen Weiterbildung der Bundeskonferenz für Erziehungsberatung. *Praxis der Kinderpsychologie und Kinderpsychiatrie, 49,* 737–746.

Piaget, J. (1969). *Nachahmung, Spiel und Traum. Die Entwicklung der Symbolfunktion beim Kinde.* Stuttgart: Klett.

Piaget, J. (1975). *Das Erwachen der Intelligenz beim Kinde.* Stuttgart: Klett-Cotta.

Post, I. (1995). Ganzheitlich lebensweltorientiert. Entwicklungslinien, Anforderungen und Perspektiven zeitgerechter Erziehungsberatung. In M. Kurz-Adam & I. Post (Hrsg.), *Erziehungsberatung und Wandel der Familie* (S. 163–174). OpladPen: Leske & Budrich.

Pothmann, J. (2000). Zwischen Wachstum und Wandel. Trends zu den Erziehungshilfedaten 1998. *KomDat Jugendhilfe, 3,* Heft 1, 1–3.

Pothmann, J. & Janze, N. (1999). Beratungsexpansion in der Jugendhilfe. *KomDat Jugendhilfe, 2,* Heft 3, 1–2.

Pothmann, J. & Rauschenbach, T. (1999). Mädchen – benachteiligt in der Jugendhilfe? *KomDat Jugendhilfe, 2,* Heft 2, 1–2.

Presting, G. (Hrsg.) (1991). *Erziehungs- und Familienberatung. Untersuchungen zu Entwicklung, Inanspruchnahme und Perspektiven.* Weinheim: Juventa.

R

Reich, G., Massing, A. & Cierpka, M. (1996). Die Mehrgenerationenperspektive und das Genogramm. In M. Cierpka (Hrsg.), *Handbuch der Familiendiagnostik* (S. 223–258). Berlin: Springer.

Reis, C. (2001). Evaluation/Evaluationsfosrchung. In H. Keupp & K. Weber (2001). *Psychologie. Ein Grundkurs* (S. 381–390). Reinbek: Rowohlt.

Reiss, D. (1981). *The family's construction of reality.* Cambridge, MA: Harvard University Press.

Reiter-Theil, S., Eich, H. & Reiter, L. (1993). Der ethische Status des Kindes in der Familien- und Kinderpsychotherapie. *Praxis der Kinderpsychologie und Kinderpsychiatrie, 42,* 14–20.

Retzlaff, R. (2002). Behandlungstechniken in der systemischen Familientherapie mit Kindern. *Praxis der Kinderpsychologie und Kinderpsychiatrie, 51,* 792–810.

Richter, R. (1997). Qualitative Methoden in der Kindheitsforschung. *Österreichische Zeitschrift für Soziologie, 22,* 75–98.

Rietz, I. & Wahl, S. (2001). „Serientäter": Psychologen und Psycholginnen im Fernsehen – Eine kritische Betrachtung. *Report Psychologie, 26,* 534–539.

Rimann, M. & Udris, I. (1998). „Kohärenzerleben" (Sense of Coherence): Zentraler Bestandteil von Gesundheit oder Gesundheitsressource? In W. Schüffel et al. (Hrsg.), *Handbuch der Salutogenese. Konzept und Praxis* (S. 102–124). Wiesbaden: Ullstein & Mosby.

Röhrle, B. (1994). *Soziale Netzwerke und soziale Unterstützung.* München: PVU.

Röhrle, B. (2001). Gemeindepsychologische Perspektiven der Beratung. *Rundbrief Gemeindepsychologie, 7,* 4–23.

Röhrle, B., Sommer, G. & Nestmann, F. (Hrsg.) (1998). *Netzwerkintervention.* Tübingen: dgvt-Verlag.

Rossi, P. H. & Freeman, H. E. (1993). *Evaluation.* Beverly Hills: Sage.

Roth, M. (1994). Gemeindenahe Arbeitsweisen an Erziehungsberatungsstellen. In H. Cremer, A. Hundsalz & K. Menne (Hrsg.), *Jahrbuch für Erziehungsberatung.* Band 1 (S. 239–252). Weinheim: Juventa.

Rotter, J. B. (1975). Some problems and misconceptions related to the construct of internal vs. external control of reinforcement. *Journal of Consulting and Clinical Psychology, 43,* 56–67.

Rotthaus, W. (Hrsg.) (2001). *Systemische Kinder- und Jugendlichenpsychotherapie.* Heidelberg: Carl-Auer-Systeme Verlag.

S

Sack, M., Künsebeck, H.-W. & Lamprecht, F. (1997). Kohärenzgefühl und psychosomatischer Behandlungserfolg. *Psychotherapie, Psychosomatik und Medizinische Psychologie, 47,* 149–155.

Sack, M. & Lamprecht, F. (1994). Läßt sich der „sense of coherence" durch Psychotherapie beeinflussen? In F. Lamprecht & R. Johnen (Hrsg.), Salutogenese. Ein neues Konzept in der Psychosomatik? (S. 172–179). Frankfurt: VAS.

Sagy, S. (1998). Effects of personal, family, and community characteristics on emotional reactions in a stress situation. The Golan Heights negotiations. *Youth & Society, 29,* 311–329.

Sagy, S. & Antonovsky, A. (1992). The family sense of coherence and the retirement transition. *Journal of Marriage and the Family, 54,* 983–993.

Sagy, S. & Antonovsky, H. (1996). Structural sources of the sense of coherence. Two life stories of Holocaust survivors in Israel. *Israel Journal of Medicial Sciences, 32,* 200–205.

Sagy, S. & Antonovsky, H. (1999). Factors related to the development of the sense of coherence (SOC) in adolescents. A retrospective study. *Polish Psychological Bulletin, 30,* 255–262.

Sagy, S. & Antonovsky, H. (2000). The development of the sense of coherence: a retrospective study of early life experiences in the family. *International Journal of Aging and Human Development, 51,* 155–166.

Sagy, S. & Dotan, N. (2000). Coping resources of maltreated children in the family: a salutogenic approach. Child Abuse & Neglect. *The International Journal* (in press).

Sakofski, A. & Kämmerer, A. (1986). Evaluation von Erziehungsberatung: Katamnestische Untersuchung zum Therapieerfolg. *Zeitschrift für Klinische Psychologie, 15,* 321–332.

Sandell, R., Blomberg, J. & Lazar, A. (1998). The factor structur of Antonovsky's Sense of Coherence Scale in Swedish clinical and nonclinical samples. *Personality and Indidual Differences, 24,* 701–711.

Sanders, J. R. (1999). *Handbuch der Evaluationsstandards. Die Standards des „Joint Committee on Standards for Educational Evaluation".* Opladen: Leske & Budrich.

Schad, A. (1997). Jugendhilfe, ein „Service" für „Kunden"? *Jugendwohl, 78,* 422–423.

Scheib, V. V. (1996). Psychologische Beratung von Migrantenfamilien. *Zeitschrift für Migration und Soziale Arbeit, 4,* 19–23.

Scheidt, C. E. & Wirsching, M. (1996). Qualitätssicherung in der ambulanten Psychotherapie – Erste Ergebnisse einer Untersuchung von 40 psychotherapeutischen Fachpraxen. *Naturamed, 11,* 26–32.

Scheithauer, H. & Petermann, F. (2000). Die Ermittlung der Wirksamkeit und Effektivität psychotherapeutischer Interventionen: Eine internationale Bestandsaufnahme. *Zeitschrift für Klinische Psychologie, Psychiatrie und Psychotherapie, 48,* 211–233.

Schernus, R. (1997). Abschied von der Kunst des Indirekten. Umwege werden nicht bezahlt – Implikationen und Folgen der Ökonomisierung des Sozialen. *Soziale Psychiatrie, 21,* 4–10.

Schiepek, G. (1999). *Die Grundlagen der Systemischen Therapie. Theorie – Praxis – Forschung.* Göttingen: Vandenhoeck & Ruprecht.

Schilling, H. (1994). *Das Leistungsspektrum von Erziehungsberatungsstellen. Ergebnisse einer Erhebung.* Fürth: bke.

Schlippe, A. v. & Schweitzer, J. (1996). *Lehrbuch der systemischen Therapie und Beratung.* Göttingen: Vandenhoeck und Ruprecht.

Schmidt, C. (1997). „Am Material": Auswertungstechniken für Leitfadeninterviews. In B. Friebertshäuser & A. Prengel (Hrsg.), *Handbuch Qualitative Forschungsmethoden in der Erziehungswissenschaft* (S. 544–568). Weinheim, München: Juventa.

Schmidt, C. (2000). Analyse von Leitfadeninterviews. In U. Flick, E. v. Kardorff & I. Steike (Hrsg.), *Qualitative Forschung. Ein Handbuch* (S. 447–456). Reinbek: Rowohlt.

Schmidt, M. (1998): Systemische Therapie/Beratung. In W. Körner & G. Hörrmann (Hrsg.), *Handbuch der Erziehungsberatung, Band 1* (S. 411–433). Göttingen: Hogrefe.

Schmidt, M. H. (2000). *Neues für die Jugendhilfe? Ergebnisse der Jugendhilfe-Effekte-Studie.* Freiburg: Deutscher Caritasverband e. V. und Bundesverband Katholischer Einrichtungen und Dienste der Erziehungshilfen e. V. (Hrsg.).

Schmidt, M. H., Schneider, K., Hohm, E., Pickartz, A., Macsenaere, M., Petermann, F. & Knab, E. (2000). Effekte, Verlauf und Erfolgsbedingungen unterschiedlicher erzieherischer Hilfen. *Kindheit und Entwicklung, 9,* 202–211.

Schmidtchen, S., Bohnhoff, S., Fischer, K. & Lilienthal, C. (1983). Das Bild der Erziehungsberatungsstelle in der Öffentlichkeit und aus Sicht von Klienten und Beratern. *Praxis der Kinderpsychologie und Kinderpsychiatrie, 32,* 166–173.

Schmidt-Rathjens, C., Benz, D., Van Damme, D., Feldt, K. & Amelang, M. (1997). Über zwiespältige Erfahrungen mit Fragebögen zum Kohärenzsinn sensu Antonovsky. *Diagnostica, 43,* 27–345.

Schrödter, W. (2000). Beratungspraxis und ihre empirische Erforschung. In W. Körner & G. Hörmann (Hrsg.), *Handbuch der Erziehungsberatung, Band 2* (S. 401–412). Göttingen: Hogrefe.

Schüffel, W., Brucks, U., Johnen, R., Köllner, V., Lamprecht, F. & Schnyder, U. (Hrsg.) (1998). *Handbuch der Salutogenese. Konzept und Praxis.* Wiesbaden: Ullstein Medical.

Schulte, D. (1993). Wie soll Therapieerfolg gemessen werden? *Zeitschrift für Klinische Psychologie, 22,* 374–393.

Schulz, M., Winkler, K. & Schröder, A. (1999). Motive für das Abbruchverhalten von Patienten bei ambulant durchgeführter Psychotherapie. *Report Psychologie, 24,* 266–271.

Schumacher, J., Gunzelmann, T. & Brähler, E. (2000). Deutsche Normierung der Sense of Coherence Scale von Antonovsky. *Diagnostica, 46,* 208–213.

Schwartz, G. E. (1979). The Brain as a Health Care System. In G. C. Stone, F. Cohen & N. E. Adler (Eds.), *Health Psychology – a Handbook: Theories, Applications, and Challenges of a Psychological Approach to the Health Care System* (pp. 549–571). San Francisco: Jossey-Bass.

Schwarzer, R. & Schmitz, G. S. (1999). Kollektive Selbstwirksamkeitserwartung von Lehrern: Eine Längsschnittstudie in zehn Bundesländern. *Zeitschrift für Sozialpsychologie, 30,* 262–274.

Schweitzer, J. & Weber, G. (1982). Beziehung als Metapher: die Familienskulptur als diagnostische, therapeutische und Ausbildungstechnik. *Familiendynamik, 7,* 113–128.

Scott, E. (1999). Are the children playing quietly? Integrating child psychotherapy and family therapy. *Australian and New Zealand Journal of Family Therapy, 20,* 88–93.

Scriven, M. (1967). The methodology of evaluation. In R. E. Stake (Ed.), Curriculum evaluation. *American Educational Research Association Monograph Series on Evaluation, No. 1* (pp. 39–83). Chicago: Rand McNally.

Seckinger, M. (2001). Kooperation – eine voraussetzungsvolle Strategie in der psychosozialen Praxis. *Praxis der Kinderpsychologie und Kinderpsychiatrie, 50,* 279–292.

Seligman, M. E. P. (1995). The effectiveness of psychotherapy: The Consumer Reports Study. *American Psychologist, 50,* 965–974.

Seus-Seberich, E. (1992). Gemeindepsychologische Perspektiven der Familienarbeit. In I. Böhm, T. Faltermaier, U. Flick & M. Krause Jacob (Hrsg.), *Gemeindepsychologisches Handeln: ein Werkstattbuch* (S. 133–145). Freiburg: Lambertus.

Seus-Seberich, E. (1999). Erfahrungen mit einem Pilotprojekt zur Qualitätssicherung in der Jugendhilfe in München. In Sozialpädagogisches Institut im SOS-Kinderdorf e. V. (SPI) (Hrsg.), *Qualitätsmanagement in der Jugendhilfe. Erfahrungen und Positionen zur Qualitätsdebatte* (S. 34–47). SPI: München.

Seus-Seberich, E. (2000). Erziehungsberatung zwischen Therapie und Prävention. Ein gemeindepsychologsicher Zugang zur Beratungspraxis am Beispiel des Münchner SOS-Beratungs- und Familienzentrums. *Frühförderung interdisziplinär, 19,* 30–38.

Seus-Seberich, E. (2001). Erziehungsberatung bei sozial benachteiligten Familien. *Praxis der Kinderpsychologie und Kinderpsychiatrie, 50,* 265–278.

Shapiro, J. P., Welker, C. J. & Jacobson, B. J. (1997). The Youth Client Satisfaction Questionnaire: Development, construct validation, and factor structure. *Journal of Child Clinical Psychology, 26,* 87–98.

Siegrist, J. (1993). Sense of coherence and sociology of emotions. *Social Science & Medicine, 37,* 968–979.

Siegrist, J. (1997). Selbstregulation, Emotion und Gesundheit – Versuch einer sozialwissenschaftlichen Grundlegung. In F. Lamprecht & R. Johnen (Hrsg.), *Salutogenese. Ein neues Konzept in der Psychosomatik?* 3. überarbeitete Auflage (S. 99–108). Frankfurt: VAS.

Siegrist, J, Neumer, S. & Margraf, J. (1998). Salutogeneseforschung: Versuch einer Standortbestimmung. In J. Margraf, J. Siegrist & S. Neumer (Hrsg.), *Gesundheits- oder Krankheitstheorie?* (S. 3–11). Berlin: Springer.

Smith, E. & Grawe, K. (2000). Die Rolle der Therapiebeziehung im therapeutischen Prozess. Gefahren und Chancen. *Verhaltenstherapie und Verhaltensmedizin, 21,* 421–438.

Sommer, G. (1982). Gemeindepsychologie. In R. Bastine, P. Fiedler, K. Grawe, S. Schmidtchen & G. Sommer (Hrsg.), *Grundbegriffe der Psychotherapie* (S. 113–119). Weinheim: Edition Psychologie.

Sommer, G. & Ernst, H. (Hrsg.) (1977). *Gemeindepsychologie. Therapie und Prävention in der sozialen Umwelt*. München: Urban & Schwarzenberg.

Sommer, G. & Fydrich, T. (1989). *Soziale Unterstützung. Diagnostik, Konzepte, F-SOZU*. dgvt-Materialie 22. Tübingen: dgvt-Verlag.

Sommer, G., Kommer, B., Kommer, D., Malchow, C. & Quack, L. (1978). Gemeindepsychologie. In D. Kommer & B. Röhrle (Hrsg), *Gemeindepsychologische Perspektiven. Band 3: Ökologie und Lebenslagen* (S. 185–196). Tübingen: dgvt-Verlag.

Sommer, K. (1995). Fürsorge oder Auslese? Erziehungsberatung von der Weimarer Republik bis 1945. In M. Kurz-Adam & I. Post (Hrsg.), *Erziehungsberatung und Wandel der Familie* (S. 15–31). Opladen: Leske & Budrich.

Specht, F. (1993). Zu den Regeln des fachlichen Könnens in der psychosozialen Beratung von Kindern, Jugendlichen und Eltern. *Praxis der Kinderpsychologie und Kinderpsychiatrie, 42,* 113–124.

Specht, F. (2000). Entwicklung der Erziehungsberatungsstellen in der Bundesrepublik Deutschland – ein Überblick. *Praxis der Kinderpsychologie und Kinderpsychiatrie, 49,* 728–736.

Spöhring, W. & Hermer, M. (1998). Ergebnisqualität – Reichweite eines Konzeptes in Psychiatrie und Psychotherapie. In A.-R. Laireiter & H. Vogel (Hrsg.), *Qualitätssicherung in der Psychotherapie und psychosozialen Versorgung. Ein Werkstattbuch* (S. 559–574). Tübingen: dgvt-Verlag.

Stark, W. (1996). *Empowerment. Neue Handlungskompetenzen in der psychosozialen Praxis*. Freiburg: Lambertus.

Statistisches Bundesamt (Hrsg.) (1998). *Fachserie 13 – Sozialleistungen. Reihe 6.1.1 Jugendhilfe – Institutionelle Beratung, Einzelbetreuung und sozialpädagogische Familienhilfe 1996*. Stuttgart: Metzler-Poeschel.

Stevens, J. (1992). *Applied multivariate statistics for the social sciences*. Hilsday: Lawrence Erlbaum Associates.

Stith, S. M., Rosen, K. H., McCollum, E. E., Coleman, J. U. & Herman, S. A. (1996): The voices of children: preadolescent children's experiences in family therapy. *Journal of Martial and Family Therapy, 22,* 69–86.

Stockmann, R. (2000). Evaluation in Deutschland. In R. Stockmann (Hrsg.), *Evaluationsforschung. Grundlagen und ausgewählte Forschungsfelder* (S. 11–40). Opladen: Leske & Budrich.

Straus, F. (1996). Möglichkeiten der Qualitätssicherung in der Erziehungsberatung. In P. Dilling & H. Schilling (Hrsg.), *Erziehungsberatung in der Postmoderne* (S. 189–202). Mainz: Matthias-Grünewald-Verlag.

Straus, F. (1998). Qualitätsmanagement in der Erziehungsberatung. In G. Hörmann & W. Körner (Hrsg.), *Handbuch der Erziehungsberatung* (S. 483–508). Göttingen: Hogrefe.

Straus, F. & Gmür, W. (1991). Ein Nebenthema mit Kontinuität. Empirische Anmerkungen zur Diskussion um die Öffnung der Beratung. In G. Presting (Hrsg.), *Erziehungs- und Familienberatung. Untersuchungen zu Entwicklung, Inanspruchnahme und Perspektiven* (S. 125–155). Weinheim: Juventa.

Straus, F. & Höfer, R. (1997). Entwicklungslinien alltäglicher Identitätsarbeit. In H. Keupp & R. Höfer (Hrsg.), *Identitätsarbeit heute: Klassische und aktuelle Perspektiven der Identitätsforschung* (S. 271–307). Frankfurt a. M.: Suhrkamp.

Straus, F., Höfer, R. & Gmür, W. (1988). *Familie und Beratung. Zur Integration professioneller Hilfe in den Familienalltag. Ergebnisse einer qualitativen Befragung von Klienten.* München: Profil-Verlag.

Strong, S. R. (1968). Counseling: An interpersonal influence process. *Journal of Counseling Psychology, 15,* 215–224.

Strotmann, W. (1998). Qualitäts- und Prozessmanagement im Beratungsgeschäft. In K. Menne (Hrsg.), *Qualität in Beratung und Therapie. Evaluation und Qualitätssicherung für die Erziehungs- und Familienberatung* (S. 15–38). Weinheim: Juventa.

Struck, N. (1999). Die Qualitätsdiskussion in der Jugendhilfe in Deutschland. In Sozialpädagogisches Institut im SOS-Kinderdorf e. V. (SPI) (Hrsg.), *Qualitätsmanagement in der Jugendhilfe. Erfahrungen und Positionen zur Qualitätsdebatte* (S. 6–21). SPI: München.

Stuempfer, D. J. W., Gouws, J. W. & Viviers, M. R. (1998). Antonovsky's Sense of Coherence Scale related to negative and positive affectivity. *European Journal of Personality, 12,* 457–480.

Stumpp, G. (2001). Lösungsorientierte Beratung im Internet. In K. Menne & A. Hundsalz (Hrsg.): *Jahrbuch für Erziehungsberatung,* Band 4 (S. 63–75). Weinheim: Juventa.

T

Teuber, K., Seckinger, M. & Stiemert-Strecker, S. (2000). Widersprüche, Utopien, Realitäten – Anmerkungen zur Qualitätsdiskussion. In M. Seckinger, S. Stiemert-Strecker & K. Teuber (Hrsg.), *Qualität durch Partizipation und Empowerment. Einmischung in die Qualitätsdebatte* (S. 131–138). Tübingen: dgvt-Verlag.

Thiersch, H. (1990). Zur geheimen Moral der Beratung. In E. Brunner & W. Schöning (Hrsg.), *Theorie und Praxis von Beratung* (S. 129–151). Freiburg: Lambertus.

Thiersch, H. (1997). Soziale Beratung. In F. Nestmann (Hrsg.), *Beratung – Bausteine für eine interdisziplinäre Wissenschaft und Praxis* (S. 99–110). Tübingen: dgvt-Verlag.

Thiersch, H. (2002). Beratung, von unten gesehen – Einige Fragen und Mutmaßungen. In F. Nestmann & F. Engel (Hrsg.), *Die Zukunft der Beratung* (S. 155–163). Tübingen: dgvt-Verlag.

Trenkle, B. (2000). Lösungsorientierte und strategische Ansätze in der Therapie mit Kindern und Jugendlichen. In K. Holtz, S. Mrochen, P. Nemetschek & B. Trenkle (Hrsg.), *Neugierig aufs Großwerden* (S. 75–94). Heidelberg: Carl-Auer-Systeme Verlag.

V

Vennen, D. (1992). *Behandlungsergebnisse und Wirkfaktoren von Eheberatung. Eine katamnestische Studie.* Göttingen: Hogrefe.

Vossler, A. (2000). Als Indexpatient ins therapeutische Abseits? – Kinder in der systemischen Familientherapie und -beratung. *Praxis der Kinderpsychologie und Kinderpsychiatrie, 49,* 435–449.

Vossler, A. (2001a). Der Fragebogen zur Erziehungs- und Familienberatung. Entwicklung eines Evaluationsverfahrens. *Diagnostica, 47,* 122–131.

Vossler, A. (2001b). Der Familien-Kohärenzsinn als kollektives Konzept: Das Ganze ist mehr als die Summe seiner Teile. *Zeitschrift für Gesundheitspsychologie, 9,* 112–121.

Vossler, A. (2002). „... und auf einmal ist der Gegenstand auch zum Mensch geworden ..." – Partizipation von Kindern und Jugendlichen in Beratungsprozessen. *Gemeindepsychologie – Rundbrief, 8,* 23–39.

Vossler, A. (2003, im Druck). Erziehungsberatung kann man so, so oder auch so sehen ...! In K. Menne & A. Hundsalz (Hrsg.), *Jahrbuch für Erziehungsberatung,* Band 5. Weinheim: Juventa.

Vossler, A., Haltenhof, H., Sommer, G. & Bühler, K.-E. (1994). Coping der Depression: Eine empirische Studie zwischen theoretischen Konzepten und klinischem Alltag. In F. Lamprecht & R. Johnen (Hrsg.): *Salutogenese. Ein neues Konzept in der Psychosomatik?* (S. 149–162). Frankfurt: VAS.

Vossler, A., Sommer, G., Bühler, K.-E. & Haltenhof, H. (2001). Soziale Unterstützung und Krankheitsverarbeitung bei 41 Patienten mit depressiven Störungen. *Nervenheilkunde, 20,* 17–21.

W

Wagner, R. F. & Becker, P. (1999). *Allgemeine Psychotherapie. Neue Ansätze zu einer Integration psychotherapeutischer Schulen.* Göttingen: Hogrefe.

Weber, M. (1995). Die Institution Erziehungs- und Familienberatung: Perspektiven und Fragen. In K. Hahn & F.-W. Müller (Hrsg.), Systemische Erziehungs- und Familienberatung. Wege zur Förderung autonomer Lebensgestaltung (S. 243–251). Mainz: Matthias-Grünewald-Verlag.

Weisz, J. R., Donenberg, G. R., Han, S. S. & Weiss, B. (1995). Bridging the gap between laboratory and clinic in child and adolescent psychotherapy. *Journal of Consulting and Clinical Psychology, 63,* 688–701.

Werner, E. E. & Smith, R. S. (1982). *Vulnerable but invincible.* New York: McGraw-Hill.

Wiesner, R. (1994). Die Stellung der Erziehungsberatung in freier Trägerschaft. In H. Cremer, A. Hundsalz & K. Menne (Hrsg.), *Jahrbuch für Erziehungsberatung,* Band 1 (S. 109–120). Weinheim: Juventa.

Wilken, B. & Kemmler, L. (1999). Zum Verhältnis von Psychotherapie und Klinischer Psychologie. In H. Petzold & M. Märtens (Hrsg.), *Wege zu effektiven Psychotherapien. Psychotherapieforschung und Praxis,* Band 1 (S. 81–95). Opladen: Leske & Budrich.

Williams, B., Coyle, J. & Healy, D. (1998). The meaning of patient satisfaction: An explanation of high reported levels. *Social Science and Medicine, 47,* 1351–1359.

Williams, D. I. & Irving, J. A. (1999). Why are therapists indifferent to research? *British Journal of Guidance and Counselling, 27,* 367–376.

Wilson, G. & Lester, D. (1998). Suicide prevention by e-mail. *Crisis Intervention & Time-Limited Treatment, 4,* 81–87.

Witzel, A. (1982). *Verfahren der qualitativen Sozialforschung: Überblick und Alternativen.* Frankfurt am Main: Campus.

Wottawa, H. & Thierau, H. (1998). *Lehrbuch Evaluation.* 2. Auflage. Bern: Huber.

Wyl, A. von (1999). Die Bedeutung qualitativer Psychotherapieforschung für die Psychotherapie. In H. Petzold & M. Märtens (Hrsg.), *Wege zu effektiven Psychotherapien. Psychotherapieforschung und Praxis,* Band 1 (S. 175–192). Opladen: Leske & Budrich.

Y

Yager, J. (2002). Using e-mail to support the outpatient treatment of anorexia nervosa. In R. C. Hsiung (Ed.), *E-Therapy. Case Studies, guiding principles, and the clinical potential of the internet* (pp. 39–68). New York: Norton & Company.

Yeheskel, A. (1995). The intimate environment and the sense of coherence among holocaust survivors. *Social Work in Health Care, 20,* 25–35.

Young, S. C., Nicolson, J. & Davis, M. (1995). An overview of issues in research on consumer satisfaction with child and adolescent mental health services. *Journal of Child and Family Studies, 4,* 219–238.

Z

Zielke, M. & Kopf-Mehnert, C. (1978). Veränderungsfragebogen des Erlebens und Verhaltens (VEV). Weinheim: Beltz.

Zilbach, J. J. (1986). *Young children in family therapy.* New York: Brunner/Manzel.

Zürn, H., Bosselmann, R., Arendt, G. & Liebl-Wachsmuth, W. (1990). Wie ging's denn weiter? – Ergebnisse und Erkenntnisse aus der Nachbefragung eines Klientenjahrganges. *Praxis der Kinderpsychologie und Kinderpsychiatrie, 39,* 185–190.

Anhang

A. Verzeichnisse

1. Verzeichnis der Textkästen

Kasten 1.1:	Kennzeichen der Arbeitsweisen in der Erziehungsberatung
Kasten 1.2:	Gesetzliche Grundlagen der institutionellen Erziehungsberatung
Kasten 1.3:	Allgemeine Grundsätze im Kinder- und Jugendhilfegesetz (KJHG)
Kasten 1.4:	Therapeutische Verfahren in der Erziehungsberatung
Kasten 1.5:	Präventive und informative Angebote in der institutionellen Erziehungsberatung
Kasten 1.6	Elemente eines gemeindepsychologischen Konzepts für die institutionelle Erziehungsberatung
Kasten 2.1:	Die drei Komponenten des Kohärenzsinns (SOC)
Kasten 2.2:	Empirische Befunde zum Kohärenzsinn (SOC)
Kasten 2.3:	Kohärenzsinnfördernde Erfahrungsmuster
Kasten 2.4:	Längsschnittstudien zum Einfluss von Kindheitserfahrungen auf die SOC-Entwicklung
Kasten 2.5:	Grundannahmen zu Wirkungsweisen des Familien-Kohärenzsinns
Kasten 3.1:	Hintergründe und Wurzeln des Diskurses zur Qualitätssicherung
Kasten 3.2:	Zentrale Konzepte und Begriffe des Qualitätssicherungsdiskurses
Kasten 3.3:	Auszüge aus dem Qualitätskatalog der bke für die institutionelle Erziehungsberatung
Kasten 3.4:	Unterschiedliche Evaluationsformen
Kasten 3.5:	Methodische Probleme bei der Evaluation von Erziehungsberatung
Kasten 3.6:	Hilfreiches Beratervorgehen hinsichtlich der Wirkfaktorensystematisierung nach Grawe (1999)
Kasten 3.7:	Spektrum der von Klienten berichteten Veränderungseffekte in Evaluationsstudien
Kasten 4.1:	Konstruktionsprinzipien bei der Entwicklung des FEF
Kasten 4.2:	Themenbereiche des Interviewleitfadens für Jugendliche
Kasten 4.3:	Auswertungsschritte der Interviewanalysen zur Beratungsbewertung
Kasten 5.1:	Hilfreiche und hinderliche/fehlende Aspekte der Beratungsbeziehung aus Elternsicht (n = 82)

Kasten 5.2:	Hilfreiche und hinderliche/fehlende Aspekte der Beratungstechnik aus Elternsicht (n = 82)
Kasten 5.3:	Beratungsbedingte Veränderungseffekte aus Elternsicht (n = 75)
Kasten 5.4:	Kritik an der Beratung aus Elternsicht (n = 36)
Kasten 5.5:	Besonders hilfreiche Beratungsaspekte aus Sicht der interviewten Jugendlichen
Kasten 8.1:	Kindgerechte Methoden für die Familienberatung

2. Verzeichnis der Tabellen

Tabelle 1.1:	Beratungsanlässe der 1996 beendeten Beratungen in der BR Deutschland
Tabelle 2.1:	Grundannahmen des pathogenetischen- und salutogenetischen Modells
Tabelle 2.2:	Vergleich der SOC-Komponenten mit verwandten Konzepten
Tabelle 2.3:	Empirische Befunde zum Familien-Kohärenzsinn
Tabelle 4.1:	Soziodemographische Daten der Klienten- und Katamnesestichprobe (zu Beratungsbeginn)
Tabelle 4.2:	Stichprobencharakteristika der Katamnesestichprobe für Mütter und Väter
Tabelle 4.3:	Beratungsspezifische Merkmale der Klienten- und Katamnesestichprobe
Tabelle 4.4:	Beratereinschätzungen des Beratungserfolges für „Antworter" und „Nicht-Antworter"
Tabelle 4.5:	Soziodemographische Daten der Interviewstichprobe zu Beratungsbeginn
Tabelle 4.6:	Beratungsspezifische Merkmale der Interviewstichprobe (nach Beraterangaben)
Tabelle 4.7:	Beratermerkmale für die Klienten- und Katamnesestichprobe
Tabelle 4.8:	Deskriptive und teststatistische Kennwerte der FEF-Skalen
Tabelle 4.9:	Korrelationsmatrix der FEF-Skaleninterkorrelationen
Tabelle 4.10:	Itemcharakteristika für die Items Skala FB-10 der „Fragen an den/die Berater/in" (FB)
Tabelle 4.11:	Itemcharakteristika für den „Fragebogen zum Familien-Kohärenzsinn" (FFSK)
Tabelle 4.12:	Die eingesetzten Fragebogenverfahren mit Itemzahl und interner Konsistenz
Tabelle 5.1:	Beratungsanlass aus Eltern- (FEF-1.1) und Beratersicht (FB)
Tabelle 5.2:	Unterschiede in der Problemdefinition zwischen Eltern und Jugendlichen
Tabelle 5.3:	Angaben zur Empfehlung zur Beratung (FEF-1.2b)
Tabelle 5.4:	Am stärksten belastete Familienmitglieder (FEF-1.6b)

Tabelle 5.5:	Entscheidungsmuster zum Aufsuchen der Beratungsstelle aus Sicht der Jugendlichen
Tabelle 5.6:	Erwartungen der Klienten zu Beratungsinhalten und -ergebnissen (FEF-1.4b)
Tabelle 5.7:	Bedenken der Klienten gegenüber einer Beratung (FEF-1.5b)
Tabelle 5.8:	Beratungsbeziehung aus Elternsicht (FEF-2: Unterskala Beratungsbeziehung)
Tabelle 5.9:	Beziehung Berater-Kind aus Elternsicht (FEF-2: Unterskala Beratungsbeziehung Kind)
Tabelle 5.10:	Beratungsbeziehung aus Beratersicht (FB-Items 4-6)
Tabelle 5.11:	Beziehungsfördernde Haltungen/Verhaltensweisen der Berater aus Jugendlichensicht (n = 17)
Tabelle 5.12:	Beratungstechnik aus Elternsicht (FEF-2: Unterskala Beratungstechnik)
Tabelle 5.13:	Therapieschulenorientierung in der Beratung
Tabelle 5.14:	Veränderungseffekte im Bereich „Problemsituation" aus Elternsicht
Tabelle 5.15:	Veränderungseffekte im Bereich „Problemsicht" aus Elternsicht
Tabelle 5.16:	Veränderungseffekte im „Emotionalen Bereich" aus Elternsicht
Tabelle 5.17:	Veränderungseffekte im Bereich „Situation des Kindes" aus Elternsicht
Tabelle 5.18:	Veränderungseffekte im Bereich „Familie" aus Elternsicht
Tabelle 5.19:	Veränderungseffekte im Bereich „Selbsthilfe" aus Elternsicht
Tabelle 5.20:	Beratungsergebnisse aus Beratersicht (FB 1 und 3)
Tabelle 5.21:	Externe Einflussfaktoren für Veränderungseffekte aus Elternsicht
Tabelle 5.22:	Weitergehende Beratungseffekte aus Sicht der Jugendlichen
Tabelle 5.23:	Beratungszufriedenheit aus Elternsicht (FEF-3: Unterskala CSQ-8)
Tabelle 5.24:	Organisationszufriedenheit aus Elternsicht (FEF-3: Unterskala Organisationszufriedenheit)
Tabelle 5.25:	Beratungsbewertung aus Sicht der Jugendlichen (YSCQ)
Tabelle 5.26:	Untersuchungen zur Klientenzufriedenheit mit dem CSQ-8
Tabelle 6.1:	Merkmalsvariablen in den statistischen Analysen zum Beratungserfolg aus Elternsicht
Tabelle 6.2:	BZ: Regressionskoeffizienten der Prädiktorvariablen zum Beratungsprozess
Tabelle 6.3:	Beratungszufriedenheit in Abhängigkeit vom Beratungssetting
Tabelle 6.4:	BZ: Regressionskoeffizienten der Prädiktorvariablen zu Veränderungseffekten
Tabelle 6.5:	Diskriminanzanalyse Beratungszufriedenheit: schrittweise Variablenselektion
Tabelle 6.6:	Mittelwert und Streuung der Veränderungswerte in Abhängigkeit vom Alter der Mutter
Tabelle 6.7:	Veränderungseffekte: Regressionsanalyse mit Beratungsprozessvariablen

Tabelle 6.8:	Diskriminanzanalyse Veränderungseffekte: schrittweise Variablenselektion
Tabelle 7.1:	Vergleich der FSOC-Mittelwerte aus verschiedenen Untersuchungen
Tabelle 7.2:	Korrelationen zwischen FEF-Skalen und Familien-Kohärenzsinn (FFKS)
Tabelle 7.3:	Geschlechtsspezifischer Vergleich der SOC-Mittelwerte mit der Studie von Höfer (2000)
Tabelle 7.4:	Kohärenzsinn (SOC-13) und Familien-Kohärenzsinn (FFKS) der Jugendlichen
Tabelle 8.1:	Zirkuläre Fragen und ihre kognitiven Voraussetzungen
Tabelle 8.2:	Modifikation zirkulärer Fragen

3. Verzeichnis der Abbildungen

Abbildung 2.1:	Das Modell der Salutogenese
Abbildung 3.1:	Untersuchungen zur Evaluation von Erziehungsberatung
Abbildung 3.2:	Verhältnis zwischen Qualitätssicherung, Evaluation und Beratungsforschung
Abbildung 4.1:	Untersuchungsablauf und Stichprobenbildung
Abbildung 4.2:	Eingesetzte Erhebungsverfahren
Abbildung 5.1:	Veränderungseffekte aus Elternsicht (FEF-4)
Abbildung 5.2:	Schätzung des prozentualen Anteils der Beratung an Veränderungseffekten
Abbildung 5.3:	Prozentualer Anteil der Beratung an Veränderungseffekten in verschiedenen Beratungssettings
Abbildung 5.4:	Streudiagramm mit Eltern- gegen Beraterzufriedenheitsindizes (FEF-3 und GZ-Skalenwerte)
Abbildung 6.1:	Auswertungsplan für statistischen Analysen zur Beratungszufriedenheit
Abbildung 6.2:	Auswertungsplan für die statistischen Analysen zu Veränderungseffekten
Abbildung 6.3:	Zusammenhänge mit Beratungszufriedenheit (signifikante Assoziationen)
Abbildung 6.4:	Zusammenhänge mit Veränderungseffekten (signifikante Assoziationen)
Abbildung 7.1:	Die Zeichnung Manuels zu seinen Beratungserfahrungen

B. Methoden

1. Beschreibung der methodischen Verfahren

1.1 Multiple Regressionsanalyse

Die multiple Korrelationsanalyse ermöglicht die Überprüfung von multiplen Zusammenhangshypothesen, die eine Beziehung zwischen mehreren Prädiktorvariablen und einer Kriteriumsvariablen annehmen. Bei der eng verwandten multiplen Regressionsanalyse wird darüber hinaus eine eindeutige Richtung des Zusammenhangs zwischen den unabhängigen Variablen (hier: mit Beratungszufriedenheit und -effekten assoziierte Variablen) und der abhängigen Variablen (hier: Beratungszufriedenheit oder Veränderungseffekte) angenommen, ohne damit allerdings eine kausale Beziehung nachweisen zu können (vgl. Jonas & Ziegler, 1999). Durch die Berechnung des multiplen Zusammenhangs zwischen den Variablen kann zudem über die Betrachtung der bivariaten Zusammenhänge hinaus die Bedeutung von Merkmalskombinationen analysiert (vgl. Bortz & Döring, 2002) und der Einfluss unabhängiger Variablen, „bereinigt" um die Einflüsse der anderen unabhängigen Variablen, geschätzt werden.

Zur rechnerischen Durchführung der multiplen Regressionsanalyse werden Linearkombinationen aller Prädiktorvariablen zur Vorhersage der Kriteriumswerte aufgestellt. Das Gewicht (Beta-Koeffizienten), mit dem die einzelnen unabhängigen Variablen in die Gleichung eingehen, wird so bestimmt, dass die Summe der quadrierten Abweichungen zwischen den tatsächlichen Kriteriumswerten und den vorhergesagten Kriteriumswerten minimal wird (Bortz, 1993). Die Beta-Koeffizienten geben demnach prinzipiell den relativen Erklärungsbeitrag der einzelnen Prädiktorvariablen für die Regressionsschätzung an. Als Maß für die Erklärungsgüte der Gesamtgleichung hat sich dagegen der quadrierte Regressionskoeffizient (R^2), das so genannte „Bestimmtheitsmaß", durchgesetzt: Er gibt an, welcher Anteil insgesamt durch die Prädiktorvariablen an der Varianz der Kriteriumswerte aufgeklärt werden konnte.

Die Voraussetzungen für die Signifikanzprüfung der Regressionskoeffizienten im Rahmen der multiplen Regressionsanalyse sind die annähernde Normalverteilung der Residuen, ein linearer Zusammenhang zwischen Prädiktor- und Kriteriumsvariablen sowie das Vorliegen von Homoskedastizität (die Varianz der Residuen ist für alle Beobachtungswerte homogen). Die Regressionsanalyse setzt ferner das Fehlen von Multikollinearität voraus: Eine unabhängige Variable sollte nicht in starkem Maße linear von anderen unabhängigen Variablen abhängig sein, da die Regressionskoeffizienten ansonsten verzerrt geschätzt werden.

1.2 Diskriminanzanalyse

Die Diskriminanzanalyse (DA) ist eine Methode zur Analyse von Gruppenunterschieden. Als Ausgangspunkt liegt dazu eine Gruppenvariable (hier: zufriedene versus unzufriedene Klienten und Fälle mit starken versus weniger starken Veränderungseffekten) und mehrere Prädiktorvariablen (hier: mit Zufriedenheit oder Effekten assoziierte Variablen) vor. Die Prädiktorvariablen werden dann so gewichtet, dass eine maximale Trennung bzw. Dichotomisierung der Gruppen erreicht wird (Bortz, 1993). Die Diskriminanzanalyse berücksichtigt die vorhandene Wechselwirkung zwischen den Prädiktorvariablen und bietet damit Antworten auf die Frage, in welchem Ausmaß die Merkmalsvariablen am Zustandekommen des Gesamtunterschiedes beteiligt sind.

Mathematisch gesehen werden in der Diskriminanzanalyse Linearkombinationen der Prädiktorvariablen gesucht, welche die Varianz zwischen den Gruppen maximieren, die Varianz innerhalb der Gruppen minimieren und somit eine maximale Unterscheidbarkeit der Gruppen gewährleisten. Da in einer Diskriminanzanalyse über k Gruppen nur jeweils höchstens k-1 Linearkombinationen (= Diskriminanzfunktionen) gefunden werden können, erbrachten die beiden Analysen für die vorliegende Untersuchung (vgl. Kapitel 6) jeweils eine Diskriminanzfunktion.

Bei einer linearen Diskriminanzanalyse werden für eine Signifikanzprüfung die näherungsweise Gleichheit der Varianz-Kovarianzmatrizen in den Gruppen sowie intervallskalierte Variablen, die in den untersuchten Populationen normalverteilt vorliegen, vorausgesetzt. Das Verfahren kann jedoch auch bei einer Verletzung dieser Voraussetzungen zu befriedigenden Ergebnissen führen (Moosbrugger & Richter, 1999). So ist die Verletzung der Voraussetzung homogener Varianz-Kovarianzmatrizen bei großen Stichproben praktisch zu vernachlässigen, wenn die verglichenen Stichproben gleich groß sind (Bortz, 1993, S. 550).

Zur Interpretation bieten sich nach Tatsuoka (1973, zitiert nach Stevens, 1992) zwei Möglichkeiten: Die Korrelationen der Prädiktorvariablen mit der Diskriminanzfunktion – entsprechend den Faktorladungen in der Faktorenanalyse – geben zum einen Auskunft über die Zusammensetzung und Qualität der Diskriminanzfunktion, während die standardisierten Koeffizienten die Bedeutung einzelner Prädiktorvariablen widerspiegeln.

Zum anderen wurde in der vorliegenden Studie die Klassifikationsgüte der jeweiligen Diskriminanzfunktion für Beratungszufriedenheit und Veränderungseffekte über die Prognose der Gruppenzugehörigkeit der Klienten aufgrund ihrer Werte in den einbezogenen Prädiktorvariablen ermittelt. Da die stichprobenbedingten „Hitraten" die „wahre" Zahl richtiger Zuordnungen in der Regel überschätzen (Bortz, 1993, S. 578), wurde dabei jeder Fall durch die Funktion klassifiziert, die von allen anderen Fällen außer diesem abgeleitet wurde („Kreuzvalidierung"; Janssen & Laatz, 1999).

2. Überprüfung der Normalverteilung der Variablen

Da die Normalverteilung der Werte in der Population für viele statistische Testverfahren vorausgesetzt wird (z. B. t-Test, Varianzanalyse), wurde sie für die Werte der un-

B. Methoden

tersuchten Variablen in der Stichprobe mithilfe des nicht-parametrischen Kolmogorov-Smirnov-Test (K-S) überprüft. Da der K-S-Test bei Verletzung der Normalverteilungsannahme signifikant wird (Testung der Nullhypothese), wurde ein Signifikanzniveau von p = <.15 angelegt. Nach diesem Kriterium können nur die Werte der Skalen Beratungszufriedenheit (BZ), Fragen an den Berater (FB), Familien-Kohärenzsinn (FFKS) sowie der Attributionsfrage (Klienten) als normalverteilt gelten (vgl. Tab. A.1).

Wie die in Kapitel 5 berichteten Antworthäufigkeiten belegen, ergeben sich die Abweichungen von der Normalverteilung bei den anderen Variablen in der Regel durch rechtssteile, unimodale Verteilungen der Werte („Deckeneffekte").

Tabelle A.1: Überprüfung der Normalverteilung (Kolmogorov-Smirnov-Test) der Variablen

Skala /Variable	KS-Z	p	Skala/Variable	KS-Z	p
Zugang zur Beratung			**Beratungsprozess**		
FEF-2.2: Motivation	2,28	.001**	Beratungsdauer	2,28	.001**
FEF-2.3: Vorerfahrung	3,88	.001**	Anzahl der Beratungstermine	2,69	.001**
FEF-2.4: Erwartung	2,21	.001**	Beratungsbeziehung (BB)	2,00	.001**
FEF-2.5: Bedenken	3,56	.001**	Beratungsbeziehung Kind	1,75	.004**
FEF-2.6: Leidensdruck	2,33	.001**	Beratungstechnik (BT)	1,29	.071*
FEF-2.7: Zufriedenheit Institut	4,33	.001**	Beratungsprozess (BP)	1,23	.097*
FEF-2.8: kirchlicher Träger	4,22	.001**	Hilfreiche Beratervariablen	1,88	.002**
Beratungszufriedenheit			**Veränderungseffekte**		
CSQ-8	1,21	.103*	FEF-4: Beratungseffekte (BE)	1,65	.008**
Organisationszufriedenheit	1,53	.019**	Attributionsfrage Klient	0,99	.282
FEF-3:Beratungszufriedenheit (BZ)	0,98	.290	Attributionsfrage Berater	1,47	.026**
Globale Zufriedenheit Berater (GZ)	2,21	.001**	Abschlussbewertung Berater	4,08	.001**
Fragen an den Berater (FB-10)	0,74	.651	Familien-Kohärenzsinn (FFKS)	0,99	.274

Anmerkungen: P (zweiseitig); * = p < .15; ** = p < .05, KS-Z: Kolmogorov-Smirnov-Z

3. Angaben zu durchgeführten Regressions- oder Diskriminanzanalysen

3.1 Regressionsmodell mit Kriterium Beratungszufriedenheit/ Prädiktorvariablen zu Beratungsprozessmerkmalen

Neben den intervallskalierten Variablen des Beratungsprozesses konnte auch das Beratungssetting aus Beratersicht als „Dummy-Variable" (Brosius & Brosius, 1995) mit den Ausprägungen „Einzelsetting" und „Familienberatung" in die Regressionsgleichungen eingegeben werden. Wie in Kapitel 5 bereits angeführt, zeigte sich bei Fällen, in denen das Kind (n = 37) oder ein Elternteil (n = 34) vorwiegend alleine beraten wurde, eine höhere Zufriedenheit als bei Beratungen mit der ganze Familie oder mit familiären Subsystemen (n = 37).

Die Voraussetzungen für die Signifikanzprüfung der Regressionskoeffizienten im Rahmen der multiplen Regressionsanalyse (vgl. Anhang B.1.1) können für die Modellberechnungen als erfüllt gelten: Die annähernde Normalverteilung der Residuen (Durban-Watson-Koeffizienten von 1,84), ein linearer Zusammenhang zwischen Prädiktor- und Kriteriumsvariablen sowie das Vorliegen von Homoskedastizität konnten durch visuelle Inspektion (Streudiagramme) überprüft werden. Die Höhe der Toleranzwerte in den vorliegenden Analysen (zwischen .42 und .97) spricht für das Fehlen von Multikollinearität zwischen den unabhängigen Variablen.

3.2 Regressionsmodell mit Kriterium Beratungszufriedenheit/ Prädiktorvariablen zu Veränderungseffekten

Das per Einschlussmethode entwickelte Regressionsmodell bezieht alle intervallskalierten Variablen zu Veränderungseffekten sowie den weiteren Beratungsbedarf („keine weitere Beratung": n = 66; „weitere Beratung nach 1996": n = 42) und die Abschlussbewertung der Berater („vollständig gebessert": n = 29; „nicht vollständig gebessert": n = 72) als binäre Variable („Dummy-Variable") ein.

Bei Toleranzwerten zwischen .59 und .91 kann eine problematische Multikollinearität der unabhängigen Variablen ausgeschlossen werden. Da die visuelle Inspektion der entsprechenden Streudiagramme eine Normalverteilung der Residuen bestätigte (Durbin-Watson-Koeffizient: 2,05) und keine Belege für nicht-lineare Zusammenhänge zwischen Prädiktor- und Kriteriumsvariablen bzw. eine Heteroskedastizität der Residiumsvarianzen erbrachte, können die in Tabelle 6.4 enthaltenen standardisierten Regressionskoeffizienten und ihre Signifikanzprüfung interpretiert werden.

3.3 Regressionsmodell mit Veränderungseffekten als Kriteriumsvariable/Prädiktorvariablen zu Beratungsprozessmerkmalen

Neben den intervallskalierten Variablen des Beratungsprozess konnte wiederum das Beratungssetting aus Beratersicht als „Dummy-Variable" (Brosius & Brosius, 1995) mit den Ausprägungen „Einzelsetting" und „Familienberatung" in die Regressionsgleichungen eingegeben werden. Wie in Kapitel 5 bereits angeführt, zeigte sich bei Fällen, in denen das Kind (n = 37) oder ein Elternteil (n = 34) vorwiegend alleine beraten wurden, eine höhere Zufriedenheit als bei Beratungen mit der ganze Familie oder mit familiären Subsystemen (n = 37).

Die Voraussetzungen für die Signifikanzprüfung der Regressionskoeffizienten im Rahmen der multiplen Regressionsanalyse (vgl. Anhang B.1.1) können für beide Modellberechnungen als erfüllt gelten: Die annähernde Normalverteilung der Residuen (Durban-Watson-Koeffizienten von 1,98), ein linearer Zusammenhang zwischen Prädiktor- und Kriteriumsvariablen sowie das Vorliegen von Homoskedastizität konnten durch visuelle Inspektion (Streudiagramm) überprüft werden. Die Höhe der Toleranzwerte in den vorliegenden Analysen (zwischen .42 und .97) spricht für das Fehlen von Multikollinearität zwischen den unabhängigen Variablen.

Das negative Vorzeichen des signifikanten Regressionskoeffizienten, mit dem die Unterskala „Beratungsbeziehung Kind" in die Regressionsgleichung eingeht, beruht auf einem Interaktionseffekt mit der „Beratungsbeziehung der Eltern" bezüglich der Veränderungseffekte. Bei einer Teilung der Stichprobe jeweils am Medianwert zeigt sich, dass im Falle einer „schlechten" Beratungsbeziehung der Eltern bei gleichzeitig „schlechter" Beziehung des Kindes zum Berater (n = 21; MW: 5,11) mehr Veränderungseffekte erreicht werden als bei einer im Gegensatz zur Elternbeziehung positiven Kinderbeziehung (n = 12; MW: 4,68). Unter der Bedingung einer „guten" Beratungsbeziehung der Eltern werden dagegen in den Fällen mehr Veränderungen angegeben, in denen auch die Beziehung des Kindes zum Berater positiv eingeschätzt wird (n = 52 (MW: 5,83) im Vergleich zu n = 15 (MW: 5,64) mit positiver Eltern- und negativer Kinderbeziehung).

3.4 Diskriminanzanalyse mit Beratungszufriedenheit als Gruppenvariable

Der durchgeführte Box-M-Test deutet zwar auf heterogene Gruppen-Kovarianzmatrizen hin (Box-M: 55,06; F: 8,89; df: 6/78364,9; p < .001), aufgrund der vergleichsweise großen Stichproben gleichen Umfangs kann diese Voraussetzungsverletzung jedoch vernachlässigt werden. Der Eigenwert der berechneten Diskriminanzfunktion beträgt 1,25, was einem kanonischen Korrelationskoeffizienten von .74 entspricht. Für die ermittelte Diskriminanzfunktion erreicht Wilks Lambda – als gebräuchlichstes Maß für die Güte der Gruppentrennung – mit einem Wert von .44 eine hohe statistische Signifikanz (Chi^2: 83,00; df: 3; p < .001).

3.5 Diskriminanzanalyse mit Veräbderungseffekten als Gruppenvariable

Auch bei dieser Analyse ist die Voraussetzung homogener Varianz-Kovarianzmatrizen in den Gruppen nicht erfüllt (Box-M: 28,48; F: 2,72; df: 10/42761,23; p < .01), was jedoch aufgrund der Stichprobengröße vernachlässigt werden kann.

Der Eigenwert der Diskriminanzfunktion ist mit 0,35 deutlich geringer als bei der Beratungszufriedenheit. Die Gruppenunterschiede erklären nur 26 Prozent der gesamten Streuung (kanonische Korrelationskoeffizient: .51). Der Wilks Lambda-Wert von .74 wird dennoch hoch signifikant (Chi^2: 28,22; df: 4; p < .001), damit unterscheiden sich die Gruppenmittelwerte der Diskriminanzfunktion mit einer sehr hohen Wahrscheinlichkeit.

C. Erhebungsverfahren

1. Fragebogen zur Erziehungs- und Familienberatung (FEF + FFKS)

In diesem Fragebogen geht es darum, wie Sie als Ratsuchende/r die Beratung an einer Erziehungs- bzw. Familienberatungsstelle erlebt haben und wie Sie die Beratungsergebnisse einschätzen. Er bezieht sich auf Familien (damit sind auch Familien mit Alleinerziehenden gemeint) und kann von beiden *Eltern* gemeinsam oder von einem Elternteil alleine ausgefüllt werden.

Anleitung:

Bitte begeben Sie sich vor der Beantwortung des Fragebogens auf eine *„innere Gedankenreise"* zurück zu dem Zeitpunkt, als Sie sich, Ihr Kind oder Ihre Familie an der Beratungsstelle angemeldet haben.

Überlegen Sie sich, was damals der Anlass war, zur Beratungsstelle zu gehen, und wie die Beratung vom ersten Gespräch bis zum Beratungsende verlaufen ist. Denken Sie auch daran, was sich im Zeitraum von Beratungsbeginn damals bis zum heutigen Tag für Sie, Ihr Kind oder Ihre Familie verändert hat.

Beginnen Sie dann mit der Beantwortung des Fragebogens. Es gibt dabei keine „richtigen" oder „falschen" Angaben, sondern Ihre *persönliche Meinung* ist gefragt. Bitte achten Sie beim Ausfüllen darauf, daß Sie alle Fragen aufmerksam durchlesen und *keine Frage* bei der Beantwortung *auslassen,* auch wenn eine Frage nicht vollständig auf Sie zutrifft. Einigen Sie sich bitte auf eine Antwort, wenn Sie die Fragen gemeinsam beantworten.

Der Fragebogen ist in sechs Abschnitte unterteilt. Die genauen Anleitungen zum Ausfüllen des Fragebogens finden Sie jeweils zu Beginn jedes Abschnittes unter diesem Symbol:

Vielen Dank!

Anleitung:

In den folgenden Fragen und Aussagen geht es um Ihre Situation vor Beratungsbeginn bzw. beim Zugang zur Beratung. Dabei werden Ihnen zwei Arten von Fragen gestellt:
a) Bitte kreuzen Sie bei jeder Aussage an, wie sehr diese auf Ihre Situation damals zutrifft. Wenn Sie „stimmt gar nicht (1)" ankreuzen, stimmt die entsprechende Aussage mit Ihrer Situation damals überhaupt nicht überein. Falls die Aussage genau Ihre Situation damals beschreibt, markieren Sie bitte „stimmt vollkommen (4)". Ein Kreuz bei „ein wenig (2)" bzw. „weitgehend (3)" signalisiert schwache bzw. weitgehende Zustimmung zur Aussage. Machen Sie bitte nur ein Kreuz pro Frage und lassen Sie keine Frage aus.
b) Bei den daran anschließenden offenen Fragen antworten Sie bitte ggf. in Stichworten.

1. Was war damals der Hauptgrund für Sie, die Beratungsstelle aufzusuchen?

    ....

    ....

2. a) Aufgesucht habe/n wir/ich die Beratung hauptsächlich auf Empfehlung anderer
    ... stimmt ...

gar nicht	ein wenig	weit- gehend	voll- kommen
1	2	3	4

    b) Wer gab gegebenenfalls die Empfehlung?

    ....

3. a) Mit Erziehungsberatung oder anderen psychologisch-therapeutischen Hilfen hatte ich schon vorher zu tun
    ... stimmt ...

gar nicht	ein wenig	weit- gehend	voll- kommen
1	2	3	4

C. Erhebungsverfahren

   b) Welcher Art waren diese Vorerfahrungen gegebenenfalls (Stelle? positiv/negativ?)?

   ....

   ....

4. a) Als ich zum ersten Mal zur Beratungsstelle ging, hatte ich konkrete Erwartungen darüber, was in der Beratung geschehen würde
   ... stimmt ...

gar nicht	ein wenig	weit- gehend	voll- kommen
1	2	3	4

   b) Welche Erwartungen hatten Sie gegebenenfalls?

   ....

   ....

5. a) Es fiel uns/mir damals schwer, eine Beratungsstelle aufzusuchen.
   ... stimmt ...

gar nicht	ein wenig	weit- gehend	voll- kommen
1	2	3	4

   b) Welche Bedenken gegenüber einer Beratung hatten Sie gegebenenfalls?

   ....

   ....

6. a) Als ich/wir damals Beratung suchte/n, stellte das Problem eine große familiäre Belastung dar
   ... stimmt ...

gar nicht	ein wenig	weit- gehend	voll- kommen
1	2	3	4

   b) Wen belastete das Problem am stärksten?

   ....

   ....

7. a) Mit den organisatorischen und räumlichen Gegebenheiten an der Beratungsstelle (z. B. Wartezeit bis zum Erstgespräch, Räume) war ich zufrieden
   ... stimmt ...

gar nicht	ein wenig	weit- gehend	voll- kommen
1	2	3	4

   b) Womit waren Sie gegebenenfalls nicht zufrieden?

   ....

   ....

   ....

8. a) Es war für uns/mich von Bedeutung, dass es sich bei der Beratungsstelle um eine kirchliche Einrichtung handelt
   ... stimmt ...

gar nicht	ein wenig	weit- gehend	voll- kommen
1	2	3	4

   b) Welche Rolle spielte das gegebenenfalls für Sie (positiv oder negativ)?

   ....

   ....

C. Erhebungsverfahren

Anleitung:

In den folgenden Aussagen geht es darum, wie Sie den Verlauf der Beratung erlebt haben. Bitte kreuzen Sie jeweils an, wie sehr die Aussage mit Ihrer Meinung übereinstimmt.

Wenn Sie „stimmt gar nicht (1)" ankreuzen, stimmen Sie mit der entsprechenden Aussage überhaupt nicht überein. Falls die Aussage genau Ihre Meinung ausdrückt, markieren Sie bitte „stimmt vollkommen (4)". Ein Kreuz bei „ein wenig (2)" bzw. „weitgehend (3)" signalisiert schwache bzw. weitgehende Zustimmung zur Aussage. Machen Sie bitte nur ein Kreuz pro Frage und lassen Sie keine Frage aus.

Nach der Beantwortung der Aussagen haben Sie noch die Möglichkeit, besonders positive Beratungsaspekte und Ihre Kritik an der Beratung in Stichworten anzugeben.

		... stimmt ...			
		gar nicht	ein wenig	weit-ge-hend	voll-kom-men
1.	Ich habe mich vom Berater/von der Beraterin verstanden gefühlt.	1	2	3	4
2.	Ich hatte Vertrauen zum Berater/zur Beraterin.	1	2	3	4
3.	Ich hatte das Gefühl, mit dem Berater/der Beraterin offen über alles reden zu können.	1	2	3	4
4.	Der Berater/die Beraterin hätte sich mehr um uns/mich und unsere/meine Probleme bemühen können.	1	2	3	4
5.	Ich fühlte mich vom Berater/von der Beraterin vorbehaltlos angenommen.	1	2	3	4
6.	Die Beziehung zum Berater/zur Beraterin war für mich schwierig.	1	2	3	4
7.	Den Berater/die Beraterin erlebte ich als sympathisch.	1	2	3	4

		... stimmt ...			
		gar nicht	ein wenig	weit- ge- hend	voll- kom- men
8.	Ich hatte den Eindruck, dass mein Kind Vertrauen zum Berater/zur Beraterin hatte.	1	2	3	4
9.	Mein Kind ging widerwillig zu den Beratungsterminen.	1	2	3	4
10.	Ich hatte den Eindruck, in der Beratung wurde sehr auf die Bedürfnisse meines Kindes eingegangen.	1	2	3	4
11.	Der Berater/die Beraterin hat mir verdeutlicht, was in einer Beratung geschieht und erreicht werden kann.	1	2	3	4
12.	Den Ablauf der Beratung habe ich als planvoll und zielgerichtet erlebt.	1	2	3	4
13.	Das Vorgehen des Beraters/der Beraterin habe ich als hilfreich erlebt.	1	2	3	4
14.	In der Beratung wurde nicht an den Themen und Zielen gearbeitet, die mir wichtig waren.	1	2	3	4
15.	Im Laufe der Beratung hatte ich immer wieder kleinere Erfolgserlebnisse.	1	2	3	4
16.	Ich hätte mir mehr konkrete Tips und Ratschläge vom Berater/von der Beraterin gewünscht.	1	2	3	4
17.	Der Berater/die Beraterin war mit seinen/ihren beruflichen Fähigkeiten unseren Problemen gewachsen.	1	2	3	4

In der Beratung hat mir besonders geholfen: (bitte stichwortartig angeben)

....

....

....

In der Beratung fand ich weniger gut/hat mir gefehlt:

....

....

....

C. Erhebungsverfahren

Anleitung:

Bei den folgenden Fragen geht es um Ihre Zufriedenheit mit der Beratung.

Bitte beurteilen Sie bei jeder Frage, welche der darunter angegebenen Antwortmöglichkeiten Ihrer Meinung am meisten entspricht. Kreuzen Sie dann die entsprechende Antwort unter der Frage an.

Bitte beantworten Sie jede Frage. Dabei ist Ihre persönliche Meinung gefragt, egal ob diese positiv oder negativ ist.

1. Wie würden Sie die Qualität der erhaltenen Beratung einschätzen?			
Ausgezeichnet	Gut	Mäßig	Schlecht
2. Haben Sie die Art Beratung erhalten, die Sie wollten?			
Nein, ganz bestimmt nicht	Nein, nicht so ganz	Ja, im allgemeinen schon	Ja, ganz bestimmt
3. Hat die Beratung Ihre Bedürfnisse erfüllt?			
Fast alle meine Bedürfnisse wurden erfüllt	Die meisten meiner Bedürfnisse wurden erfüllt	Nur einige meiner Bedürfnisse wurden erfüllt	Keines meiner Bedürfnisse wurde erfüllt
4. Wenn einer Ihrer Freunde oder eine Ihrer Freundinnen ähnliche Hilfe bräuchte wie Sie damals, würden Sie ihm/ihr die Beratungsstelle empfehlen?			
Nein, ganz bestimmt nicht	Nein, ich glaube nicht	Ja, ich glaube schon	Ja, ganz bestimmt
5. Haben Sie genug Hilfe erhalten?			
Viel zu wenig Hilfe erhalten	Etwas zu wenig Hilfe erhalten	Fast genug Hilfe erhalten	Ganz bestimmt genug Hilfe erhalten

6. Konnten Sie nach der Beratung besser oder schlechter mit den Problemen umgehen als vorher?

Ich konnte besser damit umgehen	Ich konnte ein wenig besser damit umgehen	Ich konnte wirklich nicht besser damit umgehen	Ich konnte schlechter damit umgehen

7. Ganz allgemein, wie zufrieden oder unzufrieden sind Sie mit der erhaltenen Beratung?

Sehr zufrieden	Zum größten Teilzufrieden	Ein wenig unzufrieden	Völlig unzufrieden

8. Wenn Sie wieder Hilfe benötigen sollten, kämen Sie dann auf die Beratungsstelle zurück?

Nein, ganz bestimmt nicht	Nein, ich glaube nicht	Ja, ich glaube schon	Ja, ganz bestimmt

9. In welcher Form wurden Sie hauptsächlich beraten?
   (in über 50 % der Beratungssitzungen, bitte nur ein Kreuz)

Test mit dem Kind	Sitzungen mit Kind u. Elternteil	Sitzungen mit dem Elternpaar	Sitzungen mit ganzer Familie
Sitzungen mit dem Kind alleine	Sitzungen mit einem Elternteil		

10. Wie zufrieden oder unzufrieden waren Sie mit dieser Beratungsform?
    (einbezogene Personen in den Sitzungen)

Sehr zufrieden	Zum größten Teil zufrieden	Ein wenig zufrieden	Völlig unzufrieden

11. Wie zufrieden oder unzufrieden waren Sie mit dem zeitlichen Ablauf der Beratung?
    (Häufigkeit und Abstand der Termine, Dauer der Beratung)

Sehr zufrieden	Zum größten Teil zufrieden	Ein wenig unzufrieden	Völlig unzufrieden

12. Wie zufrieden oder unzufrieden waren Sie mit der Zusammenarbeit des Beraters/der Beraterin mit anderen beteiligten Stellen bzw. Personen (z. B. Lehrer, Jugendamt etc.)

Sehr zufrieden	Zum größten Teil zufrieden	Ein wenig unzufrieden	Völlig unzufrieden
			Es gab keine Zusammenarbeit

C. Erhebungsverfahren 311

Womit waren Sie gegebenenfalls unzufrieden?
(bitte stichwortartig angeben)

....

....

....

....

....

4. Beratungseffekte

Anleitung:

Die folgenden Aussagen befassen sich mit Veränderungen, die sich während und nach einer Beratung ergeben können. Bitte stellen Sie sich noch einmal Ihre Situation zu Beratungsbeginn vor. Führen Sie sich nunmehr den *Zeitraum von Beratungsbeginn bis heute* vor Augen.

Bitte überprüfen Sie dann bei den nachfolgenden Aussagen, *ob sich in diesem Zeitraum eine Veränderung in die eine oder andere Richtung bei Ihnen oder Ihrer Familie vollzogen hat*. Das Ausmaß und die Richtung der Änderung geben Sie bitte durch Ankreuzen der entsprechenden Zahl auf folgender Skala an:

Hier ein Beispiel:

	Änderung						
	Nein, im Gegenteil			keine	Ja,␣ganz␣genau		
Ich mache mir jetzt weniger Sorgen.	−3	−2	−1	0	+1	+2	+3
	stark	mittel	wenig		wenig	mittel	stark

- Wenn Sie innerhalb des Zeitraumes *keine Änderung* erlebt haben (Sie sich also noch genauso viele Sorgen machen wie zu Beratungsbeginn), dann kreuzen Sie die „0" an.
- Wenn die in der Aussage beschriebene Veränderung auf Sie zutrifft (Sie sich also jetzt weniger Sorgen machen), dann kreuzen Sie unter „*Ja, ganz genau*" „**+1**", „**+2**" oder „**+3**" an (je nachdem, wie stark die Änderung ist).
- Ist jedoch das Gegenteil der Fall (d. h. Sie machen sich jetzt noch mehr Sorgen), kreuzen Sie unter „*Nein, im Gegenteil*" „**−1**", „**−2**" oder „**−3**" an (je nach Stärke der Änderung).

C. Erhebungsverfahren

	Änderung						
	Nein, im Gegenteil			keine	Ja, ganz genau		
	stark	mittel	wenig		wenig	mittel	stark
1. Das Problem, das mich damals zum Aufsuchen der Beratungsstelle veranlasste, tritt heute nicht mehr auf.	−3	−2	−1	0	+1	+2	+3
2. Ich bin jetzt weniger verunsichert als damals	−3	−2	−1	0	+1	+2	+3
3. Ich schätze das Problem jetzt auf eine andere Art und Weise ein.	−3	−2	−1	0	+1	+2	+3
4. Das damals geschilderte Verhalten meines/r Kindes/r hat sich verbessert.	−3	−2	−1	0	+1	+2	+3
5. Die Belastung durch das damalige Problem ist spürbar kleiner geworden	−3	−2	−1	0	+1	+2	+3
6. Ich sehe Schwierigkeiten jetzt gelassener entgegen..	−3	−2	−1	0	+1	+2	+3
7. In der Familie können wir jetzt besser miteinander reden.	−3	−2	−1	0	+1	+2	+3
8. Ich sehe mich jetzt besser im Stande, auftretende Schwierigkeiten selbst zu überwinden.	−3	−2	−1	0	+1	+2	+3
9. Die Gesamtentwicklung meines Kindes/meiner Kinder ist seither positiv verlaufen.	−3	−2	−1	0	+1	+2	+3
10. Wir regeln unsere Konflikte untereinander jetzt auf eine befriedigendere Art und Weise.	−3	−2	−1	0	+1	+2	+3
11. Ich verstehe meine/unsere Probleme und deren Ursachen heute besser als damals.	−3	−2	−1	0	+1	+2	+3

	Änderung						
	Nein, im Gegenteil			keine	Ja, ganz genau		
	stark	mittel	wenig		wenig	mittel	stark
12. Wir kommen in unserer Familie jetzt insgesamt besser miteinander aus	−3	−2	−1	0	+1	+2	+3
13. Ich verstehe die Verhaltensweisen und Bedürfnisse meines Kindes jetzt besser.	−3	−2	−1	0	+1	+2	+3
14. Ich glaube, ich kann künftig ähnliche Probleme wie damals selbst meistern	−3	−2	−1	0	+1	+2	+3
15. Wir kommen jetzt mit dem zu Beginn der Beratung bestehenden Problem besser zurecht.	−3	−2	−1	0	+1	+2	+3

Welche anderen Ursachen und Einflüsse, die nichts mit der Beratung zu tun haben, sind Ihrer Meinung nach für die Veränderungen verantwortlich?
(z. B. berufliche oder finanzielle Veränderungen, familiäre Veränderungen, andere Therapie oder Beratung, Hilfe von Bekannten oder Freunden usw., bitte hier stichwortartig angeben)

1. ....
2. ....
3. ....
4. ....
5. ....

Schätzen Sie bitte ein, zu welchem Prozentsatz die Veränderungen auf die Beratung und ihre Auswirkungen zurückzuführen sind?
(Kreuzen Sie dazu bitte unten eine Prozentzahl zwischen 0 % und 100 % an, die Ihrer Einschätzung entspricht)

| 0 % | 10 % | 20 % | 30 % | 40 % | 50 % | 60 % | 70 % | 80 % | 90 % | 100 % |

C. Erhebungsverfahren 315

Welche Veränderungen wurden gegebenenfalls vor allem durch die Beratung und ihre Auswirkungen bewirkt?
(bitte hier unten stichwortartig angeben)

1. ....

   ....

   ....

2. ....

   ....

   ....

3. ....

   ....

   ....

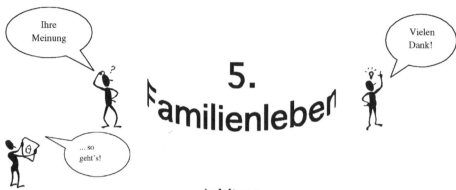

Anleitung:

Bei den folgenden Fragen geht es darum, wie Ihre Familie *heute* mit verschiedenen alltäglichen Problemen umgeht. Die Fragen beziehen sich auf ihre unmittelbare Familie: Partner bzw. Alleinerziehende und Kinder. Denken Sie bei der Beantwortung an das Verhalten der gesamten Familie und nicht nur an Einzelpersonen.

Es gibt keine richtigen oder falschen Antworten. Jede Familie hat ihre eigene Art und Weise, mit unterschiedlichen Situationen umzugehen. Einigen Sie sich jeweils auf eine Antwort, wenn Sie den Fragebogen gemeinsam ausfüllen.

Auf jede Frage gibt es 7 mögliche Antworten. Bitte kreuzen Sie die Zahl an, welche Ihrer Antwort entspricht. Die Zahlen „1" und „7" stellen Extremantworten dar.

- Kreuzen Sie die Zahl „1" an, wenn die Antwort links neben der Zahl „1" Ihrer Meinung vollständig entspricht.
- Kreuzen Sie die Zahl „7" an, wenn die Antwort rechts neben der Zahl „7" Ihre Meinung vollständig ausdrückt.
- Wenn Sie Ihre Antwort irgendwo zwischen „1" und „7" sehen, kreuzen Sie die Zahl an, die Ihrer Beurteilung am besten entspricht.

1. Angenommen, Sie bekommen unerwartet Besuch und sind nicht darauf eingerichtet. Glauben Sie, dass ...

| ... die Arbeit an einer Person hängen bleiben wird? | 1 | 2 | 3 | 4 | 5 | 6 | 7 | ... alle Familienmitglieder mithelfen, Ihr Zuhause auf Besuch einzurichten? |

2. Haben Sie im Falle einer wichtigen Entscheidung, die die ganze Familie betrifft, das Gefühl, dass die Entscheidung ...

| ... immer zum Besten aller Familienmitglieder getroffen wird? | 1 | 2 | 3 | 4 | 5 | 6 | 7 | ... nicht zum Besten aller Familienmitglieder getroffen wird? |

3. Das Familienleben erscheint Ihnen ...

| ... ausgesprochen interessant und abwechslungsreich? | 1 | 2 | 3 | 4 | 5 | 6 | 7 | ... reine Routine, immer dasselbe? |

4. Viele Menschen, selbst solche mit einem starken Charakter, fühlen sich manchmal wie Pechvögel oder Unglücksraben. Gab es in der Vergangenheit ein solches Gefühl in Ihrer Familie?

| Es gab niemals ein solches Gefühl in unserer Familie. | 1 | 2 | 3 | 4 | 5 | 6 | 7 | Dieses Gefühl besteht immer. |

5. Stellen Sie sich vor, Ihre Familie wäre in ein neues Haus (eine neue Umgebung) gezogen. Glauben Sie, dass ...

| ... sich alle Familienmitglieder leicht auf die neue Situation einstellen könnten? | 1 | 2 | 3 | 4 | 5 | 6 | 7 | ... es für die Familie sehr schwer wäre, sich auf die neue Situation einzustellen. |

6. Im Zusammenleben Ihrer Familie gab es bisher ...

| ... überhaupt keine klaren Ziele und Vorsätze? | 1 | 2 | 3 | 4 | 5 | 6 | 7 | ... sehr klare Ziele und Vorsätze? |

7. Wenn Sie über Ihr Familienleben nachdenken, ...

| ... haben Sie sehr oft das Gefühl, dass das Leben schön ist? | 1 | 2 | 3 | 4 | 5 | 6 | 7 | ... fragen Sie sich, warum Ihre Familie überhaupt existiert? |

8. Wenn Ihre Familie mit einem schwierigen Problem konfrontiert ist, besteht das Gefühl, dass ...

| ... keine Aussicht besteht, die Schwierigkeiten zu meistern? | 1 | 2 | 3 | 4 | 5 | 6 | 7 | ... alle Schwierigkeiten gemeistert werden? |

9. In welchem Ausmaß erscheinen Ihnen die Regeln der Familie klar und verständlich?

| Die Familienregeln sind völlig klar und verständlich. | 1 | 2 | 3 | 4 | 5 | 6 | 7 | Die Regeln sind überhaupt nicht klar und verständlich. |

10. In welchem Ausmaß werden in Ihrer Familie finanzielle Angelegenheiten geplant?

| Finanzielle Angelegenheiten werden durch und durch geplant. | 1 | 2 | 3 | 4 | 5 | 6 | 7 | Finanzielle Angelegenheiten werden in unserer Familie gar nicht geplant. |

11. In schwierigen Zeiten ...

| fühlt sich Ihre Familie immer durch den Gedanken an bessere Zeiten ermutigt. | 1 | 2 | 3 | 4 | 5 | 6 | 7 | ... herrscht in Ihrer Familie Enttäuschung und Verzweiflung vor. |

12. Kommt es vor, dass Sie das Gefühl haben, dass es kaum mehr Sinn hat, den Familienzusammenhalt aufrechtzuerhalten?

| Wir haben ständig dieses Gefühl. | 1 | 2 | 3 | 4 | 5 | 6 | 7 | Wir hatten niemals ein derartiges Gefühl in unserer Familie. |

6. Weitere Angaben

1. Haben Sie nach dem Ende der Beratung 1996 nochmals an der Beratungsstelle oder an einer anderen Stelle psychologische Hilfe in Anspruch genommen?

◯ ja   ◯ nein

Wenn ja: An welcher Stelle? Wie lange?

....

2. Angaben zu Ihrer Familie: (zu Beratungsbeginn)

Anzahl der Kinder: .... Alter der Kinder: (1)...... (2)...... (3)...... (4)......

◯ vollständige Familie   ◯ Familie mit Stiefelternteil   ◯ alleinerziehende Mutter

◯ alleinerziehender Vater   ◯ ausländische Familie

3. Angaben zum an der Beratungsstelle angemeldeten Kind:

Alter des Kindes: .... Geschlecht des Kindes: m: ...... w: ......
 (zu Beratungsbeginn)

4. Angaben zur Mutter:

Alter: .... Beruf: ....

◯ Hauptschule   ◯ Mittlere Reife   ◯ Lehre   ◯ Abitur   ◯ Studium

5. Angaben zum Vater:

Alter: .... Beruf: ....

◯ Hauptschule   ◯ Mittlere Reife   ◯ Lehre   ◯ Abitur
◯ Studium

6. Wer füllte diesen Fragebogen aus?

◯ Mutter   ◯ Vater   ◯ Eltern gemeinsam   ◯ Familie

2. Fragen zum FEF

Nr. ....

Fragen zum FEF

Anweisung:

In den folgenden Fragen geht es darum, wie Sie mit der Beantwortung des „Fragebogens zur Erziehungs- und Familienberatung" (FEF) zurechtgekommen sind und was Ihnen an diesem Bogen gefällt bzw. nicht gefällt.

Sie sollten daher dieses Blatt erst bearbeiten, ***nachdem*** sie den FEF ausgefüllt haben.

a) Bitte kreuzen Sie wieder bei jeder Aussage an, wie sehr diese mit Ihrer Meinung übereinstimmt.

b) Bei den daran anschließenden offenen Fragen antworten Sie bitte in Stichworten.

1. a) Die Fragen des Fragebogens waren alle so formuliert, dass ich Sie gut verstehen konnte.

gar nicht	ein wenig	weitgehend	vollkommen
1	2	3	4

b) Welche Fragen haben Sie ggf. nicht verstanden?

....

2. a) Ich konnte mir bei allen Fragen genau vorstellen, was damit gemeint ist

gar nicht	ein wenig	weitgehend	vollkommen
1	2	3	4

b) Bei welchen Fragen wussten Sie ggf. nicht genau, was damit gemeint ist?

....

3. a) Die Anweisungen zum Ausfüllen des Fragebogens waren so erläutert, dass ich sie gut verstehen konnte.

gar nicht	ein wenig	weitgehend	vollkommen
1	2	3	4

b) Welche Anweisung war für Sie ggf. schlecht bzw. ungenügend erklärt?

....

4. Wie viel Zeit haben Sie ca. zum Ausfüllen des FEF benötigt?

....

5. Ihre Meinung zu Länge und Gliederung des FEF?

....

....

6. Was hat Ihnen an dem Fragebogen gefallen/missfallen/gefehlt?

....

....

....

....

....

3. Fragen an den/die Berater/in (FB)

Nr. ....

Fragen an den/die Berater/in

Beantworten Sie bitte folgende Fragen zum jeweils in der Kopfzeile angegebenen Beratungsfall (Aktennummer) mit Hilfe Ihrer Aktennotizen bzw. Ihrer Erinnerungen an die Beratung. Für mittlerweile ausgeschiedene Berater/innen füllen bitte die Stellenleiter/innen den Bogen so weit wie möglich aus.

1. Angaben zum an der Beratungsstelle angemeldeten Kind:

Beratungsanlass/Diagnose: ....

Alter des Kindes: (zu Beratungsbeginn) .... Geschlecht: m: ...   w: ...

2. Angaben zur Familie: (zu Beratungsbeginn)

Anzahl der Kinder: .... Alter der Kinder: (1)...... (2)...... (3)...... (4)......

○ vollständige Familie   ○ Familie mit Stiefelternteil   ○ alleinerziehende Mutter

○ alleinerziehender Vater   ○ ausländische Familie

3. Angaben zur sozialen Schicht/Bildung der Eltern: (bitte ankreuzen)

○ Hauptschulabschluss   ○ Mittlere Reife   ○ Abitur   ○ Lehre, Berufsausbil.

○ Studium

○ Unterschicht   ○ Untere Mittelschicht   ○ Obere u. Mittelschicht

4. Angaben zur Beratung: (bitte ankreuzen)

In welchem **Setting** wurde hauptsächlich beraten (über 50 % der Sitzungen)?

Test mit dem Kind	Sitzungen mit dem Kind alleine	Sitzungen mit einem Elternteil	Sitzungen mit dem Kind und Elternteil	Sitzungen mit dem Elternpaar	Sitzungen mit der ganzen Familie

An welcher **Therapie- bzw. Beratungsschule** war die Beratung hauptsächlich orientiert?

Verhaltenstherapie	Klientenzentriert/GT	Systemische Therapie	Tiefenpsychologie	Eklektizistische Orientierung	Sonstiges? ....

Mit welchen **Methoden** wurde in der Beratung hauptsächlich gearbeitet?

1) ....

2) ....

5. Angaben zum Beratungsprozess:
   (bitte entsprechend Ihrer Eindrücke hier ankreuzen)

	... stimmt ...			
	gar nicht	ein wenig	weitgehend	vollkommen
1. Es ist mir gelungen, den/die Klienten positiv zu beeinflussen	1	2	3	4
2. Ich habe Bestätigung für mein Vorgehen erhalten.	1	2	3	4
3. Die Beratungsziele wurden erreicht.	1	2	3	4
4. Ich habe eine gute Zusammenarbeit mit den Klienten/der Familie erlebt	1	2	3	4
5. Zwischen den Klienten und mir bestand ein vertrauensvolles Verhältnis.	1	2	3	4
6. Den/die Klienten erlebte ich als sympathisch.	1	2	3	4

C. Erhebungsverfahren

	... stimmt ...			
	gar nicht	ein wenig	weit- gehend	voll- kom- men
7. Der/die Klienten war/en sehr motiviert..	1	2	3	4
8. Dieser Fall hat mich persönlich sehr bewegt.	1	2	3	4
9. Ich fühlte mich den Problemen der Familie/Klienten gewachsen.	1	2	3	4
10. Das angemeldete Kind kam gerne zu den Beratungssitzungen.	1	2	3	4

6. Abschlussbewertung zum Beratungsergebnis: (bitte ankreuzen)

○ unverändert   ○ teilweise gebessert   ○ vollständig gebessert

○ unzutreffend

Schätzen Sie bitte ein, zu welchem Prozentsatz die Veränderungen auf die Beratung und ihre Auswirkungen zurückzuführen sind?

0 %	10 %	20 %	30 %	40 %	50 %	60 %	70 %	80 %	90 %	100 %

Besonderheiten/Eindrücke zum Fall: ....
....
....

7. Angaben zum Berater/zur Beraterin:

Alter: .... Geschlecht: m: .... w: ....

Beruf/Zusatzausbildung: ....

In der Erziehungsberatung tätig seit ....

4. Deutsche Version des Youth Client Satisfaction Questionnaire (YCSQ)

Alter: ....

Geschlecht: m: .... w: ....

Die folgenden Fragen richten sich an Kinder und Jugendliche, die eine Beratung oder Therapie beendet haben. Wir möchten mit dem Fragebogen wissen, ob den Kindern und Jugendlichen die erhaltene Beratung gefallen hat. Und wir wollen erfahren, was sie daran mochten und was sie daran nicht leiden konnten.

Bei den Fragen gibt es keine richtigen oder falschen Antworten. Sag uns, wenn Dir Deine Beratung nicht gefallen hat, und sag es, wenn sie Dir gefallen hat. Manche Leute finden ihre Beratung gut, andere nicht, einigen Leuten gefällt sie teilweise und teilweise nicht. Wir möchten wissen, was **Du** denkst.

Du kannst Deine Antwort geben, indem Du ein Kästchen unter der Frage ankreuzt, der ausdrückt was Du denkst, wie zum Beispiel hier:

Bist Du älter als 19 Jahre alt?	
ja	nein

1. Hat Dir die Beratung schlecht gefallen, oder hat sie Dir gut gefallen?

Sehr schlecht	Schlecht	Gut	Sehr gut

2. Hast Du verstanden, welches die Ziele für Dich in der Beratung waren?

Ich habe es überhaupt nicht verstanden	Ich habe es ein wenig verstanden	Ich habe es ziemlich gut verstanden	Ich habe alles verstanden

3. Mochtest Du Deine Beraterin/Deinen Berater?

Ich mochte sie/ihn überhaupt nicht	Ich mochte sie/ihn wenig	Ich mochte sie/ihn etwas	Ich mochte sie/ihn sehr

4. Hat sich Deine Beraterin/Dein Berater für Dich interessiert?

Hat sich überhaupt nicht für mich interessiert	Hat sich wenig für mich interessiert	Hat sich etwas für mich interessiert	Hat sich sehr für mich interessiert

5. Hat Dich Deine Beraterin/Dein Berater verstanden?

Hat mich überhaupt nicht verstanden	Hat mich wenig verstanden	Hat mich etwas verstanden	Hat mich gut verstanden

6. Hat Deine Beraterin/Dein Berater verstanden, wie die Leute in Deiner Familie und Nachbarschaft so sind?

Überhaupt nicht verstanden	Wenig verstanden	Etwas verstanden	Gut verstanden

7. Hatte Deine Beraterin/Dein Berater gute Ideen, die Dir geholfen haben?

Hatte keine guten Ideen	Hatte ein paar gute Ideen	Hatte einige gute Ideen	Hatte viele gute Ideen

8. Hast Du in der Beratung Dinge gelernt, die Dir geholfen haben?

Habe nichts gelernt	Habe wenig gelernt	Habe einiges gelernt	Habe viel gelernt

9. Fühlst Du Dich jetzt anders wegen der Beratung?

Fühle mich schlechter	Fühle mich genauso wie vorher	Fühle mich jetzt besser	Fühle mich jetzt viel besser

10. Verhältst Du Dich jetzt anders wegen der Beratung?

Verhalte mich schlechter	Verhalte mich genauso wie vorher	Verhalte mich besser	Verhalte mich viel besser

11. Hat die Beratung Dein Gefühl Dir selbst gegenüber verändert?

Fühle mich mir gegenüber schlechter	Fühle mich mir gegenüber genauso wie vorher	Fühle mich mir gegenüber besser	Fühle mich mir gegenüber viel besser

12. Hat die Beratung etwas daran geändert, wie Du mit Deiner Familie auskommst?

Komme schlechter aus	Komme genauso aus wie vorher	Komme besser aus	Komme viel besser aus

13. Hat die Beratung geholfen, dass Deine Probleme besser wurden?

Probleme haben sich verschlechtert	Probleme haben sich nicht verändert	Probleme haben sich verbessert	Probleme haben sich sehr verbessert

14. Alles in allem, was denkst Du über die Beratung?

Ich wünschte, ich wäre nie dort hingegangen	Bin mir nicht sicher	Ich bin froh, daß ich dort hingegangen bin	Ich bin sehr froh, dass ich dort hingegangen bin

Jetzt haben wir einige Fragen für Dich, die Du beantworten kannst, indem Du uns einige Dinge erklärst:

- Was war das Beste an der Beratung für Dich? Was war das Beste, was Deine Beraterin/Dein Berater getan hat?

  ....
  ....
  ....

- Was war das Schlechteste an der Beratung für Dich? Was war nicht hilfreich von dem, was Deine Beraterin/Dein Berater getan hat?

  ....
  ....
  ....

- Zusätzliche Kommentare?

  ....
  ....
  ....
  ....

5. Kohärenzsinnfragebogen (SOC-13)

Anleitung:

Die folgenden Fragen beziehen sich auf verschiedene Aspekte Deines Lebens. Auf jede Frage gibt es 7 mögliche Antworten. Kreuze bitte jeweils die Zahl an, die Deine Antwort ausdrückt. Gib bitte auf jede Frage nur eine Antwort.

1. Hast Du das Gefühl, dass es Dir ziemlich gleichgültig ist, was um Dich herum passiert?

   Äußerst selten oder nie | 1 | 2 | 3 | 4 | 5 | 6 | 7 | Sehr oft.

2. Warst Du schon überrascht vom Verhalten von Menschen, die Du gut zu kennen glaubtest?

   Das ist nie passiert. | 1 | 2 | 3 | 4 | 5 | 6 | 7 | Das kommt immer wieder vor.

3. Haben Menschen, auf die Du gezählt hast, Dich enttäuscht?

   Das ist nie passiert. | 1 | 2 | 3 | 4 | 5 | 6 | 7 | Das kommt immer wieder vor.

4. Bis jetzt hatte Dein Leben ...

   ... überhaupt keine klaren Ziele oder einen Zweck. | 1 | 2 | 3 | 4 | 5 | 6 | 7 | ... sehr klare Ziele und einen Zweck.

5. Hast Du das Gefühl, ungerecht behandelt zu werden?

   Sehr oft. | 1 | 2 | 3 | 4 | 5 | 6 | 7 | Sehr selten oder nie.

6. Hast Du das Gefühl, in einer ungewohnten Situation zu sein und nicht zu wissen, was Du tun sollst?

   Sehr oft. | 1 | 2 | 3 | 4 | 5 | 6 | 7 | Sehr selten oder nie.

7. Das, was Du täglich tust, ist für Dich eine Quelle ...

tiefer Freude und Zufriedenheit. | 1 | 2 | 3 | 4 | 5 | 6 | 7 | ... von Schmerz und Langeweile.

8. Wie oft sind Deine Gefühle und Ideen ganz durcheinander?

Sehr oft. | 1 | 2 | 3 | 4 | 5 | 6 | 7 | Sehr selten oder nie.

9. Kommt es vor, dass Du Gefühle hast, die Du lieber nicht hättest?

Sehr oft. | 1 | 2 | 3 | 4 | 5 | 6 | 7 | Sehr selten oder nie.

10. Viele Menschen – auch solche mit einem starken Charakter – fühlen sich in bestimmten Situationen wie ein Pechvogel oder Unglücksrabe. Wie oft hast Du Dich in der Vergangenheit so gefühlt?

Nie. | 1 | 2 | 3 | 4 | 5 | 6 | 7 | Sehr oft.

11. Wenn etwas passierte, fandest Du im Allgemeinen, dass Du dessen Bedeutung ...

über- oder unterschätztest? | 1 | 2 | 3 | 4 | 5 | 6 | 7 | ... richtig einschätztest?

12. Wie oft hast Du das Gefühl, dass die Dinge, die Du täglich tust, wenig Sinn haben?

Sehr oft. | 1 | 2 | 3 | 4 | 5 | 6 | 7 | Sehr selten oder nie.

13. Wie oft hast Du Gefühle, bei denen Du nicht sicher bist, ob Du sie kontrollieren kannst?

Sehr oft. | 1 | 2 | 3 | 4 | 5 | 6 | 7 | Sehr selten oder nie.